무역실무연습

TRADE

이제현 지음

KyoWooSa 教友社

preface

머리말

2008년 한국의 무역량은 8,600억 달러에 이르러 한국은 무역강국으로 성장하였으나 세계경제의 침체로 한국경제는 불황의 늪으로 빠져들어 헤어나지 못하고 있다. 정부는 불황에 빠진 한국경제를 활성화시키기 위하여 여러 가지 정책을 쏟아내고 있지만 좀처럼 나아지지 않아 취업을 앞둔 학생들은 절망하고 있다. 한국경제의 해법과 청년실업의 해결은 무역에서 찾을 수밖에 없다고 생각한다. 세계경제가 불황에 허덕이고 있지만 세계시장은 넓고 수출할 수 있는 상품은 많이 있다. 취업을 앞둔 젊은이들이여 절망하지 말고 해외에서 상품을 수출할 수 있는 능력을 갖추어 해외시장에서 취업의 문을 열기를 바란다.

무역회사는 신입사원이 회사에 입사하여 재교육 없이 곧바로 무역업무를 수행하길 원하고 있다. 본 저서는 취업을 앞둔 4학년 학생들을 대상으로 학생들이 무역회사에 입사하여 곧바로 무역업무를 수행하는데 필요한 무역실무 능력을 향상시키는데 목적을 두고 집필하였다.

4명의 학생을 한 팀으로 하고 팀별로 한 개회사를 부여하여 무역절차에 따라 실제로 무역을 하도록 하였다.

제1장에서는 학생들이 십습을 통하여 무역절차를 이해하도록 하였고, 제2장에서는 무역통계 자료를 이용하여 해외시장을 분석할 수 있는 능력을 배양하고 인터넷과 전문박람회를 이용하여 거래선을 발굴할 수 있는 안목을 키우는데 중점을 두었다. 제3장에서는 무역가격조건에 관하여 살펴보았고, 제4장에서는 수출상품의 제조원가, 수출지역에서부터 최종목적지까지의 운송비용과 부대비용, 은행비용, 수출상의 이익을 계산하여 수출단가를 산정하도록 하였다. 제5장에서는 E-Mail를 이용한

거래제의서의 작성방법을 살펴보고 실제로 거래제의서를 작성하여 해외의 바이어에게 전송하도록 하였다. 제6장에서는 무역계약이 무역계약서로써의 역할을 하기 위한 제반 조항을 살펴보고 실습을 통해 무역계약서를 작성하게 하여 자기에게 유리한 무역계약서를 작성할 수 있도록 하였다. 또한 대리점계약의 필수조항을 살펴보았다. 제7장에서는 수출상품을 생산하는 과정을 분석하여 수출상품의 생산과 품질관리의 중요성을 강조하였고 내국신용장과 양도가능신용을 이용한 생산자금조달과 무역금용을 활용할 수 있도록 하였다. 제8장에서는 무역대금결제방식의 장단점을 파악하여 무역대금결제방식의 위험을 관리할 수 있는 능력을 향상시키도록 하였다. 기업에서 직접 사용한 신용장을 분석하여 신용장의 내용을 정확히 파악할 수 있는 안목을 키우도록 하였다. 제9장에서는 매입서류 작성실습을 통하여 매입서류를 신용장에서 명시한 대로 작성할 수 있도록 하였다. 제10장에서는 사후관리로 거래선을 실무적으로 관리할 수 있는 구체적인 방안을 강구하여 고정거래선을 확보할 수 있도록 하였다. 제11장과 12장은 수출과 수입의 종합시뮬레이션으로 구성하였다.

무역실무능력을 향상시킬 목적으로 출간되는 본서가 무역업과 은행, 해상운송 및 해상보험의 종사자, 한국무역을 이끌어갈 젊은이들에게 도움이 되었으면 하는 바람이다.

끝으로 무역학과 이경태군과 리튼칼리지 이용기군이 꼼꼼하게 원고를 정리하여 주었다. 이 지면을 통해 두 제자에게 감사를 전하며, 항상 아들을 위해서 기도하고 계신 부모님, 묵묵히 내조해준 아내에게도 감사를 드리고, 아빠를 이해해준 수형이와 다영이에게도 고마움을 전하고 싶다.

이 저서를 출판해 주신 교우사의 오판근 사장님과 까다로운 편집을 맡아주신 편집부 직원분께 감사를 드린다.

2009년　4월

저자씀

contents

차 례

3장 | 무역가격조건

4장 | 무역의 원가계산

5장 | 거래제의와 오퍼

6장 | 무역계약서의 작성

7장 | 수출상품의 생산과 무역금융

8장 | 무역결제방식

9장 | NEGO서류 작성실습

10장 | 사후관리 및 해외고객관리

11장 | 수출종합시뮬레이션

12장 | 수입종합시뮬레이션

CHAPTER 01

무역절차의 이해

무역은 국가간에 물품을 사고파는 상거래이다. 무역거래절차를 실습을 통하여 구체적으로 살펴본다.

1-1 수출절차의 이해

1. 수출절차의 작성

다음 사례를 읽어 보고 수출의 각 단계별 절차가 어떻게 진행되는지 빔프로젝트로 제시된 카드로 수출절차의 맵을 작성한다.

사 례

미래공업의 수출부서에 근무하는 박원열 부장은 해외시장개척을 위해 동분서주하고 있다. 미래공업은 펌프와 전동기가 일체형으로 되어 수중에서 작동되는 수중모터 펌프를 전문적으로 생산하는 업체이다.

본 제품은 각종 공사현장에서 가설용펌프, 하수처리장 및 오수처리장의 유량조정 및 원수이송펌프 또는 관개용 및 홍수방지 대책용펌프로 사용된다. 미래공업은 내수위주의 전략을 추구하고 일부 제품을 유럽에 수출하였다. 그러나 내수시장이 극심한 침체에서 벗어나지 못하자 세계시장을 목표로 하는 적극적이고 진취적인 해외시장 개척전략을 수립하였다. 이에 따라 사장님의 지시사항이 수출부서에 많이 떨어졌다.

수출부서에서 15년 간 근무한 베테랑인 박원열 부장은 요즘 고민이 많다. 어떻게 하면 수출물량을 급격히 신장시킬 수 있을까? 이러한 고민을 해결하기 위해 머리를 쥐어짜고 있다. 박부장은 본 제품에 대한 세계시장 규모가 연간 150억 달러 정도이고 미국, 일본, 유럽의 다국적기업들이 대부분의 세계시장을 점유하고 있다는 사실을 너무나 잘 알고 있기 때문에 자체 웹사이트를 제작하여 무역전문사이트에 등록하고 무역네트워크를 이용한 홍보전략을 강화시켰다.

박부장은 유럽, 미국, 일본 등 선진국 시장의 경우는 전체 시장으로 연간 성장률이 5% 이내이며 저개발 개도국의 경우는 시장이 형성되어 있지 않다는 정보를 접하고 동남아, 중남미, 동구라파 시장에 관심을 갖고 무역전문사이트를 통해 자료를 모았다.

관련 자료를 분석한 결과 동 지역은 정부의 강력한 개발정책에 힘입어 시장의 규모가 매년 20% 이상 신장하는 이머징마켓의 성격을 띠고 있어 세계 유수메이커의 대결장이 되고 있다는 결론을 내리게 되었다. 또한 자사제품은 제품의 특성상 기술적인 사항을 확인시키고 시제품을 선택하여 일정 기간 사용한 후 본격적으로 수출물량을 증가시키는 특성 때문에 불특정국가를 공략하기 보다는 목표시장과 고객을 선정해서 공략하는 것이 보다 효과적이라는 사실을 알게 되었다.

박부장은 여러 가지 정보를 종합 분석하여 동남아 지역을 일차 공략 대상으로 선정하여 EC21 무역사이트를 통해 동남아 각국의 펌프 유통망을 철저하게 조사하였고 동남아시장에 승부를 걸면 성공할 가능성이 매우 높다는 결론을 내렸다. EC Korea, KOBO 등 무역전문 사이트를 통해 현지 유통망과 거래선을 더 철저히 조사하여 King Company사를 찾아냈다.

King Company사는 일본업체와 결별하고 새로운 파트너를 물색하고 있으며 무역전문사이트에 소개된 미래공업에 대해 깊은 관심을 갖고 있다는 사실도 알게 되었다. 박부장은 유통전문사이트를 통해 King Company사의 유통현황과 경쟁제품, 가격, 연간 수입량 등에 대한 상세한 정보를 받았다. 또한 태국과 인도네시아 정부가 경제개발정책을 강력히 추구함에 따라 개발현장에서 펌프에 대한 수요가 폭발적으로 증가하고 있다는 사실과 태국 펌프시장에서는 독일, 일본, 미국의 제품이 치열한 경쟁을 하고 있는데 품질과 가격을 동시에 검토하는 계약이행보증 입찰이 주류를 이루고 있다는 사실도 발견하였다.

박부장은 무역네트워크를 이용하여 한국수출보험공사에 King Company사에 대한 신용조사를 의뢰하였고 동 신용조사를 의뢰 받은 한국수출보험공사는 무역네트워크를 이용하여 신용도가 매우 높다는 신용조사결과를 보내왔다.

박부장은 태국의 경우는 메콩 강 지역의 공장지대에 수중축류펌프를 이용한 관개시설을 설치하였기 때문에 농업용 펌프의 수요가 증가하고 있으며, 방콕 저지대 침수방지를 위한 홍수방지시설설치에 따라 수중모터 펌프의 수요가 증가할 것이라는 결과와 수입거래선으로 King Company사를 선정했다는 최종보고서를 작성하였다.

박부장은 무역네트워크를 이용하여 미래공업의 납품실적과 Lloyd Register Quality Associate라는 세계의 유수한 품질검사기관이 발행한 검사증명서를 첨부하여 전자오퍼(Electronic offer)를 발송하여 거래제의를 하였다. 거래제의를 받은 King Company사는 미래공업이 생산한 제품에 대해 무역사이트를 통해 알고 있으며 동 제품의 성능을 검사하기 위해서 견본을 보내달라는 요청을 하였다.

박부장은 견본을 항공기로 즉시 King Company사로 송부하였다. King Company사는 도착된 견본 상품을 현지 작업장에 설치하여 성능검사를 실시하였고 성능검사 결과 품질에는 아무런 하자가 없으나 가격을 조정하여 줄 것을 요구하는 Electronic Counter Offer를 작성하여 무역네트워크로 박부장에게 송부하였다. 박부장은 EDI시스템을 이용하여 운송단가와 수출부대비용을 정확히 산출하여 수출단가를 다시 산정하였고 산정결과 King Company사가 요구한 단가로 수출해도 15% 이상 수익이 발생하여 King Company사가 요구한 내용을 수락한다는 내용을 무역네트워크를 통해 King Company로 송부했다.

미래공업과 King Company사는 수출대금의 지급은 일람불신용장으로 한다는 내용이 포함된 무역계약서에 서명하였고 계약조건에 따라 King Company사는 신용장 개설신청서를 작성하여 미래공업을 수익자로된 취소불능신용장을 개설해줄 것을 개설은행에 요청하였다. 신용장이 미래공업의 주거래 은행을 통해 EDI로 전달되었다. 박부장은 신용장에 명시된 모든 내용이 무역계약에서 합의한 내용과 일치하는지 철저히 검토를 하였으나 불일치 내용을 발견하지 못했다.

미래공업이 생산한 제품은 수출승인대상품목으로 분류되었기 때문에 박부장은 EDI시스템을 이용하여 수출승인신청서와 무역계약서, 수출신용장을 한국기계공업협동조합에게 송부하고 동 협회로부터 수출승인(export license)을 받았다. 박부장은 생산일정과 발주서를 작성하여 협력회사와 생산부로 넘기고 생산일정에 맞춰 생산부서로 내려가 생산일정을 조사하고 생산된 부품에 결함이 없는지 수시로 조사하였다.

박부장은 EDI로 현대상선과 한진해운, 조양상선의 운임견적과 운항일정, 제반비용내역을 검토한 후 현대상선과 해상운송계약을 체결하였다. 박부장은 EDI시스템을 이용하여 수출통관을 끝내고 생산된 제품을 현대상선 다래호에 선적하고 선적의뢰서를 작성하여 EDI시스템으로 현대상선에 송부하고 선하증권을 발급 받았다.

박부장은 신용장에서 요구한 제반서류를 EDI시스템을 이용하여 신한은행 남대문지점에 매입을 의뢰하여 수출대금 전액을 지급 받았고 수출대금이 개설은행에서 매입은행으로 지정된 날짜에 입금되었는지 확인하면서 관세청으로부터 원자재 수입시 납부한 관세를 환급 받았다. 수출대금이 개설은행에서 매입은행으로 입금된 것을 확인하고 나서 두 다리를 쭉 뻗고 잠을 잘 수가 있었다.

박부장은 King Company사에 선적일자와 도착예정일이 상세히 기재된 제반서류를 송부하고 나서 수출물품이 지정된 날짜에 선적항에 도착했는지 다른 필요한 사항은 없는지 수시로 체크하였다.

박부장은 자사 제품이 현지에서 설치되는 시간에 맞추어 현지출장을 갔다. 현지에서 박부장은 자사 제품에 문제가 없는지 확인하였고 현지 요구조건이 다양하기 때문에 현지 조건을 정확하게 파악하여 이를 설계단계에 반영하여 현지조건에 가장 적합한 모텔을 생산할 경우 다음 수출주문도 수주할 수 있다는 자신감을 갖게 되었다.

2. 수출절차의 해설

(1) 시장조사

수출 시장조사는 크게 국내시장조사와 해외시장조사로 구분할 수 있다. 이것은 지역에 따른 분류이며 둘 다 정보를 획득하고 활용해서 잠재 바이어를 찾아내고 바이어와 밀착된 가치를 창조해 나가는 상 예술 행위이다. 따라서 우리의 가치와 상대의 가치가 동시에 창조된다고 생각한다면 수출에서의 시장조사는 중요한 요소가 된다.

(2) 오퍼 발송

수출상이 수입상에게 일정한 조건으로 계약을 체결하고 싶다는 의사표시를 전자방식으로 발송한 Electronic offer를 offer를 받은 측이 Electronic offer의 조건을 수용할 수 없는 경우 Electronic counter offer를 발송하여 절충안을 제시하고 수입상이 제시한 Electronic counter offer의 조건을 수출상이 Acceptance하면 최종적 조건이 수락되게 된다.

(3) 수출원가계산

최종수출계약을 체결하기 전에 수출원가를 정확히 파악하여 수출단가를 산정해야 한다. 수출원가는 물품대금, 국제물류비용, 은행비용, 행정비용, 수출상 이익으로 구성되어 있다.

(4) 수출계약의 체결

수출계약은 오퍼를 발송한 당사자와 이러한 오퍼를 받고 동 오퍼의 내용을 수정하여 다시 오퍼를 발송하여 당사자들이 서로 무역거래 조건에 대해서 협의하여 거래조건에 필요한 사항들을 결정하고 상호간에 서명을 함으로서 수출계약이 체결된다.

(5) 신용장의 접수와 수출계약서의 대조

수출상은 신용장을 접수하고 나서 반드시 수출계약서에 명시된 내용과 일치하는지, 조건부신용장인지, 대금결제에 불리한 내용은 없는지 확인하여 그런 내용이 있으면 신용장 조건변경을 요구하여 정상적인 신용장을 받아야 한다.

수출의 일반적 FLOW

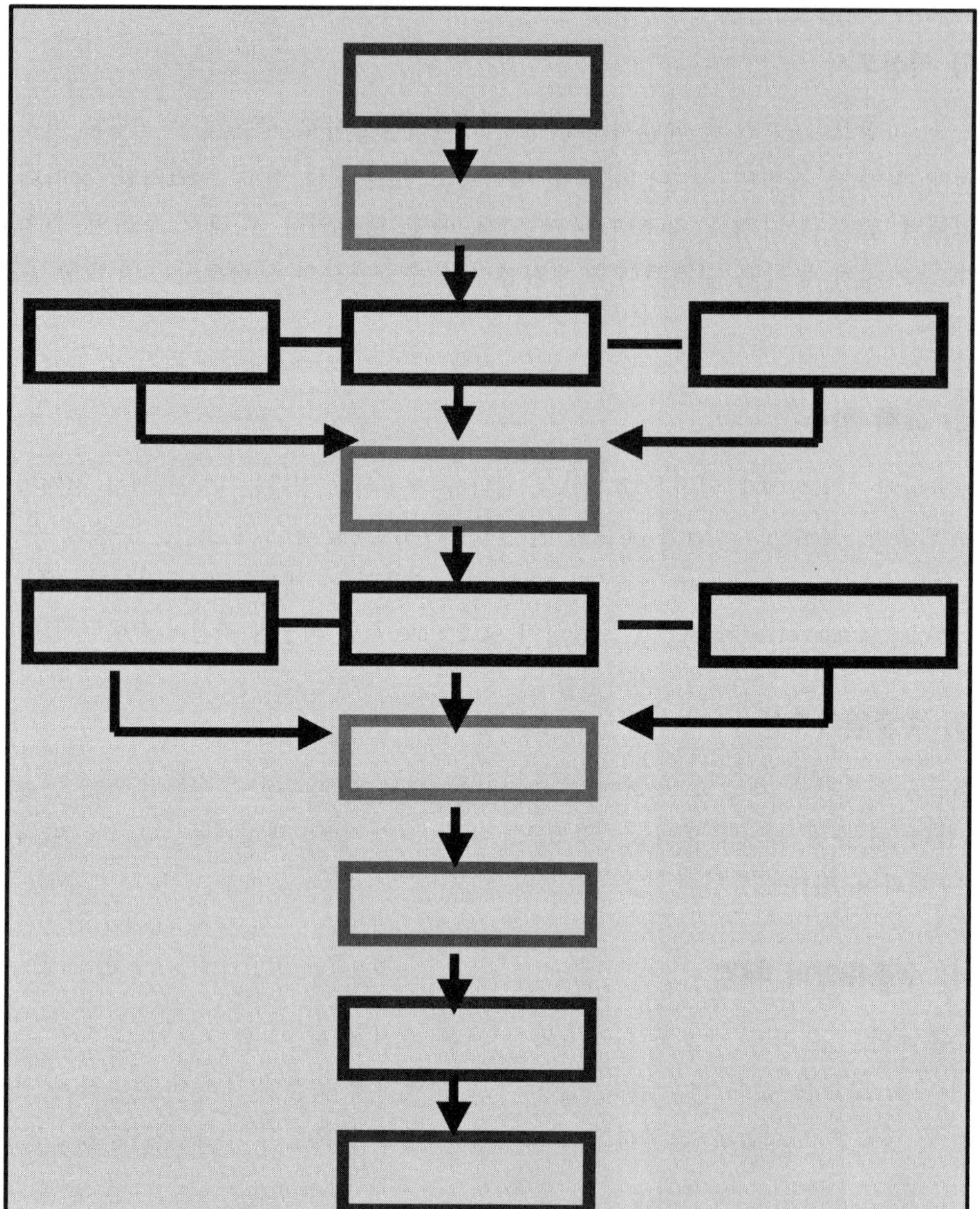

그림 1-1 수출절차의 맵

(6) 수출승인

수출입공고, 수출입별도공고, 통합공고상에 수출승인제한 품목은 관련 조합에서 수출승인을 받아야 한다.

(7) 생산관리

생산관리의 개념은 수출상 입장에서 수입상이 보낸 신용장을 받은 후에 또는 계약이 체결됨과 동시에 수출물품의 제조에 들어가게 되는데 여기서부터 생산되는 물품에 대한 관리를 시작해야 된다. 생산관리는 제조업체가 수출을 하더라도 생산에 직접 관여하는 부서가 있기 때문에 수출담당자는 공정을 체크하는 역할이 중요하다.

발주서의 체크는 생산업체에 투입하는 물품생산 주문서라고 볼 수 있는데, 이것이 제대로 전달이 되고 계획대로 일이 진행되고 있는지 확인을 하는 것이 상당히 필요하다.

납기관리의 중요성은 "납기"라는 말은 "주어진 기간 내에 물품을 들인다."라는 말이고 납기관리는 수출자가 바이어와 계약(약속)한 날짜에 선적을 하고 계약한 날짜에 물품을 인도한다는 개념을 모두 포함하는 말인데, 이러한 두 가지를 관리한다는 말이라고 볼 수 있다.

사 례

이삼성은 입사를 해서 상용차 수출영업을 시작한지 1년이 되었다. 어느 날 외국 수입상으로부터 트럭 10만대의 주문을 받고서 계약을 체결하고 수입상으로부터 신용장을 받고서 계약된 내용과 같은지 확인을 한 다음, 상용차 생산부에 발주서를 투입했다. 머리가 비상한 이삼성은 오래 전부터 상용차 생산부와 신용을 쌓아온 터라 "알아서 잘 만들어 내겠지."라고 전적으로 믿으며 다른 일을 열심히 했다. 어느 날 수입상으로부터 "예정된 일자에 배에 물건을 실을 수 있겠죠?"라는 확인전화가 왔다. 이삼성은 주저할 것도 없이 "OK, DON'T WORRY"라고 간단히 대답을 하고서 수화기를 놓았다.

선적일이 며칠 남지 않자 비상한 이삼성은 확인하는 셈치고 상용차 생산부에 전화를 걸어 "예정대로 생산이 잘되어가는 거죠?"라고 물었는데 이것이 무슨 날벼락인가! 전화를 받은 생산담당자는 "주문 제품생산은 다음주에 하기로 되어 있다고 무책임한 말을 하는 것이 아닌가!" 그 결과로 과거부터 거래해 온 수입상과의 관계가 무너져 버렸고, 회사의 전체 얼굴에 먹칠하는 과실을 범하게 되었다.

(8) 선적관리

선적관리라는 것은 화물을 적절한 운송수단(주로 해상운송)을 활용하여 바이어에게 안전하게 운송하는 것을 말한다. 이렇게 하기 위해서 화주는 선박회사의 신용도를 정확히 파악해야 하며 운송상에서 일어날 수 있는 위험에 대해서 보험을 들어야한다. 따라서 수출물품을 선적하고서 선하증권을 수취할 때까지의 모든 단계를 선적관리의 범위로 본다. 선적관리는 수출영업에 있어서 원가를 낮추고, 영업의 이익을 창출할 수 있는 중요한 부분이다.

(9) 수출통관

수출통관이란 내국물품을 외국으로 반출하는 것을 세관장으로부터 승인을 받는 것을 의미한다. 수출물품의 통관을 위해서는 해당 수출물품에 대한 수출신고를 필하고 수출신고필증을 교부 받아야 한다.

(10) NEGO서류작성

신용장거래에서 수출대금을 회수하기 위해서는 신용장에 명시된 서류를 신용장에 명시된 대로 작성해야 한다. 매입은행은 선적서류를 매입할 때 신용장조건과 제시된 서류가 일치하는 가를 심사하여 아무런 하자가 없는 경우 매입을 하게 된다.

(11) 수출대금회수

매입은행은 선적서류를 매입할 때 신용장조건과 제시된 서류가 일치하는가를 심사하여 아무런 하자가 없는 경우 수출대금을 수출상에게 지급하게 된다.

(12) 사후관리

통관을 해서 선적을 하고 난 이후에 일어나는 활동들을 수출에서는 통상 사후관리라고 말하는 데 사후관리에는 입금관리, 관세환급, 수수료지급 등이 있다.

(13) 해외고객관리

해외고객관리란 국내나 해외에 있는 관련 거래선을 관리한다는 것을 말하는데 기존의 고객을 잘 관리함으로써 새로운 영업을 창출할 수 있기 때문에 해외고객관리는 매우 중요하다. 해외고객관리의 범주는 크게 3가지로 구분되는데 BEFORE SERVICE, IN SERVICE, AFTER SERVICE가 있다.

사 례

- BEFORE SERVICE는 영업이 진행되기 전에 고객에 대해서 어떤 서비스를 통해서 관리하느냐에 초점이 맞추어진다.
  여러분은 현재 수출주식회사에 근무하고 있는 수출영업사원 입니다. 국내M(Maker)이라는 회사는 모시옷을 제조하는 회사인데 생산능력은 한 달에 5만벌 정도이고, 품질이 매우 좋다고 알려져 있다. 현재 일본에 B(Buyer)회사에서는 M회사의 모시옷이 좋다는 소문을 듣고 품질이 확인된다면 10만벌 정도를 수입하려고 하는데 지금에 와서는 망설이고 있다는 정보를 얻어내었다. 이 상황에서 여러분은 어떻게 거래를 성사시키겠습니까?
- IN SERVICE는 영업활동 중에 고객을 어떻게 관리하느냐에 초점이 맞추어진다. 위의 상황을 잘 대처해서 거래가 성사되었다고 하자. 이제는 좋은 물건을 만들어서 계약한 기간 내에 배에 실어 잘 도착하게 하는 일만 남았다. 그렇다면 여러분은 이렇게 하기 위해서 무슨 활동을 하시겠습니까?
- AFTER SERVICE는 영업활동이 끝난 후에 계속해서 고객과의 관계를 강화시키고, 영업의 확장을 꾀한다는데 초점이 맞추어진다.
  위의 상황이 계속 전개가 되어 좋은 품질의 물품이 제때에 일본의 바이어에게 도착했다고 하자. 이제 여러분은 이 일본의 B회사나 국내의 M회사와의 좋은 관계를 유지 발전시키고자 마음을 먹고 있습니다. 이러한 상황에서 여러분은 고객과의 유지발전을 위해서 무엇을 해야 하겠습니까?

1-2 수입절차의 이해

1. 수입절차의 작성

다음 사례를 읽어보고 수입의 각 단계별 절차가 어떻게 진행되는지 빔프로젝트로 제시된 카드로 수입절차의 맵을 작성한다.

사 례

능률물산 수입부서에 근무하는 조대리는 최근에 수년 간 구리를 거래해 오고 있던 김포상사의 차 부장으로부터 중국산 밀을 수입해 보는 것이 어떻게느냐는 이야기를 들었다. 당시는 별로 관심이 없었던 조 대리는 매스컴에서 수 년 전부터 국내에서는 밀 농사가 채산이 맞지 않아서 경작하는 농민이 없으며 시간이 없는 신세대들은 밥보다는 빵을 주식으로 먹은 풍조가 유행하여 수입상들이 밀을 많이 수입하고 있다는 정보를 입수하자 무역전문사이트를 통해 국내 밀 유통에 관한 자료를 수집했다.

현재 국내에는 농협상사와 축협상사에서 주로 중국산 밀을 수입하고 있고 연간 총 수입량은 2,000/MT톤으로 중국산이 1,000/MT, 미국산 500/MT, 캐나다산 500/MT 이었다. 조 대리는 농산물유통사이트를 통해 국내유통 현황을 자세히 분석하고 북경지점, 뉴욕지점, 몬트리올지점에 연락하여 수출업체수와 제반 필요한 정보를 요청한 다음 농협상사와 축협상사를 직접 방문하여 다음과 같은 결과를 얻었다.

- 농협상사 : 중국산 취급 $300/MT FOB XINGKANG PORT
- 축협상사 : 중국산 및 미국산 취급 $320/MT FOB XINGKANG PORT, $340/MT FOB LA PORT
- 북경지점회신 : CHINA FOOD CO., $260/MT FOB XINGKANG PORT
- 뉴욕지점회신 : LA CO., $290/MT FOB LA PORT
- 몬트리올지점회신 : 4개의 수출회사가 있으나 한국에 수출할 수 없다.

무역전문사이트를 통해 해외시장조사를 구체적으로 하고 농산물유통전문사이트를 이용하여 국내시장조사를 실시하여 국내유통체계는 수입상에서 주요 곡물대리점을 통해 소규모 도·소매상을 거처 소비자에게 유통되고 있다는 것을 알았다. 판매처로 서울과 지방의 주요 곡물대리점을 선정한 조대리는 그중 KMP상사와 서강상사를 접촉하여 현재 자기들이 구입하고 있는 가격보다 저렴하거나 품질이 우수할 경우 구매할 수 있다는 사장의 언질을 받았다.

조대리는 운임 및 신속하고 원활한 공급선 등을 고려하여 중국의 CHINA FOOD CO.,을 공급선으로 결정하고 CHINA FOOD CO.,의 수출과장에게 E-mail로 Inquiry Letter를 발송하였다. E-mail로 몇 차례의 Counter Offer가 오고 간 후에 다음과 같은 조건으로 무역계약을 체결하기에 앞서 수입원가계산을 해보니(환율 원1,300원/$, 관세 5%) 당사 재고 및 여신이자를 감안하여도 385,000/MT 정도의 이익이 예상되어 발주품의서를 작성하여 사내 결재를 받은 후 서둘러 수입매매계약을 체결하였다.

1. QUANTITY : 1000/MT
2. PRICE : $260/MT FOB XINGKANG PORT
3. PAYMENT : L/C AT SIGHT
4. S/D : NOV 10 2009
5. E/D : NOV 21 2009

수출상과 수입계약을 체결한 조 대리는 무역EDI시스템으로 한진해운과 현대상선으로부터 다음과 같은 운임견적을 받았다.

1. 한진해운 : $20/MT(ONLY BUSAN PORT CALLING)
2. 현대상선 : $65/MT(INCHEON & BUSAN PORT CALLING)

조 대리는 판매지역의 위치와 부산에서 서울까지의 내륙운송비를 감안하여 운송을 현대상선으로 결정한 후 현대상선의 문 대리에게 본 사업의 향후 전망과 능률물산에 대해 잘 설명하고 $60/MT로 협상하여 $5/MT을 할인 받는데 성공하였고 삼성화재에 WA 3% 조건으로 적하보험에 부보하였다.

능률물산이 수입하고자 하는 품목은 수입승인대상품목에 분류되어 조 대리는 수입승인신청서(Import License Application)를 작성하여 수입계약서와 기타 서류를 무역EDI를 이용하여 농림부 식품과로 전송하여 수입승인(Import Licence)을 받았다.

조 대리는 수입승인서와 수입계약서, 신용장개설신청서를 작성하여 무역EDI시스템으로 조흥은행 마포지점을 개설은행으로 하고 중국의 Bank of China를 통지은행으로 하여 신용장(Letter of Credit)을 개설하였다. 10월 중순이 되어 조 대리는 수출상으로부터 무역네트워크를 통해 10월 29일이 선적예정이라는 통보를 받았다. 조 대리는 즉시 현대상선에 연락하여 선적기일에 착오 없이 선박을 접안시킬 것을 지시한 후 수출상 및 선사를 통해서 계속 체크하였다.

10월 29일 선적일에 맞춰 물품을 선적한 선박이 정확하게 인천항에 입항하자 조

대리는 수출상으로부터 선적서류 사본을 입수하여 10월 30일에 화물선취보증선(Letter of Guarantee)을 받았다. 은행으로부터 화물선취보증서 원본을 받은 조 대리는 KMP상사와 서강상사에게 몇 일 후면 물품공급이 가능함을 통보하고 통관에 필요한 제반서류를 무역EDI시스템으로 인천세관에 제출하고 인천세관으로부터 접수 후 2일정도면 통관될 수 있다는 통보를 받았다. 조 대리는 서강상사를 방문하여 구체적인 가격협상과 판매상담을 하였다.

조 대리는 당사가 밀 시장에 처음 진출하였지만 업계에서 차지하는 당사의 위치와 향후 서강상사와의 다른 상품거래 가능성을 설득하여 첫 번째 주문을 11월에 60MT를 800,000원/MT으로 판매하기로 합의하고 결제조건은 첫 거래이니 만큼 계산서 발행 후 1개월과 60일 어음으로 결제하기로 하였다.

인천세관으로부터 물품이 통관되었음을 확인한 조 대리는 인천의 운수회사인 대한통운에게 연락하여 서강상사의 창고까지 15,000원/MT에 운송하기로 합의하고 이를 서강상사에게 지체 없이 통보하였다. 인천보세창고에서 서강상사로 출고된 양을 기준으로 하여 세금계산서를 발행하여 서강상사에게 전달하고 당사가 수입한 밀의 품질이 기존의 타 거래선에서 수입한 것과 비교하여 전혀 손색이 없음을 통보 받은 조 대리는 기분 좋게 KMP상사로 향했다.

KMP상사는 업체의 규모나 업력을 고려할 때 서강상사보다 다소 떨어지므로 현금판매를 원칙으로 하고 김 사장과 접촉한 결과 당사와 거래하기를 원하는 듯하였다. 김 사장으로부터 흔쾌히 50원/MT씩을 미리 받고 출고하는 것으로 가격은 도착기준으로 750,000원/MT에 하기로 결정하였다. KMP상사로부터 입금을 확인한 조 대리는 대한통운에 연락하여 같은 조건으로 KMP상사 창고까지 입고해 줄 것을 의뢰하고 세금계산서를 발행하였다. 모든 일이 순조롭게 잘 진행되고 있다고 생각한 조 대리는 서강상사가 약속한 1개월 후에 수금하려고 방문하고서부터 일이 심상치 않게 꼬이고 있다는 것을 느끼게 되었다.

서강상사의 사장은 기존 거래처인 A상사가 당사가 판매한 가격보다 5,000원/MT를 저렴하게 공급하여 주고 여신기일도 자·타수 어음을 가리지 않고 120일까지 줄 수 있다고 하면서 능률상사도 120일짜리 어음을 받아가던지 아니면 말든지 마음대로 하라고 일방적으로 통보하였다. 이 사실을 즉시 팀장에게 보고하여 협의 한 다음 이미 계산서를 발행한 후 1개월 반이 지난 시점에서 자수 120일짜리 약속어음을 받기로 합의하였다.

자수어음을 받아든 조 대리는 사후 원가계산을 해본 결과 선하증권 결제시점의 환율 원 1,280/$로 변동하여 원가에 지대한 영향을 미쳤고 출고 일로부터 155일까지의 여신이자를 감안하면 30,000원/MT씩 손해를 보게 되었으며 자수어음의 만기일이 되어 현금화될 때까지 스트레스에 시달리게 되어 위장병이 발생하였다.

수입의 일반적 FLOW

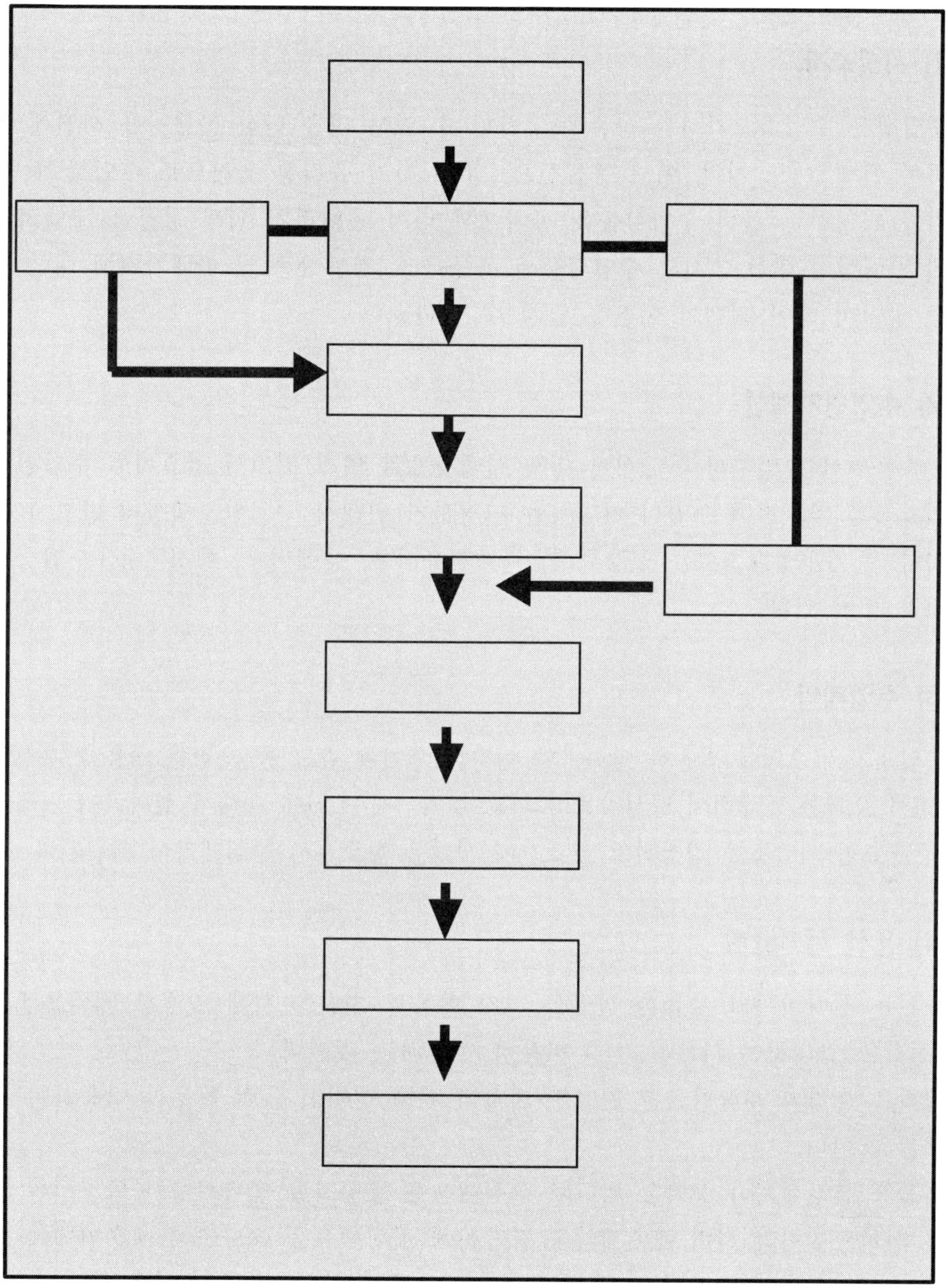

그림 1-2 수입절차의 맵

2. 수입절차의 해설

(1) 시장조사

수입상은 수입하고자하는 상품을 공급할 수 있는 믿을 만한 공급선을 사전에 조사하여 언제, 어느 지역, 어느 공급선으로부터 가장 유리한 조건으로 수입할 수 있는가를 파악하는 한편 수입상품을 국내에서 다시 판매하기 위해 상품을 구매하는 국내 판매상에 대한 조사와 수입상품의 유통구조, 경쟁상품 및 판매가격에 대한 조사를 철저히 해야 최대의 이윤을 남길 수 있다.

(2) 수입원가계산

발주품위서는 발주의 타당성에 대해 사내결제를 얻기 위해서 필요하며 수입전에 수입원가를 파악하여 수입의 타당성을 결정하기 위해서 수입원가계산이 반드시 필요하다. 원가구성요소로는 물품대금, 국제물류비용, 은행비용, 행정비용, 수입상판매이익 등이 있다.

(3) 수입계약

수입계약은 오퍼를 발송한 당사자와 이러한 오퍼를 받고 동 오퍼의 내용을 수정하여 다시 오퍼를 발송하여 당사자들이 서로 무역거래 조건에 대해서 협의하여 거래조건에 필요한 사항들을 결정하고 상호간에 서명을 함으로서 수입계약이 체결된다.

(4) 용선 선적관리

용선은 선박회사가 보유한 선박을 자기 화물의 수송을 위해 일정한 계약조건으로 선박을 임대하여 사용하고 그 비용을 지불하는 것이다.

선적은 소량의 개품화물을 일정한 계약에 의해 정기선 선적 일부를 이용하여 운송하는 것이다.

화물을 선적했거나 선적을 위하여 수취했음을 증명하는 선박회사가 발생하는 서류를 선하증권이라 하며 매매계약을 정당하게 이행했음을 매도인이 매수인에게 증명하는 선적서류를 송장이라 한다.

(5) 수입승인

수입대상 승인품목으로 분류된 물품을 수입하고자 하는 자는 관련 조합의 수입승인을 받아야 한다.

(6) 수입신용장개설

수입상은 무역계약에서 합의한 신용장을 약정된 기간에 수출상 앞으로 개설해야 한다. 신용장은 수입상이 신용장개설신청서를 작성하여 개설은행에 송부하여 신용장을 개설하여 줄 것을 요청하고 이러한 요청을 받은 개설은행은 신용장개설요청서에 작성된 내용에 따라 수출상을 수익자로 한 신용장을 개설한다.

(7) 선하증권 결제

수출상이 선적요청서를 작성하여 전신으로 선박회사에 송부하면 선박회사는 선하증권을 선적요청서에 작성된 내용대로 작성하여 전신으로 수출상에게 보내면 운송계약이 체결된 것으로 간주한다.

(8) 수입통관

입항통보, 입항검사 및 절차는 공급선이나 선박회사로부터 물품의 입항여부를 검사하는 것을 말한다. 선박입항, 적하목록신고는 물품이 입항한 후 선사가 부산세관 보세과에 물품의 목록을 신고해야한다는 것을 의미하며 보세구역배정은 입항신고 후 보세구역담당자자가 물품을 종류별로 구분하여 보세구역을 배정하는 것을 말한다. 하선은 본선 적재물품을 인력과 기력으로 육상까지 양륙 후 배정된 보세구역으로 운송하여 하차 및 입고까지의 모든 작업을 말한다. 장치확인은 관세사가 미리 작성한 보세화물 출입신고서상의 장치확인란에 보세장치 설영주에게 입고확인 작업을 받는 것을 의미한다. 수입신고는 수입신고 서류일체를 서류와 현품의 일치여부를 확인하는 절차를 말한다. 세율확정, 관세납부, 수입면허는 확정된 세율에 따라 관세를 납부하면 외국물품이 내국물품이 되는 것으로 이때부터 수입상은 수입물품을 보세구역에서 반출할 수 있게 된다.

(9) 판 매

재고관리는 발주시점의 결정과 적정재고를 유지하기 위한 것으로 신용장이 개설되었으나 미 입항된 화물을 발주재고라 하며, 입항되었으나 통관되지 않은 화물은 미통관재고, 면허가 완료되어 내국 물품이 된 화물은 통관재고라 한다. 재고관리를 철저히 하기 위해서는 첫째, 실물재고와 전산 및 장부재고를 최소한 1개월에 2회씩 검사하여 일치여부를 확인한다. 둘째, 매 분기 마다 감량발생여부를 보관창고로부터 확인하여 품의서를 득한 후 감량을 회계상으로 정리한다. 셋째, 담당자의 철저한 관심이 필요하며 부실재고를 찾아내어 조기에 처분한다. 넷째, 특별한 사유가 없는 한 선입매출에 의하여 판매한다. 거래선상담과 출고관리가 있다. 출고관리는 주문서접수, 출고의뢰서 작성, 업무와 심사, 출고증 출고, 창고연락, 출고 순으로 이루어진다.

(10) 여신 및 채권관리

여신의 개념은 거래선의 위험을 관리하기 위하여 각각의 업체에 대하여 거래한도를 정하는 것을 의미한다. 여신한도의 설정은 담보한도, 신용한도, 타수한도 등이 있으며 담보한도는 근저당권을 설정한 후에 제공하는 것을 의미하고 신용한도는 순수 신용거래로 부여하는 여신을 의미하며 타수한도는 타수징수조건으로 부여하는 여신을 말한다. 업체에 여신한도를 정하기 위하여 사전에 조사하는 것을 업체신용조사라고 한다. 신용조사방법은 부동산조사, 회사조사, 은행조회, 전문조사기관의 의뢰 등이 있다. 채권보전은 판매대금의 미회수를 대비하여 현금화되기까지 채권회수를 강구하는 수단을 의미한다. 채권보전의 목적은 사고발생시 당사 매출금액을 회수하기 위함이다. 부실채권발생 시 회수 담당자를 정하고 회수와 관련된 제반사항을 전담케 하고 심사팀 등 관련 부서와 협조한다. 심사팀은 부실회수와 관련된 모든 사항에 대하여 영업부서를 지원하고 법적조치와 관련된 사항은 영업부서의 의뢰를 받아서 심사팀에서 처리한다.

CHAPTER 02

해외시장조사

무역거래에서 가장 먼저 해야할 일은 생산된 상품을 해외시장에서 어떻게 판매할 것인가에 대한 구체적인 판매전략을 수립하는 것이다. 전략수립의 첫 단계는 해외시장조사를 통해서 믿을 만한 거래선을 발굴하고 그 거래선이 원하는 상품이 무엇인지 파악하는 것이다.

2-1 해외시장조사

1. 해외시장조사의 의의

무역거래는 국내거래와는 달리 많은 위험에 노출되어 있다. 본래 수입상은 무역계약에서 명시된 상품을 약정된 기간에 입수하는 것이 가장 큰 관심사항이고 반면에 수출상은 수출대금을 안전하게 회수하는 것이 주된 목적이다. 그러나 수출입거래가 서로 다른 국가에 거주하는 기업 간에 이루어지는 상품거래라는 점과 국내상거래에 비해 상품의 운송 기간이 길고 수출입거래 당사자 간의 언어, 법률, 종교, 경제제도, 상관습 등이 서로 다르며 재무상태 파악도 어려워 수출입거래에 따르는 위험발생소지가 많고 그 성격 또한 훨씬 복잡하고 다양하다.

무역거래를 통한 이익을 극대화시키고 무역거래의 위험을 최소화시키기 위해서는 정확한 해외시장조사가 선행되어야 한다. 해외시장조사는 해외시장의 개척과 마케팅 활동을 효율적으로 수행하는데 필요한 정보를 수집하는 것으로 수출상과 수입상의 입장에서 살펴보면 다음과 같다.

수출상은 수출상품을 먼저 개발하고 해외시장조사를 통해 판매시장과 잠재구매력을 지닌 수입상을 발견하고 수입상이 원하는 상품의 특성을 파악하여 가장 적합한 수출전략을 수립해야 한다. 또한 대상시장을 선정한 후 잠재수요가 있는 상품을 발굴하고 외국 고객의 기호에 맞는 상품을 개발해야 한다.

수입상은 수입하고자 하는 상품을 제공할 수 있는 믿을 만한 수출상을 사전에 조사하여 언제, 어느 지역, 어느 수출상으로부터 가장 유리한 조건으로 수입할 수 있는가를 파악하는 한편 수입상품을 국내에서 다시 판매하기 위해 상품을 구매하는 국내판매상에 대한 조사와 수입상품의 유통구조, 경쟁상품 및 판매가격에 대한 조사를 철저히 하여 수입전략을 세워야 한다.

해외시장조사는 해외시장의 개척과 해외마케팅활동을 효율적으로 수행하는데 필요한 정보획득 작업이다. 자기가 생산한 물품을 어떻게 하면 가장 많이 팔 수 있는지, 가장 비싸게 팔 수 있는지, 국제물류비용을 가장 적게할 수 있으며, 어느 때 판매할 것이며, 어디에다가 판매할 것인가에 관한 정보를 과학적으로 수집하고 분석하여 그 결과를 해석하는데 주된 목적이 있다.

2. OFF-LINE을 이용한 해외시장조사

(1) 일반적인 조사항목

지리적 조건과 사회적 조건으로 나누어 일반적인 항목을 조사해야하며 사회적 조건은 인구 및 인구증가율, 종교 및 인종, 언어 및 교육정도, 국민총생산 및 1인당 국민소득, 생산구조 및 유통질서, 통신 및 교통시설, 운송수단, 무역량, 관세 및 정부간여도, 금융기관 및 결제방법, 일반 상도덕 및 관습, 해당상품 국내공업의 발전정도 및 우리 제품과의 가격비교, 경쟁품목을 수출하는 나라 및 경쟁품목을 수출하는 한국업자의 판매정책 및 그 가격, 해당국에서 정책적으로 보호를 받고 있는 상품 및 그 수입정책, 상품의 선전・광고의 정도 및 그 시행과정, 해당상품의 소비층의 소비구조와 잠재수요의 유무, 해당국 국민의 한국에 대한 인상 및 한국상품 일반에 대한 인식도, 해당국의 해당소비층의 품질위주 선택문제, 해당국 국민들의 일반적인 색상 선호문제, 적절한 라벨 및 상표 부착문제 등이 있다.[1)]

(2) 수출시장분석

1) 무역통계자료를 이용한 시장점유율 분석

고기를 많이 잡으려면 고기가 많이 놀고 있는 곳에서 그물을 쳐야 하듯이 수출을 많이 하려면 구매력이 높은 시장으로 가야한다. 수출시장에 관한 통계정보를 입수하기 위해서는 먼저 무역통계자료를 이용하는 것이 바람직하다. 수출상은 무역통계자료를 이용하여 수입시장의 크기와 품목별 시장점유율, 경쟁자와 경쟁의 정도를 파악할 수 있는 정보와 수출시장의 구매잠재력을 측정하는데 도움이 되는 정보를 얻을 수 있다.

수출상이 한국무역협회가 제공하는 무역통계자료를 이용하면 수출하고자하는 지역에서 수출하고자하는 품목에 대한 총 수입량을 파악하여 그 수출지역에서 형성된 시장의 크기를 알 수 있다. 총 수입물량 중에서 국가별로 차지하는 비중과 품목별 비중을 파악하여 경쟁의 정도를 파악할 수 있고 수출하고자하는 제품에 대한 경쟁자를 찾을 수 있다.

---

1) character : 상도덕, capital: 거래능력, capacity : 대금지불능력, condition : 거래조건, collateral : 담보능력, currency : 거래통화, country : 거래국가

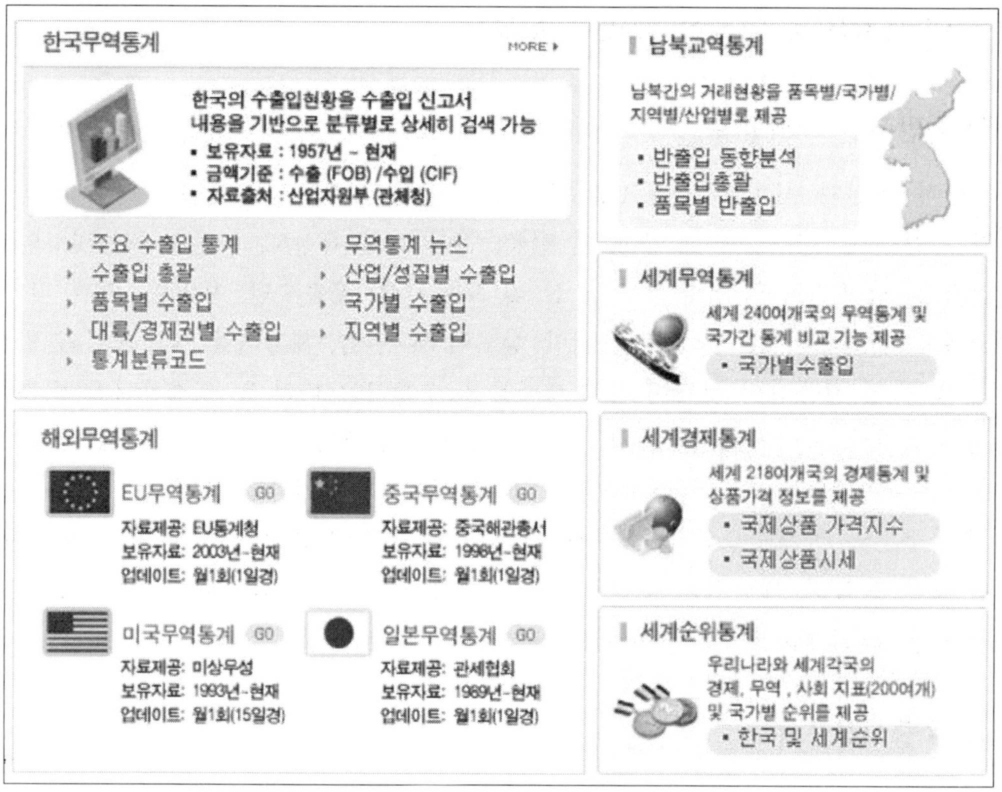

그림 2-1 한국무역협회의 무역통계 자료

2) 무역통계정보를 제공하는 사이트

① 관세청 무역통계(www.customs.go.kr)

관세청에서 작성한 주요 무역통계자료를 인터넷을 통해서 검색할 수 있다. 관세청 초기화면에서 수출입통계를 클릭하면 수출입통계에 관련된 상세한 자료가 화면에 나타난다. 수출입통계안내, 주요 수출입통계, 연도별 무역수지, 국가별 무역수지, 주(대륙)별 무역수지, 경제권별 무역수지, 지역별(통관지별) 수출실적, 국가별, 품목별, 수출화물, 수입화물, 수출입동향, 품목별 수출입 업체조회 등 다양한 수출입 통계정보를 검색할 수 있다.

② 산업자원부 수출통계정보(www.mocie.go.kr)

산업자원부의 주요 무역통계 및 관련 자료를 분기별로 종합 정리한 것으로 수출입관련 통계는 물론 산업에 관한 다양한 정보를 제공하고 있다. 산업자원부 홈페이지에서 자료실을 클릭하면 무역통계자료가 화면에 나타난다.

기본통계는 주요 국민계정추이, 국제수지, 수출입실적 등 14개 항목에 대한 정보가 있다. 무역/투자/국제협력을 클릭하면 지역별 무역수지, 연도별 교역조건, 수출실적, 수입실적 등 12개 항목의 정보가 있다. 수출실적을 클릭하면 품목별 수출실적, 지역별 수출실적, 주요 품목별 월별 수출실적, 주요 지역별, 품목별 수출실적에 관한 정보가 수록되어 있다.

산업별 동향을 클릭하면 산업별 수출입통계에 관한 자료가 있고 섬유산업을 클릭하면 수급동향, 국내산업상 비중, 세계시장에서의 위치, 수입량, 화학섬유 생산능력, 섬유소재별 1인당 소비량 등에 관한 정보가 있다.

③ 통계바다(www.stat.go.kr)

우리나라의 모든 통계정보를 한눈에 검색할 수 있는 사이트로 107개 정부기관에서 내놓은 399종의 각종 통계정보를 해당부처의 웹사이트에 일일이 접속할 필요 없이 한곳에서 검색할 수 있도록 해놓았다.

④ 세계통계정보(www.lib.umich.edu)

전 세계에 흩어져 있는 경제, 무역, 산업은 물론 정치, 교육, 환경 등 다양한 분야의 통계정보 사이트의 Know-Where 정보를 12가지 상위 디렉토리로 분류하여 일일이 접속할 필요 없이 한곳에서 검색할 수 있도록 했다.

⑤ 미국통계청 데이터베이스(www.census.gov)

미국으로 수입된 제품을 국가별, 연도별, 품목별로 분류된 정보를 제공하는 사이트로 미국으로 수출하고자 하는 품목이 미국에서 얼마나 수입되며 주된 수입국가가 어느 국가인지 검색할 수 있어 본 제품이 미국에서의 경쟁정도, 시장성, 가격산정, 고객의 기호 등을 파악할 수 있다.

(3) 유통법규분석

모든 국가는 자국으로 수입되는 모든 물품에 대해서 자국의 법률로 관리하고 있다. 수입국에서 제정된 법률을 충족시키지 못하면 수입이 금지되는 것이다. 수입국의 법률요건을 충족시키는 물품만 수입국으로 수입되기 때문에 수출상은 수출하고자하는 국가의 법률요건이 무엇인지 우선 조사하여야 한다. 수출상은 수입국의 법률요건을 충족시키기 위하여 필요한 서류가 무엇인지, 비용은 얼마이고 기간은 얼마나 걸리는지 사전에 조사하여야 한다.

인삼가공제품을 일본으로 수출하려면 일본의 위생성이 요구하는 서류를 제출하여 허가를 받아야 인삼가공제품을 일본으로 수출할 수 있다. 또한 중국으로 인산가공제품을 수출하려면 중국당국으로부터 허가를 받아야 수출할 수 있고 허가받은 제품만이 중국에서 판매할 수 있다. 중국은 자국으로 수입되는 인삼에 관련된 제품의 수입허가를 까다롭게 적용하고 있어서 수입허가를 받는데 필요한 비용이 과다하고 장기간 심사 기간이 소요되어 중국으로 인삼관련 제품을 수출하기가 거의 불가능하다. 지금까지 중국당국으로부터 허가받은 한국의 인삼 관련 제품은 약 10품목에 불과하고 매년 다시 중국당국으로부터 허가를 받아야 한다.

한남대학교 TI 사업단은 2004년에 해피콜 제품을 중국당국으로부터 질량검사를 받아 이천만원을 수출하였는데 중국당국으로부터 허가를 받은 과정을 살펴본다. 구비서류는 실용신안등록증, 의장등록증, 한국특허증, 미국특허증, 산업자원부장관상장, 벤처기업확인서, 한국생활용품시험연구원 시험성적서, 한국원사직물시험연구원 시험성적서, 한국표준협회 인정서, 기타서류 이며 이들 서류는 중국어로 작성하여 한국의 법률사무소에서 공증을 받아 외교통상부의 인증을 받아야 한다. 인증신청서 양식을 작성하여 공증 받은 서류원본, 복사본 각 1부와 함께 외교통상부에 제시하여 인증을 받은 후 중국대사관에서 다시 인증을 받아야 한다. 중국대사관에 구비된 인증신청서를 작성하고 신청인 주민등록증 앞, 뒤 복사본, 외교통상부가 인증한 원본과 사본 각 1부를 함께 중국대사관에 제시하여 인증을 받아 중국으로 송부하여 중국의 질량독소검사총국에 이들 서류와 검사 받을 제품 각 5개, 제품설명서, 사용설명서 각 1부를 제시하여 검사필증을 받았다. 검사 기간은 40일이 소요되었고 사백만원의 검사비용이 발생하였다.

공증인가 대전합동법률사무소
DAEJEON LAW & NOTARY OFFICE

Registered No. 2004 - 1914

NOTARIAL CERTIFICATE

DAEJEON LAW & NOTARY OFFICE
1391, Dunsan-dong, Seo-gu, Daejeon, KOREA

그림 2-2 구비서류

FITI 检测研究学院

汉城，Dongdaemun-gu, Jeki-dong, 第 852-64 号
电话 02）962-2925/6　　传真 02）962-0677
网址 http://www.fiti.re.kr

检测结果报告书

申请者：　Happy Call 有限公司　　　　　　　　收据编号：930141-02161
地址：釜山，Sasang-gu, Gamjeon-dong, 第 155-3 号　　收据日期：2001 年 6 月 22 日
检测物品：Happy Call 牌压力煎锅

关于你方 2001 年 6 月 4 日所提供的检测样品的测试结果如下：

测试项目	测试结果	
	黑色	样本
（1）抗菌（薄膜接触方法（（FC-TM-20）-2001））	细菌数量：毫升	细菌减少：百分之
初始细菌量	$1.4*10^{5}$	$1.4*10^{5}$
24 小时后	$5.7*10^{5}$	<10
减少率(%)		99.9

* 增长率：41 次
* 标准薄膜遮盖物：STOMACHER@400 POLY-BAG
* 接菌密度：$1.4 \pm 0.3*10^{5}$ / ml
* 非离子表面活动物质的种类：80（0.05%）之间

检测环境）细菌数量是在细菌呈液体状态时，在 35±1 度，RH90%的条件下，经过 24 小时的培养后所测量出来的
　　样品表面密度：$25cm^2$
注）其中使用的细菌：葡萄状球菌 奥里厄 ATCC 6538
　　请检查所附上的薄膜

测试项目	细菌数量：毫升	细菌减少：百分之
（2）抗生（薄膜接触方法 FC-TM-20-2001		
初始细菌量	$1.8*10^{5}$	$1.8*10^{5}$
24 小时后	$6.5*10^{6}$	<10
减少率(%)		99.9

* 增长率：36 次
* 标准薄膜遮盖物：STOMACHER@400 聚乙烯-袋
* 接菌密度：$1.8 \pm 0.3*10^{5}$ / ml
* 非离子表面活动物质的种类：80（0.05%）之间

检测环境）细菌数量是在细菌呈液体状态时，在 35±1 度，RH90%的条件下，经过 24 小时的培养后所测量出来的，
　　样品表面密度：$25cm^2$
注）其中使用的细菌：大肠埃希氏菌（大肠杆菌）ATCC 25922
　　请检查所附上的薄膜

FITI 检测研究学院

한국원사직물시험연구원

http://www.fiti.re.kr

서울특별시 동대문구 제기동 892-64 TEL (02)962-2903/6 FAX (02)962-0679,965-5862/3 강남 TEL (02)528-0983/8 FAX (02)528-0990 부산 TEL (051)463-5462/4 FAX (051)462-8803
대구 TEL (053)551-2150/9 FAX (053)551-2148/9 대전 TEL (042)623-5156 FAX (042)621-5143 광주사무소 TEL (062)352-6451/2 FAX (062)352-6453

시 험 성 적 서

의뢰자 : (주)해피콜
주 소 : 부산시 사상구 감전동 155-3
시료명 : 해피콜 압력후라이팬

접수번호 : 930141-02161
일 자 : 2001-06-22

2001-06-04일자로 의뢰하신 시료에 대한 시험결과는 아래와 같습니다.

시 험 항 목 / 시 험 결 과

(1) 항균력 (필름밀착법((FC-TM-20)-2001)) : 세균수/㎖, 세균감소율:%

	#BLANK	#SAMPLE
초기균수	$1.4X10^5$	$1.4X10^5$
24시간후	$5.7X10^6$	<10
감소율(%)		99.9

- 증가율 : 41배
- 표준피복필름 : STOMACHER® 400 POLY-BAG
- 접종균 농도 : $1.4\pm 0.3X10^5$/㎖
- 비이온 계면활성제 종류: TWEEN 80(0.05%)

시험조건) · 시험균액을 35± 1℃, RH 90%에서 24시간 정치 배양후 균수 측정
· 시료 표면적: 25㎠

주) · 사용공시균주 : STAPHYLOCOCCUS AUREUS ATCC 6538
· 별첨 사진 참조

(2) 항균력 (필름밀착법((FC-TM-20)-2001)) : 세균수/㎖, 세균감소율 %

	#BLANK	#SAMPLE
초기균수	$1.8X10^5$	$1.8X10^5$
24시간후	$6.5X10^6$	<10
감소율(%)		99.9

- 증가율 : 36배
- 표준피복필름 : STOMACHER® 400 POLY-BAG
- 접종균 농도 : $1.8\pm 0.3X10^5$/㎖
- 비이온 계면활성제 종류: TWEEN 80(0.05%)

시험조건) · 시험균액을 35± 1℃, RH 90%에서 24시간 정치 배양후 균수 측정
· 시료 표면적: 25㎠

주) · 사용공시균주 : ESCHERICHIA COLI ATCC 25922
· 별첨 사진 참조

한국원사직물시험연구원장

* 의뢰자가 제시한 시료의 시험결과이며 시료의 명칭은 의뢰자가 제시한 호칭임 * 본 결과는 광고홍보, 소송 및 기타 법적 요건으로 사용하지 못함
국제협력 및 상호인증기관 : 국제양모사무국(IWS), 국제견업협회(ISA), 미국재료시험규격협회(ASTM), 미국섬유화학염색협회(AATCC), 영국섬유기술연구소(BTTG), 국제산업직물협회(IFAI), 국제부직포 및 단웅재협회(INDA), 미국봉제협회(AAMA), 일본섬유기계학회, ITS, 일본방직검사협회(BOKEN), 외국 유명 바이어

86-A-86
89. 2. 15

93014102161

REPORT NO : 930141-02161 (PAGE 1 OF 2)

공증인가 대전합동법률사무소
DAEJEON LAW & NOTARY OFFICE

위 번역문은 원문과 상위없음을 서약합니다. 200 4 . 5 . 26 . 서약인 구장회 (인)	I swear that the attached translation is true to the original on May 26. 2004 Signature
등부 200 4 년 제 1914 호 인 증	Registered No. 200 4 - 1914 NOTARIAL CERTIFICATE
위 구장회 는 본직의 면전에서 위 번역문이 원문과 상위없음을 확인하고 서명날인하였다.	Koo Jang Hoi personally appeared before me, confirmed that the attached translation is true to the original and subscribed his(her) name.
200 4 년 5 월 26 일 이 사무소에서 위 인증한다.	This is hereby attested at this office on May 26 2004
공증인가 대전합동법률사무소 대전광역시 서구 둔산동 1391	**DAEJEON LAW & NOTARY OFFICE** 1391, Dunsan-dong, Seo-gu, Daejeon, KOREA
공증담당변호사	Attorney at law acting as notary public
본 사무소는 법률 제 2662호에 의하여 법무부장관으로부터 공증인 업무를 행할 것을 인가받았다.	This office has been authorized by the minister of Justice, the Republic of Korea, to act as Notary Public since the 19th day of July, 1974 under Law No. 2662.

认 证 书

（2004）韩认字第0010026号

兹证明前面文书上韩国外交通商部的印章和该部官员

KIM KYE DEUK的签字均属实。

中华人民共和国驻大韩民国大使馆领事部

三等秘书兼副领事

二〇〇四年六月三日

文书内容由出文机构负责

C2593306

(4) 거래선조사

1) 수입상에 관한 조사

수출상품을 실제 소비하는 소비자에 대해서는 소비자의 소득별 분포, 구매능력, 취향, 상품에 대한 만족도, 생산자에 대한 이미지(image) 등을 조사·분석한다. 소비자에 대한 종합적 분석에 따라 수출제품을 차별화, 다양화하여 새로운 모델을 계속 개발함으로써 해외시장을 유지·확대할 수 있다.

2) 수출상에 관한 조사

수입상이 상품을 구매하기 위해서 해외시장을 조사할 경우에는 원하는 상품을 적기에 공급할 수 있는 공급선(수출업자)에 대한 조사가 이루어져야 한다. 이와 관련하여 조사할 사항은 공급선의 성실성, 영업태도, 업계에서의 평판, 재무상태, 생산능력, 선적시기 등이다.

무역거래에서는 생면부지의 당사자들이 현품을 직접 확인하지 않은 상태에서 서신을 통해 거래를 시작하기 때문에 성실성, 영업태도 등 거래 상대방의 성격을 분석하는 것이 매우 중요한 일이다. 공급선의 재무상태는 장차 발생할 지도 모르는 채무를 이행할 수 있는지를 분석하는 자료가 된다. 그리고 수입규모와 수입시기를 결정하기 위해서는 공급선의 생산능력과 선적가능시기를 조사해야 한다.

(5) 대상품목에 관한 조사

1) 수출상품

수출상은 수출하고자 하는 상품의 품종, 품질, 디자인, 상표, 포장, 가격 등을 현지 생산품이나 기타 경쟁품 · 대체품의 가격, 시장점유율을 비교 분석하여 해외시장에서의 경쟁력을 측정하고 수출상품의 판매가격전략을 수립해야 한다. 이러한 경쟁력 측정과 가격전략을 통해서만이 시장에 적합한 상품을 수출할 수 있다. 중국산 바디사워기는 일반적인 기능을 가지고 있지만 한국산 비타민 사워기는 피부관리를 하는 기능을 가지고 있어서 중국산과 차별화가 되지만 가격이 중국산에 비해서 비싸다.

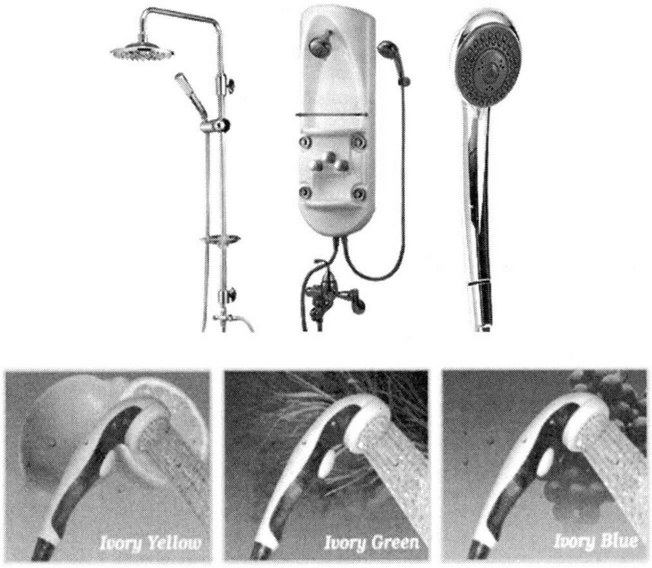

그림 2-2 중국산과 한국산 샤워기

2) 유통구조

이는 수출상품이 현지에서 유통되는 과정을 조사하는 것이다. 수입상이 상품을 수입하여 최종소비자에게 판매하기까지의 유통과정이 복잡한 경우에는 최종소비자가 높은 가격을 주고 구매하기 때문에 수출상품의 가격경쟁력을 상실할 수 있다.

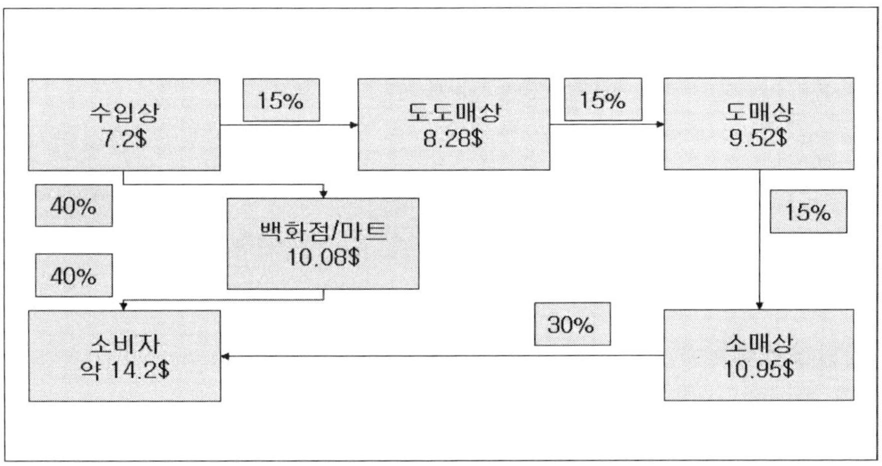

2-3 유통구조와 판매가격

수출상이 FOB Busan조건으로 개당 5US$로 수출한 상품은 수입항까지 운인 및 통관비용이 포함된 관세 25%가 발생하여 6.25US$되고 수입상의 이익 0.95US$가 포함되어 7.2US$이 된다. 수입상이 개당 7.2US$로 수입한 가격이 최종소비자에게는 14.2$로 판매된다.

3. 인터넷을 이용한 해외시장조사

(1) 검색엔진을 이용한 시장조사

정보통신망이 연결된 정보통신고속도로에 들어서면 무수히 많은 길이 있기 때문에 이정표를 제대로 볼 수 있는 사람은 손쉽게 목적지까지 도달할 수 있는 반면에 그렇지 못한 사람은 방향감각을 상실해서 목적지는 고사하고 원위치로 돌아올 수 없다. 여기서 이정표는 검색엔진을 말하며 검색엔진을 잘 활용할 줄 아는 사람은 경제적으로 자기가 원하는 정보를 쉽게 얻을 수 있다. 전자무역에서 수출입상사들은 해외시장조사에 필요한 정보를 얻기 위해서 자기가 원하는 검색어를 가지고 원하는 사이트를 검색해주는 검색엔진(search engine)을 적극적으로 활용하여 왔다.

1) 검색엔진의 종류

① **국내정보검색엔진**

인터넷 사용자들이 급격히 증가함에 따라 정보를 효과적으로 검색할 수 있는 한글 검색사이트가 1994년에 개발되었다. 대표적인 사이트로는 심마니, 야후 코리아, 정보탐정, 와키노, 까치네, 다찾니, 코시크, 유즈넷검색네플 등이 있으며 그 후 계속해서 검색엔진이 개발되어 현재 20여 개에 이르고 있다.

최근 개발된 검색엔진은 다양한 검색기능을 제공할 수 있도록 만들어져 기능과 성능면에서 외국에서 개발된 검색엔진과 비교해 볼 때 결코 뒤지지 않는다. 따라서 해외시장조사를 할 때 수출입상사들은 각 검색엔진이 갖고 있는 특성을 잘 활용하면 필요한 정보를 경제적으로 획득할 수 있다.

② **해외정보검색엔진**

해외에서 개발된 검색엔진은 야후(yahoo), 노란집(theyellowpage), 인포시크(Infoseek), 알타비스타(Altavista), 익사이트(Excite) 등과 같이 많이 있으며 이들 검색엔진은 기능과 성능면에서 상당한 차이가 있기 때문에 적합한 검색엔진을 선택하는 것이 무엇보다도 중요하다.

특정 수출품목에 대하여 주요 검색엔진을 통해 키워드 검색을 하였을 때 검색결과로써 수 만개 또는 수십만 개의 웹 페이지가 검색결과로 도출될 수 있다.

(2) 전자무역 거래알선 사이트를 활용한 시장조사

전자무역거래알선사이트는 인터넷을 이용하여 국가 간 상거래를 중재 및 알선해주는 무역사이트로 국가 간 상거래를 촉진하기 위해 세계의 수출입상에게 모든 정보를 제공해주고 있다. 전 세계를 대상으로 물품을 팔고자하는 수출상과 물품을 매입하고자 하는 수입상이 등록되어 있어서 거래선을 발굴하기가 용이하며 인터넷을 이용하여 자사상품을 홍보하고 상품소개서를 정보통신망에 등록하여 전 세계의 가망고객에게 상품과 수출상을 소개해줌으로써 국가 간 상거래를 활성화 시켜주는 사이트이다.

1) 전자무역거래알선 사이트의 특징

전자무역거래알선사이트는 수출입상이 인터넷으로 상호간 의사를 전달할 수 있다는 특징을 갖고 있다. 수출상이 판매하고자 하는 상품에 대한 소개와 오퍼의 발송 그리고 오퍼를 받아본 수입상이 오퍼내용에 대한 수정을 인터넷상에서 자율적으로 할 수 있다는 점에서 전자무역거래알선사이트는 시간과 공간을 초월하여 정보의 활용성을 제공하고 있다.

기존에 수출상은 해외시장조사와 거래선의 명단을 입수하기 위해 무역통계자료와 무역유관기관에서 발행한 간행물과 해외기관에서 발간한 간행물을 일일이 찾아서 분석한 후에 거래선을 선정하는 방법을 사용하여 시간과 비용이 많이 소요되었지만 전자무역거래알선사이트를 이용하면 경제적으로 원하는 정보와 거래선을 발굴할 수 있기 때문에 이러한 전자무역거래알선 사이트를 적극적으로 활용해야한다.

무역거래알선 사이트를 통한 중소기업의 수출총액을 합산한 결과 업체당 총 1000만~2000만 달러 규모의 수출실적을 달성한 것으로 나타났다. 중소기업들은 무역전문사이트를 이용하여 해외시장을 효과적으로 개척하고 있는 것으로 볼 수 있다. 결국 해외시장 개척을 원하나 인력 및 비용 부족으로 어려움을 겪는 국내 중소기업체들에게 전자무역은 세계시장으로 나가기 위한 관문으로써 유용함을 보여준다.

2) 전자무역거래알선사이트 소개

① 국내 무역거래알선 사이트

- EC21(www.ec21.com)

  각 카테고리별로 검색이 가능하고 오퍼정보, 업체 디렉토리, 상품 카탈로그 등을 제공하고, 국내정보와 국외정보로 크게 분류되어 있다. EC21은 2007년 말 111개 업체의 수출대행을 통해 6,455만 6,000달러의 계약을 성사시켜 국내에서 처음으로 단일 무역 e마켓을 통한 수출거래액이 연간 6,000만 달러에 이르고 있다.

- ECPLaza(www.ecplaza.net)

  카테고리의 오퍼 검색 및 등록, 오퍼자동등록, 유명 검색엔진 및 디렉토리 홈페이지 자동등록, 트레이드, 비즈니스 관련 뉴스그룹 오퍼 자동 포스팅 등의 무료 트레이드 프로모션 서비스를 제공하고 있다. ECPLaza를 통해 수출된 금액이 1500만 달러에 이르고 있다.

- SILKroad21(www.silkroad21.com)

  SILKroad21은 전자무역을 활성화시키기 위한 우리나라의 국가인프라로 중소기업의 전자상거래를 지원하는 무역전문 사이트이다. 해외수입상 검색과 관련하여 여러 무역유관기관에 흩어져 있는 오퍼를 이곳 사이트에서 통합하여 검색할 수 있는 기능을 제공하고 있다. 즉 자체 내의 데이터베이스뿐만 아니라 "EC21", "KOBO", "Trade Page" 등 기타 국내의 다른 무역거래알선사이트들을 검색한 결과도 함께 제공해 주는 사이트이다.

- 티페이지글로벌(www.tpage.com)

  오퍼보드에 등록된 거래 희망금액만 22억 달러에 달하는 국내의 대표적인 무역 e마켓 중 하나에 속한다. 최근 마이티페이지라는 통합관리솔루션을 통해 무역서신교환, 협상, 제품정보 및 거래선 관리, 해외수입상 발굴 등을 유료로 통합서비스하고 있다. 티페이지글로벌은 자사 사이트 해외 회원수 비중이 80%인 점을 이용해 국내 IT제품을 중심으로 글로벌 마케팅을 벌인 결과 1,000만달 이상의 수출성과를 거두었다.

- 이트레이더

이트레이더는 B2B 마케팅 시스템인 마이바이어(My Buyer)제품을 개발하여 1,000만 달러의 수출성과를 거두었다. 최근 5년간 전 세계 주요 무역기관으로부터 수집한 19740여만 수입상 정보가 655개 업체로 분류되어 12개 업종별 CD로 되어 마이바이어를 통해 업체가 원하는 개별 수출업체들에 대한 데이터베이스를 구축할 수 있을 뿐만 아니라 수출업체는 이 데이터베이스를 이용하여 관련 수입상에게 지속적인 수출상품의 정보를 제공함으로서 해외시장을 효과적으로 개척할 수 있을 것이다.

② 해외 무역거래알선 사이트

- kompass(www.kompass.com)

kompass는 전 세계 70개국 170만개 기업체의 제품, 중개 및 기타 관련 정보를 무료 및 유료로 제공한다. 각각의 기업체는 kompass의 지사로부터 매년 점검을 받고 있다. 모든 기업체와 5만개에 이르는 상품 및 서비스는 kompass 자체의 상품분류시스템에서 company, trader, executives, product category 등 대부분의 적합한 기업체는 무료로 자사명 등록이 가능하며, 소매업의 경우는 제조자, 중개인, 유통업자와 직접적인 거래가 가능하므로 kompass 등록 자격에서 제외된다. 취급 품목은 농산품에서부터 자동차, 화학, 정보통신, 건강관련 산업, 뷰티, 운송, 호텔 및 기업경영 서비스까지 굉장히 폭넓다.

- EUROPAGES(www.europages.lu)

EUROPAGE에서는 유럽내의 상품, 기업체 및 무역거래를 주 내용으로 하지만 유럽 외 지역에 관한 정보도 찾아볼 수 있다. 상품과 회사로 분류되어 정보검색이 이루어지고, 농업, 원료, 운송, 화학, 건설 및 공공산업, 컴퓨터장비, 정보, 피혁, 의류, 출판, 다양한 서비스에 이르기까지 제한이 없다. 카테고리로 들어가면 하부 카테고리가 다시 열리고 기업에 대한 간략한 정보와 함께 기업 웹사이트에 바로 연결될 수 있도록 시스템화 되어있다.

- Thomas Register

  북미지역, 즉 미국과 캐나다 제조업체가 카테고리로 분류되어 있고 각 제조업체의 웹사이트를 클릭하여 들어가면 기업 및 상품에 대한 정보를 얻을 수 있다. company/product category 별로 구분되어 있으며, 키워드를 입력하여 검색해야 한다.

- AsianNet(www.asiannet.com)

  성장하는 경제국가들에 대한 상세한 정보를 제공하고 있다. 국가별로 분류하였고 수출입오퍼에 대한 정확한 분류와 자세한 정보가 이 사이트를 중심으로 현재 많은 거래가 이루어지고 있다고 볼 수 있다. 이 사이트의 특징으로는 새로 시작한 기업과 새로 출시하여 아직 검증 받지 않은 아이디어 상품들이 많다는 점이다.

- USITC(http://dataweb.usitc.gov)

  United States International Trade Commission는 미국의 수출입과 관련된 통계정보를 제공하는 사이트를 운영하고 있다. 각 품목별 관세율과 연도별 국가별 수출입현황을 조회할 수 있고 미국의 수출입관련 규정의 변동사항도 파악할 수 있다.

- Alibaba(www.alibaba.com)

  중국관련 거래알선 사이트로 주로 중국업체들과 거래를 희망하는 외국 수입상을 위해서 중국의 제조, 무역, 업체들에 대한 정보와 상품 및 오퍼정보를 담고 있는 중국 최대의 거래알선 사이트이다.

표 2-1 세계 주요 무역사이트

사이트 명	내 용	홈페이지 주소
100Sell.com	Free trade lead listings	http://www.20sell.com
1 st World Trade Portal	Free trade lead listings	http://www.1stworldtradeportal.com
20un	Free trade lead company listings. Knowing Devide of industry in under directory.	http://www.20un.com
대한무역투자진흥공사		http://www.kotra.co.kr
무역일보		http://www.tradenews.net
산업정보망		http://www.iln.co.kr
수출보험공사		http://www.keic.or.kr
신용보증기금		http://www.shinbo.co.kr
외교통상부		http://www.go.kr
한국신용정보		http://www.nice.co.kr
AA Tradenet	Free trade lead listings. Product,company serch. 체코,영어서비스 제공.	http://www.tradenet.cz
AAAO E.COM	For fee trade lead system	http://www.aaaoe.com
Afaceri Online	B2B marketplace with free Trade Leads, Showrooms and Directory - target Romanian, European and International	http://www.afacerionline.com
Africa Import Export Forum	Africa Trade Forum is dedicated to trade and import export opportunities from Africa towards America, Asia Pacific & Euroup. Africa Trade Forum is a major marketplace for African companies to seek new suppliers of manufactured goods, services and foodstuffs. Overseas companies will find new reliable exporters of tropical goods and business partners. To help business contacts all offers are translated into French and available in both languages.	http://www.export-forum.com
Alibaba	Free trade lead listings. Search engine format.	http://www.alibaba.com
Allactiontrade	Free trade lead listings	http://www.allactiontrade.com
AsiaTradeMart.com	Trade leads from Asia	http://www.asiatrademarl.com
asiaville	Free trade lead listings. Product,company serch. 체코,영어서비스 제공.	http://www.asiaville.com
Berlinkauf Trade Leads	For fee trade lead system	http://www.berlinkauf.com
Bidmix.com	Searchable database of import, export, and business opportunity trade leads for international businesses.	http://www.Bidmix.com
Biz Online Classified	Free trade lead listings	http://www.mcsmarketing.westhost.com/cai-bin/classifieds/classifieds.cgi
BizBB	Free trade lead listings	http://www.bizbb.com
Biz-Channel-Free Trade Leads	Chinese based site offering free posting of offers to Buy/Sell and maintains a database of trade leads.	http://www.biz-channel.com/leads.htm
Business Contact Forum	Free trade lead listings	http://www.lengua.com/www.board/www.board.html

사이트 명	내 용	홈페이지 주소
Business Link	Free trade lead listings	http://www.bazar-az.com/products.php
Business-World-Promotion.com	Website for posting classified leads for a variety of products and services.	http://www.business-world-promotion.com/cgi-bin/classified/classified.cgi
Californic Trade Network	Free trade lead listings from California	http://www.caltrade.com
Centre for International Trade	Free trade lead system	http://centretrade.com/cgi-local/forum.cgi
China Inc Trade leads	Free trade lead listings	http://www.china-inc.com/cgi-bin/yabb/yabb.cgi
China Vista	Free trade lead listings	http://trade.chinavista.com/home.html
CIA		http://www.cia.gov
Cosmetic Market Research		http://databases.cosmeticsbusiness.com
DoubleTrade	An international trading hub dedicated to the management of public and private I invitations to tender in European and intemational markets, via the internet.	http://www.doubletrade.com/siteuk/Accueil.htm
Duns & Radstree		http://www.dnb.com
ec21	세계 2위의 전자 무역 포털 사이트로 영어 이외에 한글과 중문으로도 검색 가능. 아이템별 거래 유형별, 기업별 검색이 가능하며, 전 세계 한국업체와 거래하고자 하는 회사들이 많이 이용하므로 상대적으로 거래 성사 가능성이 높다.	http://www.ec21.net
ecplaza	다양한 언어 지원, 최신 자료 많음. 무료 회원 가입도 가능, 195개 회원국의 50만 Buyerlist& 유수 무역사이트 buying offer제공.	http://www.ecplaza.net
ECROBOT.com	Trade lead search engine and company product listings.	http://www.ecplaza.net
eMarket Services		http://www.ecplaza.net
E-net		http://www.enet.co.kr
E-Netbuy	Free trade lead listings. B2B기능과 온라인기능 확장.신뢰도는 떨어짐.	http://www.e-netbuy.com
E-WorldTrade.Com	International trade portal providing trade leads and a business directory.	http://www.e-worldtrade.com
Export Consulting	Free trade lead listings and links to consultants in several countries 가입비 무료, 무료 회원제이므로 회원들의 컬러티는 보장 못함. 메인 아이템: 국가별 올리브 오일, 기계부품, 원목, 귀금속.	http://www.exportconsulting.nl

사이트 명	내 용	홈페이지 주소
ExportBureau	Free trade leads and directories	http://www.exportbureau.com
ExportersUS	Trade leads for import and export wth the USA	http://www.exportersus.com
ExportLeads.com / Importleads.com	Website offering trade leads for importers and exporters.	http://www.exportleads.com
ExportPymes	Free trade leads in Spanish	http://www.exportapymes.com
Exprot-Leads Online	Fee-based trade leads. Also sells international directory of importers	http://www.export-leads.com/enter.htm
Extrade.net	Free trade lead listings	http://www.extrade.net
Feedback Research Service.		http://www.feed-back.com
FITA/Alibaba Marketplace	The FITA/Alibaba Marketplace is a partnership between FITA and Alibaba.com, the world's largest marketplace for global trade and the leading provider of online marketing services for importers and exporters. Click here to take a look!	http://fita.alibaba.com
Foreign Trade online	Free trade leads and other resources	http://www.foreign-trade.com
FreeTradeFront.Com	Classified listing of trade leads. 연회비 US$199, 한국어 지원 매우 엉망. 사기 보도 기록, 아프리카 은행 이동 사기, 이주사기, 나이지리아인 사기 등 사례 게시.	http://www.freetradefront.com
Fuzing	Free trade lead listings	http://www.fuzing.com
Global Importers List	Subscription based trade portal opertaed by Eurotrade Market Network providing a global importers directory and newsfeeds.	http://www.export-import-companies.com/
Global Information Inc.		http://www.giikorea.co.kr
Global Information Inc.		http://www.the-infoshop.com
Global Trade & Technology Network	GTN, a marketplace sponsored by th US Agency for international Development (USAID) facilitates the transfer of technology and services through the identification, dissemination and matching of industry specific requests for quotations (RFQs) for our member companies located in the United States, developing countries and transition economies.	http://www.usgtn.net
Global Trade Village	Free trade lead listings	http://www.globaltradevillage.com
Global Trade Zone	Free trade lead listings	http://www.tradezone.com

사이트 명	내 용	홈페이지 주소
go4WorldBusiness.com	무료 거래 알선사이트, 사이트 운영회사는 인도. 전세계를 대상으로 함. 생활용품, 컴퓨터 및 전자기기, 원자재, 식품, 의약품 등 1,200개의 카테고리에 걸쳐 23.651 이상의 제품 거래를 연결시키고 있다.	http://go4worldbusiness.com
Go4WorldBusiness.com	Subscription based trade lead and catalog system	http://www.Go4worldbusiness.com/
Golden Trade	Paid subscription based trade lead system	http://www.golden-trade.com/
HighBeam Research		http://www.highbeam.com
Import Export Companies on Internet	Free trade lead listings	http://www.shinestar.com/newera/links.htm
Importerlist.com	Databases of importers worldwide	http://importerlist.com
Importers.com	Free trade lead listings 무료회원제와 유료회원제로 이용. 정보의 이용여부에 따라 비용이 다름.물품의 목록에 따라 수출입 회사들의 목록이 알기 쉽게 나타나 있고 수출업자 수입업자/국가별 검색도 가능.	http://www.importers.com
International Business Forum Trade Opportunities	Free trade lead listings	http://www.ibf.com/bo/ibbo02po.htm
International Business Opportunities Centre	Free trade leads listings and international government tender listings 캐나다 국제무역 사이트, 캐나다 수출 전략이 어떤지, 어떤 품목을 주 수출 대상으로 하는지에 대한 정보를 알수 있으나,. Offer를 보내는 입장에서 별로 쓸모 없는 사이트 이다.	http://www.e-leads.ca/menu-e.asp
itradeboard.com	Free trade lead listings	http://www.itradeboard.com
J.P. Morgan	Databases of investment / asset management/market research	http://www.jpmorgan.com
Japan Credit Rating Agency	Database of foreign financial market/ foreign political and economic condition	http://www.jcr.co.jp
Keidanren	Database of Japan economic / indusrial / labor	http://www.keidanren.or.jp
Liquidation.com	Online marketplace for buyers and sellers of surplus goods worldwide. Services include payment collection, warehousing, inspection and shipping. 무료 회원, 옷, 액세서리, 가정제품, 자동차 등 거의 모든 품목 취급, seller가 물품의 사진과 수량을 게시, buyer가 경매를 통해 물품을 구입.	http://www.liquidation.com

사이트 명	내 용	홈페이지 주소
MalaysiaExports.com - Free international Buyers-sellers Listing	무료 회원 가입, 총 56개의 품목으로 나누어져 있음. Seller가 제시한 물품의 사진이 나와 있지 않는 등 상품에 관한 세세한 정보가 기재되어 있지 않기 때문에 나와있는 연락처로 구매자와 판매자가 개별 연락을 취해야 하는 불편한 점이 다소 있다.	http://www.malaysiaexports.com
Market Research	Free trade lead list	http://www.marketresearch.com
Mediterranean Trade Board	Free trade lead listings	http://www.eidinet.com/tb/
Moodys	Database of investment / investigation of credit standing	http://www.moodys.com
Newasiatrade	Trade lead from Asia	http://www.newasiatrade.com
NuDeal	Free trade lead listings Search engine format. This site is focus on Canada and Australia's marketplace. Membership is free for a limited time.	http://www.nudeal.com/
Offer21	Free trade lead listings 품목별로 나눠져 있어 상품파악에 유리함.도매상과 접촉하는 것과 회사를 포스팅하는 것이 무료. 복잡한 홈페이지 구성으로 검색에 어려움이 있음.	http://www.offer21.com
One Point Commerce	A system that enables trading between buyers and suppliers even if parties to transactions are not connected to the Internet. Parties can 'Negotiate' transactions. Parties connected to the Internet can post their product(s)/service(s), negotiate, counter or accept offers and proceed to finalize successful trade deals. Parties not connected to the Internet can still negotiate, counter and accept offers through local 'Representatives' (Active Local Trade Expert) located in different regions, countries and cities worldwide. Acting on Members' instructions, the local Representative will post products, receive and accept offers.	http://www.onepointcommerce.com/
One TO World	Free trade lead listings 무료회원가입, 전세계 한인정보, 한인거래 무역사이트, 한인 B2B	http://www.onetoworld.com
OrbTrade	Free trade lead listings. Emphasis on Mexico opportunities	http://www.orbtrade.net
Post Your Offer	Free trade lead listings	http://www.postyouroffer.com
Premier Business Club	Free trade lead system buyer와 seller의 포스팅이 가능하며 가입비는 무료. 주로 buying offer가 올라온다.	http://www.premierbc.com

사이트 명	내 용	홈페이지 주소
Real-Time Taiwan Trade Exchange	Free trade lead listings	http://manufacture.com.tw
REMexport	Free trade lead listings	http://remexport.com
Researchandmarkets.		http://www.researchandmarkets.com
Schedule Bank		http://www.schedulebank.com
securetenders.com	Trade lead and government tender listings. Free trial period	http://www.securetenders.com/
Seekgoods.com	Free trade lead listings 가입비는 유/무료, 메인 아이템은 거의 모든 종류가 다 있지만 그 중에 예술 문화창작에 가장 많은 아이템을 보유하고 있다.	http://www.seekgoods.com
Sell2Arabia.Com	Fee based trade system for doing business in the Middle East.	http://sell2arabia.com/
Silkroad21	Free international trade leads and tender notification service. Search products and companies worldwide.	http://www.silkroad21.com
Skali Import-Export Trade Leads	Free trade lead listings	http://www.skali.com.my/index.php?ch=13
Surplex.com	Classified and auction listings of surplus machinery in Europe	http://www.surplex.com/servlet/SpxServlet
Taiwan & China products online	대만이나 중국의 전자기계, 컴퓨터 관련 제조업자, 수출업자 관련자료. 무료회원가입. 회원수는 20000여 업체이며 주로 전자제품, 컴퓨터제품이 주종을 이룬다.	http://manufacture.com.tw/
Taiwan yellow page	Free trade lead listings 무료회원가입, 대만에 대한 다양한 정보(지도 환율, 전화번호, 뉴스, 날씨등과 대만정부, 경제단체, 무역단체 등을 링크시켜 놓았다. Show room에는 대만기업의 E-catalog용 페이지를 마련해 두고 있다.	http://www.tw-online.com.tw/
Terrecom.com	Free trade lead listings	http://terrecom.com
Tpage Trade Leads	전세계 수출입 오퍼정보, 영어/한국어 포함 7개 언어로 변환 가능, 준회원/정회원(개인,기업)등의 무료회원과 비즈회원의 유료회원 Auto Multi Posting System과 offer meta search기능과 인터넷 폰 서비스, 홈페이지 제작, 웹 프로모션서비스 제공	http://offer.tpage.com/
Trade Asia	Free trade leads listings	http://www.tradeasia.net/
Trade Channel	Listing of products. For sale from companies all over the world.	http://www.tradechannel.com/html/1/frame_is.html

사이트 명	내 용	홈페이지 주소
Trade Engine	Free trade lead listings. 영어와 중국어 지원 소프트웨어.사용자간의 네트웍.	http://www.extrade.net
Trade Opportunities	Free trade leads listings 회원가입 및 배너광고 등의 서비스를 무료로 이용할 수 있다. B2B방식으로 원하는 지역의 buyer와 seller를 검색해준다.	http://www.trade-opportunities.com/
TradeAgent	Free trade leads listings	http://tradeagent.com/
Tradeboard	Free trade leads listings	http://exportconsulting.nl/
TradeBoss.com	A B2B trade portal offering free trade leads and posting of offers to buy and sell. 가입비 무료, 단 가격에 따라 회원에 대한 정보검색과 카달로그 등록 기간이 다름 기본적인 정보는 무료, 온라인상에서 B2B방식으로 수출업자와 수입업자 검색가능, offer to sell과 offer to buy 포스팅 가능	http://www.tradeboss.com/?source=fita.org/
TradeBusiness.com Global Trade Board	Free trade leads listings and business directory	http://www.tradebusiness.com/
TradeGet	Free trade lead odd lot listings	http://www.tradeget.com/
TradeIndia BBS	Free trade leads listings 인도시장의 수출업자, 제조업자 정보와 수입업자의 정보 뿐만 아니라 전세계buyer검색 가능. 무료 사이트, seller 오퍼 검색가능. 무역 박람회 및 최근 경향들에 대한 정보를 제공.	http://www.trade-india.com/bbsnew/bbsindex.html/
Twaynet.com	Trade leads from around the world	http://www.twaynet.com/index.asp
Ultra Concepts	Qualified trade leads and a directory of more than 500,000 companies worldwide.	http://www.twaynet.com/index.asp
UN		http://www.twaynet.com/index.asp
United Nations World Trade Point Federation ETO System	Trade leads from the world Trade Point Ferderation	http://www.unctad.org
UniversalPartners.com	Free trade lead listings Register, Search, Forum, Contact 4가지 카테고리가 있고, 회사에 관한 정보외에 중요 포럼 들에 대한 정보가 있다. 가입비는 무료	http://www.wtpfed.org/newsite/index.php
Vorras	Free trade lead listings in English, French and Spanish 무료회원가입 offer를 보고 바로 reply를 달수 있는 게시판 형식, 영어, 불어, 서반아어 지원하며 회사 사이트 링크는 필수로 되어있다.	http://universalpartners.com/cgi-bin/upclassads.cgi?category=http://www.vorras.net/all
Wbiz.net - World Marketplace	A trade portal for trade leads, tenders, agent locator and product samples for importers and exporters. 분류가 잘 되어 있어 검색이 쉽다. 샘플, 제품 별 검색이 가능하다는 점이 특징. 다양한 언어로 검색 가능 무료 가입 혜택 오퍼, 상품, 회사별 키워드 검색 가능.	http://www.wbiz.net/

사이트 명	내 용	홈페이지 주소
WebBusinessDataBank	Website for posting offers to buy and sell on the web	http://www.wbdb.net/
Wisben	Free trade lead listings	http://www.wisben.com
World Access Network Direct (WAND)	Free trade lead listings and company directory organized by HS Code. Entry page in 11 languages	http://www.wand.com/
World Chambers Network - Global Business Exchange	A fee based service providing trade leads.	http://www.worldchambers.com/ITO/index.htm
World Exchange	가입은 매달 19.95$로 유료, 가입후 30일이내에 마음에 안들면 환불가능 중소기업이 세계적으로 거래가 가능하도록 되어있음. 이메일로 최근의 offer들을 알려줌 디렉토리 구분이 잘 되어있다.	http://www.world-exchange.biz
World Trade Database		http://www.wtdb.com
World Trade Link Trader's Board	Fere trade lead listings	http://www.worldtradelink.net/wwwboard/
World Trade Way	Fere trade lead listings	http://www.worldtradeway.com/
Worldbid.Com	Worldbid.com is an international, business-to-business marketplace that facilitates international trade by providing qualified import/export trade leads and catalog posting. Paid registered to enhance imports and exports across borders as well as national trade within borders.	http://www.worldbid.com/
WorldTrade	무료로 이용.베트남어 지원. 각국의 거래 알선 사이트 링크.	www.worldtradeb2b.com
WorldTradeAA	Trade leads search engine. Free registration. Fee to see lead details	http://www.worldtradeaa.com
Yesco Marketplace	44개 카테고리의 전세계 대형 도소매장, 유통업자들에게 내구성상품 위주로 소개 Buying offer는 많지 않고 Selling offer가 많다 가입은 무료	http://www.yescoltd.com/mp/

2-2 거래선 발굴

1. 해외광고

해외광고는 전문잡지와 해외홍보용 카탈로그, 홈쇼핑, TV광고, 신문광고 등을 통하여 이루어진다. 품목별로 발행되는 전문잡지가 있으며 이 품목에 관심이 있는 구매자는 잡지를 구독하여 거래처를 물색하곤 한다. 특히 해외에서 발행되는 전문잡지를 구독하는 구독자는 특정 물품에 관련된 잠재구매자로 판단될 수 있으므로 취급물품을 전문으로 하는 잡지를 구독하는 구독자의 명단을 입수하여 카타로그를 배포할 수 있다.

광고매체는 홈쇼핑, 쇼핑몰, 전문잡지, 등 여러 가지 종류가 있기 때문에 그 수출상품의 특성, 매체의 특성, 배포부수, 배포지역, 구독층을 신중히 분석하여 적절한 매체를 선정하는 것이 효과적이다.

2. 국제전문박람회

자사의 제품과 성격이 동일한 국제전문박람회를 일차적으로 선정한 후 국제전문박람회에 직접 참가하여 거래선을 물색한다. 비용은 많이 소요되지만 예상 거래선과 직접 면담을 할 수 있어 거래가 성사될 확률이 높다. 정부나 지방자치단체 및 관련 협회에서 지원하는 제도를 이용하면 비용을 절감시킬 수 있다. 국제전문박람회에 참가할 경우 품질증명서, ISO 9,000, 14,000, 수출실적, 국내 납품업체, 포스터, 시연장비, 현지의 거래선들에게 나눠 줄 카타로그, 안내서, 권유장, 견본 등을 충분히 준비하여야 하고 상품에 관한 전문용어와 수출지역에서 사용되는 규격의 용어를 정확히 파악하여 바이어와의 상담에서 혼란이 발생하지 않도록 하여야 한다.

국제전문박람회에 참가하기 6개월 전부터 예상바이어에게 국제전문박람회의 참가여부를 타진하여 국제전문박람회에서의 상담일정을 논의하여 정하고 한국무역협회의 해외지사를 통하여 예상거래선의 명단을 입수하여 국제전문박람회에서의 상담일정을 논의하고 전문박람회에 참석하지 못할 경우 박람회가 끝나고 회사를 방문하는 일정을 잡아도 좋다. 특히 국제전문박람회에 참가한다는 것은 자사 제품의 품질이 공식적으로 인정된 것이나 마찬가지여서 거래선들에게 좋은 인상을 줄 수 있다.

표 2-2 주요 국제박람회

전시회명(영문)	전시회 정보	전년도 개최 내역	부스 비용
국제 제과 및 단과류 박람회 Int'l Sweets and Biscuits Fair	최초개최년도 : 1971 개최기간 : 2009/02/01~2009/02/04 개최주기 : 매년 개최규모 : 5,3456m^2 개최국가 : 독일 개최도시 : 쾰른 전시장 : Koeln Messe	참가국 수 : 67개국 개최국 참가업체 수 : 244개업체 외국 참가업체 수 : 1,227개업체 개최국 참관객 수 : 12,812명 전체 참관객 수 : 338,280명 전시분야 : 식품, 음료 기타 한국 참가업체 : 4개사	부스당 임차료(m^{2}당) 0원 임차료 수준 조립식 부스 (150유로/m^2, 부가세 제외) 독립식 부스 (150유로/m^2, 부가세 제외)
비즈니스 페어 시코쿠 2009 2009 West Japan Biscuits Fair EQUIPAUTO 2009	최초개최년도 : 2003 개최기간 : 2009/02/06~2009/02/07 개최주기 : 매년 개최규모 : 2,440m^2 개최국가 : 일본 개최도시 : 히로시마 전시장 : 히로시마시 종합전시관	참가국 수 : 2개국 개최국 참가업체 수 : 183개업체 외국 참가업체 수 : 7개업체 개최국 참관객 수 : 4,000명 전체 참관객 수 : 4,000명 전시분야 : 건강, 복지, 실버산업, 식품, 음료 취미, 기호, 환경, 생태 한국 참가업체 : 7개사	부스당 임차료(m^{2}당) 0원 임차료 수준 조립식 부스 (JPY 40,000~60,000) 독립식 부스
Supermarket Trade Show 2009 SMTS 2009 Prodexpo-2009	최초개최년도 : 1964 개최기간 : 2009/02/11~2009/02/13 개최주기 : 매년 개최규모 : 51,380m^2 개최국가 : 일본 개최도시 : 동경 전시장 : Tokyo Big Sight	참가국 수 : 22개국 개최국 참가업체 수 : 864개업체 외국 참가업체 수 : 145개업체 개최국 참관객 수 : 6명 전체 참관객 수 : 79,052명 전시분야 : 식품, 음료 한국 참가업체 : 6개사	부스당 임차료(m^{2}당) 0원 임차료 수준 조립식 부스 (－) 독립식 부스 (JPY 336,000)

전시회명(영문)	전시회 정보	전년도 개최 내역	부스 비용
제34회 치바 국제 식품/음료전 2009 The34rd International Food and Beverage Exhibition 2009 Japan Food Service Equipment Show 2009	최초개최년도 : 1976 개최기간 : 2009/03/03~2009/03/06 개최주기 : 매년 개최규모 : 29,000m^2 개최국가 : 일본 개최도시 : 치바 전시장 : Chiba Makuhari Messe	참가국 수 : 65개국 개최국 참가업체 수 : 810개업체 외국 참가업체 수 : 1,602개업체 개최국 참관객 수 : 96,328명 전체 참관객 수 : 104,914명 전시분야 : 식품, 음료	부스당 임차료(m^{2}당) 0원 임차료 수준 조립식 부스 (–) 독립식 부스 (JYP 399,000)
파나마종합박람회 2009 International Commercial Exposition 2009 West Japan Business Fair EQUIPAUTO 2009	최초개최년도 : 1983 개최기간 : 2009/03/04~2009/03/07 개최주기 : 매년 개최규모 : 9800m^2 개최국가 : 파나마 개최도시 : 파나마시티 전시장 : Atlapa Convention center	참가국 수 : 37개국 개최국 참가업체 수 : 527개업체 외국 참가업체 수 : 400개업체 개최국 참관객 수 : 20000명 전체 참관객 수 : 37000명 전시분야 : 식품, 음료 기타 한국 참가업체 : 12개사	부스당 임차료(m^{2}당) 207,690원 임차료 수준 조립식 부스 (US$2032/9sqm) 독립식 부스 (US$1854/9sqm)
자카르타 국제 식품 및 호텔 전시회 The 10th International Hotel, Catering Equipment, Food and Drink Exhibition	최초개최년도 : 1997 개최기간 : 2009/04/15~2009/04/18 개최주기 : 격년 개최규모 : 9635m^2 개최국가 : 인도네시아 개최도시 : 자카르타 전시장 : Jakarta International Expo Kemaypran	참가국 수 : 39개국 개최국 참가업체 수 : 518개업체 외국 참가업체 수 : 141개업체 개최국 참관객 수 : 15937명 전체 참관객 수 : 16537명 전시분야 : 식품, 음료 ,유흥,요식산업	부스당 임차료(m^{2}당) 364,500원 임차료 수준 조립식 부스 (US$3,645/9sqm) 독립식 부스 (US$3,051/9sqm)

전시회명(영문)	전시회 정보	전년도 개최 내역	부스 비용
'09 식박람회 오사카 THE INTERNATIONAL FESTIVAL UTAGE 2009 IN OSAKA	최초개최년도 : 1985 개최기간 : 2009/04/30~2009/05/10 개최주기 : 매4년 개최규모 : 미정 개최국가 : 일본 개최도시 : 오사카 전시장 : INTEX OSAKA	참가국 수 : 9개국 개최국 참가업체 수 : 349개업체 외국 참가업체 수 : 57개업체 개최국 참관객 수 : 662000명 전체 참관객 수 : 662000명 전시분야 : 식품, 음료 한국 참가업체 : 15개사	부스당 임차료(m^2당) 0원 임차료 수준 조립식 부스 (미정) 독립식 부스 (미정)
세계차박람회 WORLD TEA EXPO	최초개최년도 : 2003 개최기간 : 2009/05/02~2009/05/04 개최주기 : 매년 개최규모 : 4515m^2 개최국가 : 미국 개최도시 : 라스베가스 전시장 : Las Vegas Mandalay Bay Convention center	참가국 수 : 50개국 개최국 참가업체 수 : 250개업체 외국 참가업체 수 : 50개업체 개최국 참관객 수 : 3500명 전체 참관객 수 : 4000명 전시분야 : 식품, 음료 한국 참가업체 : 15개사	부스당 임차료(m^2당) 420,000원 임차료 수준 조립식 부스 (378000) 독립식 부스 (-)
2009 태국 국제 식품전시회 Thailand International Food Exhibition 2009	최초개최년도 : 2000 개최기간 : 2009/05/13~2009/05/19 개최주기 : 매년 개최규모 : 4000m^2 개최국가 : 태국 개최도시 : 방콕 전시장 : Tokyo Big Sight	참가국 수 : 7개국 개최국 참가업체 수 : 625개업체 외국 참가업체 수 : 384개업체 개최국 참관객 수 : 1724명 전체 참관객 수 : 21833명 전시분야 : 가정용품, 식품, 음료, 요식산업	부스당 임차료(m^2당) 250,000원 임차료 수준 조립식 부스 (US$200sqm) 독립식 부스 (US$270sqm)

전시회명(영문)	전시회 정보	전년도 개최 내역	부스 비용
제14회 동경 식품 소재 첨가물 박람회 2009 International Food Ingredients & Additions Exhibition and Conference 2009	최초개최년도 : 1996 개최기간 : 2009/05/20~2009/05/22 개최주기 : 매년 개최규모 : 6300m^2 개최국가 : 일본 개최도시 : 동경 전시장 : Tokyo Big Sight	참가국 수 : 7개국 개최국 참가업체 수 : 281개업체 외국 참가업체 수 : 80개업체 개최국 참관객 수 : 281명 전체 참관객 수 : 32745명 전시분야 : 식품, 음료 한국 참가업체 : 7개사	부스당 임차료(m^2당) 0원 임차료 수준 조립식 부스 (JYP366,000) 독립식 부스 (-)
제7회 동경 건강식품 박람회 2009 HEALTH FOOD EXPOSITION & CONFERENCE 2009	최초개최년도 : 2003 개최기간 : 2009/05/20~2009/05/22 개최주기 : 매년 개최규모 : 1350m^2 개최국가 : 일본 개최도시 : 동경 전시장 : Tokyo Big Sight	참가국 수 : 5개국 개최국 참가업체 수 : 87개업체 외국 참가업체 수 : 7개업체 개최국 참관객 수 : 87명 전체 참관객 수 : 32745명 전시분야 : 식품, 음료 한국 참가업체 : 1개사	부스당 임차료(m^2당) 0원 임차료 수준 조립식 부스 독립식 부스 (JYP366,000)
2009 제6회 중국 국제 식품(광저우) 박람회 The 6th China International Foodstuff(Guangzhou) exposition	최초개최년도 : 2004 개최기간 : 2009/06/04~2009/06/06 개최주기 : 매년 개최규모 : 20,000m^2 개최국가 : 중국 개최도시 : 광저우 전시장 : CECF (Pazhou) Complex	참가국 수 : 10개국 개최국 참가업체 수 : 487개업체 외국 참가업체 수 : 163개업체 개최국 참관객 수 : 20000명 전체 참관객 수 : 25000명 전시분야 : 식품, 음료	부스당 임차료(m^2당) 190,000원 임차료 수준 조립식 부스 (USD2500/m^2) (최소 9m^2) 독립식 부스 (USD200/m^2)

전시회명(영문)	전시회 정보	전년도 개최 내역	부스 비용
동경 국제 식품 공업전 2009 Int'l Food Machinery & Technology Exhibition 2009	최초개최년도 : 1978 개최기간 : 2009/06/09~2009/06/12 개최주기 : 매년 개최규모 : 80660m² 개최국가 : 일본 개최도시 : 동경 전시장 : Tokyo Big Sight	참가국 수 : 12개국 개최국 참가업체 수 : 676개업체 외국 참가업체 수 : 26개업체 개최국 참관객 수 : 117,758명 전체 참관객 수 : 118,869명 전시분야 : 식품, 음료 한국 참가업체 : 7개사	부스당 임차료(m^2당) 0원 임차료 수준 조립식 부스 (-) 독립식 부스 (JPY325500)
마닐라 식음료 전시회 Manila Foods & Beverages Expo	최초개최년도 : 2007 개최기간 : 2009/06/17~2009/06/ 개최주기 : 매년 개최규모 : 8200S/M 개최국가 : 필리핀 개최도시 : 마닐라 전시장 : World Trade Center, Metro Manila(WTCMN)	참가국 수 : 6개국 개최국 참가업체 수 : 219개업체 외국 참가업체 수 : 45개업체 개최국 참관객 수 : 46000명 전체 참관객 수 : 46105명 전시분야 : 식품, 음료 한국 참가업체 : 7개사	부스당 임차료(m^2당) 470,000원 임차료 수준 조립식 부스 (US$1500) 독립식 부스 (US$1500)
2009 태국 음료, 주류 박람회 BevTech/BrewTech 2009	최초개최년도 : 2002 개최기간 : 2009/06/17~2009/06/20 개최주기 : 매년 개최규모 : 20,000sqm 개최국가 : 태국 개최도시 : 방콕 전시장 : Bangkok International Trade & Exhibition Center (약칭 BITEC)	참가국 수 : 37개국 개최국 참가업체 수 : 298개업체 외국 참가업체 수 : 468개업체 개최국 참관객 수 : 24567명 전체 참관객 수 : 27003명 전시분야 : 식품, 음료 한국 참가업체 : 24개사	부스당 임차료(m^2당) 0원 임차료 수준 조립식 부스 (US$325sqm) 독립식 부스 (US$295sqm)

전시회명(영문)	전시회 정보	전년도 개최 내역	부스 비용
제8회 중국 국제전력설비 및 기술전시회 The 8th China International Electrical Equipment and technology Exhibition	최초개최년도 : 1991 개최기간 : 2009/11/12~2009/11/14 개최주기 : 격년 개최규모 : 23,000m^2 개최국가 : 중국 개최도시 : 베이징 전시장 : China International Exhibition Center	참가국 수 : 10개국 개최국 참가업체 수 : 267개업체 외국 참가업체 수 : 36개업체 개최국 참관객 수 : 28,000명 전체 참관객 수 : 28,000명 전시분야 : 계측제어기기, 전기, 전자 한국 참가업체 : 0개사	부스당 임차료(m^2당) 332,500원 임차료 수준 조립식 부스 (USD390/m^2) 독립식 부스 (USD350/m^2) (최소 36m^2)
뮌헨 국제 전자제품 박람회 Produtronical Int'l Fair for Electronics Production	최초개최년도 : 1975 개최기간 : 2009/11/10~2009/11/13 개최주기 : 격년 개최규모 : 56,578 S/M 개최국가 : 독일 개최도시 : 뮌헨 전시장 : Neue Messe Muenchen	참가국 수 : 31개국 개최국 참가업체 수 : 906개업체 외국 참가업체 수 : 554개업체 개최국 참관객 수 : 25384명 전체 참관객 수 : 43,113명 전시분야 : 기계류, 전기, 전자 한국 참가업체 : 0개사	부스당 임차료(m^2당) 240,000원 임차료 수준 조립식 부스 (?) 독립식 부스 (EUR200/m2+VAT(16%))
뮌헨 국제 정보통신 기술 박람회 Trade fair for information Technology, telecommunication \& new media	최초개최년도 : 1971 개최기간 : 2009/10/20~2009/10/24 개최주기 : 매년 개최규모 : 158,000m^2 개최국가 : 독일 개최도시 : 뮌헨 전시장 : Neue Messe Muenchen	참가국 수 : 34개국 개최국 참가업체 수 : 1956개업체 외국 참가업체 수 : 209개업체 개최국 참관객 수 : 7034명 전체 참관객 수 : 18,053명 전시분야 : 방송, 통신, 자동차, 로봇, 전기, 전자, 컴퓨터, PC주변기기, 인터넷, IT, 텔레커뮤니케이션 한국 참가업체 : 0개사	부스당 임차료(m^2당) 464,000원 임차료 수준 조립식 부스 (2.628EUR+VAT(16%)) 독립식 부스 (1.683EUR+VAT(16%))

전시회명(영문)	전시회 정보	전년도 개최 내역	부스 비용
2009 홍콩 전자부품박람회 Electronic Asia 2009	최초개최년도 : 1997 개최기간 : 2009/10/13~2009/10/16 개최주기 : 매년 개최규모 : 12838sq.m 개최국가 : 홍콩 개최도시 : 홍콩 전시장 : Hong Kong Convention and Exhibition Centre (HKCEC)	참가국 수 : 16개국 개최국 참가업체 수 : 243개업체 외국 참가업체 수 : 313개업체 개최국 참관객 수 : 13,426명 전체 참관객 수 : 34,487명 전시분야 : 전기, 전자 한국 참가업체 : 13개사	부스당 임차료(m^2당) 426,8160원 임차료 수준 조립식 부스 (US$456/sq.m) 독립식 부스 (US$392/sq.m)
2009 아시아 전자전 2009 Electronic Asia	최초개최년도 : 2008 개최기간 : 2009/10/13~2009/10/16 개최주기 : 매년 개최규모 : 12,860.25sq.m 개최국가 : 홍콩 개최도시 : 홍콩 전시장 : Hong Kong Convention and Exhibition Centre (HKCEC)	참가국 수 : 556개국 개최국 참가업체 수 : 243개업체 외국 참가업체 수 : 313개업체 개최국 참관객 수 : 13,426명 전체 참관객 수 : 34,487명 전시분야 : 전기, 전자, 하드웨어, 공구 한국 참가업체 : 13개사	부스당 임차료(m^2당) 470,000원 임차료 수준 조립식 부스 (US$456/sq.m) 독립식 부스 (US$392/m2(min.36 sq.m)
국제 전기 및 세미콘덕터 제조 관련 장비 박람회 16th International Electronics, Semiconductor, SMT and PCB manufacturing Tecnology Exhibition	최초개최년도 : 1994 개최기간 : 2009/10/08~2009/10/11 개최주기 : 매년 개최규모 : 9130S/M 개최국가 : 필리핀 개최도시 : 파사이 전시장 : SMX Convention center	참가국 수 : 23개국 개최국 참가업체 수 : 253개업체 외국 참가업체 수 : 133개업체 개최국 참관객 수 : 21,804명 전체 참관객 수 : 22,022명 전시분야 : 광학, 정밀기기, 엔지니어링, 자동화, 로봇, 전기, 전자 한국 참가업체 : 6개사	부스당 임차료(m^2당) 0원 임차료 수준 조립식 부스 (US$280) 독립식 부스 (US$250)

전시회명(영문)	전시회 정보	전년도 개최 내역	부스 비용
2009 일본 전자 및 정보통신전 Combined Exhibition of Adavanced Technologies-Providing mage,Information and Communication	최초개최년도 : 2000 개최기간 : 2009/09/30~2009/10/04 개최주기 : 매년 개최규모 : 60000sqm 개최국가 : 일본 개최도시 : 치바 전시장 : Chiba Makuhari Messe	참가국 수 : 27개국 개최국 참가업체 수 : 547개업체 외국 참가업체 수 : 348개업체 개최국 참관객 수 : 205,859명 전체 참관객 수 : 220,859명 전시분야 : 방송, 통신, 보안, 안전설비, 자동화, 로봇, 전기, 전자, 컴퓨터, PC주변기기, 전자상거래, 인터넷, IT, 텔레커뮤니케이션, 애니메이션, 캐릭터, 영화, 게임 한국 참가업체 : 43개사	부스당 임차료(m^2당) 420,000원 임차료 수준 조립식 부스 (엔화 378,000/booth) 독립식 부스 (엔화 378,000/booth)
전기 전자 박람회 7th International Exhibition on Trend in power Engineering & Energy industry	최초개최년도 : 1995 개최기간 : 2009/09/16~2009/09/18 개최주기 : 2 개최규모 : 2700S/Q 개최국가 : 필리핀 개최도시 : 마닐라 전시장 : World Trade Center, Manila	참가국 수 : 67개국 개최국 참가업체 수 : 38개업체 외국 참가업체 수 : 29개업체 개최국 참관객 수 : 2,795명 전체 참관객 수 : 2,860명 전시분야 : 냉난방, 전기, 전자 한국 참가업체 : 2개사	부스당 임차료(m^2당) 0원 임차료 수준 조립식 부스 (US$335) 독립식 부스 (US$295)
중국중소기업박람회(中國中小企業博覽會) The 6th China International Small and Medium Enterprises Fair	최초개최년도 : 2004 개최기간 : 2009/09/15~2009/09/18 개최주기 : 매년 개최규모 : 120000m^2 개최국가 : 중국 개최도시 : 광저우 전시장 : CECF(Pazhou) Complex	참가국 수 : 31개국 개최국 참가업체 수 : 2750개업체 외국 참가업체 수 : 963개업체 개최국 참관객 수 : 268,686명 전체 참관객 수 : 274,600명 전시분야 : 가정용품, 가죽, 피혁, 모피, 섬유, 직물, 신발산업, 유리, 도자기, 의료기기, 약품, 위생, 의류, 패션, 악세사리, 자동차, 이륜차, 전기, 전자, 화학 한국 참가업체 : 263개사	부스당 임차료(m^2당) 123,000원 임차료 수준 조립식 부스 (USD850/m^2) 독립식 부스 (USD88/m^2)

전시회명(영문)	전시회 정보	전년도 개최 내역	부스 비용
제 20회 마이크로 머신전/MEMS전 2009 Exhibition MICROMACHINE/ MEMS 2009	최초개최년도 : 1990 개최기간 : 2009/07/29~2009/07/31 개최주기 : 매년 개최규모 : 17020m^2 개최국가 : 일본 개최도시 : 동경 전시장 : Tokyo Big Sight	참가국 수 : 103개국 개최국 참가업체 수 : 342개업체 외국 참가업체 수 : 16개업체 개최국 참관객 수 : 14,075명 전체 참관객 수 : 14,511명 전시분야 : 광학, 정밀기기, 기계류, 전기, 전자 한국 참가업체 : 1개사	부스당 임차료(m^{2}당) 0원 임차료 수준 조립식 부스 (-) 독립식 부스 (JYP367500)
2009 중국 심천 전자부품 및 생산기자재전 NEPCON South China / EMT South China 2009	최초개최년도 : 2000 개최기간 : 2009/08/00~2009/08/00 개최주기 : 매년 개최규모 : 22,500sqm 개최국가 : 중국 개최도시 : 심천 전시장 : Shenzhen Convention & Exhibition Center	참가국 수 : 22개국 개최국 참가업체 수 : 462개업체 외국 참가업체 수 : 300개업체 개최국 참관객 수 : 18,776명 전체 참관객 수 : 19,776명 전시분야 : 전기, 전자 한국 참가업체 : 25개사	부스당 임차료(m^{2}당) 0원 임차료 수준 조립식 부스 (RMB 3800/12sqm) 독립식 부스 (RMB 3200/12sqm)
중국 多人行 전자 및 기기 전시회 2009 The 17th DEX Electronic Exhibition	최초개최년도 : 1997 개최기간 : 2009/06/19~2009/06/21 개최주기 : 매년 개최규모 : 80,000m^2 개최국가 : 중국 개최도시 : 심천 전시장 : Shenzhen Convention & Exhibition center	참가국 수 : 27개국 개최국 참가업체 수 : 1000개업체 외국 참가업체 수 : 100개업체 개최국 참관객 수 : 25,000명 전체 참관객 수 : 25,300명 전시분야 : 기계류, 전기, 전자 한국 참가업체 : 0개사	부스당 임차료(m^{2}당) 195,000원 임차료 수준 조립식 부스 (USD1500/9m^2) 독립식 부스 (USD150/m^2)

전시회명(영문)	전시회 정보	전년도 개최 내역	부스 비용
태국 전자 부품 및 생산기자재 박람회 NEPCON Thailand 2009	최초개최년도 : 2000 개최기간 : 2009/06/25~2009/06/28 개최주기 : 매년 개최규모 : m^2 개최국가 : 태국 개최도시 : 방콕 전시장 : Bangkok International & Exhibition Center	참가국 수 : 25개국 개최국 참가업체 수 : 600개업체 외국 참가업체 수 : 300개업체 개최국 참관객 수 : 28,000명 전체 참관객 수 : 40,000명 전시분야 : 공작기계, 기계류, 설비산업, 전기, 전자, 기타 한국 참가업체 : 0개사	부스당 임차료(m^2당) 0원 임차료 수준 조립식 부스 ( ) 독립식 부스 ( )
2009 중국국제소비전자 박람회 China International Consumer Electronics Show 2009	최초개최년도 : 2000 개최기간 : 2009/07/01~2009/07/30 개최주기 : 매년 개최규모 : 35000sm 개최국가 : 중국 개최도시 : 칭다오 전시장 : Qingdao International Convention Center	참가국 수 : 20개국 개최국 참가업체 수 : 310개업체 외국 참가업체 수 : 82개업체 개최국 참관객 수 : 52,000명 전체 참관객 수 : 62,000명 전시분야 : 과학, 기술, 방송, 통신, 시청각, 전기, 전자, 컴퓨터, PC주변기기, 인터넷, IT, 텔레커뮤니케이션 한국 참가업체 : 0개사	부스당 임차료(m^2당) 0원 임차료 수준 조립식 부스 (US$1960(3×3m)) 독립식 부스 (US$200(1×1m))
제39회 동경 국제 전자 회로 공업전 2009 IThe 39thI International Electronics Circuits Expo 2009	최초개최년도 : 1971 개최기간 : 2009/06/03~2009/06/05 개최주기 : 매년 개최규모 : 51380m^2 개최국가 : 일본 개최도시 : 동경 전시장 : Tokyo Big Sight	참가국 수 : 10개국 개최국 참가업체 수 : 596개업체 외국 참가업체 수 : 30개업체 개최국 참관객 수 : 37,702명 전체 참관객 수 : 41,582명 전시분야 : 전기, 전자 한국 참가업체 : 10개사	부스당 임차료(m^2당) 0원 임차료 수준 조립식 부스 ( ) 독립식 부스 (JYP430500)

전시회명(영문)	전시회 정보	전년도 개최 내역	부스 비용
쾰른 케이블, 방송장비 및 멀티미디어 전시회 Trade Fair for Cable, Broadband and Satellite	최초개최년도 : ? 개최기간 : 2009/05/26~2009/05/28 개최주기 : 매년 개최규모 : 22000m^2 개최국가 : 독일 개최도시 : 쾰른 전시장 : Koeln Messe	참가국 수 : 31개국 개최국 참가업체 수 : 167개업체 외국 참가업체 수 : 150개업체 개최국 참관객 수 : 10,000명 전체 참관객 수 : 10,000명 전시분야 : 전기, 전자 한국 참가업체 : 5개사	부스당 임차료(m^{2}당) 0원 임차료 수준 조립식 부스 (230~270 유로/m^2, 부가세 제외) 독립식 부스 (290유로/m^2, 부가세 제외)
밀라노 전자. 조명 박람회 Livinuce	최초개최년도 : 1969 개최기간 : 2009/05/26~2009/05/30 개최주기 : 격년 개최규모 : 95,100 S/M 개최국가 : 이탈리아 개최도시 : 밀라노 전시장 : 밀라노, Nuovo Polo Fiera Milano	참가국 수 : 15개국 개최국 참가업체 수 : 343개업체 외국 참가업체 수 : 700개업체 개최국 참관객 수 : 63,117명 전체 참관객 수 : 73,392명 전시분야 : 건축, 건설, 빌딩, 전기, 전자, 조명 한국 참가업체 : 0개사	부스당 임차료(m^{2}당) 396,000원 임차료 수준 조립식 부스 (n/a) 독립식 부스 (EUR 200/m^2, 부가세 20%)
중국 국제 경찰 장비 및 테러 기술 장비 전람회 China(Beijing) International Exhibition on Police Equipment and Anti Terrorism Tecjnology and Equipment	최초개최년도 : 2005 개최기간 : 2009/05/19~2009/05/21 개최주기 : 2년 개최규모 : 23000sqm 개최국가 : 중국 개최도시 : 베이징 전시장 : Beijing Exhibition Center	참가국 수 : 15개국 개최국 참가업체 수 : 600개업체 외국 참가업체 수 : 300개업체 개최국 참관객 수 : 28,000명 전체 참관객 수 : 40,000명 전시분야 : 공작기계, 기계류, 설비산업, 전기.전자 기타 한국 참가업체 : 0개사	부스당 임차료(m^{2}당) 0원 임차료 수준 조립식 부스 ( ) 독립식 부스 ( )

전시회명(영문)	전시회 정보	전년도 개최 내역	부스 비용
2009 중국 상해 전자부품 및 생산장비전 Nepcon China 2009	최초개최년도 : 1983 개최기간 : 2009/04/21~2009/04/24 개최주기 : 매년 개최규모 : 32000sqm 개최국가 : 중국 개최도시 : 상하이 전시장 : Shanghai Everbright Convention & Exhibition Center	참가국 수 : 22개국 개최국 참가업체 수 : 350개업체 외국 참가업체 수 : 300개업체 개최국 참관객 수 : 13,806명 전체 참관객 수 : 14,806명 전시분야 : 전기, 전자 한국 참가업체 : 20개사	부스당 임차료(m^2당) 0원 임차료 수준 조립식 부스 (RMB 3990/12sqm) 독립식 부스 (RMB 3770/12sqm)
동경 국제 플랫 판넬 디스플레이전 5th International FPD Expo 2009	최초개최년도 : 2005 개최기간 : 2009/04/15~2009/04/17 개최주기 : 매년 개최규모 : 47045m^2 개최국가 : 일본 개최도시 : 동경 전시장 : Tokyo Big Sight	참가국 수 : 5개국 개최국 참가업체 수 : 656개업체 외국 참가업체 수 : 41개업체 개최국 참관객 수 : 56,753명 전체 참관객 수 : 61,753명 전시분야 : 계측제어기기, 광학. 정밀기기, 전기. 전자 한국 참가업체 : 5개사	부스당 임차료(m^2당) 0원 임차료 수준 조립식 부스 ( ) 독립식 부스 (JYP325000)
차이나소싱페어: 전자 및 부품전(춘계) China Sourcing Fair: Electronics & Components	최초개최년도 : 2003 개최기간 : 2009/04/12~2009/04/15 개최주기 : 연2회 개최규모 : 70,000 sq.m/ 3,000부스 개최국가 : 홍콩 개최도시 : 홍콩 전시장 : Asia World - Expo	참가국 수 : 12개국 개최국 참가업체 수 : 1200개업체 외국 참가업체 수 : 600개업체 개최국 참관객 수 : 16,200명 전체 참관객 수 : 36,000명 전시분야 : 광학.정밀기기, 방송.통신, 보안.안전설비, 전기.전자, 조명, 컴퓨터.PC 주변기기, 인터넷.IT.텔레커뮤니케이션 한국 참가업체 : 0개사	부스당 임차료(m^2당) 400,000원 임차료 수준 조립식 부스 (US$4,000/9sq.m) 독립식 부스 (US$3,600/9sq.m)

전시회명(영문)	전시회 정보	전년도 개최 내역	부스 비용
2009 홍콩전자박람회(춘계) 2009 Hong Kong Electronics Fair(Spring Edition)	최초개최년도 : 2004 개최기간 : 2009/04/13~2009/04/16 개최주기 : 매년 개최규모 : 57,141 s/m 개최국가 : 홍콩 개최도시 : 홍콩 전시장 : Hong Kong Convention and Exhibition Centre (HKCEC)	참가국 수 : 23개국 개최국 참가업체 수 : 1,039개업체 외국 참가업체 수 : 1,430개업체 개최국 참관객 수 : 21,994명 전체 참관객 수 : 51,851명 전시분야 : 전기.전자 한국 참가업체 : 32개사	부스당 임차료(m^2당) 381,888원 임차료 수준 조립식 부스 (US$408/s/m) 독립식 부스 (US$351/s/m)
제 26회 동경 에렉트로테스트 재팬 26nd Electrotest Japan	최초개최년도 : 1984 개최기간 : 2009/01/28~2009/01/30 개최주기 : 매년 개최규모 : 51,380m^2 개최국가 : 일본 개최도시 : 동경 전시장 : Tokyo Big Sight	참가국 수 : 19개국 개최국 참가업체 수 : 857개업체 외국 참가업체 수 : 215개업체 개최국 참관객 수 : 57,831명 전체 참관객 수 : 59,831명 전시분야 : 계측제어기기, 광학.정밀기기, 전기.전자 한국 참가업체 : 0개사	부스당 임차료(m^2당) 0원 임차료 수준 조립식 부스 ( ) 독립식 부스 (JYP435000)
2009 친환경 제품 및 기술박람회 The National Environment Friendly Products and Technologies Exhibition 2009	최초개최년도 : 2009 개최기간 : 2009/03/17~2009/03/20 개최주기 : 매년 개최규모 : m^2 개최국가 : 베트남 개최도시 : 하노이 전시장 : Vietnam Exhibition & Fair Center	참가국 수 : 없음 개최국 참가업체 수 : 없음 외국 참가업체 수 : 없음 개최국 참관객 수 : 없음 전체 참관객 수 : 없음 전시분야 : 종합품목, 소비재, 환경.생태 한국 참가업체 : 0개사	부스당 임차료(m^2당) 0원 임차료 수준 조립식 부스 ( ) 독립식 부스 ( )

전시회명(영문)	전시회 정보	전년도 개최 내역	부스 비용
시카고 선물용품 마켓 (전시회) The Chicago Market: Living and Giving	최초개최년도 : 1929 개최기간 : 2009/01/19~2009/01/23 개최주기 : 매년 개최규모 : 9,000m² 개최국가 : 미국 개최도시 : 시카고 전시장 : Chicago Merchandise Mart	참가국 수 : 8개국 개최국 참가업체 수 : 1000개업체 외국 참가업체 수 : 80개업체 개최국 참관객 수 : 2,500명 전체 참관객 수 : 3,250명 전시분야 : 종합품목, 가구.가구산업, 공예품, 문구.사무기기, 선물.판촉용품, 실내.외장식.인테리아 한국 참가업체 : 0개사	부스당 임차료(m²당) 230,000원 임차료 수준 조립식 부스 (US$21.00/sf) 독립식 부스 (US$21.00/sf)
파나마종합박람회 2009 International Commercial Exposition Expocomer 2009	최초개최년도 : 1983 개최기간 : 2009/03/04~2009/03/07 개최주기 : 매년 개최규모 : 9800Mt2 개최국가 : 파나마 개최도시 : 파나마시티 전시장 : Atlapa Convention Center	참가국 수 : 37개국 개최국 참가업체 수 : 527개업체 외국 참가업체 수 : 400개업체 개최국 참관객 수 : 20,000명 전체 참관객 수 : 37,000명 전시분야 : 종합품목, 가구.가구산업, 가정용품, 가죽.피혁.모피, 고무.플라스틱, 공예품, 디자인, 그래픽, 문구.사무기기, 발명.특허.아이디어산업, 보안.안전설비, 선물.판촉용품, 섬유,직물, 소비재, 스포츠.레저용품, 시계.귀금속, 시청각, 식품.음료, 신발산업, 실내.외장식.인테리어, 완구.게임, 의료기기.약품.위생, 조명, 조선.보트, 취미.기호.DIY, 컴퓨터.PC주변기기, 하드웨어.공구, 화장품.미용용품 한국 참가업체 : 12개사	부스당 임차료(m²당) 207,690원 임차료 수준 조립식 부스 (US$2032/9sqm) 독립식 부스 (US$1854/9sqm)

전시회명(영문)	전시회 정보	전년도 개최 내역	부스 비용
페낭 국제 산업박람회 2009 Industrial Expo incorporating Automation Expo 2009 / Subcon Expo 2009 IEX 2009/AEX2009	최초개최년도 : 2000 개최기간 : 2009/03/19~2009/03/21 개최주기 : 매년 개최규모 : 1930sqm 개최국가 : 말레이시아 개최도시 : 전시장 : 페낭, Penang International Sport Arena(PISA)	참가국 수 : 23개국 개최국 참가업체 수 : 98개업체 외국 참가업체 수 : 30개업체 개최국 참관객 수 : 6,565명 전체 참관객 수 : 7,565명 전시분야 : 종합품목, 공작기계, 기계류, 엔지니어링, 하드웨어.공구 한국 참가업체 : 2개사	부스당 임차료(m^2당) 0원 임차료 수준 조립식 부스 (US$2,000/$m^2$,) 독립식 부스 (US$ 210/m^2,)
2009년 베트남 하노이 엑스포 VEETNAM EXPO 2009 VN EXPO	최초개최년도 : 1989 개최기간 : 2009/04/08~2009/04/12 개최주기 : 18th 개최규모 : 20,000s/m 개최국가 : 베트남 개최도시 : 하노이 전시장 : Vietnam Exhibition & Fair Center	참가국 수 : 15개국 개최국 참가업체 수 : 400개업체 외국 참가업체 수 : 300개업체 개최국 참관객 수 : 53,000명 전체 참관객 수 : 54,500명 전시분야 : 종합품목 한국 참가업체 : 60개사	부스당 임차료(m^2당) 200,000원 임차료 수준 조립식 부스 ( ) 독립식 부스 ( )
2009 춘계 중국 수출 상품 교역회 CHINA IMPORT AND EXPORT FAIR Canton Fair 2009 Canton Fair 2009	최초개최년도 : 1957 개최기간 : 2009/04/15~2009/04/19 개최주기 : 연 2 회 개최규모 : 1,115,000m^2 개최국가 : 중국 개최도시 : 광저우 전시장 : CECF(Pazhou) Complex	참가국 수 : 46개국 개최국 참가업체 수 : 21,917개업체 외국 참가업체 수 : 424개업체 개최국 참관객 수 : 6,000명 전체 참관객 수 : 174,562명 전시분야 : 종합품목 한국 참가업체 : 0개사	부스당 임차료(m^2당) 416,000원 임차료 수준 조립식 부스 (3,750,000/9 m^2,) 독립식 부스 (3,750,000/ m^2, (18m^2이상))

전시회명(영문)	전시회 정보	전년도 개최 내역	부스 비용
RFID 월드 아시아 2009 RFID World Asia 2009 RFID World Asia 2009	최초개최년도 : 2003 개최기간 : 2009/04/22~2009/04/24 개최주기 : 매년 개최규모 : 6000m^2 개최국가 : 싱가포르 개최도시 : 싱가포르 전시장 : Suntec International Exhibition and Convention Center	참가국 수 : 20개국 개최국 참가업체 수 : 외국 참가업체 수 : 개최국 참관객 수 : 13명 전체 참관객 수 : 10,000명 전시분야 : 종합품목 한국 참가업체 : 0개사	부스당 임차료(m^2당) 414,000원 임차료 수준 조립식 부스 ( ) 독립식 부스 ( )
파리종합박람회 Paris International Multi Branch Fair Foire de Paris	최초개최년도 : 개최기간 : 2009/04/30~2009/05/10 개최주기 : 매년 개최규모 : 96,000m^2 개최국가 : 프랑스 개최도시 : 파리 전시장 : Porte de Versailles	참가국 수 : 16개국 개최국 참가업체 수 : 2,200개업체 외국 참가업체 수 : 1,200개업체 개최국 참관객 수 : 600,000명 전체 참관객 수 : 672,000명 전시분야 : 종합품목 한국 참가업체 : 0개사	부스당 임차료(m^2당) 750,000원 임차료 수준 조립식 부스 (6,750,000) 독립식 부스 (5,250,000)
ED 엑스포 2009 ED EXPO 2009 ED EXPO 2009	최초개최년도 : 1994 개최기간 : 2009/05/05~2009/05/07 개최주기 : 매년 개최규모 : 8330 개최국가 : 미국 개최도시 : 달라스 전시장 : Dallas Convention Center	참가국 수 : 5개국 개최국 참가업체 수 : 422개업체 외국 참가업체 수 : 13개업체 개최국 참관객 수 : 10,000명 전체 참관객 수 : 10,500명 전시분야 : 종합품목 한국 참가업체 : 0개사	부스당 임차료(m^2당) 123,000원 임차료 수준 조립식 부스 ($1110) 독립식 부스 ($1110)

전시회명(영문)	전시회 정보	전년도 개최 내역	부스 비용
2009 한-중 친환경 건강산업전시회-제6회 중국 심양 한국우수 상품전시회 6th Korea Trade Fair the international medical and health industries in Northeast Expo KTFIM	최초개최년도 : 2004 개최기간 : 2009/05/22~2009/05/25 개최주기 : 매년 개최규모 : 11,000평방/500부스 개최국가 : 중국 개최도시 : 심양 전시장 : 중국심양과학궁전전시센터	참가국 수 : 12개국 개최국 참가업체 수 : 322개업체 외국 참가업체 수 : 90개업체 개최국 참관객 수 : 110,000명 전체 참관객 수 : 120,000명 전시분야 : 의료기기, 건강식품, 보건약품, 노인 및 아동용품, 친환경 소비전자, 미용용품, 건강생활용품, 친환경 가구-건축자재, 의료기관및 운동센터 한국 참가업체 : 80개사	부스당 임차료(m^2당) 0원 임차료 수준 조립식 부스 (US$1,800/부스 9평방메터기준) 독립식 부스 (US$170/$m^2$ 36평방미터)
2009 중국서부국제박람회 Sichuan Int'l Investment & Trade Fair 2009 西博會	최초개최년도 : 2000 개최기간 : 2009/05/25~2009/05/28 개최주기 : 매년 개최규모 : 90,000m^2 개최국가 : 중국 개최도시 : 청두 전시장 : 신국제전시센터	참가국 수 : 24개국 개최국 참가업체 수 : 3665개업체 외국 참가업체 수 : 1000개업체 개최국 참관객 수 : 300,000명 전체 참관객 수 : 310,000명 전시분야 : 종합품목, 공예품, 광고.마케팅, 보안.안전설비, 기타 한국 참가업체 : 0개사	부스당 임차료(m^2당) 임차료 수준 조립식 부스 (US$1,800) 독립식 부스 (US$180/sqm(27sqm이상))
국제 자체브랜드(Private Label)전시회 2009 PLMA's World of Private Label International Trade Show 2009 PLMA 2009	최초개최년도 : 1986 개최기간 : 2009/05/26~2009/05/27 개최주기 : 매년 개최규모 : 28,000sqm 개최국가 : 네덜란드 개최도시 : 암스테르담 전시장 : Amsterdam RAI	참가국 수 : 65개국 개최국 참가업체 수 : 171개업체 외국 참가업체 수 : 1,529개업체 개최국 참관객 수 : 1,500명 전체 참관객 수 : 7,500명 전시분야 : 종합품목 한국 참가업체 : 0개사	부스당 임차료(m^2당) 363,000원 임차료 수준 조립식 부스 (미정) 독립식 부스 (EURO 2,618/unit(9sqm))

전시회명(영문)	전시회 정보	전년도 개최 내역	부스 비용
네오콘 무역 박람회 NeoCon World's Trade Fair NeoCon World's Trade Fair	최초개최년도 : 개최기간 : 2009/06/15~2009/06/17 개최주기 : 매년 개최규모 : 1,000,000sqft 개최국가 : 미국 개최도시 : 시카고 전시장 : Chicago Merchandise Mart	참가국 수 : 12개국 개최국 참가업체 수 : 1200개업체 외국 참가업체 수 : 0개업체 개최국 참관객 수 : 40,000명 전체 참관객 수 : 45,000명 전시분야 : 종합품목, 디자인, 그래픽 한국 참가업체 : 0개사	부스당 임차료(m^2당) 123,000원 임차료 수준 조립식 부스 (US$30.00/sf) 독립식 부스 ( )
2009 홍콩선물용품, 가정용품, 완구 전시회 2009 Summer Sourcing Show for Gifts, Houseware & Toys	최초개최년도 : 2004 개최기간 : 2009/07/02~2009/07/05 개최주기 : 매년 개최규모 : 24040sq · m 개최국가 : 홍콩 개최도시 : 홍콩 전시장 : Hong Kong Convention And Exhibition Center(HKCEC)	참가국 수 : 17개국 개최국 참가업체 수 : 444개업체 외국 참가업체 수 : 381개업체 개최국 참관객 수 : 13,964명 전체 참관객 수 : 20,165명 전시분야 : 종합품목, 선물, 판촉용품 한국 참가업체 : 0개사	부스당 임차료(m^2당) 393,300원 임차료 수준 조립식 부스 (US$414/sqm(9sqm)) 독립식 부스 (US$356/sqm)
2009 홍콩 식품 박람회 2009 Hong Kong Food Expo 2009 Food Expo	최초개최년도 : 1990 개최기간 : 2009/08/14~2009/08/18 개최주기 : 매년 개최규모 : 16,213sq · m 개최국가 : 홍콩 개최도시 : 홍콩 전시장 : Hong Kong Convention And Exhibition Center(HKCEC)	참가국 수 : 17개국 개최국 참가업체 수 : 25개업체 외국 참가업체 수 : 153개업체 개최국 참관객 수 : 6,240명 전체 참관객 수 : 8,549명 전시분야 : 식품, 음료 기타 한국 참가업체 : 종합품목, 식품, 음료	부스당 임차료(m^2당) 328,700원 임차료 수준 조립식 부스 (US$346/sq · m) 독립식 부스 (US$336/sq · m)

전시회명(영문)	전시회 정보	전년도 개최 내역	부스 비용
제67회 동경 국제 선물용품박람회 2009 THE67TH TOKYO INTERNATIONAL GIFT SHOW SPRING 2009 T. I. G. S 2009	최초개최년도 : 1976 개최기간 : 2009/09/01~2009/09/04 개최주기 : 연 2회 개최규모 : 86,410m^2 개최국가 : 일본 개최도시 : 동경 전시장 : Tokyo Big Sight	참가국 수 : 29개국 개최국 참가업체 수 : 1,720개업체 외국 참가업체 수 : 480개업체 개최국 참관객 수 : 196,316명 전체 참관객 수 : 198,528명 전시분야 : 종합품목, 가정용품, 공예품, 디자인, 그래픽, 문구·사무기기, 미술·골동품, 발명·특허·아이디어산업, 선물·판촉용품, 소비재, 시계·귀금속, 실내·외장식, 인테리어, 아동·유아, 완구·게임, 원예·조경, 유리·도자기, 의류·패션·악세사리, 취미·기호·DIY, 화장품·미용용품, 애니메이션·캐릭터·영화·게임 한국 참가업체 : 67개사	부스당 임차료(m^{2}당) 0원 임차료 수준 조립식 부스 (　) 독립식 부스 (JPY346,500)
ISSA 인터클린 전시회 ISSA INTERCLEAN SHOW ISSA	최초개최년도 : 1923 개최기간 : 2009/09/08~2009/09/11 개최주기 : 매년 개최규모 : 1,000,000sqft 개최국가 : 미국 개최도시 : 라스베가스 전시장 : Las Vegas Mandalay Bay Convention Center	참가국 수 : 20개국 개최국 참가업체 수 : 650개업체 외국 참가업체 수 : 640개업체 개최국 참관객 수 : 명 전체 참관객 수 : 명 전시분야 : 종합품목, 섬유·직물, 소비재, 의료기기·약품·위생, 청소·세탁·수선 한국 참가업체 : 0개사	부스당 임차료(m^{2}당) 0원 임차료 수준 조립식 부스 (　) 독립식 부스 (　)

전시회명(영문)	전시회 정보	전년도 개최 내역	부스 비용
2009 메가쇼 파트 2 2009 HK Mega Show Part 2 2009 Mega Show Part 2	최초개최년도 : 2003 개최기간 : 2009/10/28~2009/10/30 개최주기 : 매년 개최규모 : 2006년 885개사 참가, 1,015m^2 개최국가 : 홍콩 개최도시 : 홍콩 전시장 : Hong Kong Convention & Exhibition Centre	참가국 수 : 18개국 개최국 참가업체 수 : 500개업체 외국 참가업체 수 : 515개업체 개최국 참관객 수 : 1,000명 전체 참관객 수 : 6,000명 전시분야 : 종합품목, 공예품, 문구·사무기기, 미술·골동품, 발명·특허·아이디어산업, 시계·귀금속, 유리·도자기, 애니메이션·캐릭터·영화·게임 한국 참가업체 : 0개사	부스당 임차료(m^2당) 171,950원 임차료 수준 조립식 부스 (US$181/sqm) 독립식 부스 ( )
ISSA 인터클린 전시회 ISSA INTERCLEAN SHOW ISSA	최초개최년도 : 1923 개최기간 : 2009/09/08~2009/09/11 개최주기 : 매년 개최규모 : 1,000,000sqft 개최국가 : 미국 개최도시 : 라스베가스 전시장 : Las Vegas Mandalay Bay Convention Center	참가국 수 : 20개국 개최국 참가업체 수 : 650개업체 외국 참가업체 수 : 640개업체 개최국 참관객 수 : 명 전체 참관객 수 : 명 전시분야 : 종합품목, 섬유·직물, 소비재, 의료기기·약품·위생, 청소·세탁·수선 한국 참가업체 : 0개사	부스당 임차료(m^2당) 325,000원 임차료 수준 조립식 부스 (325,000) 독립식 부스 (305,000)

전시회명(영문)	전시회 정보	전년도 개최 내역	부스 비용
제24회 두바이 국제 추계 종합박람회 The 24th International Autumn Trade Fair IATF 2009	최초개최년도 : 1986 개최기간 : 2009/09/26~2009/09/29 개최주기 : 매년 개최규모 : 20,000m^2 개최국가 : 아랍에미리트 개최도시 : 두바이 전시장 : DUBAI INTERNATIONAL EXHIBITION CETRE	참가국 수 : 23개국 개최국 참가업체 수 : 18개업체 외국 참가업체 수 : 754개업체 개최국 참관객 수 : 17,000명 전체 참관객 수 : 21,000명 전시분야 : 종합품목, 가구·가구산업, 가정용품, 가죽·피혁·모피, 공예품, 문구·사무기기, 미술·골동품, 선물·판촉용품, 섬유·직물, 소비재, 스포츠·레저용품, 식품·음료, 신발산업, 실내·외장식·인테리어, 의료기기·약품·위생, 컴퓨터·PC주변기기, 화장품·미용용품 한국 참가업체 : 26개사	부스당 임차료(m^{2}당) 325,000원 임차료 수준 조립식 부스 (325,000) 독립식 부스 (305,000)

CHAPTER 03

무역가격조건

제1절 무역가격조건과 Incoterms 2000
제2절 무역가격조건의 해설

무역거래에서 거래당사자들은 상품가격을 결정하는데 중요한 관심을 가지고 있다. 국제무역거래에서는 은행비용, 통관비, 운송비, 보험료, 관세 등 국제물류비용이 많이 발생하기 때문에 이들 비용을 얼마나 수출 상품가격에 포함시킬 것인가? 그리고 원거리 무역에 따른 당사자 간의 책임 분기점을 어디로 할 것인가? 등을 결정해야 한다. 무역거래는 수출상과 수입상의 상호 합의에 의한 수출입매매계약에서 시작되므로 의무사항은 여러 가지로 구성될 수 있다. 이러한 의무사항을 매번 계약시에 일일이 합의한다는 것은 상당히 번거롭고 비생산적이다. 따라서 상인들은 오래 전부터 비용부담 및 책임한계가 상관습적으로 표준화된 FOB, CIF 등과 같은 가격조건을 사용하여 이러한 불편을 극복해 왔다. 이 장에서는 Incoterms, 2000을 중심으로 현재 사용되고 있는 가격조건들을 살펴보고자 한다.

3-1 무역가격조건과 Incoterms 2000

1. 무역가격조건의 개념

무역거래는 수출상과 수입상이 상호 합의하여 수출입매매계약에 제반사항을 명시하고 상호 서명함으로써 시작되므로 수출입매매계약 당사자 간의 의무사항은 여러 가지로 구성될 수 있다. 무역거래는 국내거래와 내륙운송비, 내륙운송보험료, 통관비, 항만사용료, 운송비, 적하보험, 은행비용, 수입통관비, 수입관세, 수입국내의 내륙운송비 등 많은 국제물류비용을 발생시킨다. 따라서 수출상과 수입상은 국제물류비용은 어느 정도 부담해야 되는지 결정하여야 한다. 즉 수출상이 제시한 수출상품가격에는 국제물류비용 중 어느 것은 포함되고 어느 것은 포함되지 않아 수입상이 부담해야 되는지에 대한 명확한 합의가 필요하며 이러한 합의 없이 단순히 수출상이 제시한 수출상품가격으로 수출을 하면 많은 혼란과 무역분쟁이 발생하여 국제무역거래를 저해하는 원인이 될 수 있다.

또한 무역거래는 거래당사자가 서로 다른 국가에 거주하고 상관습과 법, 제도, 언어 등이 서로 따르기 때문에 수출상과 수입상 간의 비용부담의 분기점, 책임부담의 분기점, 소유권 이전의 분기점, 위험이전의 분기점에 대해 미리 합의를 하여야 한다. 이와 같이 무역거래에서는 수출입매매계약의 당사들이 거래상품의 가격을 결정할 때 그 상품가격에 국제물류비용 중 어느 것을 포함시킬 것인지, 수출상과 수입상 간의 비용부담, 책임부담, 소유권의 이전, 위험이전의 분기점에 대해 동시에 결정해야 한다.

무역거래에서 이러한 제반사항을 수출거래가 발생할 때마다 건건이 합의하여 결정한다는 것은 비효율적이고 또한 불가능하기 때문에 국제상업회의소(International Chamber of Commerce)는 1920년대부터 정형거래조건의 해석에 관한 국제규칙(International Rules for the Interpretation of Trade Terms)을 제정하려고 노력해왔다. 정형거래조건은 수출상과 수입상간의 비용부담, 책임부담, 소유권 이전, 위험이전의 분기점을 제시하고 있는데 이것을 무역가격조건이라고 한다.

2. Incoterms의 개요

(1) Incoterms의 목적

국가 간 상거래는 법률, 제도, 언어, 상관습 등이 상이한 당사자들 간에 이루어지기 때문에 항상 수출입매매계약조건을 둘러싼 분쟁이 발생할 가능성이 매우 높다. 따라서 인코텀즈의 목적은 국가 간 상거래에서 가장 보편적으로 사용되는 정형거래조건의 해석에 관한 일련의 국제규칙을 제공하는데 있으며 그렇게 함으로써 국가 간에 그러한 거래조건에 관하여 다르게 해석함으로써 발생한 불확실성을 제거하거나 또는 적어도 상당한 정도로 감소시키는데 있다.

국가 간 상거래에 있어서 거래당사자들은 거래상대 국가의 법률과 상관습을 잘 알지 못하기 때문에 거래당사자들이 합의한 무역가격조건에 대하여 서로 다른 해석을 한다면 무역거래가 성사되기 보다는 오히려 거래 당사자들 간의 오해와 분쟁이 발생하여 국가 간 상거래를 위축시킬 수 있다. 따라서 무역가격조건과 상관습을 국제적으로 통일시켜 국가 간 상거래에 있어서 거래당사자들 사이에 발생할 수 있는 무역분쟁을 예방하고 특정거래조건에 대한 서로 다른 해석으로 인한 불확실성을 제거하거나 최소화시킴으로써 국가 간 상거래를 활성화시킬 수 있는 방법을 강구할 필요가 있게 되었다.

인코텀즈는 수출입매매계약 당사자들에게 다같이 공통적으로 적용할 수 있는 중립적이고 합리적인 국제규칙을 제공하여 각국이 일반적으로 사용하고 있는 정형거래조건을 다르게 해석함으로써 발생한 오해와 마찰, 기타 예견치 못한 위험요인을 제거 또는 경감시켜 궁극적으로는 무역거래에 따른 시간과 금전상의 낭비를 제거하여 국가 간 상거래를 활성화시키는데 목적을 두고 있다.[1]

(2) Incoterms의 제정

오래 전부터 무역거래에 종사한 상인들 간에 FOB, CIF와 같은 무역가격조건이 사용되어 왔지만 국가 간의 해석상의 차이와 상관습의 차이로 인해 국가 간 상거래가 활성화되지 못하고 오히려 무역분쟁이 초래되어 국가 간 상거래가 저해되는 원인이 되었다.

---

1) 인코텀즈 서문 제1항 1문 내지 2문

이에 따라 무역분쟁을 예방하여 국가 간 상거래를 활성화시키기 위해서 1936년 국제상업회의소(International Chamber of Commerce ; ICC)는 무역가격조건의 해석에 관한 국제규칙(International Rules for the Interpretation of Trade Terms) 즉 Incoterms 1936을 제정하였다. 그 후 Incoterms는 무역상관습의 변화에 따라 1953년, 1967년, 1976년, 1980년, 1990년 및 2000년에 각각 개정되었으며 현재 사용되고 있는 것은 2000년에 개정된 Incoterms 2000이다.

(3) Incoterms 2000의 개정이유와 주요특징

1) Incoterms의 개정이유

Incoterms를 정기적으로 개정한 주된 이유는 국제상관습이 시대적으로 변화함에 따라 그 변화에 적용시키기 위해서이다. 특히 최근에는 관세자유무역지대의 확산, 무역거래에서 전자서식의 사용증가, 국제운송수단의 변화와 같은 새로운 국제무역환경이 등장하였으며 구체적으로 살펴보면 다음과 같다. 첫째, 전통적인 FOB가격조건에서 물품인수지점은 물품이 본선의 난간을 통과하는 시점이라고 정의한 것이 해상운송에 컨테이너가 등장함에 따라 물품이 선박의 갑판상에서 적재하기 전에 물품을 컨테이너에 적입하는 육상의 어느 지점이 되는 경우가 일반화되었기 때문에 1980년에 인코텀즈를 개정할 때 이러한 변화를 수용하여 운송인인도조건(FCA)을 도입하였다. 둘째, 무역거래에서 전자무역의 활성화로 전자서식의 사용이 증가함에 따라 인코텀즈는 전자서식의 사용을 장려하여 전자무역을 발전시키기 위한 지속적인 개선노력을 기울여왔다.

1990년 개정 때부터 인도의 증거를 제공할 수출상의 의무조항에서 거래당사자들이 전자방식으로의 통신을 합의한 경우에는 종이서류를 전자문서교환방식(EDI)의 전자서식으로 대체할 수 있도록 허용하였다. 전통적인 선하증권의 기능인 물품인도의 증거, 운송계약의 증명 및 물품에 대한 권리의 이전수단으로서 이와 동등한 법적효력을 갖는 전자통신문의 사용에 대비한 규정을 두고 있다. 이를 위하여 1999년부터 시범운용 중에 있는 BOLERO 서비스, 1990년에 제정된 CMI 전자식 선하증권법규 및 1996년에 제정된 UNCITRAL 표준전자상거래법 등의 관련 규정도 원용할 수 있도록 개방해두고 있다. 셋째, 무역관습을 보다 분명하고 정확하게 반영하여 인코텀즈상의 사용문언을 구성하고자 하였다. ICC는 2년간 진행된 개정작업을 통해서 세계 무역상인들의 다양한 시각으로부터 나온 많은 의견과 견해를 인코텀즈 조항에 포함시켰다.

2000년 인코텀즈는 1990년 인코텀즈와 비교할 때 거의 변경된 것이 없는 듯하나 FAS와 DEQ하에서 통관 및 관세지급의무, FCA하에서 적재 및 양하 의무 등에 관하여는 실질적인 변경이 있었다.

2) Incoterms 2000의 주요특징

① 구성

Incoterms 2000은 1990년 개정 때와 같이 모두 13가지의 가격조건들로 규정되었으며 이 13가지 가격조건들은 <그림 3-1>에서처럼 그 성격별로 E그룹(출발지인도조건), F그룹(운송비 미지급조건), C 그룹(운송비지급조건) 및 D그룹(도착지인도조건)으로 분류되었다.

E그룹에는 출하지인도조건으로서 수출상은 물품을 자신의 영업장구내에서 수입상에게 직접인도 하는 것으로 EXW 조건이 규정되었다.

F그룹에는 주운송비미지급인도조건으로서 수출상은 적출지에서 수입상이 지정한 운송인에게 물품을 인도하지만 목적지까지의 해상운송비를 부담하지 않은 공통점이 있는 것으로 FCA, FAS 및 FOB 조건이 이 규정에 해당된다.

C그룹에는 주운송비지급인도조건으로서 수출상은 기본적으로 목적지까지 수입

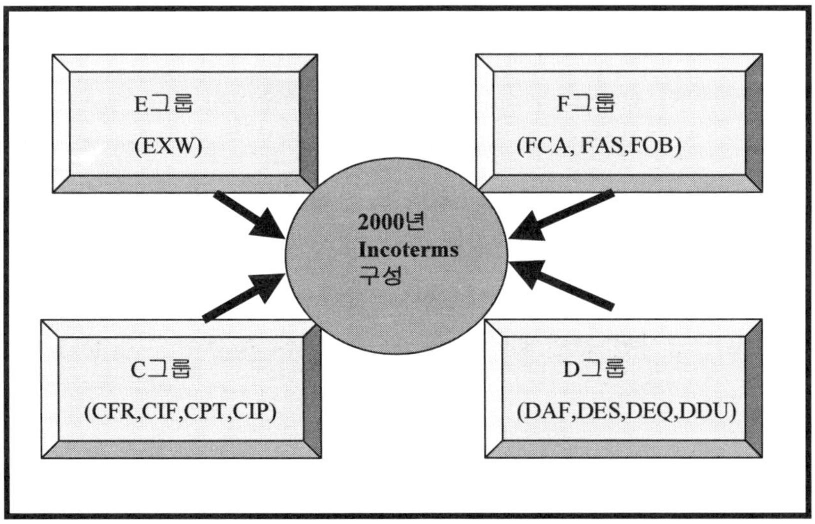

그림 3-1 2000년 Incoterms 구성

상을 위해 운송계약이나 해상보험계약을 체결하고 운임이나 보험료를 지급해야 하는 것으로 CFR, CIF, CPT 및 CIP조건이 이 규정에 해당된다. 그러나 이 조건에서 수출상의 책임은 모두 선적지에서 끝나도록 되어 있다.

그리고 D그룹에는 도착지인도조건으로서 수출상은 자신을 위해 목적항까지 물품을 운반하는데 따른 해상운송과 해상보험계약을 체결하고 최종 목적지까지 물품을 운반하는데 발생되는 모든 비용과 위험을 부담해야 하는 것으로 DAF, DES, DEQ, DDU 및 DDP 조건이 이 규정에 해당된다.

② 용어

Incoterms 2000은 가능한 한 용어(Termonology)의 일관성을 유지하고자 했고 특히 이를 1980년 국제물품매매계약에 관한 유엔협약(CISG)과 일치시키고자 노력하였다.

ⓐ 화주(shipper)

화주라는 용어는 운송을 위하여 물품을 인도하는 자와 운송계약을 체결하는 자가 서로 동일할 수 있지만 FOB가격조건에서는 서로 다르므로 화주라는 용어는 서로 다른 의미를 가질 수 있다.

ⓑ 인도(delivery)와 승낙(accept)

인도라는 용어는 수출상의 인도의무를 종결하는 시점을 결정할 경우와 수입상의 인도수령 또는 승낙의무에 관계할 경우에는 서로 다른 의미로 사용되고 있다. 특히 “C” 조건에서 선적항에서의 매도인의 인도와 매수인의 승낙, 목적항에서의 매도인의 인도와 매수인의 승낙은 다른 의미로 해석된다. 매도인은 합의된 일자와 기간 내에 선적항에 있는 선박의 갑판상에서 물품을 인도하여야 한다고 명시되어 있는데[2] 수출상의 인도와 관련하여 수입상의 승낙은 물품의 인도를 의미하는 것이 아니라 수출상이 운송계약에 따라 물품을 운송인에게 인도하고 물품을 선적했다는 것을 승낙한다는 것을 의미한다는 것이고 수입상은 물품이 수출상의 인도의무에 따라 인도된 때에 물품의 인도를 승낙해야할 지정된 목적항에서 운송인으로부터 이를 인수해야한다고[3] 명시된 문언에서 수입상의 승낙은 물품이 수출상과 수입상이 수

2) The seller must deliver the goods on board the vessel at the port of shipment on the date or within the agreed period

3) The buyer must accept delivery of the goods when they have been delivered in accordance with A4 and receive then from the carrier at the named port of destination

출입매매계약에서 합의한 물품과 일치함을 승낙한다는 의미를 갖고 있는 것으로 해석한다는 것이다.

ⓒ 통상적(usual)

통상적인 문언이 무엇을 의미하는지 명확히 하려고 하였다. 일부 거래조건에서 당사자의 의무와 관련하여 "합리적"(reasonable)이라는 문언보다 "통상적"(usual)이라는 문언으로 이를 표현하고 있는데 전자가 법률적인 해석을 요하는 반면에, 후자는 무역상인들이 통상적으로 어떤 것을 하여야하는 지를 확인할 수 있기 때문에 관습을 중시하는 무역업계에 훨씬 더 명확한 지침이 될 수 있다.

ⓓ 부과금(charges)

1990년 인코텀즈에 물품을 수출하고 수입할 때 지급되는 공적인 부과금이란 문언을 두었는데 공적인 부과금에 관련하여 어느 것이 공적인지 아닌지에 대한 불확실성이 발생하여 수출 또는 수입통관과 관련하여 "부과금"(charges)이라는 용어를 사용하면서 "공적"(official)이라는 수식어를 삭제하였다. 따라서 통관업무에 필수적으로 관련되지 아니하고 사적인 당사자에 의하여 부과되는 비용(보관료 등)은 그러한 부과금에 포함되지 않는다.

ⓔ 항구(port), 지점(points), 영업장구내(premises)

무역가격조건에서 물품이 인도되어야할 장소에 관련하여 "항구"(ports), "지점"(points) 및 "영업장구내"(premises)와 같이 여러 가지 표현이 사용되고 있는데 인코텀즈는 지정된 장소 내에서 구체적인 지점이 합의되지 않거나 또는 이용가능한 지점이 여러 곳에 있는 경우에는 수출상이 그의 목적에 가장 합당한 지점을 선택할 수 있도록 하였다.

ⓕ 본선(ship)과 선박(vessel)

해상인도조건에서 "본선"(ship)과 "선박"(vessel)이라는 표현은 동의어로 사용되고 있지만 본선이란 용어는 선측인도(FAS), 착선인도(DES), 본선의 난간을 통과한(passed the ship's rail)용어를 사용하는 본선인도(FOB)조건에서 사용하도록 했다.

ⓖ 점검(checking)과 검사(inspection)

인코텀즈에 점검과 검사라는 용어가 사용되고 있는데 이 두 용어는 동의어지만 수출상의 인도의무에 관련하여 점검이란 용어를 사용토록 했고 선적전 검사에 관련하여 검사라는 용어를 사용하도록 했다.

3-2 무역가격조건의 해설

Incoterms 2000에는 13가지의 무역가격조건들을 4개의 그룹으로 나누어 규정하고 있는데 수출상과 수입상간의 비용부담의 분기점, 책임부담의 분기점, 소유권 이전의 분기점, 위험이전의 분기점을 명시하였다. 이 절에서는 각 조건의 개념과 수출상과 수입상 간의 분기점, 매매당사자의 주요 의무를 살펴보기로 한다.

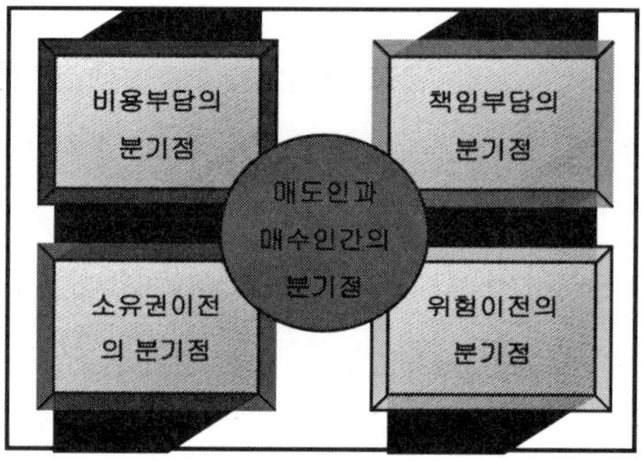

그림 3-2 수출상과 수입상간의 분기점

1. 출하지 인도조건(Group E)

출하지 인도조건은 수출상의 의무가 가장 적은 거래조건을 말한다. 수출상은 수입상과 합의한 장소 통상적으로 수출상 자신의 영업장구내에서 물품을 수입상의 임의처분하에 적치하는 것 이상으로 행할 의무는 없는 것으로 지정장소 공장인도조건 하나만 여기에 해당된다.

(1) 지정장소 공장인도조건[Ex Work(named place) ; EXW]

1) 개 념

EXW조건은 수출상이 계약물품을 수출상공장에서 수입상에게 인도하는 조건이다. 수출상이 수출상품을 수출통관을 하지 않고 어떠한 수거용 차량에 적재를 하지 않은 상태로 자신의 영업장구내 또는 기타 지정된 장소(작업장, 공장, 창고)에서 수입상의 임의처분하에 적치한 때에 인도한다는 것을 의미한다. 이 조건은 수출상에 대한 최소한의 의무를 나타내며 또 수입상은 수출상의 영업장구내로부터 물품을 수령하는 데 관련된 모든 비용과 위험을 부담하여야 하고 수출상이 출발 시 물품의 적재에 대한 책임을 부담하기로 한 경우에는 수출입매매계약서에 그러한 내용을 기재해야 한다. 수출상은 물품의 수출통관이나 수입상 차량에 물품을 적재할 책임이 없으며 물품이 인도된 이후의 모든 절차는 수입상의 위험과 비용으로 처리해야 한다. 본 조건은 수출상 입장에서 볼 때 수출포장과 물품점검비용을 비롯한 부대비용을 부담하는 것을 제외하면 국내매매와 동일하다고 볼 수 있다.

따라서 외국무역에 경험이 없는 국내의 제조업자가 직접 수출할 경우에 또는 수입상이 수출국에 무역대리점이나 출장소를 설치하여 수출국에 대한 사정을 정확히 알 수 있는 경우에 본 조건을 유용하게 사용할 수 있고 수출국의 법이 외국인의 수출통관을 금지한 경우에는 이용할 수 없다.

수출상과 수입상 간의 비용부담의 분기점, 책임부담의 분기점, 소유권 이전의 분기점, 위험이전의 분기점은 물품이 합의된 시기에 수출상의 영업장구내에서 수입상의 임의처분하에 적치된 때이다. 즉 이때에 비용, 책임, 소유권, 위험이 수출상에서 수입상으로 이전되어 그 이후에 발생되는 모든 비용과 위험은 수입상이 부담해야 한다. 수출상은 물품의 제조원가와 이윤, 수출포장비용, 품질. 수량점검비용 기타 자신의 영업장구내에서 물품을 인도할 때까지의 부대비용을 가산한 요소비용을 부담할 뿐이며 그 후에 물품을 화물차량에 적재하고 수입국의 최종목적지까지 운송하는데 발생하는 모든 비용과 위험은 수입상이 이를 부담해야 한다.

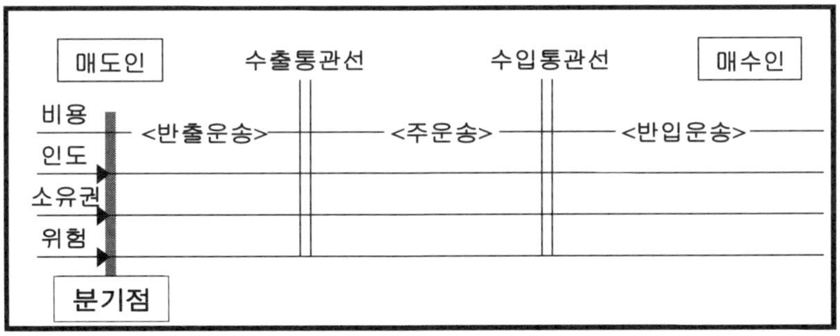

그림 3-3 지정장소 공장인도조건에서 수출상과 수입상의 분기점

2) 수출상의 의무

① 매매계약과 일치하는 물품의 제공 : 수출상은 매매계약과 일치하는 물품을 자신의 영업장구내에서 수입상에게 인도하여야 한다.

② 증명서의 제공의무 : 상업송장(commercial invoice), 포장명세서(packing list), 품질 · 수량 등의 검사증명서(certificate of origin) 또는 이와 상응하는 전자통신문 그리고 매매계약에서 요구하는 기타 모든 증명서류를 제공해야 한다.

③ 허가 · 인증 및 절차 : 수출상은 수입상의 요청과 비용 및 위험부담으로 영사송장(consular invoice), 원산지증명서(certificate of origin) 등 수출, 수입 또는 제3국으로의 통과에 필요한 서류를 취득하는데 협조해야 한다.

④ 수입상에 대한 통지 : 물품이 수입상의 임의처분상태로 인도될 시기와 장소에 대하여 수입상에게 충분히 통지해야 한다.

3) 수입상의 의무

① 물품수령 : 수입상은 수출상의 영업장구내에서 물품을 수령하고 이 사실을 입증하는 물품수령증(buyer's receipt)을 제공하여야 한다.

② 대금지급 : 수입상은 매매계약에서 약정한 대로 수입대금을 지급해야 한다.

③ 허가 · 인증 및 통관절차 : 수입상은 자신의 위험과 비용으로 모든 수출허가 및 수입허가 또는 기타 공적 인증을 취득해야하고 물품의 수출 및 수입에 관한 모든 통관절차와 필요한 경우에는 제3국을 통과하는데 필요한 통관절차를 이행해야 한다.

④ 비용부담 : 수입상은 자신의 위험과 비용부담으로 물품을 목적지까지 운반하기 위한 모든 조치를 취해야 한다.

2. 주운송비미지급 인도조건(Group F)

F 그룹에는 지정장소 운송인인도조건(FCA), 지정선적항 선측인도조건(FAS) 및 지정선적항 본선인도조건(FOB)이 있다. 이들 세 가지 무역가격조건들의 특징은 수출상이 목적항까지의 운송비용을 부담하지 않는다는 점과 수출입매매계약물품을 수입상이 지정한 운송인에게 수출상이 인도하면 수출상의 인도의무가 끝난다는 점이다. "운송인"이라 함은 운송계약에 있어서 철도, 항공, 해상, 내수로 또는 이들의 복합방식에 의한 운송을 이행하거나 또는 운송을 이행할 것을 약정하는 모든 자를

의미한다. 따라서 운송수단을 가지고 운송을 이행하는 실제운송인 뿐만 아니라 이를 대신해서 운송계약을 체결하는 계약운송인까지 모두 운송인의 의미에 포함된다.

(1) 지정장소 운송인인도조건 [Free Carrier … (named place) ; FCA]

1) 개념

FCA조건은 수출상이 물품을 수출통관하고 지정된 장소에서 수입상이 지정한 운송인에게 물품을 인도하는 거래조건을 말하며 인도장소의 선택은 그 장소에서의 물품의 적재와 양하에 대한 의무를 부담하는데 영향을 준다. 인도가 수출상의 영업장구내에서 이루어지는 경우에는 수출상은 수입상이 지정한 운송인의 화물차에 물품을 적재할 책임을 부담하고 인도가 기타의 모든 장소에서 이루어지는 경우에는 수출상은 수출상의 화물차에 적재되어 있는 물품을 하역하여 수입상이 지정한 운송인의 화물차에 적재할 의무를 부담하지 않는다. 수입상은 물품의 인도지점을 정확히 지정하여야 하며 수입상이 이를 지정하지 않으면 수출상은 지정된 장소내에서 자신의 목적에 가장 적합한 지점을 선택할 권리가 있다.

운송인은 철도, 도로, 항공, 해상, 내수로 또는 복합운송에 있어서 화주와 운송계약을 체결하고 직접 그 운송계약의 이행을 약속하는 본인(principal) 또는 그 이행을 대행하는 운송대리인(shipping agent)을 의미하므로 수출상은 이러한 자격을 갖고 있는 운송인에게 물품을 인도하여야 수출상의 인도의무를 다하는 것이다. 그러나 수입상이 운송인 이외의 운송주선인에게 물품을 인도하도록 지시한 경우에 수출상은 아무런 책임 없이 운송주선인에게 물품을 인도할 수 있고, 인도하면 수출상의 물품인도의무가 이행된 것으로 간주한다. 물품에 대한 비용부담, 책임부담, 소유

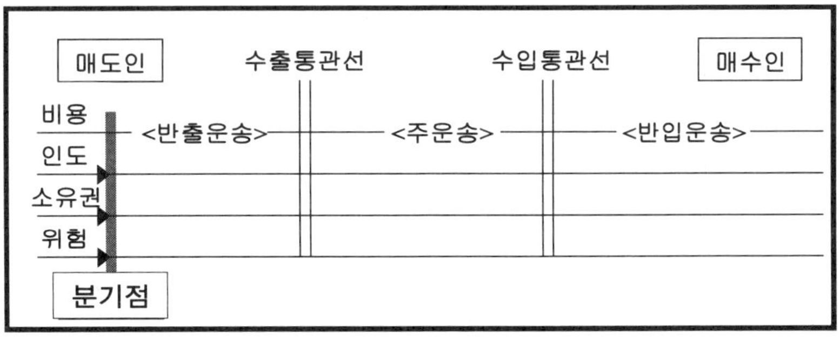

그림 3-4 지정장소 운송인인도조건 수출상과 수입상의 분기점

권의 이전, 위험 이전의 분기점은 수출상이 수입상이 지정한 장소에서 지정된 운송인에게 물품을 인도한 때가 된다. 수입상의 요청이 있거나 상 관습상 수출상이 운송계약을 체결하는 경우에는 수입상의 비용과 위험부담으로 한다.

2) 수출상의 의무

① 물품인도 : 수출입매매계약에서 명시된 물품을 지정된 장소에서 수입상이 지정한 운송인에게 인도해야 한다.

② 수출허가 및 수출통관 : 수출상은 자신의 위험과 비용으로 모든 수출허가와 수출통관을 이행하고 이에 따른 수출세와 부과금을 지급하여야 한다.

③ 서류제공 : 상업송장, 수출허가서, 그리고 관습적인 경우에는 운송인에게 물품을 인도하였다는 통상적인 인도증명서류를 제공하여야 하며 제공된 서류가 운송계약을 증명하는 서류가 아닌 경우 수출상은 수입상의 요청과 수입상의 위험과 비용부담으로 운송계약을 체결한 후에 운송서류도 제공해야 한다. 운송서류는 운송수단에 따라 다를 수 있지만 통상적으로 해상운송의 경우 유통성 선하증권(negotiable bill of lading)과 비유통성 해상화물운송장(non-negotiable seaway bill)을 의미하고, 내수로 운송은 내수로 운송서류(inland waterway document), 항공운송은 항공화물운송장(airway bill), 철도운송은 철도화물탁송장(railway consignment note), 도로운송은 도로화물탁송장(road consignment), 복합운송은 복합운송서류(multimodal transport document)를 의미한다. 이러한 모든 운송서류는 무역거래 당사자 간의 합의에 따라 각각 전자서식으로 대체될 수 있다.

3) 수입상의 의무

수입상은 수출상이 계약물품을 적기에 인도할 수 있도록 운송인과 운송계약을 체결하고 운송인 명의, 인도기일 등을 수출상에게 알려 주어야 한다.

① 운송계약의 체결 : 수입상은 수출상이 물품인도를 인도할 수 있는 운송인을 지정하고 운송방식과 물품의 인도기일 및 장소를 수출상에게 통지해야 한다.

② 위험이전 및 비용부담 : 수출상이 물품을 수입상이 지정한 운송인에게 인도한 후에 발생한 운송비를 비롯하여 기타 모든 위험과 비용을 수입상이 부담하고 만약 수입상이 운송인 또는 기타의 자를 지정하지 아니하거나 운송인 또는 지정된 자가 합의된 시기에 물품을 자신의 관리하에 수령하지 아니하거나 수입상이 운송인의 명의, 운송방식, 인도기일과 장소내의 지점을 통지하지 아니

한 경우에는 합의된 인도기일부터 발생하는 물품의 창고료, 보험료 등의 추가적인 비용을 부담해야 한다.

③ 수입허가, 승인, 통관절차 : 수입상인 자신의 위험과 비용부담으로 모든 수입허가 또는 기타 공적인 승인을 취득하여 하며, 또 적용 가능한 경우에는 물품의 수입 및 제3국으로의 통과를 위한 모든 통관절차를 이행하여야 한다.

(2) 지정선적항 선측인도조건 [Free Alongside Ship(named port of shipment) ; FAS]

1) 개념

FAS조건은 수출상이 물품을 수출통관하여 선적항에 있는 본선의 선측 또는 부선으로 본선의 선측에 계약물품을 인도하는 거래조건을 말한다. 물품이 선적항의 본선선측에서 수입상에게 인도된 때부터 수입상은 물품에 대한 모든 비용과 멸실 또는 손상의 위험을 부담해야 한다. 본선의 선측(alongside the vessel)은 본선의 부두에 접안하고 있거나 외항에 정박하고 있든지를 불문하고 본선이 사용하는 양화기나 양화구, 기타의 선적용구가 도달할 수 있는 장소를 말하므로 이러한 의미의 선측은 물품인도의 이행장소가 되고 비용부담, 책임, 소유권, 위험이 수출상에서 수입상으로 이전되는 분기점이 된다. 따라서 본선이 정박 중인 부두에 물품을 적치하였더라도 본선의 선적용구가 도달하지 못하는 곳에 있으면 그 지점은 선측이 될 수 없기 때문에 수출상은 그 책임을 다하였다고 볼 수 없다. 만약 항구의 여건상 본선이 부두밖에 정박하게 되면 수출상은 부선(lighter)을 이용하여 본선의 양화기가 도달할 수 있는 지점까지 계약물품을 운송해야 하고 부선 사용료를 부담해야 한다.[4)]

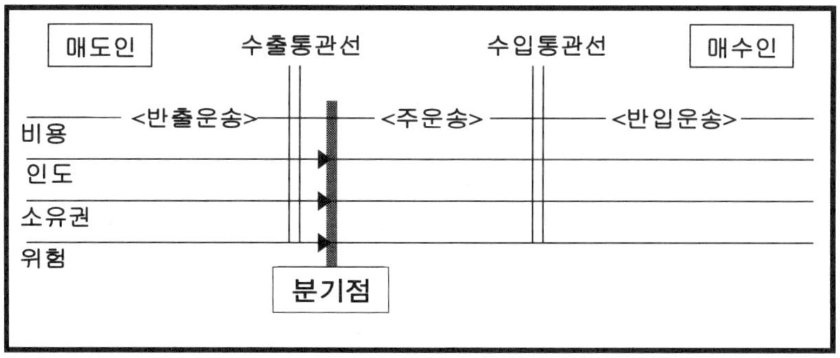

그림3-5 지정선적항 선측인도조건의 수출상과 수입상의 분기점

4) 이러한 경우를 흔히 Free on Lighter(FOL)이라고도 한다.

지정선적항 선측인도조건에서 물품을 본선에 선적하는 것은 수입상의 의무에 속하기 때문에 수입상은 선적에 따른 모든 비용과 위험을 부담해야 한다. 일반 화물을 주로 운송하는 정기선(liner)의 경우에는 운임에 선적비(free in)와 양륙비(free out)가 모두 포함되어 있어 선박회사가 별도로 선적비용을 징수하지 않는다.[5] FAS조건은 FOB 나 CIF조건과 같이 해상운송 또는 내수로운송에만 사용할 수 있기 때문에 FAS 뒤에는 반드시 선적항 또는 내수로항의 이름이 기재되고 일반화물의 수출입보다는 본선의 적재비용이 많이 발생하는 원목, 원면, 양곡 등의 대량화물의 거래에서 주로 사용된다. Incoterms 2000의 FAS조건에서는 수출허가와 수출통관 등의 업무는 수출상인 수출업자가 이행하는 것이 편리하기 때문에 수출상이 이행하도록 의무화하였다. 따라서 수입상에 의한 수출통관을 원하는 경우에는 수출입매매계약상에 이를 명확히 기재해야 한다.

2) 수출상의 의무

① 물품의 인도 : 수출상은 수출입매매계약에서 명시한 물품과 동일한 물품을 선적항 본선의 선측에서 운송인에게 인도하여야 한다.

② 서류의 제공 : 상업송장, 포장명세서, 검사증명서를 비롯하여 물품이 본선의 선측에서 인도하였음을 증명할 수 있는 부두수령증(dock's receipt), 본선수령증(mate's receipt) 또는 이와 동등한 전자통신문을 제공하여야 한다.

③ 수출허가 및 수출통관 : 수출상은 자신의 위험과 비용부담으로 수출허가 기타 공적인 승인을 취득하고 수출통관절차를 이행하여야 한다.

④ 위험이전 및 비용부담 : 수출상은 계약물품을 본선의 선측에다 인도할 때까지의 모든 위험과 비용을 부담해야 한다. 수출상은 물품의 제조원가와 포장, 물품점검비용을 포함하여 선적항까지의 반출운송비(pre-carriage), 항구세(port dues), 부두사용료(wharfage), 부두인부임(stevedorage), 창고료(storage), 본선선측까지의 운반비(porterage), 부선료(lighterage) 등의 비용과 수출허가, 수출통관비용(export clearance)의 비용도 부담해야 한다.

⑤ 수입상에 대한 통지 : 수출상은 계약물품을 지정된 선박의 선측에서 인도하였다는 사실을 수입상에게 정확히 통지해야 한다.

⑥ 기타 서류 취득의 협력 : 수출상은 수입상이 자신의 비용과 위험부담으로 영사송

5) 반면 대량 화물을 운송하기 위해 선박을 빌리는 용선계약에서는 선적비, 양륙비 모두를 화주가 부담한다.

장, 원산지증명서 등 수입 또는 제 3국으로의 통과에 필요한 통관서류와 유통성 선하증권, 비유통성선하증권, 해상화물운송장 등의 서류를 취득하는데 협력해야 한다.

3) 수입상의 의무

① 수입허가, 수입통관 : 수입상은 자신의 위험과 비용부담으로 수입허가, 수입통관 및 기타 공적인 승인을 취득하고 적용 가능한 경우 제 3국으로의 통과에 필요한 통관절차를 이행해야 한다.

② 운송계약의 체결 : 수입상은 자신의 비용으로 지정된 선적항으로부터 목적항까지 물품의 운송계약을 체결하고 선박명, 적재장소 및 시기를 수출상에게 통지하여야 한다. 만약 수입상이 운송선박을 제때에 지정하지 못하거나, 지정된 선박이 약정 시간에 도착하지 못하거나 또는 계약물품을 운송인이 인수하지 못하면 매매계약에서 운송인이 인수하기로 합의된 날로부터 그 물품에 대한 추가 위험과 비용을 수입상이 부담해야 한다.

③ 위험이전 및 비용부담 : 수입상은 선적항의 본선 선측에서 계약물품을 인수한 후에 발생되는 모든 위험과 비용을 부담해야 한다. 수입상은 선적전검사(PSI) 비용, 본선적재비용(loading costs), 창내적부・정돈비(stowage and triming charge), 해상운송구간의 운임(freight), 보험료(insurance premium), 목적항에서의 양륙비(free out), 수입통관비 등을 부담하여야 한다.

④ 추가비용부담 : 수입상은 수출상에 대한 통지불이행, 지정선박의 입항지연이나 물품의 수령불이행 등이 있을 경우에는 합의된 인도기일로부터 이로 인한 모든 위험과 비용을 지급하여야 한다.

(3) 지정선적항 본선인도조건 [Free on Board … (named port of shipment) ; FOB]

1) 개 념

FOB조건은 물품이 지정된 선적항에서 본선의 난간(rail)을 통과할 때 수출상이 수입상에게 물품을 인도한 것으로 간주하는 조건을 말한다. FOB조건은 본질적으로 선적항의 본선상에서 인도를 이행하는 계약조건이므로 물품이 지정된 선적항에서 본선의 난간을 통과한 때부터 수입상은 물품에 대한 모든 비용과 멸실 또는 손상의 위험을 부담하여야 한다.

FOB조건은 단지 해상운송 또는 내수로운송에만 사용될 수 있다. 이 조건은 수출상이 물품을 수출통관하여 본선의 난간을 통과한 후 인도할 것을 요구하고 있으므로 roll on-roll off 운송이나 컨테이너 운송에서와 같이 본선의 난간이 특별한 의미를 가지지 않기 때문에 FOB조건보다는 FCA조건이 적합하다.

FOB조건은 수출상이 물품을 선적항에 있는 본선상에서 인도하는 것이기 때문에 본질적으로 다음과 같은 세가지 특징이 있다.

첫째, 물품의 선적지가 수출입매매계약 당사자 간의 물품에 대한 위험과 비용부담, 소유권의 이전, 책임부담의 분기점이 되기 때문에 이는 선적지매매계약에 속한다. 따라서 수입상이 선적지에서 물품을 인수하여야 하나 이는 현실적으로 불가능하기 때문에 운송인이 수입상과 운송계약을 통해 수입상의 수탁자가 되어 수입상을 대신해서 선적지에서 물품을 인수하게 된다. 이 때 운송인은 수출상과의 관계에서 수입상의 대리인으로 간주된다.

둘째, FOB조건은 해상운송만을 전제로 만들어 졌기 때문에 해상매매계약이라고 하며 특히 수출상이 선적항에서 수입상이 지정한 본선의 갑판상에 물품을 적재하여 인도하기 때문에 본선인도계약이라고 한다. 물품이 본선의 난간을 통과한 때에 물품에 대한 위험과 비용이 수출상에서 수입상으로 이전된다. 따라서 본선의 난간은 벌률적으로 실무적으로 중시되는 경계선이며 본선의 난간은 당사자 간에 다른 의사가 없는 한 물품의 인도, 소유권의 이전, 비용의 부담, 위험의 이전, 책임의 이전이 되는 분기점이 된다.

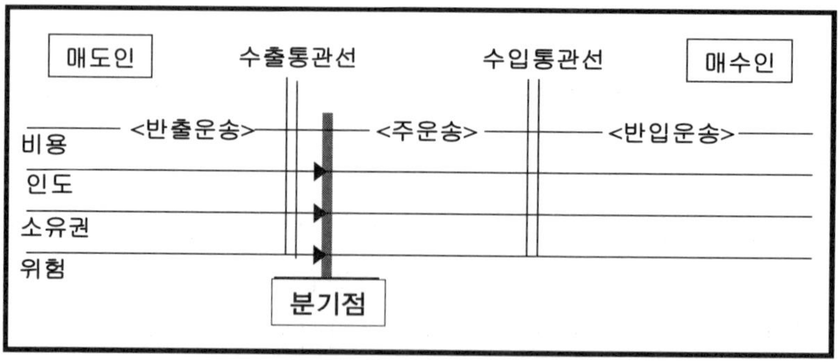

그림 3-6 지정선적항 본선인도조건의 수출상과 수입상의 분기점

셋째, FOB조건은 수출상이 수출입매매계약에서 합의한 물품을 수입상에게 현실적으로 인도하여야 하기 때문에 현물인도매매계약이라고 한다. 수출상이 수입상이나 수입상이 지정한 운송인에게 물품을 인도하면 수출입매매계약상에서 수출상의 인도의무가 끝난다. 따라서 FOB조건은 물품의 인도와 수출대금의 지급이 동시에 이루어져야 하지만 이는 수출상과 수입상이 서로 다른 국가에 거주하고 있기 때문에 현실적으로는 거의 불가능하다. 따라서 수출상은 CIF조건에서와 같이 신용장에 명시된 서류와 상환으로 수출대금을 회수하는 화환특약부 FOB조건을 선택하여 이용하고 있으며 이런 경우 수입상의 수입대금지급의 의무는 수입상이 물품을 인수할 때 발생하며 선하증권이 적법하게 배서되어 수입상에게 인도되었다하더라도 물품이 수입상에게 현실적으로 인도되지 않아 물품에 대한 소유권이 수입상에게 이전되지 않은 것으로 보고 있다.

3) 추가 의무부 FOB

원래 FOB조건은 CIF조건과 더불어 영국에서 발생하여 해상매매에 사용되어 왔으나 미국에서는 육상매매의 관습으로 육상매매에서 더 많이 활용되기 때문에 1990년에 개정된 미국외국무역정의에서는 미국의 대륙적인 특수한 사정을 고려하여 FOB조건을 6가지 조건으로 분류하였다.

① 국내지정출발지에서 국내지정운송인에의 본선인도(named inland carrier at named inland point of departure) : 수출상이 국내출발지에서 수입상이 지정한 운송인에게 물품을 인도하는 조건을 말한다.

② 지정수출지점까지 운임을 선지급하여 국내지정출발지점에서 국내지정운송인에의 본선인도(named inland carrier at named inland point of departure) Freight prepaid to(named point of exportation) : 수출상이 국내출발지에서 수입상이 지정한 운송인에게 물품을 인도하고 물품가격과 지정수출지까지의 운송비를 부담하는 조건이다.

③ 지정수출지점까지 운임을 공제하여 국내지정출발지점에서 국내지정운송인에의 본선인도(named inland carrier at named inland point of departure) Freight allowed to(named point of exportation) : 수출상이 국내출발지에서 수입상이 지정한 운송인에게 물품을 인도하고 물품의 가격에서 지정수출지까지 운임을 공제한 것으로 이 비용을 수입상이 부담하는 조건을 말한다.

④ 국내지정수출지점에서 국내지정운송인에의 본선인도(named inland carrier at

named inland point of exportation) : 수출상이 자신의 비용부담으로 국내출발지에서 수출지까지 물품을 운송하여 화물차 내에서 그 국내운송인에게 물품을 인도하는 조건이다.

⑤ 지정선적항에서 선박의 본선인도(named port shipment) : 수출상이 선적항에서 수입상이 지정한 선박의 본선에 물품을 현실적으로 적재하여 인도하고 수입상은 수출허가와 수출통관절차를 부담하는 조건이다.

⑥ 수입국가의 국내지정지점에의 본선인도(named inland point in country of importation) : 수출상이 물품을 수출입통관하고 수입국내의 지정지점까지 반입하는 모든 비용과 위험을 부담하여 인도하는 조건이다.

4) 수출상의 의무

① 물품인도 : 수출상은 수출입매매계약에서 합의한 물품을 지정된 일자 또는 기간 내에 그리고 항구의 관례에 따라 선적항에서 수입상이 지정한 선박의 본선갑판상에서 인도하여야 한다.

② 수출허가 및 수출통관 : 수출상은 자신의 위험과 비용으로 수출허가 또는 기타 공적인증을 취득해야 하고 수출통관절차도 필해야 하며 이에 따른 수출세와 부과금을 지급하여야 한다.

③ 서류제공 : 상업송장과 본선상에 물품인도를 입증하는 통상적인 무고장 본선수령증(clean on board receipt or mate's receipt)을 제공하여야 한다. 정기선의 경우 해상운임에 본선적재비용(free in)과 하역비용(free out)이 포함되어 통상적으로 수입상이 부담하지만 해상운임에 본선적재비용이 포함되지 않은 경우 이 비용은 수출상이 부담해야 한다.

④ 위험이전과 비용의 부담 : 수출상은 계약물품이 선적항에서 본선의 난간을 통과할 때까지의 모든 위험과 비용을 부담해야 하며 이러한 비용에는 수출통관비용, 수출관세, 조세, 선적전 검사비용 및 기타 공적 부과금이 포함된다.

4) 수입상의 의무

① 운송계약체결: 수입상은 자신의 비용으로 지정 선적항으로부터 물품의 운송계약을 체결하고 선박명, 적재장소 및 시기를 수출상에게 통지하여야 한다.

② 위험이전과 비용의 부담 : 수입상은 계약물품이 지정 선적항에서 본선의 난간을 통과한 후에 발생하는 모든 위험과 비용을 부담해야 한다. 본선적재비용,

본선에서 물품의 창내적부, 정돈비(stowage and trimming charge)를 포함해서 목적항까지 운임 및 보험료, 일체의 수입관련비용을 수입상이 부담해야 한다.

③ 추가비용부담 : 수입상은 수출상에 대한 선박지정 통지불이행, 지정선박의 입항지연, 물품의 수령불이행 등으로 인한 모든 위험과 추가적인 비용을 부담해야 한다.

3. 운송비지급 인도조건(Group C)

C 그룹에 속하는 조건은 수출상이 목적항 또는 목적지까지 운임이나 보험료를 부담하지만 수출상의 책임은 모두 선적항의 본선이나 운송인에게서 끝나도록 하는 조건들이다.

(1) 지정목적항 운임포함 인도조건[Cost and Freight ... (named port of shipment) ; CFR]

1) 개 념

CFR조건은 수출상이 목적항까지 물품을 운반하는데 필요한 운임을 지급하지만 물품에 대한 모든 위험과 추가적인 비용은 물품이 선적항에서 본선의 난간을 통과한 때에 수출상에서 수입상으로 이전하는 거래조건을 말한다.

CFR조건에서 수출상은 지정된 목적항까지 계약물품의 운송에 적합한 선박으로 운송인과 통상적인 해상운송계약을 체결하고 운임을 지불해야 한다. 그리고 계약물품에 대한 수출허가와 수출통관을 수행하여 본선갑판상에서 인도하고 선박회사로부터 무사고운송서류를 교부 받아 이를 수입상에게 전달해야 한다. FOB조건과 다르게 선박회사와 운송계약체결 의무가 수출상에게 있다. 따라서 수입상은 수출상이 지정한 운송인의 신용과 재무상태를 검사하고 수출상이 지정한 운송인을 믿지 못하면 수출입매매계약상에 수입상이 지정한 운송인과 운송계약을 체결해야 한다는 조항을 명시하여 수출상이 운송인과 공모하여 선하증권을 위조할 가능성을 제거해야 한다.

수출상은 물품이 지정된 선적항에서 본선의 난간을 통과할 때까지 물품의 멸실 또는 손상의 모든 위험을 부담하기 때문에 위험부담과 책임의 분기점은 선적항에서 물품이 본선의 난간을 통과한(passed the ship's rail)때가 되지만, 비용부담의 분기점은 장소적인 측면에서 보면 선적항에서 물품이 본선의 갑판상에서 인도된 때

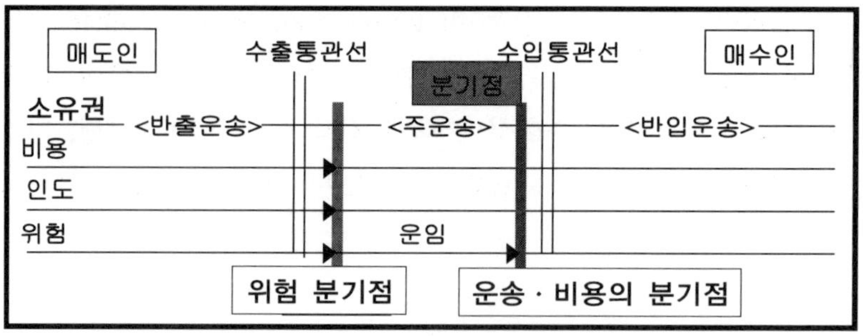

그림 3-7 지정목적항 운임포함조건의 수출상과 수입상의 분기점

가 되지만 비용한도의 측면에서 보면 목적항까지 운임을 합산한 금액을 지급한 때가 된다. 수출상은 물품을 본선에 적재하기까지의 일체의 수출비용(export costs), 본선의 창내적부 · 정돈비(stowage and trimming)를 포함하여 선적항에서부터 목적항까지의 운송계약에 따른 비용과 통상의 해상운임, 정기선의 경우 운임과 함께 부과하는 목적항에서의 양륙비 등을 부담해야 한다. 소유권이전의 분기점은 수출상이 운송인으로부터 발급 받은 선하증권을 수입상에게 이전할 때가 된다.

2) 수출상의 의무

① 물품인도 : 수출입매매계약과 동일한 물품을 선적항 본선의 갑판상에서 운송인에게 인도하여야 한다.

② 운송계약의 체결 : 수출상은 자신의 비용으로 계약물품을 운송하는데 적합한 선박 및 항로로 목적항까지 물품의 운송계약을 체결하고 운임을 지불해야 한다.

③ 수출허가, 수출통관 : 수출상은 자신의 비용부담으로 물품의 수출허가와 수출통관을 이행하고 이에 다른 수출세와 부과금을 지급하여야 한다.

④ 운송서류의 제공 : 상업송장과 목적항까지의 무고장운송서류(유통선하증권, 해상화물운송장, 내수로 운송서류 등)를 지체 없이 수입상에게 제공해야 하고 이러한 모든 서류는 계약당사자의 합의에 따라 전자서식으로 대체될 수 있다.

⑤ 위험이전 및 비용분기 : 수출상은 계약물품이 선적항에서 본선의 난간을 통과할 때까지 모든 위험과 목적항까지의 운임을 부담해야 한다. 수출상은 물품의 본선적재비와 정기선에 의한 운송계약의 경우 운임에 포함되어 있는 목적항의 하역비용도 부담해야 한다.

3) 수입상의 의무

① 물품의 인수 : 수입상은 수출상이 물품을 지정된 선적항 본선의 갑판상에서 인도할 때 이를 승낙하고 목적항에서 운송인으로부터 물품을 인수해야 한다.

② 수입허가, 수입통관 : 수입상은 자신의 위험과 비용부담으로 모든 수입허가 또는 기타 공적인 승인을 취득하여야 하며 적용 가능한 경우에는 물품의 수입 및 제3국으로의 통과를 위한 모든 통관절차를 이행하여야 한다.

③ 위험이전 및 비용분기 : 수입상은 물품이 선적항 본선의 난간을 통과한 후에 발생하는 모든 위험과 목적항까지 운송비를 제외한 모든 비용을 부담해야 한다. 따라서 물품이 목적항에 도착할 때까지 운송중의 물품과 관련된 비용을 부담하고 만약 부선료 · 부두사용료(wharfage) 등의 하역비용이 정기선운임에 포함되어 있지 않으면 수입상은 이러한 비용도 지급해야 한다.

(2) 지정목적항 운임 및 보험료 포함인도 [Cost, Insurance and Freight … (named port of destination) ; CIF]

1) 개 념

CIF가격조건은 물품의 원가, 목적지까지의 보험료 및 운임의 세 가지 요소가 수출가격에 포함된 조건이다. 이 조건에서 수출상은 계약물품을 목적지까지 운송하기 위해서 운송인과 해상운송계약과 보험회사와 해상위험에 대비한 해상보험계약을 체결하고 운임 및 보험료를 지급해야 하며 수출상이 체결한 보험계약은 수출상 자신을 위한 것이 아니라 수입상을 위한 것이다. 즉 수출상이 체결한 보험은 해상사고가 발생하였을 때 수입상이 보상을 받는다. 따라서 수출상과 수입상은 수출입매매계약에서 보험계약조건을 합의하여 결정하여야 하고 합의하지 않은 경우 수출상은 ICC(C)조건으로 보험계약을 체결할 수 있다. 최소보험금액은 매매계약에서 약정된 금액에 10%를 더한 110% 금액이며 보험계약통화는 매매계약상의 통화로 한다. CIF조건은 CFR조건과 동일하게 선박회사와 운송계약체결의무가 수출상에게 있다. 따라서 수입상은 수출상이 지정한 운송인의 신용과 재무상태를 검사하고 수출상이 지정한 운송인을 믿지 못하면, 수출입매매계약상에 수입상이 지정한 운송인과 운송계약을 체결해야 한다는 조항을 명시하여 수출상이 운송인과 공모하여 선하증권을 위조할 가능성을 제거해야 한다. 물품에 대한 모든 위험과 추가적인 비용은 물품이 선적항에서 본선의 난간을 통과할 때 수출상에서 수입상으로 이전된다.

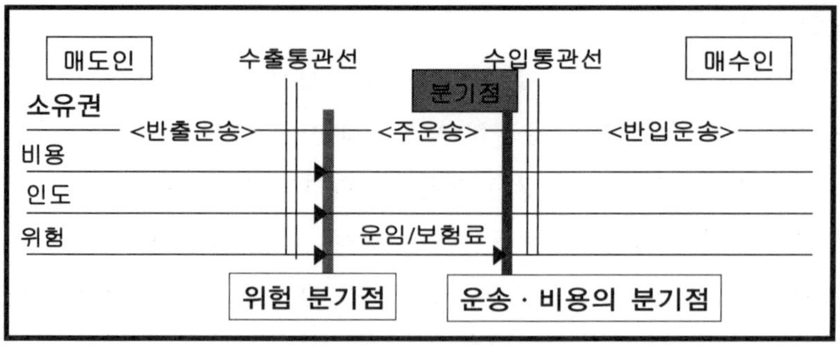

그림 3-8 지정목적항 운임 및 보험료 포함인도조건의 수출상과 수입상의 분기점

CIF조건에서 선적항 본선의 난간은 책임과 위험이 수출상에서 수입상으로 이전되는 분기점이며 비용부담의 분기점은 장소적인 측면에서 보면 선적항에서 물품이 본선의 갑판상에서 인도된 때가 되지만 비용한도의 측면에서 보면 목적항까지 운임과 보험료가 합산한 금액을 지급한 때가 된다. 수출상은 물품을 본선에 적재하기까지의 일체의 수출비용(export costs), 본선의 창내적부 · 정돈비(stowage and trimming)를 포함하여 선적항에서부터 목적항까지의 운송계약에 따른 비용과 통상의 해상운임, 정기선의 경우 운임과 함께 부과하는 목적항에서의 양륙비와 목적항까지의 적하보험료를 부담해야 한다. 소유권이전의 분기점은 수출상이 운송인으로부터 발급받은 선하증권을 수입상에게 이전할 때가 된다.

2) 수출상 및 수입상의 의무

수출상이 목적지까지 보험회사와 해상보험계약을 체결하고 보험료를 지불해야 하는 의무가 추가된 점을 제외하고 나머지는 수출상의 의무는 CFR조건에서 명시된 내용과 동일하다. CIF조건에서 수입상의 의무는 지정된 목적항에서 운송인으로부터 물품을 인수하고, 계약물품이 선적항에서 본선의 난간을 통과한 때부터 물품과 관련된 모든 위험과 비용을 수입상이 부담해야 한다.

3) FOB조건 · CFR조건 및 CIF조건의 비교

무역거래에서 가장 많이 사용하고 있는 CIF, FOB, CFR 조건을 비교해 보면 다음과 같다.

① 비용 및 위험의 분기점 : 수출입매매계약 당사자 간의 비용부담과 위험부담의 분기점은 선적항의 본선으로 FOB조건, CIF조건, CFR조건에서 동일하지만 부

담의 분기점은 FOB조건과 다르게 목적항까지 운임 또는 운임 및 보험료를 수출상이 부담해야 되기 때문에 목적항이 된다.

② 물품인도방식 : FOB조건에서 물품인도방식은 현물인도방식인 이지만 CFR조건과 CIF조건에서 물품인도방식은 서류인도방식이다. FOB조건에서 수출상이 물품을 선적항의 본선에서 수입상이 운송계약을 체결한 운송인에게 인도하면 수출상의 인도의무는 완료된다.
즉 운송인은 수입상의 대리인 역할을 하기 때문에 운송인이 수입상을 대신하여 수출상으로부터 물품을 인수하면 수출상의 물품인도의무가 이행된 것으로 본다. 반면에 CFR조건과 CIF조건에서 수출상의 물품인도의무는 수출상이 물품을 자신의 위험과 비용으로 수입상을 위해 해상운송계약을 체결한 운송인에게 인도할 때 완료되는 것이 아니라, 선하증권이 적법하게 배서되어 수입상에게 인도되면 완료된다. 따라서 물품이 수입상에게 인도되었다 하더라도 선하증권이 적법하게 배서되어 인도되지 않으면 물품이 수입상에게 현실적으로 인도되지 않아 물품에 대한 소유권이 수입상에게 이전되지 않은 것으로 본다. 따라서 CFR조건 및 CIF조건은 물품이 목적항에 도착할 것을 계약조건으로 한 것이 아니라 운송서류와 상환하여 대금을 결제하는 서류인도계약조건으로 한 것이다.[6)]

③ FOB수출단가 및 CIF수출단가 : FOB조건과 CIF조건의 근본적인 차이는 목적항까지 발생되는 운임과 적하보험료를 수출입거래 당사자들 중에서 누가 부담하느냐 이다. 예를 들러 한국에 있는 현대자동차가 미국으로 자동차 한 대를 수출하는데 자동차 가격은 20,000$이고 뉴욕항까지 해상운임은 1,300$, 적하보험료는 800$이라고 가정하고 수출상이 FOB Pusan, CFR New York, CIF New York 세가지 조건으로 수출단가를 산정하여 수입상에게 제시하면 FOB조건이 가장 낮지만 2,100달러의 운임과 보험료를 선박회사와 보험회사에 각각 지급해야 하므로 실제 수입금액은 CIF조건과 유사하게 된다.
그리고 수출상입장에서 보면 CIF조건이 가장 높은 가격이기 때문에 이 조건으로 수출하고 싶지만 2,100달러 정도의 자기 비용으로 운송계약과 보험계약을 체결해야 하므로 실제 수출가격은 FOB조건과 유사하게 된다.
따라서 어느 조건으로 수출입매매계약이 체결되더라도 수출입거래 당사자들

6) C. M. Schmitthoff, The Export Trade, 10th ed., Sevens & Sons Ltd., London, 1994. p.36.

이 부담하는 금액은 동일하게 된다. 이런 관계로 수출통계는 FOB가격으로 집계하며 만약 그 외의 조건으로 수출되면 특별한 환산율에 의해서 FOB가격으로 집계된다. 그리고 수입통계는 CIF가격이 기준이 되고 수입관세도 이 가격을 기준으로 부과된다.

④ 각 조건의 장점 및 단점 : FOB조건은 수출상의 입장에서 보면 전체 무역업무 중에서 수출통관과 선적항까지의 국내운송과 같은 일부 업무를 부담하기 때문에 무역전문인력이 부족한 기업과 수출경험이 부족한 기업이 이용하면 편리한 조건이다. 수입상입장에서 해상운송계약과 적하보험계약이 수입상에게 있기 때문에 국제물류비용을 효과적으로 관리함으로써 이익을 얻을 수 있고 국가적인 측면에서 보면 운임과 보험료를 가득하여 무역외 수지를 증대시킬 수 있다.

반면에 CFR조건 및 CIF조건은 FOB조건과 정반대로 운송계약과 적하보험계약이 수출상에게 있기 때문에 수출상에게 유리한 조건이다. 국가적인 측면에서 보면 자국내의 선박회사나 보험회사를 활용하게 함으로써 해운산업과 보험산업을 육성할 수 있는 계기를 마련할 수 있다.

CFR조건이나 CIF조건으로 수입하게 되면 수출상이 전체 무역업무 중에서 상당부분을 수행하기 때문에 수입상은 그 만큼 편리하지만 그에 따르는 국제물류비용을 부담해야 되기 때문에 해상운임과 적하보험료가 해외로 유출되는 단점이 있다. 수입상이 FOB조건으로 수입할 경우 해상운임과 적하보험료를 국가별로 산정해야 하고 이러한 해상운임과 적하보험료를 정확히 산정하지 못하면 그 만큼 손해를 볼 가능성이 있다. 하지만 수입상이 CFR가격이나 CIF가격으로 수입하면 수입항까지의 도착가격이기 때문에 여러 국가에서 제시된 판매가격을 쉽게 비교하여 어느 국가로부터의 가격이 유리한지 즉시 알 수 있다.

4) 변형 CIF조건

Incoterms에서 규정하고 있지는 않지만 수출입거래 당사자들은 수출입매매계약서에서 CFR 또는 CIF조건에 수수료 · 양륙비 · 화환 비용·이자 등을 포함시킨 조항을 명시함으로써 변형된 조건을 사용하는 경우가 있다.

① CIF&C(운임 · 보험료 및 수수료 포함) : 이 조건은 수입업자가 Commission House나 Indent House와 같은 중개상을 통해서 수입하는 경우 중개수수료를 CFR 또는 CIF 조건에 포함시킨 것을 말한다. CIF&C 3%, 또는 CFR&C 5% 등

에서 마지막 C는 중개인에게 돌려 줄 반송수수료(return commission)를 의미하고 C 다음 3%, 5% 등의 백분율은 수수료율을 표시한다.

② CIF landed(운임 · 보험료 · 양륙비 포함)

목적항이 수출상에서 수입상으로 비용이 이전되는 분기점이기 때문에 목적항에서 하역비용을 수출상과 수입상 중에서 누가 부담해야 되는지 불분명한 경우가 있다. 수출상이 정기선 운송인과 운송계약을 체결한 경우 운송인이 제시한 운임에 선적항에서의 선적비용과 목적항의 하역비용이 모두 포함되어 있기 때문에 수출상이 선적비용과 하역비용을 모두 부담해야 한다. 그러나 하역비용이 많은 경우 계약서에 하역비용을 누가 부담할 것인지를 정확히 명시하여 분쟁을 방지해야 한다. 따라서 CFR 또는 CIF뒤에 양륙필(landed)을 추가하여 수출상이 목적항에서 발생하는 하역비용을 부담하는 것을 정확히 표기해야 한다.

③ Cost and Insurance(보험료 포함)

수출상이 보험회사와 보험계약을 체결하고 보험료를 부담하는 조건이다. 수출상과 수입상 중에서 누가 유리하게 보험계약과 운송계약을 체결할 수 있는지에 따라 달라진다. 수출상이 보험회사와 유리하게 보험계약을 체결할 수 있거나 또는 수출상이 보험회사를 운영하고 있는 경우 수출상이 보험계약을 체결하고 수입상이 수출상 보다 유리한 조건으로 운송계약을 체결할 수 있거나 수입상이 운송회사를 운영하고 있는 경우에 수입상이 운송계약을 체결하는 조건이다.

④ CIF&I(운임 · 보험료 및 이자포함)

이 조건은 수출상이 은행으로부터 수출대금을 받았던 일자와 수입상이 실제로 수입대금을 은행에게 입금하는 일자 간에 시차가 발생하게 되는데 이 시차 간의 이자(interest)를 CIF가격에 포함시켜 이를 수출상이 부담하는 조건이다.

⑤ CIF & E(운임 · 보험료 · 환비용 포함)

무역거래는 수출과 수입의 결제시점이 다르기 때문에 외환거래에 따른 환위험(exchange risk)이 발생하게 된다. 매매당사자가 이 위험을 서로 부담한다는 변형된 조건을 E다음에 표시통화를 나타내어 외환비용의 부담을 가격의 일부로 포함시킨 거래를 말한다.

(3) 지정목적지 운송비지불 인도조건 [Carriage Paid to … (named place of destination ; CPT]

지정목적지 운송지불 CPT조건은 수출상이 지정된 목적지까지 운송비를 지급하되 물품에 대한 위험과 추가적인 비용은 물품이 선적지에서 수출상이 선택한 운송인에게 인도된 때에 수출상으로부터 수입상으로 이전되는 거래조건을 말한다. 운송인은 운송계약에 따라 철도, 도로, 해상, 항공, 내수로 또는 복합운송을 이행하거나 또는 운송을 이행할 것을 약정하는 모든 운송주선인을 의미한다. 따라서 목적지까지 운송인에 의하여 운송될 경우에는 위험은 물품이 최초 운송인에게 인도된 때에 이전한다. 책임과 위험부담의 분기점은 물품이 최초의 운송인에게 인도된 때가 되고 비용의 분기점은 장소적인 측면에서 보면 선적지에서 운송인에게 인도된 때가 되지만 비용한도의 측면에서 보면 모든 비용에 목적지까지 운송비를 합산한 금액을 지급한때가 된다. 수출상은 물품을 운송인에게 인도하기까지 일체의 수출비용, 물품의 선적비용을 포함하여 목적지까지의 운송계약에 따른 비용과 운임, 운송계약시에 부과되는 목적항의 하역비 등을 부담해야 한다. 소유권은 수입상이 운송서류를 인수하면 이전된다.

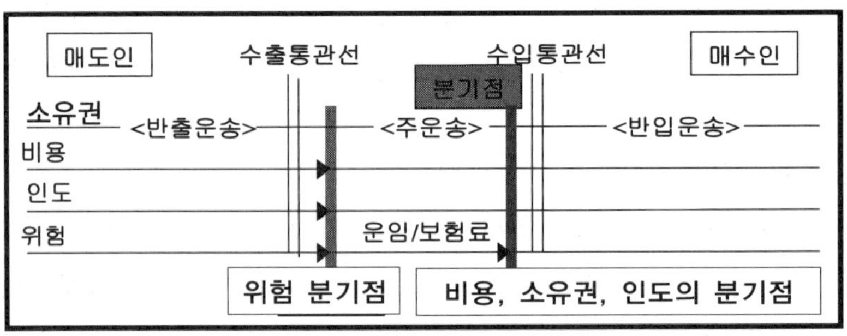

그림 3-9 지정목적지 운송비지급인도조건의 수출상과 수입상의 분기점

1) 수출상의 의무

① 물품인도 : 수출입매매계약과 동일한 물품을 운송인에게 인도하여야 한다.

② 운송계약체결 : 수출상은 자신의 비용과 위험부담으로 통상적이고 관습적인 방법에 따라 목적지까지 물품의 운송계약을 체결하여야 한다.

③ 수출허가와 수출통관 : 수출상은 자신의 위험과 비용으로 물품의 수출허가와 수출통관을 이행하고 이에 따른 수출세와 부과금을 지급해야 한다.

④ 운송서류의 제공 : 상업송장과 관습적인 경우에 통상적인 운송서류(유통성선화증권, 해상화물운송장, 내수로 운송서류, 항공화물운송장, 철도화물탁송장, 도로화물탁송장 또는 복합운송서류 등)를 수입상에게 제공하고 이 모든 서류는 당사자의 합의에 따라 전자서식으로 대체할 수 있다.

⑤ 비용부담 : 물품의 선적비용이 운임에 포함되어 있든지 없든지 간에 수출상은 선적비용을 부담해야 하고 정기선의 경우 목적지에서의 하역비가 운임에 포함되어 있으면 수출상이 하역비용도 부담해야 한다. 운송계약에 명시된 경우 수출상은 제 3국으로의 통관비용을 부담해야 한다.

2) 수입상의 의무

① 물품의 인수 : 물품이 수출상이 지정한 운송인에게 인도되고 상업송장과 관습적인 경우 운송서류가 수입상에게 인도된 때에 이를 승낙하고 목적지에서 운송인으로부터 물품을 수령해야 한다.

② 비용부담 : 수입상은 물품이 운송인에게 인도된 이후에 발행하는 목적지까지의 운송비를 제외한 모든 비용을 부담해야 한다. 목적지에서 하역비용이 운임에 포함되어 있지 않으면 하역비용을 수입상이 부담해야 한다.

③ 수출상에 대한 통지 : 수입상은 물품발송의 시기 및 또는 목적지를 결정할 권한이 주어진 때에는 항상 이에 대하여 수출상에게 충분한 통지를 하여야 한다.

(4) 지정목적지 운송비 · 보험료 지급 인도조건 [Carriage and Insurance Paid to … (named place of destination ; CIP]

CIP조건은 수출상이 지정된 목적지까지 물품의 운송비와 보험료를 지급하고 물품에 대한 모든 위험과 추가적인 비용은 물품이 선적지에서 운송인에게 인도될 때 수입상에게 이전하는 거래조건을 말한다. 수출상은 수입상과 보험계약조건에 대해서 별도의 합의를 하지 않으면 ICC(A), ICC(B), ICC(C)조건 중에서 ICC(C)조건으로 수입상을 위해 보험회사와 보험계약을 체결하여 보험료를 지불하기 때문에 보험계약조건에 대해서 수입상과 명확히 합의를 해서 무역분쟁을 사전에 예방하여야 한다. 이 조건은 복합운송을 포함하여 모든 운송방식에 사용될 수 있다. CIP조건은 수출상이 목적지까지 운송계약 및 보험계약을 체결하고 이에 따른 운송비와 보험료를 지급한다는 점에서 기본적으로 CIF조건과 같지만 물품을 선박이 아닌 운송인에게 인도한다는 점에서 이와 구분된다.

위험부담의 분기점은 수출상이 물품을 운송인에게 인도한 시점이 된다. 따라서 수출상은 물품이 운송인에게 인도될 때까지 물품의 멸실 또는 손상의 모든 위험을 부담해야 되고 수입상은 물품이 운송인에게 인도된 이후에 발생하는 모든 위험을 부담해야 한다.

수출상은 물품이 운송인에게 인도될 때까지의 물품에 관련된 모든 비용에 목적지까지의 운송비와 보험료를 추가하여 부담하여야 하고, 반면에 수입상은 목적지까지 운송비와 보험료를 제외한 운송인이 물품을 인수한 후에 발생하는 모든 비용을 부담해야 한다. 따라서 비용부담의 분기점은 목적지가 되고 소유권의 이전은 운송서류를 수입상에게 제시하면 이루어진다.

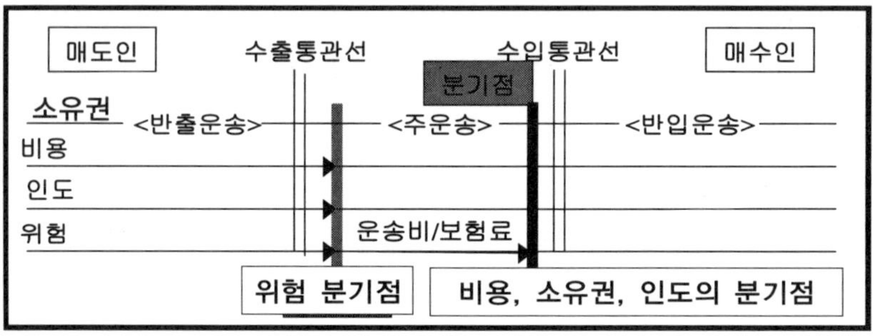

그림 3-10 지정목적지 운송비, 보험료 지급인도조건의 수출상과 수입상의 분기점

4. 도착지 인도조건(Group D)

도착지 인도조건은 계약물품이 수입상이 지정한 수입국의 장소에 도착하는데 발생하는 모든 비용과 위험을 부담한다는 측면에서 양륙지인도조건이라고도 한다. 이 조건에서 수출상은 물품을 자신의 비용과 책임으로 수입상이 지정한 수입국의 장소까지 운송해야 한다.

(1) 지정장소 국경인도조건 [Delivered at Frontier … (named place ; DAF]

1) 개 념

DAF조건은 수출상이 물품을 수출통관하여 수출입매매계약에 명시된 국경의 인도장소에 도착하는 운송수단에 물품이 적재된 상태로 수입상의 임의처분하에 수입상에게 인도하는 거래조건을 말한다. 따라서 수입상의 물품을 운송수단에서 하역하여 수입통관을 이행할 책임을 부담한다. 국경(frontier)은 수출국가의 국경을 포함하여 모든 국가의 일반적인 국경을 의미하기 때문에 항상 국경의 구체적인 지점과 장소를 지정하여 해당되는 국경을 명확히 하는 것이 중요하다.

비용부담의 분기점과 책임의 분기점, 소유권이전의 분기점, 위험이전의 분기점은 수출상이 합의한 시기에 국경의 지정된 인도장소에 도착하는 운송수단상에 물품을 수입상의 임의처분하에 적치한 때가 된다.

2) 수출상의 의무

① 물품의 인도 및 통지 : 수출상은 수출입매매계약에서 명시된 물품을 지정된 국경인도장소에서 수입상의 임의처분하에 인도하여야 한다.

② 수출허가 및 수출통관 : 수출상은 자신의 위험과 비용으로 수입상이 물품을 처분하는데 필요한 수출허가서 및 모든 관계 서류를 취득해야 하며 계약물품이 제3국을 통과하는 경우를 포함하여 국경에 인도될 때까지의 모든 수출통관절차를 이행하고 이에 따른 관세, 조세 등을 지급하여야 한다.

③ 운송계약의 체결 : 수출상은 자신의 위험과 비용으로 국경인도장소까지 계약물품을 운송하기 위해서 통상의 조건으로 운송인과 운송계약을 체결하고 운임을 지급해야 한다.

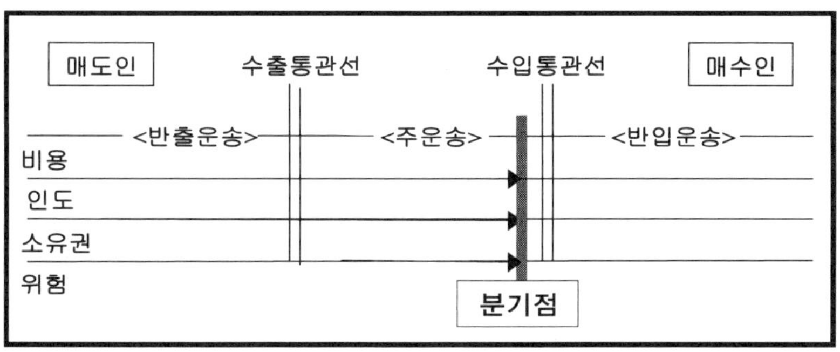

그림 3-11 지정장소 국경인도조건의 수출상과 수입상의 분기점

3) 수입상의 의무

① 수입허가 및 수입통관 : 수입상은 자신의 위험과 비용으로 모든 수입허가, 기타 공적인 승인 또는 기타 서류를 취득하여야 하며 적용 가능한 경우에는 물

품의 수입 및 내륙운송에 필요한 모든 통관절차를 이행하여야 한다.

② 물품의 인수 및 비용부담 : 수입상은 수출상이 지정된 국경인도장소에서 물품을 수입상의 임의처분하에 인도하면 물품을 인수해야 하고 그 이후에 발생하는 모든 비용을 부담해야 한다.

(2) 지정목적항 착선인도조건[Delivered Ex Ship … (named port of destination ; DES]

1) 개념

DES조건은 수출상이 물품을 지정 목적항까지 운송하여 지정 목적항 본선의 갑판상에서 수입통관을 하지 않고 수입상의 임의처분하에 인도하는 거래조건이다. 수출상은 지정된 목적항까지 물품을 운송하여 하역하기 전까지의 관련된 모든 비용과 위험을 부담해야 한다. 이 조건은 해상운송과 내수로운송에만 사용되는 도착지 인도조건이며 물품이 목적항의 본선상에서 복합운송으로 인도되는 경우 수출상의 차고에서 목적항까지 최종운송구간을 해상운송으로 한 복합운송에도 사용할 수 있다. 이 조건은 현실적으로 목적항까지 운송계약과 보험계약을 체결한다는 점에서 CIF조건과 비슷하지만 수출상이 자신을 위해서 운송계약과 보험계약을 체결한다는 점과 본 조건은 현물인도방식인 반면에 CIF조건은 서류인도방식이라는 점에서 근본적으로 다르다.

비용부담의 분기점, 책임부담의 분기점, 소유권이전의 분기점, 위험이전의 분기점은 물품이 지정목적항 본선의 갑판상에서 수입상의 임의처분하에 인도된 때가 된다. 수출상은 지정된 목적항에 도착한 물품을 본선의 갑판상에서 수입상의 임의처분하에 적치할 때까지의 물품에 대한 모든 위험과 운임, 보험료 및 기타 비용을 부담하고 수입상은 그 후 본선의 갑판상에서 물품이 인도된 때부터 발생하는 모든 비용과 위험을 부담해야 한다.

DES조건은 현실적으로 수출상이 목적항까지 운송계약과 보험계약을 체결하고 운임과 보험료를 부담한다는 점에서 CIF조건과 유사하지만 다음과 같은 점에서 본질적으로 차이가 난다.

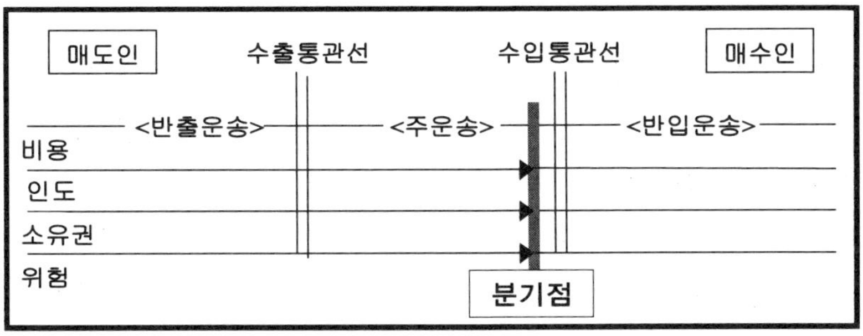

그림 3-12 지정 목적항 착선인도조건의 수출상과 수입상의 분기점

첫째, CIF조건에서 매매당사자 간의 책임분기점은 선적항의 본선이지만, DES조건에서는 목적항의 본선이다. 즉 DES조건에서는 수출상의 책임이 CIF조건에 비해 일단 목적항까지 연장된다.

둘째, CIF조건에서 수출상은 수입상의 이익을 위해서 보험계약을 체결하지만 DES조건에서는 수출상은 자신의 이익을 위해서 보험계약을 체결하여 해상위험으로 물품에 손상이 발생하면 수출상은 보험회사로부터 보험금을 지급 받는다.

셋째, CIF조건은 서류인도조건이지만 DES조건은 현물인도조건이다. CIF조건에서는 소유권의 이전은 수출상이 운송서류를 수입상에게 인도함으로써 이루어진다. 그러나 DES조건에서는 수출상이 물품을 목적항 본선에서 수입상에게 실질적으로 인도해야만 물품의 소유권이 이전되고 자신의 의무가 끝나게 된다.

지금까지 설명된 CIF조건과 DES조건의 유사점과 차이점을 요약해 보면 표 3-1과 같다.

표 3-1 CIF조건과 DES조건의 비교

	유사점	차이점			
	비용부담	책임분기점	해상보험	소유권의 이전	물품인도장소
CIF	운임 및 보험료 수출상 부담	선적항의 본선	수입상을 피보험자로	서류인도 시	선적항의 본선
DES	운임 및 보험료 수출상 부담	목적항의 본선	수출상을 피보험자로	현물인도 시	목적항의 본선

2) 수출상의 의무

수출상은 수출통관된 물품을 수입항까지 운송해야 할 의무가 있다.

① 물품인도의무 : 수출입매매계약과 일치하는 물품을 지정된 목적항의 본선 갑판상에서 수입상의 임의처분하에 인도해야 한다.

② 운송계약의 체결 : 수출상은 자신의 비용으로 지정된 목적항의 지정된 장소까지 물품의 운송계약을 체결하여야 한다. 어느 지점이 합의되지 않거나 또는 관례적으로 결정되지 않았으면 수출상은 지정된 목적항에서 자신의 목적에 가장 적합한 장소를 선택할 수 있다.

③ 수출허가, 수출통관 : 수출상은 자신의 비용부담으로 모든 물품의 수출허가, 기타 공적인 승인 또는 기타 서류를 취득해야 하며 또 적용 가능한 경우에는 물품의 수출통관 및 제3국으로의 통과에 필요한 모든 통관절차를 이행해야 하며 이에 따른 관세, 조세 등을 지급해야 한다.

3) 수입상의 의무

수입상은 수입항에 도착된 물품을 인수하고 수입통관을 필해야 한다.

① 물품의 인수 : 수입상은 물품이 지정된 목적항 본선의 갑판상에서 수입상의 임의처분하에 인도되면 물품을 수령하여야 한다.

② 수입허가, 수입통관 : 수입상은 자신의 위험과 비용부담으로 모든 수입허가 또는 기타 공적인 승인을 취득하여야 하며 또 적용 가능한 경우에는 물품의 수입에 필요한 모든 통관절차를 이행하여야 한다.

(3) 지정목적항 부두인도조건 [Delivered Ex Quay(duty paid) … (named port of destination ; DEQ]

1) 개념

DEQ조건은 수출상이 계약물품을 수입항의 본선에서 물품을 하역한 후 수입통관을 하지 않고 부두까지 물품을 운송하여 부두에서 수입상의 임의처분하에 인도하는 거래조건을 말한다. 수출상은 지정된 목적항에 도착한 물품을 하역하여 부두에서 수입상의 임의처분하에 적치할 때까지 물품에 대한 모든 위험과 운임 및 보험료를 포함한 모든 비용을 부담하고 그 이후에 발생되는 모든 위험과 비용은 수입상이 부담해야 한다. 따라서 지정된 목적항 부두가 비용부담, 책임부담, 소유권 이전, 위험 이전의 분기점이 된다.

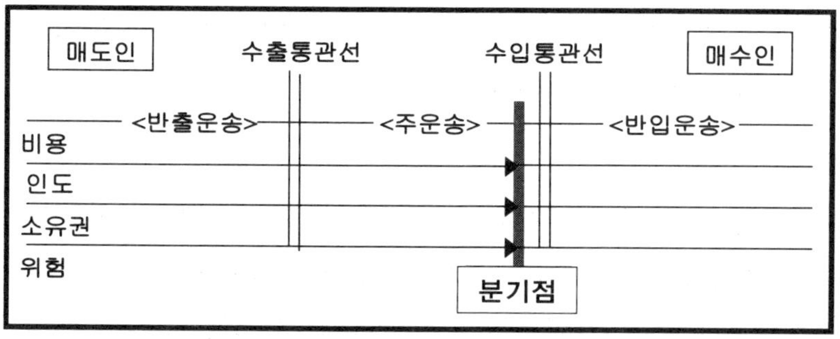

그림 3-13 지정목적항 부두인도조건의 수출상과 수입상의 분기점

수출상은 선적항에서의 수출허가와 수출통관비, 본선선적비, 창내적부비, 정돈비, 해상운임, 보험료, 목적항에서의 하역비용을 부담해야 한다. 수입상은 목적항에서의 수입허가와 수입통관비, 부두사용료, 최종목적지까지의 운송비, 수입당국이 요구하는 선적전 검사비용 등을 부담해야 한다.

(2) 수출상의 의무

① 물품의 인도: 수출상은 수출입매매계약과 동일한 물품을 지정된 목적항 부두에서 수입상의 임의처분하에 인도하여야 한다.

② 수출허가, 수출통관 : 수출상은 자신의 위험과 비용부담으로 모든 수출허가, 기타 공적인 승인 또는 기타 서류를 취득하여야 하며, 또 적용 가능한 경우에는 물품의 수출 및 제3국으로의 통관에 필요한 모든 통관절차를 이행하여야 한다.

(3) 수입상의 의무

① 물품수령 : 수입상은 지정된 목적항 부두에서 자신의 임의처분하에 인도된 물품을 수령하여야 한다.

② 수입허가, 수입통관 : 수입상은 자신의 위험과 비용부담으로 모든 수입허가, 기타 공적인 승인 또는 기타 서류를 취득하여야 하고 또 적용 가능한 경우에는 물품의 수입에 필요한 모든 통관절차를 이행하여야 한다.

(4) 지정목적지 관세미지급 인도조건 [Delivered Duty Unpaid … (named place of destination ; DDU]

1) 개 념

DDU조건은 수출상이 물품을 목적항 본선에서 하역한 후 수입국내의 지정 장소까지 운송하여 운송수단에 적재된 상태로 수입상에게 인도하고, 수입통관의무는 수입상이 부담하도록 하는 거래조건을 말한다. DDU조건에서 수출상은 물품을 최종목적지까지 운반하여 수입상에게 인도하여야 하고 수입상은 수입허가를 취득하고 수입통관의 절차와 이에 다른 관세, 조세 및 기타 부과금을 부담해야한다. DDU조건에서 비용부담, 책임부담, 소유권의 이전, 위험의 이전의 분기점은 물품이 지정된 수입국 목적지에서 운송수단에 적재된 상태로 수입상의 임의처분하에 인도된 때가 된다. 수출상은 수입통관절차의 비용과 위험을 제외하고 물품을 목적지에서 수입상에게 인도할 때까지의 모든 위험과 비용을 부담해야 하며 그 물품이 인도된 때부터 발생되는 위험과 비용, 수입통관을 이행하는데 필요한 위험과 모든 비용을 수입상이 부담하여야 한다.

2) 수출상 및 수입상의 의무

수출상은 수출통관을 이행하고 물품을 수입항까지 운송하여 하역한 다음 수입상이 수입통관을 끝내면 다시 물품을 내륙운송을 이용하여 수입국의 지정된 장소까지 운송하여 운송수단에 적재된 상태로 수입상의 임의처분하에 인도하여야 한다.

반면에 수입상은 자신의 위험과 비용부담으로 모든 수입허가, 기타 공적인 승인 또는 기타 서류를 취득하여야 하며 또 적용 가능한 경우에는 물품의 수입에 필요한 모든 통관절차를 이행하여야 한다.

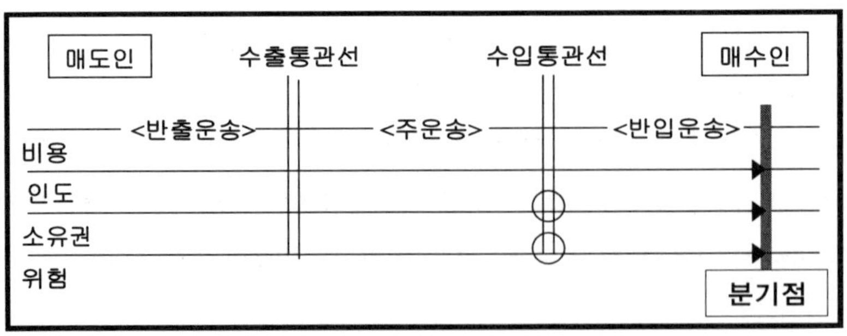

그림 3-14 지정목적지 관세미지급인도조건의 수출상과 수입상의 분기점

(5) 지정목적지 관세지급 인도조건 [Delivered Duty paid … (named place of destination ; DDP]

1) 개 념

DDP조건은 수출상이 물품을 수출통관시켜 수입항까지 운송하여 수입통관절차를 이행하고 수입상이 지정한 수입국의 장소까지 운송하여 운송수단에 적재한 상태로 인도하는 거래조건을 말한다. 비용부담, 책임부담, 소유권의 이전, 위험이전의 분기점은 물품이 수입국의 지정된 장소에서 운송수단에 적재된 상태로 수입상의 임의처분하에 인도된 때가 된다. 수출상은 선적지에서의 수출허가 및 수출통관비용, 본선의 선적비용, 창내적부 및 정돈비, 수입항에서의 하역비용, 수입허가, 수입통관비, 수입국의 지정된 장소까지의 운임을 부담해야 한다.

수입상은 최종목적지에서 물품이 자신의 임의처분하에 인도되면 운송수단으로부터 물품을 하역하는 비용과 창고료, 보관료, 수입당국이 요구하는 선적전검사비용 등을 부담해야 한다.

2) 수출상과 수입상의 의무

수출상은 자신의 위험과 비용으로 수입국의 지정된 장소까지 물품을 운송하여 지정된 장소에서 수입상의 임의처분하에 인도하여야 한다. 반면에 수입상은 물품을 지정된 장소에서 인수하면 그 이후에 발생되는 모든 위험과 비용을 부담해야 하며 수출당국이 지정한 검사를 제외하고 모든 선적전 검사비용을 지급해야 한다.

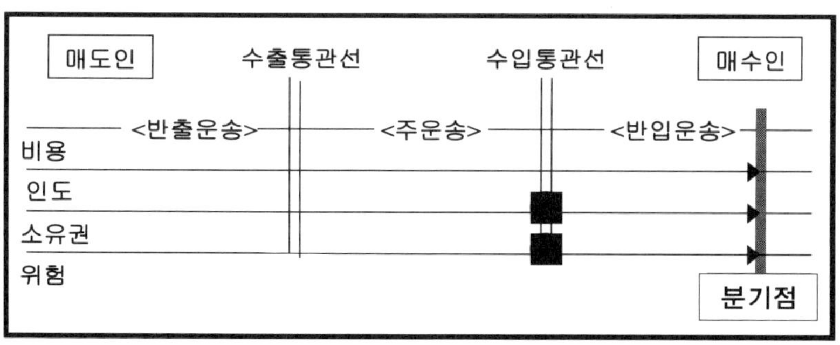

그림 3-13 지정목적지 관세지급인도조건의 수출상과 수입상의 분기점

표 3-2 무역가격조건별 비용부담의 한계

0: 매도인 부담 X: 매수인 부담	제조원가	→ 포장검사	→ 반출운송	→ 수출허가	→ 수출통관	→ 운송비	→ 보험료	→ 수입허가	→ 수입통관	→ 반입운송
E조건群 - EXW	**O**	**O**	**X**	**X**	**X**	**X**	**X**	**X**	**X**	**X**
F조건群 - FCA	**O**	**O**	**O**	**O**	**O**	**X**	**X**	**X**	**X**	**X**
FAS	**O**	**O**	**O**	**O**	**O**	**X**	**X**	**X**	**X**	**X**
FOB	**O**	**O**	**O**	**O**	**O**	**X**	**X**	**X**	**X**	**X**
C조건群 - CFR	**O**	**O**	**O**	**O**	**O**	**[O]**	**X**	**X**	**X**	**X**
CIF	**O**	**O**	**O**	**O**	**O**	**[O]**	**[O]**	**X**	**X**	**X**
CPT	**O**	**O**	**O**	**O**	**O**	**[O]**	**X**	**X**	**X**	**X**
CIP	**O**	**O**	**O**	**O**	**O**	**[O]**	**[O]**	**X**	**X**	**X**
D조건群 - DAF	**O**	**O**	**O**	**O**	**O**	**O**	**O**	**X**	**X**	**X**
DES	**O**	**O**	**O**	**O**	**O**	**O**	**O**	**X**	**X**	**X**
DEQ	**O**	**O**	**O**	**O**	**O**	**O**	**O**	**X**	**X**	**X**
DDU	**O**	**O**	**O**	**O**	**O**	**O**	**O**	**X**	**X**	**O**
DDP	**O**	**O**	**O**	**O**	**O**	**O**	**O**	**O**	**O**	**O**

* 위의 [O]부분은 매도인이 주운송비와 최소담보보험료만을 부담한다는 의미이다.

CHAPTER 04

무역의 원가계산

제1절 무역의 원가계산
제2절 무역의 원가산출방법
제3절 무역원가 계산실습

상인들이 무역거래에 혼신의 노력을 기울이는 것은 돈을 벌기 위해서이다. 무역거래의 원가구조는 복잡하고 원가변동이 자주 일어나기 때문에 정확하게 모든 원가항목을 세밀하게 분석하여 수출입판매단가를 산정하지 않으면 예상치 못한 손실이 발생하게 된다. 따라서 무역의 원가항목과 원가계산에 대해서 구체적으로 살펴본다.

4-1 무역의 원가계산

1. 무역원가와 협상

국내외를 불문하고 상인들이 혼신의 힘을 다하여 상거래를 하는 것은 돈을 벌기 위해서이다. 무역상은 전 세계시장을 대상으로 상품을 가장 싸게 사서 비싸게 팔아 그 차액을 이윤으로 남기는 것을 목적으로 밤과 낮을 가리지 않고 동분서주하고 있다. 무역상이 마케팅이나 협상을 잘하기 위해서는 수출입 원가항목을 정확히 파악하고 있어야 한다. 수출상과 수입상의 협상은 결국 가격 싸움으로 가격에서 시작하여 가격으로 끝난다.

수출상은 원・부자재의 가격, 제조공정, 제조원가, 디자인, 국제물류비용, 경쟁사의 가격, 경쟁상품의 현지 판매가격 등을 종합적으로 분석하여 상품가격을 결정하게 되고 반면에 수입상은 수출상이 제시한 상품가격에 국제물류비용, 현지유통비용, 수입상의 마진 등을 고려하여 구매가격을 결정하게 된다. 즉 수출상의 판매가격과 수입상의 구매가격은 수입국 판매시장의 가격과 현지에서 생산된 동종 상품의 판매가격, 현지로 수입된 동종 외국상품의 판매가격 등에 의해서 결정된다.

수출상과 수입상이 상담에 들어가기 전에 그들이 수용할 수 있는 판매가격과 구매가격을 가지고 서로에게 적정한 마진을 허용하는 자세로 협상을 시작하여야함에도 불구하고 수입상이 계속해서 수출가격을 까가서 더 이상 수출가격을 까가 줄 수 없는 경우 수출상은 어느 부분에서 원가절감이 가능한지를 판단하여 수입상이 요구한 가격에 판매할 것인지를 결정하여야 한다.

수출상이 수출단가를 낮출 수 있는 방법은 저가의 원・부자재를 쓰거나 디자인 변경을 통한 제조비용 절감, 국제물류비용 절감 등이 있다. 수출상은 원・부자재의 원가, 원·부자재의 소요량, 제조공정과 제조경비, 기타 부대비용은 물론 국제물류비용을 정확히 파악하고 있어야 협상과정에서 즉시 가격을 제시할 수 있어 협상을 수출상에게 유리하게 이끌 수 있다. 따라서 수출상은 제조공정을 변경함에 따른 제조비용의 절감 폭을 정확히 파악하고 있어야 하고 국제물류비용의 절감요인에 대한 안목도 갖추고 있어야 한다.

2. 무역원가계산의 목적

무역원가계산은 수출입상이 물품을 수출입할 때 발생하는 원가항목을 분석하여 수출입단가를 산출하는 것을 의미하는 것으로 회사이익실현에 저해되는 물품 및 불합리한 원가사항을 제거하고 매출에 따른 예상이익과 판매계획수립을 정확히 수립하는데 필요한 정보를 제공한다. 따라서 어느 비용항목 하나도 빠짐없이 정확하게 계산해야 한다. 환율 등 어떤 기준치가 필요한 경우 정확하고 객관적 타당성이 있어야 한다. 무역원가 분석을 통하여 어느 비용항목에서 원가절감이 가능한지 어느 항목에서 원가에 영향을 미치는지 자세히 분석하여 개선해야 한다. 무역원가계산은 포괄적인 계산이므로 상대편 국가의 전반적인 상황, 관세, 부대비용, 보험료계산, 운송, 등 국제물류비용을 알아야 한다.

무역원가계산의 목적을 살펴보면 다음과 같다.

첫째, 수출입상품의 판매단가를 산정함에 있어서 필요한 모든 원가항목을 산정하는 기본자료를 제공하고 정확한 수출단가를 산정 하는데 있다.

둘째, 수출입원가항목의 분석을 통하여 어느 원가항목에서 원가절감이 가능한지 어느 원가항목이 원가에 영향을 미치는지 분석하여 원가개선의 여지를 제공하여 준다.

셋째, 수출입상품별 수익성을 정확하게 파악할 수 있게 한다. 수익성이 높은 수출입상품은 판매노력을 강화시키고 수익성이 적은 수출입상품은 그 원인을 규명하여 수익성이 높은 수출입상품으로 수출입방향을 전환시켜 수출입상품 전체의 수익성을 제고시킬 수 있다.

3. 무역의 원가분석

(1) 수출원가의 구성요소

수출원가의 구성항목에는 여러 가지가 있으나 수출단가를 산정함에 있어서 그 어느 쪽의 항목을 계상 할 것인가는 수출입상이 합의한 무역가격조건에 따라 다르다. 왜냐하면 무역가격조건에 따라 수출입상이 부담해야할 비용의 분기점이 결정되기 때문이다. 수출단가는 원가(cost)에 희망이익(expected profit)을 가산한 것으로 원가는 수출상품의 매입단가 또는 생산비와 매입에 따른 경비로 구성된다.

원가는 직접원가(direct cost)와 간접원가(indirect cost) 나누어지며 직접원가는 수출상품의 원가임이 분명한 항목이고 간접원가는 수출상품의 구입비용 또는 생산비용이지만 전 수출상품이 공동으로 부담해야 할 항목이다. 직접원가는 기본원가와 부대원가로 구분된다.

1) 기본원가(prime cost ; first cost)

① 물품대금비용

기본원가는 수출상이 국내의 제조업체 또는 기타 제조 가공업자에게 지급해야할 수출물품대금으로 내국신용장 및 구매승인서에 의한 물품대금비용을 말하며 발행일자 전신환매입율(TT/B)이 적용되고 영세율, 세금계산서를 첨부하여 외상매입대금으로 계상한다.

② 원부자재 매입비용

수출상이 수출상품을 제조하는데 필요한 원부자재를 매입할 때 발생하는 원부자재 대금을 말한다.

③ 임가공료

수출상이 수출상품을 제3자에게 가공을 의뢰한 경우에 발생한 임가공 비용을 의미한다.

2) 부대원가

① 매입비용(buying charge)

수출상이 수출상품을 구매하는데 발생한 비용으로 대리인의 수수료, 사원의 출장 여행경비 등이 있다.

② 국내인수운송비(carriage-in)

수출상이 국내의 제조업체 또는 제공자로부터 매입한 수출상품을 수출상의 창고까지 운반하는데 발생한 운송비용을 말한다.

③ 포장비(packing charge)

수출물품은 수출포장이 된 상태에서 수출입매매계약이 체결되는 경우가 일반적이지만 수출되는 물품의 특성에 따라 수출상이 재 포장해야하는 경우도 있다.

④ 국내내륙 운송비(carriage out)

수출상이 수출상품을 수출상의 창고에서 수출항 창고나 부두까지 운반하는데 발생한 운송비용을 말한다.

⑤ 국내내륙 운송보험료(inland insurance premium)

수출하기 위해서 국내의 제조업체와 제조업체로부터 매입한 수출상품을 수출상의 창고에서 수출항 창고까지 운송구간에 대한 보험료로 무역거래조건이 FOB, FAS조건의 경우는 본선적재까지 또는 본선선측까지의 보험료를 말하며 무역거래조건이 CIF조건의 경우는 수출항 창고에서 반출된 이후부터 물품이 선박의 난간을 통과할 때까지의 위험은 내륙운송위험에 속하여 별도로 국내내륙운송보험에 들어야 하나 통상적으로 해상보험에서 추가보험료를 내고 담보한다.

⑥ 보관 및 터미널 화물취급비용(keeping and terminal handling charge)

수출물품을 선적할 때까지 영업보관창고에 보관하는데 발생하는 보관료(storage)를 말한다. 통상 이 보관료 중에는 창고보관 중의 화재보험료도 포함된다. 그리고 하분비(sorting or lotting), 검량비(weighing), 정선비(garbling), 견본적출비(sampling), 출비차비(in and out charge) 등이 물품취급비용에 포함된다.

⑦ 하차비 및 선적비용(cartage and shipping charges)

하차비는 수출상 또는 수출상의 영업창고에서 부두 또는 기타 선박회사의 화물인수장소까지의 운반비를 의미하고 선적비용은 선박회사의 화물인수장소에서 본선선측까지 운반하는 데 소요되는 비용을 의미한다. 유선을 사용하는 경우 유선 임대비용과 중량화물을 선적하는데 드는 기중기사용료(cranage)와 통관료(clearing)도 이 비용에 포함된다.

⑧ 해상운임(ocean freight)

수출원가항목 중에서 가장 중요한 원가항목이다. 무역거래조건이 CIF, CFR인 경우 수출상이 목적항까지 해상운송비용을 부담해야 한다. 운임은 선임, 항공운임으로 구성되며 수출과 관련하여 발생하는 운송비는 선사의 영세율 세금계산서 혹은 송장을 첨부하여 선적일에 적용되는 전신환매도율(TT/S)로 계상한다.

⑨ 해상보험료(marine insurance premium)

무역거래조건이 CIF인 경우 수출상은 수출물품이 선적항에서 최종 목적항까지 운송하는 도중에 발생할 수 있는 위험에 대비하여 보험회사에 보험료를 지불하고 적하보험을 체결한다.

⑩ 검사비(inspection fee)

공공기관이 발행하는 성분검사증명서나 품질검사증명서를 필요로 하는 물품인 경우에는 수출상은 본 증명서를 발급 받기 위해서 이에 대한 성분분석(analysis)이나 품질시험(testing)을 의뢰하고 검사료를 지불한다.

⑪ 통화할증료(currency adjustment factor: CAF)

선박회사가 해상운임을 외국통화로 받을 경우 환율변동으로 환차손이 발생할 것에 대비하여 해상운임의 일정비율을 추가로 수출상에게 징수하게 된다.

⑫ 유류할증료(bunker adjustment factor: BAF)

국제유가가 변동하여 손실이 발생할 것에 대비하여 선박회사가 해상운임에 일정비율을 추가로 수출상에게 징수한다.

⑬ 체선할증료(port congestation surcharge)

선적항에 선적할 물품이 너무 많아 약정된 선적시기에 선적이 불가능할 경우 선적지체에 따른 일정비용을 수출상으로부터 징수한다.

⑭ 체선료(detention charge)

수출상사는 선박회사로부터 일정 기간 컨테이너를 임대하여 사용하고 임대 기간이 종료하면 임대한 컨테이너를 반납해야 한다. 임대 기간을 경과한 경우 경과 기간에 대해서 수출상은 비용을 부담해야 한다.

⑮ 컨테이너세(tax)

수출상는 부산항에서 수출상품을 선적할 경우 부산시에 컨테이너 세금을 납부하여야 한다. 20피이트 컨테이너은 20,000원이고 40피이트 컨테이너는 40,000원이다.

⑯ 선하증권 또는 화물인도지시서 발급비용

수출상은 선박회사로부터 선하증권과 화물인도지시서 발급비용을 납부하고 동 서류를 발급 받는다.

⑰ CFS(container freight station)비용

소량의 수출상품은 container freight station에서 집하되어 목적지별로 분류된 다음 한 컨테이너에 적입되어 목적지항으로 운송된다. 동 시설을 이용할 경우 동 시설사용료를 수출상이 부담해야 한다.

⑱ 항만이용료(wharfage)

수출항이용료를 수출상이 부담한다.

⑲ 환가료

수출입상이 수출대금을 신용장으로 지급할 것에 합의 한 경우 수출상은 신용장에서 요구한 서류를 매입은행을 통해 개설은행으로 송부해야 한다. 서류가 매입은행에서 개설은행으로 송부되는 기간까지의 비용을 환가료라고 하며 우편일수만큼의 이자는 수출상이 부담한다.(수출금액×년 환가요율×장부가격×10/360)

⑳ 하자수수료

신용장거래에서 수출상은 신용장에서 명시한 서류를 매입은행에 제시해야 한다. 제시된 서류가 신용장에 명시된 것과 다를 경우 수출상은 서류검토 비용을 매입은행에게 지급해야 되는데 이것을 하자수수료라고 한다.

㉑ 인수 수수료 및 통지비용

수출상이 외상으로 물품을 수출할 경우 외상 기간에 대해 은행이 여신을 제공하고 동 기간의 이자를 수출상이 부담하며 신용장이 통지은행을 통해서 수출상에게 전달될 경우 통지은행의 수수료를 부담한다. (Banker's Usance인 경우 Usance이자는 수출금액×이자율×기간/360×TT/S으로 산출된다. Shipper's Usance의 경우 수출금액×0.4%×장부가격×개월수/3)

㉒ 상환 수수료

신용장거래에서 통상적인 경우 매입은행은 개설은행으로부터 수출대금을 송금 받는다. 그러나 개설은행이 아닌 개설은행이 지정한 제3의 은행으로부터 수출대금을 매입은행이 송금 받는 경우 제3은행이 제공한 서비스에 대한 대가의 비용을 수출상이 부담한다.

㉓ Delay Charge

수출상이 신용장에서 요구한 서류를 매입은행에 매입을 하면 동 서류는 개설은행으로 송부되고 약정된 기간에 개설은행은 매입은행에 수출대금을 송금한다. 수출대금이 약정 기간 내에 매입은행에 입금되지 않을 경우 연장된 기간만큼 지연이자가 발생한다.(수출금액×환가요율×TT/S×지연일수×360)

㉔ Less Charge

수출상이 매입을 의뢰한 서류를 매입은행이 매입하여 동 서류를 개설은행에게 송부하면 개설은행은 매입은행이 매입한 대금을 매입은행에게 송금을 하여야 한다. 개설은행이 송금금액에서 수수료나 기타 비용을 공제하고 대금을 입금하면 매입은행이 수출상에게 지급한 금액과 차이가 발생할 수 있다. 즉 매입은행이 수출상에게 지급한 금액과 개설은행으로부터 받은 금액과의 차액이 Less Charge에 해당된다.

㉕ Renego Delay Charge

매입제한신용장거래에서 수출상은 자기 주거래은행에게 1차 매입을 의뢰하고 자기 주거래은행은 매입이 제한된 은행에 2차 매입을 의뢰하게 된다. 2차 매입을 의뢰 받은 은행은 약정된 기간 내에 대금을 매입의뢰한 은행에게 송금해야한다. 2차 매입은행이 약정된 기간 내에 매입의뢰은행에게 대금을 입금하지 못함으로써 발생되는 지연이자가 이에 해당된다.

㉖ 수출보험료

수출상은 수입상을 믿지 못할 경우 한국수출보험공사에 수출보험계약을 체결하여 수출대금미회수위험을 관리할 수 있는데 수출상은 반드시 수출보험료를 납부하여야 한다.

㉗ 수출추천비용

수출상은 수출하고자 하는 상품이 관련 조합의 추천을 받아야만 수출이 가능한 품목으로 분류된 경우 동 관련 조합에서 수출승인을 받아야 한다.

㉘ 영사사증료(consular fee)

수입국 영사에 지불하는 서류검사료이다.

㉙ 무역통신망 사용료

무역통신망을 이용하는 경우 무역통신 서비스를 제공하는 회사에 통신망 사용료를 수출상이 지불해야 한다.

㉚ 인터넷 홍보비용

인터넷으로 자사수출상품을 홍보하는 데 발생한 비용을 말한다.

㉛ 무역사이트 사용료

무역사이트를 이용하여 수출상품, 수출지역 등의 정보를 수집하는데 발생한 비용을 말한다.

㉜ 금리(interest)

수출상이 국내의 제조업체에게 물품구입대금을 지급하고 동 물품을 선적하고 수입상으로부터 수출대금을 회수하기까지의 기간에 대한 금리를 말한다.

㉝ 희망이익(expected profit)

수출상이 원하는 기대수익이다. 수출단가 산정시 수출상의 이익은 모두 예상한 것이므로 이 예상율은 수출거래가격에 영향을 미치기 때문에 막연하게 원가의 10% 또는 15%로 산정하기 보다는 수출시장의 동향, 동종제품의 가격현황, 경쟁사의 동향, 등을 충분히 고려하여 예상수익율을 산정하는 것이 바람직하다.

(2) 수입원가의 구성

수입원가의 구성항목에는 여러 가지가 있으나 수입단가를 산정함에 있어서 그 어느 쪽의 항목을 계상 할 것인가는 수출입상이 합의한 무역가격조건에 따라 다르다. 왜냐하면 무역가격조건에 따라 수출입상이 부담해야할 비용의 분기점이 결정되기 때문이다. 수입단가는 원가(cost)에 희망이익(expected profit)을 가산한 것으로 원가는 수입상품의 결제금액에 그 매입에 따른 경비로 구성된다. 원가는 직접원가(direct cost)와 간접원가(indirect cost) 나누어지며 직접원가는 수입상품의 원가임이 분명한 항목이고 간접원가는 수입상품의 결제비용 이지만 전 수입상품이 공동으로 부담해야 할 항목이다. 직접원가는 기본원가와 부대원가로 구분된다.

1) 기본원가

기본원가는 수입상이 해외의 수출상에게 지급해야할 비용으로 선하증권 결제비용을 말한다.

2) 부대원가

① 매입비용(buying charge)

수입상이 수입상품을 구매하는데 발생한 비용으로 대리인의 수수료, 사원의 출장비 등이 있다.

② 국내내륙 운송비 (carriage out)

수입상이 수입상품을 수입항의 부두나 창고에서 수입상의 창고까지 운반하는데 발생한 운송비용을 말한다.

③ 국내내륙 운송보험료 (inland insurance premium)

수입하기 위해서 해외의 수출상으로부터 수입한 수입상품을 수입항 창고에서 수입상창고까지 운송구간에 대한 보험료를 말한다.

④ 보관 및 터미널 화물취급비용(keeping and terminal handling charge)
수입물품을 하역하여 영업보관창고에 보관하기 위해서 발생한 보관료(storage)를 말한다. 통상 이 보관료에는 창고보관 중의 화재보험료도 포함된다. 그리고 하분비(sorting or lotting), 검량비(weighing), 정선비(garbling), 견본적출비(sampling), 출비차비(in and out charge) 등이 물품취급비용에 포함된다.

⑤ 선적비용(free in)
수출상품을 본선에 적재하는 비용은 화주가 부담하고 목적항에서 상품의 하역비는 선박회사가 부담한다.

⑥ 통화할증료(currency adjustment factor: CAF)
선박회사가 해상운임을 외국통화로 받을 경우 환율변동으로 환차손이 발생할 것에 대비하여 해상운임의 일정비율을 수출입상으로부터 추가로 징수하게 된다.

⑦ 유류할증료(bunker adjustment factor: BAF)
국제유가가 변동하여 손실이 발생할 것에 대비하여 선박회사가 해상운임에 일정비율을 수출입상으로부터 추가로 징수한다.

⑧ 체선할증료(port congestation surcharge)
선적항에 선적할 물품이 너무 많아 약정된 선적시기에 선적이 불가능할 경우 선적지체에 따른 일정비용을 수출입상으로부터 징수한다.

⑨ 체선료(detention charge)
수출입상사는 선박회사로부터 일정 기간 컨테이너를 임대하여 사용하고 임대기간이 종료하면 임대한 컨테이너를 반납해야 한다. 임대 기간을 경과한 경우 경과 기간에 대해서 수출입상은 비용을 부담해야 한다.

⑩ 하역비용(free out)
수출상품을 본선에 적재하는 비용은 선박회사가 부담하고 목적항에서 상품의 하역비는 화주가 부담한다.

⑪ 선적 하역비용(free in and out)
수출상품을 본선에 적재하는 비용과 목적항에서 동 상품을 하역하는 비용 모두를 화주가 부담한다.

⑫ Berth Term
수출상품을 본선에 적재하는 비용과 목적항에서 동 상품을 하역하는 비용 모두를 선박회사가 부담한다.

⑬ 해상운임(ocean freight)

해상운임은 수입원항목 중에서 가장 중요한 원가항목이다. 무역거래조건이 FOB조건 인 경우 수입상은 선적항에서 목적항까지 해상운송비용을 부담해야 한다.

⑭ 해상보험료(marine insurance premium)

무역거래조건이 CFR, FOB조건인 경우 수입상은 수입물품이 선적항에서 최종 목적항까지 운송하는 도중에 발생할 수 있는 위험에 대비하여 보험회사에 보험료를 지불하고 적하보험계약을 체결한다.

⑮ 컨테이너세 (tax)

수입상이 부산항에서 수입상품을 수입할 경우 부산시에 컨테이너 세금을 납부하여야 한다. 20피이트 컨테이너은 20,000원이고 40피이트 컨테이너는 40,000원이다.

⑯ CFS(container freight station)비용

소량의 수입상품은 container freight station에서 분류되어 각각의 화주에게 인도된다. 동 시설을 이용할 경우 동 시설사용료를 수입상이 부담해야 한다.

⑰ Cable Charge

신용장이 전신으로 개설은행에서 통지은행으로 전달되는 경우에 발생한 비용을 말한다.

⑱ 신용장개설수수료

수입상은 신용장개설신청서를 작성하여 개설은행에게 신용장의 개설을 신청하고 신청을 받은 은행은 신용장개설수수료를 수입상으로부터 징수하고 수출상 앞으로 신용장을 개설한다. 신용장개설일로부터 신용장유효기일까지 개설은행이 신용장을 보증하는 비용을 말한다.

⑲ 내국신용장 개설수수료

수출상이 수출상품을 생산하기 위해 국내 제조업체 앞으로 내국신용장을 개설해줄 것을 요청 받은 은행은 수출상으로부터 보증수수료를 징수하고 내국신용장을 발행한다.

⑳ L/G Charge

수입상품이 서류보다 수입항에 먼저 도착한 경우 수입상은 자기주거래 은행에 화물선취보증장의 발급을 요청하고 동 요청을 받은 은행은 수수료를 수입

상으로부터 징수하고 화물선취보증장을 발급한다.

㉑ 무역통신망 사용료

무역통신망을 이용하는 경우 무역통신 서비스를 제공하는 회사에 통신망 사용료를 수입상이 지불해야 한다.

㉒ 인터넷 비용

인터넷을 이용하여 수입상품을 입수한 경우 인터넷 사용료를 수입상이 지불해야 한다.

㉓ 무역사이트 사용료

무역사이트를 이용하여 수입상품, 수출상, 등의 정보를 수집하는데 발생한 비용을 말한다.

㉔ 금리(interest)

수입상이 해외의 수출상에게 수입대금을 지급하고 국내에 동 물품을 판매하여 수입대금을 회수하기까지의 기간에 대한 금리를 말하며 재고금리와 여신금리가 있다. 재고금리는 수입상이 선하증권을 결제한 날로부터 수입상품을 현금을 받고 판매한 날까지의 기간에 대한 이자를 말한다. 여신금리는 수입상이 선하증권을 결제하고 수입물품을 어음을 받고 판매한 경우 동 어음의 만기일까지의 기간에 대한 금리를 말한다.

㉕ 희망이익(expected profit)

수입상이 원하는 기대수익이다. 수입판매단가 산정 시 수입상의 이익은 모두 예상한 것이므로 이 예상율은 수입판매가격에 영향을 미치기 때문에 막연하게 원가의 10% 또는 15%로 산정하기 보다는 수입시장의 동향, 동종제품의 가격 현황, 경쟁사의 동향, 등을 충분히 고려하여 예상수익율을 산정하는 것이 바람직하다.

4-2 무역의 원가산정방법

1. 무역원가 산정방법

(1) 무역비용의 기장방법

국제무역거래에서 발생한 비용을 정확하게 작성하기 위해서는 비용항목을 정확히 분류할 수 있는 전산화된 서식을 활용하는 것이다. 전산화된 서식에는 기본원가 항목과 부대원가, 판매비배분, 영업외수지로 구분되어 제반 비용항목을 기입하는 것이다. 기본원가 항목에는 수출입 상품별 계정항목을 두고 각 상품 종류별 관련된 직접비용을 기입하고 부대비 항목에는 물류비용, 은행비용, 행정비용 등을 기재하고 판매관리비 배분항목에는 기업의 배부기준에 따라 배부하며 영업외 수지는 환차이익과 환차손, 지급이자, 기타 손실을 기재하면 된다.

(2) 무역원가계산서 작성요령

무역원가계산서를 작성할 때 무역원가 분류서식을 기본원가 항목과 부대원가항목으로 구분하여 사용하는 것이 좋다. 무역원가 분류서식의 기재요령은 물품대금 결제비용, 원 · 부자재 비용, 임가공비용 등을 기본원가 항목에 기재하고 부대원가 항목에는 무역사이트 이용료, 무역통신망 이용료 및 인터넷 홍보비용, 무역사이트 사용료, 내륙운송비, 통관비, 해상운임, 해상보험료, 선적비, 포장비 등 제반 비용항목을 빠짐없이 기재한다. 판매관리비는 배부기준에 따라 기입하여 합산한 다음 무역원가계산서에 기재된 선적1회분 총 원가를 산출하고 그것을 총 수로 나누어 단위당 평균원가를 결정하게 된다.

2. 수출물품의 원가계산

(1) 수출물품의 매출원가계산

매출원가계산은 Master L/C별로 원가계산을 하고 매출액에 대한 내국신용장 결제금액 및 제 비용을 산출하여 계산한다. 분할선적의 경우 내국신용장의 분할매입은 해당 건 별로 원가를 투입하여 계산하고 일괄매입의 경우 선적수량 만큼 내국신용장에서 안분하여 수량대비 금액의 원가를 투입하여 계산한다. 추가 발생소지가 있는 추가원가는 사전에 작성한 발생내역을 첨부하여 해당 매출계상 월에 원가가 반영될 수 있도록 사전 미지급비용으로 계상처리 한다. 매출에 대한 원가계산 전에 내국신용장 매입수량 및 각 단가를 정확히 산출하여 원가의 과다 과소 투입을 사전에 방지하고 신용장별 손익을 정확하게 산출한다.

(2) 수출물품의 원가구성과 산출방법

1) 기본원가

내국신용장 결제금액 : 수출물품의 물품대금으로 구매수량에 매입단가를 곱하면 내국신용장 결제금액이 산출된다(수량×매입단가, 매출액 : 매출수량×매출단가).

① 원·부자재 : 수출물품을 제조하는데 소요된 원·부자재 대금으로 투입 원·부자재소요량에 요소 당 단가를 곱하면 원·부자재 총액이 산출된다.

② 임가공료 : 수출물품을 제3자가 가공임을 받고 가공하는데 발생한 비용으로 임가공의뢰 수량에 임가공 단가를 곱하면 총액이 산출된다.

2) 부대원가

① 무역사이트 이용료 : 무역통신망 사용료를 기재한다.

② 인터넷 홍보비용 : 인터넷으로 수출상품을 홍보한 경우 그 비용을 기재한다.

③ 전자문서교환방식(EDI) 사용료 : EDI사용료를 기재한다.

④ 포장비 : 포장비용에서 부가가치세(1.1)를 공제한 다음 수량을 곱하면 포장비용이 산출된다(포장비용 나누기(부가가치세 1.1)×포장수량).

⑤ 내륙운송비 : 내륙운송비용에서 부가가치(1.1)를 공제한 다음 컨테이너 수를 곱하면 내륙운송비용이 산출된다(내륙운송비 나누기(부가가치세 1.1)×컨테이너 수량).

⑥ 통관비용 : 항만청에서 고시한 비용을 기재한다.

⑦ 적재비용 : 적재단가에 컨테이너 수를 곱하면 적재비용이 산출된다.

⑧ 해상운임 : 무역거래조건에 따른 선임으로 해당 지역에서 선임요율을 곱하여 산출된 금액에 수량을 곱하면 해상운임이 산출된다.

⑨ 해상보험료 : 해당 지역에서 보험부보율을 곱하여 산출된 금액에 송장금액을

곱하면 보험료가 산출된다.

⑩ 통화할증료 : 해상운임에다 선박회사가 요구한 요율표를 적용하여 산출한다.

⑪ 유가할증료 : 해상운임에다 선박회사가 요구한 요율표를 적용하여 산출한다.

⑫ 터미널 화물처리비용 : 선박회사가 요구한 비용에 컨테이너 수를 곱하면 터미널 화물처리비용이 산출된다.

⑬ 대리인 수수료 : 수출에 따른 알선수수료로 수수료 대상금액에 수수료율을 곱하여 산출된 금액에 기준 환율을 곱하면 대리점 수수료가 산출된다. 수출과 관련된 대리인 수수료는 통상 1~3%이며 외상매출의 경우 말일자 TT/S가 적용되고 Nego매출의 경우 Nego일자 TT/S가 적용된다(수출량×수수료율×기준환율).

⑭ 환가료 : 수출금액에 환가요율을 곱하면 환가료가 산출된다(수출금액×년환가요율×장부가격×10/360).

⑮ 통관료 : 수출금액에 통관요율을 곱하면 통관비가 산출된다.

⑯ 판매관리비 : 인건비, 감가상각비, 접대비 등이며 전년도 판매관리비 집행실적 / 전년도매출액×예상매출액

⑰ 영업외수익 : 외환차익, 기여이자

⑱ 영업외 비용 : 외환차손, 지급이자

3) 사전원가에 의한 물품의 매출총이익 및 경상이익 산출

① 매출총이익산출 : 예상매출액－(기본원가＋부대원가)＝예상매출 총이익

② 경상이익 산출 : 매출총이익－판매관리비＋영업외 수익－영업외 비용＝경상이익

4) 예상기여도 추정

해당 수출상품의 사전원가 계산에 의하여 산출된 경상이익으로 당해 연도 사업계획에 각 상품의 이익기여도를 추정한다.

예상기여도＝(상품경상이익 / 사업계획의 경상이익)×100

5) 사전원가의 순환계산에 의한 적정한 수출상품 단가산출

① 예상기여도가 목표이익보다 적은 경우에는 기본원가 및 부대원가의 구성요소별 점검 및 수출단가를 책정하는 기준으로 사용한다.

② 예상기여도가 목표이익보다 큰 경우에는 기본원가 및 부대원가의 구성요소를 점검하여 불필요한 원가요소를 제거해야 한다.

3. 수입물품의 원가계산

(1) 수입물품의 매출원가계산

통관시점을 기준으로 각 수입신용장별로 미착상품 중 통관된 물품에 해당되는 원가금액만을 수입물품으로 대체시킨다. 미착물품을 수입물품으로 대체시킬 경우 산출액은 신용장별로 전량통관 시에는 신용장별 금액을 전액 대체시키고 신용장별로 부분 통관할 때에 선하증권 해당수량이 전량인 경우(통관 전 발생비용 총액(B/L자금 포함) / 수량)×통관수량+통관제비용(관세 및 부대비용)으로 산출하고 선하증권 해당수량이 부분적인 경우 통관수량과 일치할 때(신용장 개설 제비용 / 신용장개설 수량)×통관수량+B/L자금+통관제비용(관세 및 부대비용)으로 산출하고 통관수량과 불일치할 때는(신용장 개설 제비용 / 신용장개설 수량)×통관수량+(B/L자금 / B/L수량)×통관수량+통관제비용으로 산출한다.

각 신용장별로 확인된 수입물품의 금액을 합산하여 통관된 수량으로 나누어 물품당 평균 단가를 구한다. 산출된 평균단가에 매출수량을 곱하여 매출원가를 산출하는 것으로 신용장별 전량매출 시 신용장 금액을 전액 대체시키고 신용장별 부문매출 시에 신규 매출이 발생한 경우(당월 현재까지의 매입액 / 당월 현재까지의 매입수량)×판매수량=매출원가로 산출하고 매출액이 지속적으로 발생한 경우에는((전월재고액+당월매입액) / (전월수량+당월매입수량))×판매수량=매출원가)로 산출한다.

(2) 수입물품의 원가구성과 산출방법

1) 기본원가

선하증권 결제금액(물품대) : 수입물품의 물품대금으로 구매수량에 단가를 곱하여 산출된 금액에 적용환율을 곱하면 선하증권 결제금액이 산출된다. 일람출급(at sight)의 경우 개설은행으로부터 선하증권, 상업송장 등을 입수한 후 7영업일 이내에 수입대금을 결제해야 한다. 3영업일 이내 결제 시에는 환가료만 발생하고 4영업일 후에는 지연이자를 추가로 부담해야 한다. 물품대금은 수출금액에 전신환 매도율의 환율을 곱하면 산출된다. 환가료는 수입금액×년 환가요율×장부가격×3/360으로 산출된다. 지연이자는 수입금액×년 환가요율×TT/S×지연일수 /360으로 산출된다.

2) 부대원가

① 전자문서교환방식(EDI)사용료 : EDI사용료를 기재한다.

② 무역사이트 사용료 : 무역사이트 사용료를 기재한다.

③ 인터넷 사용료 : 인터넷 사용료를 기재한다.

④ 보관료 : 수입물품 평균 판매회전 기간 동안 보관하는데 발생한 비용으로 보관수량에 보관요율과 보관 기간을 곱하면 보관료가 산출된다.

⑤ 내륙운송비 : 내륙운송비용에다 컨테이너 수를 곱하면 내륙운송비용이 산출된다.

⑥ 통관비용 : 항만청에서 고시한 비용을 기재한다.

⑦ 적재비용 : 적재단가에 컨테이너 수를 곱하면 적재비용이 산출된다.

⑧ 해상운임 : 무역거래조건에 따른 선임으로 해당지역에서 선임요율을 곱하여 산출된 금액에 수량을 곱하면 해상운임이 산출된다.

⑨ 해상보험료 : 해당지역에서 보험부보율을 곱하여 산출된 금액에 송장금액을 곱하면 보험료가 산출된다.

⑩ 통화할증료 : 해상운임에다 선박회사가 요구한 요율표를 적용하여 산출한다.

⑪ 유가할증료 : 해상운임에다 선박회사가 요구한 요율표를 적용하여 산출한다.

⑫ 터미널 화물처리비용 : 선박회사가 요구한 비용에 컨테이너 수를 곱하면 터미널 화물처리비용이 산출된다.

⑬ 대리인 수수료 : 수입에 따른 알선 수수료로 수수료 대상금액에 수수료율을 곱하여 산출된 금액에 기준환율을 곱하면 대리점 수수료가 산출된다.

⑭ 통관료 : 수입금액(CIF환산금액)에 통관료율을 곱하면 통관비가 산출된다.

⑮ 관세 : 수입금액(CIF환산금액)에 관세율을 곱하면 된다.

⑯ 재고이자 : 선하증권 결제일부터 판매일까지의 기간에 사내금리 기준을 적용하여 산출한다.

⑰ 여신이자 : 매출원가는 현금도 판매기준으로 산출하고 업체의 여신공여 기간에 어음만기일 해당분의 이자금액을 가산하여 매출을 계상한다.

⑱ Usance이자 : 수입금액에 이자율과 차입 기간을 곱하면 이자비용이 산출된다.

⑲ 판매관리비 : 인건비, 감가상각비, 접대비 등이며 전년도(판매관리비 집행실적 / 전년도매출액)×예상매출액)으로 산출한다.

⑳ 영업외수익 및 비용 : 외환차익, 기여이자가 여기에 해당된다.

㉑ 영업외 비용 : 외환차손, 지급이자가 여기에 해당된다.

(3) 사전원가에 의한 물품의 예상매출총이익 및 경상이익 산출

매출총이익은 다음과 같이 산출된다.

① 예상매출총이익 : 예상매출액－(기본원가＋부대원가)＝예상매출총이익

② 경상이익 : 경상이익의 산출＋영업외수익－영업외 비용＝경상이익

(4) 예상기여도 추정

해당 수입상품의 사전원가계산에 의하여 산출된 경상이익으로 당해연도 사업계획에 대한 각 물품의 이익기여도를 추정한다.

예상기여도＝(물품 경상이익 / 사업계획의 경상이익)×100

(5) 사전원가의 순환계산에 의한 적정한 수입상품 단가산출

예상기여도가 목표이익보다 적은 경우에는 기본원가 및 부대원가의 구성요소별 점검 및 수입단가를 책정하는 기준이 된다.

예상기여도가 목표이익보다 큰 경우에는 기본원가 및 부대원가의 구성요소를 점검하여 불필요한 원가요소를 제거해야 한다.

4-3 무역원가 계산실습

1. 수출원가 계산실습

1) 여성용 의류의 수출단가 산정

미국의 바이어에게 여성용 의류 6,000장을 오퍼하는 경우로 조건은 다음과 같다.

- 수출상은 원 부자재를 구매하여 임가공으로 제조
- 선적항: 부산항
- 계약조건: CIF New York in USD/PC
- 컨테이너 수량: FCL 40" container
- Stuffing quantity: 40" container: 6,000pcs
- 결제조건: at sight L/C
- 임가공 비: U$5.90/PC for 6,000pcs
- 환율: 1,230원
- Ocean Freight(other charge포함): U$3,321.70 for 40" FCL
- 컨테이너 내륙운송(부산–대전): U$431.30(496,000) for 40" container
- 원단단가: U$ 9.50/ Yard
- 원단소요량: 1.9 Yard /pc
- 부자재 비용: U$ 2.22/pc
- 포장 Flat(box) 개 당 소요비용: 600원, 한 박스에 10장의 의류를 포장함.
- 해상운임: 40" FCL 당 3,321.70
- 보험료: U0.03/pc
- 환가료: U$0.05/pc
- 당사마진: 2.80U$ /pc

2) Medical mask의 수출단가산정

베트남의 바이어에게 Medical mask 6,000개를 오퍼하는 경우로 조건은 다음과 같다.

- 수출상은 Medical mask를 구매하여 베트남으로 수출
- 모델명: N-7302
- 구매단가: U$ 0.5/PC

- 수량: 6,000개
- 선적항: 인천공항
- 계약조건: CIF Noi Bai Airport
- 항공운임: CBM당 107.36 U$
- 총 28CBM
- 포장비 포함 기타 부대비용 총액 7,000 U$
- 중개상 수수료 총 금액의 2%
- 보험료 U0.03/pc
- 환가료 U$0.05/pc

3) 장뇌삼 수출단가산정

베트남의 바이어에게 장뇌삼 1,200개를 오퍼하는 경우로 조건은 다음과 같다.

- 수출상은 장뇌삼을 구매하여 베트남으로 수출
- 모델명: KL-890MK
- 구매단가: U$ 0.25/PC
- 수량: 1,200개
- 선적항: 인천공항
- 계약조건: CIF Noi Bai Airport
- 항공운임: CBM당 107.36 U$
- 총 5CBM
- 포장비 포함 기타 부대비용 총액 700 U$
- 중개상 수수료 총 금액의 2%
- 보험료 U0.03/pc
- 환가료 U$0.05/pc

4) 청소용 걸레 수출단가 산정

다음과 같은 조건으로 청소용 걸레 개당 수출가격을 산정한다. 야드 당 2,900원에 원단을 구매하였다. 1야드의 규격은 폭이 58인치이고 세로는 91cm이며, 가로 세로 각각 18cm의 청소용 걸레을 수출하고자 한다. 재단은 7원이고, 엠보는 25원, 수첩은 30원이다. 로스는 원단, 재단, 엠보, 수첩 비용의 5%이고 포장은 인건비를 포함하여 61원이고, 박스비용은 5,000원 이며 한 박스에 5,000개가 들어간다. 일반관리비는 총 원가에 5%이고, 수출상 마진은 총 원가에 20%이다.

5) 안경 닦이 수건 수출단가 산정

다음과 같은 조건으로 안경 닦이 수건의 개당 수출가격을 산정한다. 야드 당 3,000원에 원단을 구매하였다. 1야드의 규격은 폭이 52인치이고 세로는 91cm이며 가로 세로 각각 41cm의 안경 닦이 수건을 수출하고자 한다. 재단은 23원이고, 미싱은 60원 이며 로스는 원단, 재단, 미싱 비용의 3%이며 포장은 인건비를 포함하여 20원이다. 박스는 5,000원이며 한 박스에 1,650개가 들어간다. 일반관리비는 총 원가에 5%이고, 수출상 마진은 15%이다.

6) SYNTHECTIC FABRIC 44의 수출단가산정

매출이익 15%, 선적항 BUSAN, TERMS CFR DUBAI에서 아래 제시된 원가만 고려하고 환율 1,300원으로 하여 최저 US $단가를 산정한다.

EXCHANGE RATE : CASH B 1,200원 /U$ CASH S 1,500원 /U$
TT/ B 1,300원 /U$ TT/ S 1,400원 /U$

- PAYMENT : 30% BY T/T IN ADV & 70% BY L/C A/S
- Q'TY : 8,000 YARDS
- ITEM : SYNTHECTIC FABRIC 44
- SHIPMENT : PARTICAL AND TRANSHIPMENT NOT ALLOWED
- PURCHASED BY : 10,000원 / YD
- PACKING : IN TWO TEU EACH 100YARDS IN A ROLL, EA 5ROLL IN A CTN
- PACKING CHARGE : 121,000원(원/VAT) / CTN
- LOCAL TRUCKING CHARGE : 60,500원 /TEU(원/VAT)
- STUFFING : 110,000원 / TEU
- CUSTOMS CLEARANCE : 12,000원
- CONTAINER FREIGHT U$ 1,000 / TEU
- 가격조건 CFR DUBAI
- T H C
- CAF(CURRENCY ADJUSTMENT FACTOR) /TEU
- BAF (BUNKER ADJUSTMENT FACTOR) / TEU
- 환가료 : 800,000원
- 보험료 : 23,000원
- L/C ADVICING : 25,000원

전자수출 사전원가 계산서

오더번호/BUYER

작성일

부서

담당자

수출단가 총수량

품목

CBM(선적전)

*기타 필요한 사항은 하단에 명기 T/T BUYING:

T/T SELLING:

선 사:

국내 운송회사:

도착지

가격조건

결제조건

통관일자

선적일자

네고일자

CBM(선적후)

순이익

내역		사 전 원 계				실 제 원 계			
		단가US$	수 량	금액US$	금액(원)	단가US$	수 량	금액US$	금액(원)
기본원가									
기본원가합계									
구 분		비율	수 량	금액US$	금액(원)	비율	수 량	금액US$	금액(원)
부대원가									
부대원가합계									
총원가 합계									
판매비배분									
영업외수지									

- B/L DOC : 9,000원
- 네고 시 우편료 : 8,000원
- CNTR TAX : 20,000원 / TEU

7) Lacquer Foil T/C Jacquard Uragirl width의 수출단가산정

아래 제시된 원가만 고려하여 매출이익 20%와 환율 1,300원으로 최저 U$ 단가를 산정한다.

EXCHANGE RATE: CASH B 1,200원 / U$ CASH S 1,500원 / U$
TT/B 1,300원 / U$ TT/S 1,400원 / U$

- PAYMENT : 30% BY ADVANCE T/T AND 70% BY D/P
- Q 'ty : 20,000 YARDS
- ITEMS : Lacquer Foil T/C Jacquard Uragirl width
- PURCHASED BY : 15,000원 /YD EXE
- LOADING PORT : INCHON PORT
- DESTINATION : CALLAO PORT
- SHIPMENT : BY 2 FEU, PARTIAL AND TRANSHIPMENT NOT ALLOWED
- PACKING : EA 200 YDS IN A ROLL, EA 10 ROLLS IN A CTN
- PACKING CHARGE : 132,000원(원/VAT) /CTN
- LOCAL TRUCKING : 88,000원 /TEU(원/VAT) & 154,000원(원/VAT) /FEU
- STUFFING : 110,000 원 /TEU & 200,000원 /FEU
- CUSTOMS CLEARANCE : 12,000원
- CONTAINER FREIGHT : U$1,000 /TEU & U$ 1,900 /FEU
- 가격조건 : FOB INCHON
- THC
- B/L DOC : 9,000원
- INSURANCE : 23,000원
- L/C ADVISING : 25,000원, 네고 시 우편료 8,000원
- CNTR TAX : 40,000원 /FEU
- 통관수수료 200,000원 /FEU
- 환가료 : 2,700,000원

전자수출 사전원가 계산서

오더번호/BUYER　　　　　　　　　　　　　　　　도착지
작성일　　　　　　　　　　　　　　　　　　　　가격조건
부서　　　　　　　　　　　　　　　　　　　　　결제조건
담당자　　　　　　　　　　　　　　　　　　　　통관일자
수출단가　　　　　총수량　　　　　　　　　　　선적일자
품목　　　　　　　　　　　　　　　　　　　　　네고일자
CBM(선적전)　　　　　　　　　　　　　　　　　CBM(선적후)
*기타 필요한 사항은 하단에 명기　T/T BUYING:　　순이익
T/T SELLING:
선　　　사:
국내 운송회사:

내역		사전원계				실제원계			
		단가US$	수 량	금액US$	금액(원)	단가US$	수 량	금액US$	금액(원)
기본원가									
기본원가합계									
구　분		비율	수 량	금액US$	금액(원)	비율	수 량	금액US$	금액(원)
부대원가									
부대원가합계									
총원가 합계									
판매비배분									
영업외수지									

8) PLAIN DYED POLYESTER JACQUARD WOMEN FABRIC의 수출단가산정

아래 제시된 원가만 고려하여 매출이익 15%와 환율 1/10은 1,100원, 9/10은 1,200원으로, US$로 된 비용항목은 1,200원으로 하여 최저 U$단가를 산정한다.

EXCHANGE RATE: CASH B 1,200W / U$ CASH S 1,500W / U$
TT/B 1,300W / U$ TT/S 1,400W / U$

- PAYMENT : 10% BY CWO, 70% BY L/C A/S & 20% BY T/T WITHIN 10 CALENDAR DAYS AFTER RECEIPT OF CARGOES
- Q 'ty : 10,000 YARDS
- ITEMS: PLAIN DYED POLYESTER JACQUARD WOMEN FABRIC
- PURCHASED BY : 10,000원 /YD EXE
- LOADING PORT : INCHON PORT
- DESTINATION : SYDNEY PORT
- SHIPMEN : BY TWO FEU PARTIAL AND TRANSHIPMENT NOT ALLOWED
- PACKING : EA 200 YDS IN A ROLL, EA 5 ROLLS IN A CTN
- PACKING CHARGE 144,000원(원/VAT) / CTN
- LOCAL TRUCKING : 77,000원 /TEU(원/VAT) & 169,000원(원/VAT) / FEU
- CUSTOMS CLEARANCE : 12,000원
- STUFFING 110,000원 / TEU & 200,000원 /FEU
- CONTAINER FREIGHT: U$1,000 / TEU & U$ 1,800 /FEU
- 가격조건 : CIF SYDNEY
- THC
- 통화할증료와 유가할증료
- B/L DOC : 9,000원
- INSURANCE : 23,000원
- L/C ADVISING : 25,000원
- 네고 시 우편료 : 8,000원
- CTNR TAX 20,000원 / TEU & 40,000원 / FEU
- 환가료 : 1,000,000원

전자수출 사전원가 계산서

오더번호/BUYER

작성일

부서

담당자

수출단가　　　　　총수량

품목

CBM(선적전)

*기타 필요한 사항은 하단에 명기

T/T BUYING:

T/T SELLING:

선　　　사:

국내 운송회사:

도착지

가격조건

결제조건

통관일자

선적일자

네고일자

CBM(선적후)

순이익

내역		사 전 원 계				실 제 원 계			
		단가US$	수 량	금액US$	금액(원)	단가US$	수 량	금액US$	금액(원)
기본원가									
기본원가합계									
구 분		비율	수 량	금액US$	금액(원)	비율	수 량	금액US$	금액(원)
부대원가									
부대원가합계									
총원가 합계									
판매비배분									
영업외수지									

9) COLOR TV 수출단가산정

아래 제시된 원가만 고려하여 매출이익 20%와 환율 2/10은 1,100원으로, 8/10은 1,200원, 비용항목은 1,200원으로 하여 최저U$단가를 산정한다.

EXCHANGE RATE : CASH B 1,100원/U$ CASH S 1,500원/U$
TT/B 1,200원/U$ TT/S 1,300원/U$

- PAYMENT : 20% BY CWO, 80%
- Q' ty : 10,000 SETS
- ITEMS : COLOR TV
- LOADING PORT : BUSAN PORT
- DESTINATION : DUBAI PORT
- SHIPMENT : BY 25 FEU, PARTIAL AND TRANSHIPMENT ALLOWED
- PACKING : EACH 1 SET IN A CASE, EACH 400 CASE IN CONTAINER
- PURCHASED BY : 300,000원 / SET EXE
- PACKING CHARGE : 220,000원(원/VAT) / CONTAINER
- LOCAL TRUCKING : 580,000원 / TEU(원/VAT) & 900,000원(원/VAT)FEU
- CUSTOMS CLEARANCE : 500,000원
- STUFFING : 220,000원/TEU & 360,000원/FEU
- CONTAINER FREIGHT : U$ 2,900 / TEU & U$ 3,800 / FEU
- 가격조건 : DES DUBAI
- THC 136,000원 / FEU
- CAF : 50$ /FEU, BAF : 25$ / FEU
- 대사관 인증수수료 : 173$
- ALL FCL CONTAINER HANDLING CHARGE AT THE PORT OF DESTINATION : 1,000$ /FEU
- CY - 부두까지 운임 47,000원 /FEU
- 수출항 부두사용료 5,000원/FEU
- FREE IN 900$ /FEU, FREE OUT 1,000$ /FEU
- B/L DOC : 15,000원
- INSURANCE : 3,000,000원
- L/C ADVISING : 25,000원

전자수출 사전원가 계산서

오더번호/BUYER　　도착지
작성일　　가격조건
부서　　결제조건
담당자　　통관일자
수출단가　　총수량　　선적일자
품목　　네고일자
CBM(선적전)　　CBM(선적후)
*기타 필요한 사항은 하단에 명기　T/T BUYING:　　순이익
T/T SELLING:
선　　사:
국내 운송회사:

내역		사 전 원 계				실 제 원 계			
		단가US$	수 량	금액US$	금액(원)	단가US$	수 량	금액US$	금액(원)
기본원가									
기본원가합계									
구　분		비율	수 량	금액US$	금액(원)	비율	수 량	금액US$	금액(원)
부대원가									
부대원가합계									
총원가 합계									
판매비배분									
영업외수지									

- LOCAL DELIVERY ORDER CHARGE AT THE PORT OF DESTINATION: 450$ /FEU
- 환가료: 2,700,000원
- 수입항에서 수입상창고까지의 운송비용 700,000원/FEU
- 네고 시 우편료 8,000원
- CTNR TAX: 20,000원 / TEU & 40,000원 / FEU
- 내륙운송보험료: 50,000원
- 수입항 - CY까지 운임 200,000원 / FEU
- 검사비: 300,000원
- LEGALIZATION FEE: 290$
- 수입항부두사용료: 500,000원 / FEU
- 무역사이트 사용료: 200,000원
- EDI FEE: 50,000원
- 인터넷홍보비용: 350,000원

10) Tone Jacquard Uragirl 수출단가산정

아래 제시된 원가만 고려하여 매출이익 20%와 환율 2/10은 1,100원으로, 8/10은 1,200원, 비용항목은 1,200원으로 하여 최저U$단가를 산정한다.

EXCHANGE RATE: CASH B 1,100원/U$ CASH S 1,500원/U$
TT/B 1,200원/U$ TT/S 1,300원/U$

- PAYMENT: 20% BY CWO, 80%
- Q'ty: 20,000 YARDS
- ITEMS: Tone Jacquard Uragirl
- LOADING PORT: BUSAN PORT
- DESTINATION: HNOCHIMINH CITY PORT
- SHIPMENT: BY 2 FEU, PARTIAL AND TRANSHIPMENT ALLOWED
- PACKING: EA 200 YDS IN A ROLL, EA 10 ROLLS IN A CTN
- PURCHASED BY: 15,000원/YD EXE
- PACKING CHARGE: 220,000원(원/VAT) /CTN
- LOCAL TRUCKING: 580,000원 /TEU(원/VAT) & 644,000원(원/VAT)FEU
- CUSTOMS CLEARANCE: 12,000원

전자수출 사전원가 계산서

오더번호/BUYER　　　　도착지
작성일　　　　가격조건
부서　　　　결제조건
담당자　　　　통관일자
수출단가　　　　총수량　　　　선적일자
품목　　　　네고일자
CBM(선적전)　　　　CBM(선적후)
*기타 필요한 사항은 하단에 명기　T/T BUYING:　　　　순이익
T/T SELLING:
선　　사:
국내 운송회사:

내역		사 전 원 계				실 제 원 계			
		단가US$	수 량	금액US$	금액(원)	단가US$	수 량	금액US$	금액(원)
기본원가									
기본원가합계									
구　분		비율	수 량	금액US$	금액(원)	비율	수 량	금액US$	금액(원)
부대원가									
부대원가합계									
총원가 합계									
판매비배분									
영업외수지									

- STUFFING 220,000원 / TEU & 280,000원 / FEU
- CONTAINER FREIGHT : U$ 1,900 / TEU & U$ 2,800 / FEU
- 가격조건 : CIF HNOCHIMINH CITY PORT
- THC : 136,000원 /FEU
- CAF : 50$ /FEU, BAF : 25$ /FEU
- 대사관 인증수수료 : 173$
- CY – 부두까지 운임 : 47,000원 / FEU
- FREE IN : 900$ / FEU, FREE OUT : 1,000$ / FEU
- B/L DOC : 9,000원
- INSURANCE : 23,000원
- L/C ADVISING : 25,000원
- 환가료 : 2,700,000원
- 네고 시 우편료 : 8,000원
- CTNR TAX 20,000원 / TEU & 40,000원 / FEU
- 내륙운송보험료 : 50,000원
- 검사비 : 300,000원
- 부두사용료 : 500,000원
- 무역사이트 사용료 : 200,000원
- EDI FEE : 50,000원
- 인터넷홍보비용 : 350,000원

2. 수입원가 계산실습

1) SODIUM TRIPOLYPHOPHATE 수입단가산정

다음의 조건을 참조하여 사전 원가계산서를 작성한다.

- 환율 : 815원
- 매출단가 : 600,000원 / MT
- OPEN CHARGE : KTA FEE(CIF 0.14%), CIF = CFR × 1.0075 OPEN COMM : 율 0.17%(OPEN DATE : 040113, E/D : 040320)
- CABLE CHARGE : 38,500원

- 관세비용: 율 8%
- 하역료 : 150,000원 /CONTAINER, 17MT / CONTAINER
- 해상보험료 : WA 3%, 요율 0.13%
- 운용이자 : 사내이자율 13%

ITEM	S.T.P.P.	관 리 번 호	GI401CK013
Quantity (MT)	68.00	적 용 환 율	815
U/PRICE(OPEN)	515.00	예 상 환 율	815
AMOUNT (U$)	35,020.00		
구 입 조 건	CFR	사 내 금 리	13

원 가 내 역			계 산 내 역			비 고
매 출 액						
	매 출 단 가		원 / MT	600,000		
	OPEN CHARGE	KTA FEE	%	0.14		
		OPEN COMM.	%	0.17		
		CABLE CHG.			38,500	
	B/L/ 결제금액					
	관세		%	8.0		
	해상운송료		U$ / MT	0		
	CY - 보세창고 운송료		CONT	150,000		WA 3%
	해상보험료		%	0.13		
	기타 비용					
		입항료	TON 당	173		
		THC	20 "당	30,000		
		지역개발세	20 "당	20,000		
		파출수수료			4,000	
		통관수수료			15,000	
		창고화재보험료	감가의	0.1%	28,755	
		보세창고보관료			195,957	
		입출고료	TON 당	4,000		
		경부운송료	TON 당	25,000		
매 출 원 가						
한 계 이 익			이익율 (%)			
운 용 이 자						
	재고이자		(일)	30		
	여신이자		(일)	90		
N. M. P (1)			NMP (%)			

2) 구연산 수입단가산정

다음의 조건을 참조하여 사전 원가계산서를 작성한다.

- 환율 : 1,300원
- 매출단가 : 1,900,000원 / MT

전자수입원가계산서

ITEM	구 연 산	관 리 번 호	
QUANTITY(MT)	80.00	적 용 환 율	1,300
U/PRICE(OPEN)	990.00	예 상 환 율	1,300
AMOUNT (U$)	79.200		
구 입 조 건	CFR	사 내 금 리	13

원 가 내 역			계 산 내 역			비 고
매 출 액						
	매 출 단 가		원 / MT	1,900,000		
	OPEN CHARGE		%	0.27		
	KTA FEE		%			
	관세		%	8.0		
	해상운송료		U$ / MT	0	0	
	CY - 보세창고 운송료		CONT	4		
	해상보험료		%	0.19%		
	B/L 결제금액					
	기타비용					
		입항료	TON 당	300		
		파출수수료			9,000원	
		통관수수료	감가의	0.9/1000	110,000원	
		보세창고보험료	감가의	0.1%	32,000원	
		THC	20"당	40,000원		
		지역개발세	20"당	40,000원		
		보세창고보관료	감가의		234,000원	
		입출고료	TON 당	8,000원		
		경부운송료	CONT 당	600,000원		
		CABLE CHARGE			45,800원	
매 출 원 가						
한 계 이 익			이익율 (%)			
운 용 이 자						
	재고이자		(일)	30		
	여신이자		(일)	100		
N. M. P						
			NMP (%)			

- OPEN CHARGE : KTA FEE(CIF 0.14%)
- CIF = C F R×1.0075
- OPEN COMM : 율 0.273%(OPEN DATE : 050113, E/D : 050220)
- CABLE CHARGE : 45,800원
- 관세율 : 율 8%
- 하역료 : 250,000원 / CONTAINER, 20MT / COMTAINER
- 해상 보험료 0.19%
- 운용이자, 사내이자율 13%

3) VINYL ACETATE MONOMER의 수입단가산정

다음의 조건을 참조하여 사전 원가계산서를 작성한다.

- 환율 : 1,200원
- 매출단가 : 2,500,000원 / MT
- OPEN CHARGE: KTA FEE(CIF 0.14%)
- CIF = CFR×1.0075
- OPEN COMM 0.25% (OPEN DATE : 050912, E/D : 051014)
- CABLE CHARGE : 50,000원
- 관세율 : 8%
- 해상 보험료 : 0.18%
- 하역료 : 400,000원 / CONTAINER, 20MT / COMTAINER
- 운용이자, 사내 이자율 : 13%
- 로열티 : 10,000$
- 중개수수료 : 9,000$
- 특수포장비용: 800$

수입원가계산서

ITEM	VAM	관리번호	
QUANTITY (MT)	120	적용환율	1,200 원
U/PRICE(OPEN)	870.00	예상환율	1,200 원
AMOUNT (U$)	104,400		
구입조건	CFR	사내금리	13%

원가내역		계산내역			비고
매출액					
	매출단가	원 / MT	2,500,000원		
	OPEN CHARGE	%	0.25		
	KTA FEE	%	0.14		
	CABLE CHARGE			50,000원	
	B/L/ 결제금액				
	관세	%	8.0		
	로열티,중개수수료,특수포장비				
	CY - 보세창고 운송료	CONT	400,000		
	해상보험료 및 해상운임	%	0.18		
	기타 비용				
	입항료	TON 당	500원		
	THC	20 “	120,000원		
	지역개발세	20 “	20,000원		
	파출수수료			10,000원	
	통관수수료			250,000원	
	창고화재보험료			50,000원	
	보세창고보관료			1,000,000원	
	입출고료	TON 당	8,000원		
	경부운송료	CONT 당	580,000원		
	인출료	CONT당	120,000원		
	검사비용	TON당	6,000원		
	CONT 내장검사료	CONT	55,000원		
매출원가					
한계이익		이익율 (%)			
운용이자					
	재고이자	(일)	60일		
	여신이자	(일)	120일		
N. M. P		NMP (%)			

3. 무역원가 변동사례

비료팀의 김철민 대리는 중국산 비료를 이란에 공급하는 계약을 체결하는데 성공하였다. 약 6개월여를 투자, 이란의 농무성으로 하여금 품질을 인정하게 하는 등 긴 과정을 거쳐 드디어 공개 입찰 방식에서 최저가입찰에 성공한 것이다. 총 물량은 60,000톤, 단가는 US$500/MT CFR BANDAR ABBAS로 계약을 하였다. 납기는 1990년 10월부터 12월말까지로 동 기간 중 3회에 걸쳐 각 선적분이 20,000톤 +/− 10%의 물량을 공급하는 조건이었다. 동 계약에 대한 당사의 사전 원가분석은 다음과 같다.

- 물품대금 : US$ 410/MT FOB STHUANGPU(중국의 공장측과 계약이 완료된 상황에서 이란으로부터 신용장만 도착하면 당사도 중국에 신용장개설을 의뢰할 예정이다).
- 운임 : US4 55/MT FIBT(수요자측의 신용장이 도착한 후에 선사와 FIXTURE NOTE체결을 현재의 조건으로 하기로 구두로 합의하였다).
- 기타 경비 : US$ 15/MT
- 당사의 한계이익 : 상기 수출 직접비를 차감하면 당사 한계이익은 US$ 20/MT로 동 건이 순조롭게 진행되어 입금이 완료될 경우 당사의 한계이익은 무려 120만불이 된다.

김철민 대리는 드디어 1990년 7월 20일 관련 신용장을 이란 농무성으로부터 입수하여 사내절차를 밟아 중국측에 7월 30일 US$ 410/MT의 원 계약조건대로 신용장을 개설하였다. 이제는 선사와 용선계약을 통한 운임확정 등의 단계만 남아 있어 김철민 대리는 가벼운 마음으로 여름휴가를 떠났다.

그러나 8월 1일 휴가지인 강릉에서 이라크가 쿠에이트를 침공하였다는 소식을 듣고 급히 서울로 올라왔다. 수출계약서에 명시된 BANDAR ABBAS는 쿠웨이트에서 날씨만 좋으면 한 눈에 보일정도로 아주 가까운 곳에 위치한 항구이다. FIXTURE NOTE도 체결하지 못한 상황으로 운임이 크게 올라 구두로 약정한 운임은 더 이상 유효할 수 없는 상황이었다.

한진해운은 US$ 82/MT로 운임을 제시하였다. 당사는 이란측에게 이미 계약의 실행을 보증하는 이행보증금(P-BOND)을 계약고 대비 5%(US$150만)에 해당하는 만큼 개설하였다. 물론 불가항력 조항을 들어 계약자체를 취소하는 방안도 검토해 보았으나 이란은 전쟁당사국도 아니고 공급선쪽에서도 이미 원자재를 발주한 상태로 동 계약은 반드시 이행되어야만 했다.

결국 비료팀은 톤당 US$ 7/MT 총 US$ 480,000 손실을 감수하면서 동 계약을 이행할 수밖에 없었다.

1. 김철민 대리가 손실을 보게 된 이유는 무엇입니까?

2. 이러한 손실을 막을 수 있는 방법에는 무엇이 있겠습니까?

3. 원가에 영향을 주는 변동요인에는 무엇이 있을까요?

표 4-1 외국환 수수료

구 분	비 용	비용 산출 내역
수출	환가료	금액 × 환가료 × 매매기준율 × 10/360
	추심수수료	10,000원 ~ 20,000원
	통지 수수료 변경통지 수수료	20,000원 ~ 15,000원 10,000원
	양도 수수료	20,000원 ~ 15,000원
	양도변경 수수료	10,000원
수입	개설 수수료	0.18%/ 3Month
	기타 조건변경 수수료	4,000원
	수입환어음 인수수수료	0.3%/ 3Month
	L/G 발행 수수료	7,000원
	추심 수수료	10,000원 ~ 20,000원
기타	송금 수수료 추심수수료	5,000원 ~ 12,000원 10,000원 ~ 20,000원
	내국신용장 개설 수수료	0.06%/ 3Month
	내국신용장 변경 수수료	4,000원

표 4-2 주요 항로별 부대비용 현황

항로(동맹)	THC 20(냉동선 40(냉동선)	CFS Charge	CAF 20 40 LCL	BAF 20 40 LCL
북미수출 (ANERA) (미국/캐나다)	101,000원(217,000원) 137,000원(289,000원)	9,500원 (THC포함)	-	US$ 70 95 1.5
북미수입 (TWRA) (미국/캐나다)	137,000원(217,000원) 154,000원(289,000원)	9,500원 (THC포함)	-	US$ 80 100 5
유럽 (FEFC)	100,000원(192,000원) 136,000원(287,000원)	9,500원 (THC포함)	7%	2.23%
한일	101,000원(135,000원) 137,000원(180,000원)	4,000원	4,500원	19.9%
동남아/한중 (IADA)	101,000원(77,000원) 137,000원(110,000원)	4,500원	4,000원	-
호주 (ANZESC)	100,000원(192,000원) 136,000원(278,000원)	5,500원	8% (뉴질랜드 23%)	0.5% (뉴질랜드 1.5%)
중동 (IRA)	100,000원(198,000원) 136,000원(278,000원)	US$ 12 (THC포함)	US$ 50 100 2.5	US$ 25 50 1.25

표 4-3 통관형태별 물류비용비교

비용 항목		CNTR 화물				BULK 화물	
		B.W/H	C/Y	CFS	직통관	부두및장치	직상
해운료	O/FREIGHT	○	○	○	○	○	○
	THC	○	○	○	○	⊠	⊠
	CTX	○	○	○	○	⊠	⊠
	W/F	○	○	○	○	○	○
	D/FEE	○	○	○	○	○	○
하역료	CNTR운송료	○	⊠	⊠	⊠	⊠	⊠
	CNTR하차입고료	○	⊠	⊠	⊠	⊠	⊠
	인출료	○	⊠	⊠	⊠	⊠	⊠
	경비료	○	⊠	⊠	⊠	○	⊠
	BULK하역료	⊠	⊠	⊠	⊠	○	○

비용 항목		CNTR 화물				BULK 화물	
		B.W/H	C/Y	CFS	직통관	부두및장치	직상
창고료	보관료	○	⊠	○	⊠	○	⊠
	출고창고료	○	⊠	○	⊠	○	⊠
	화재보험료	○	⊠	○	⊠	○	⊠
	CFS CHARGE	⊠	⊠	○	⊠	⊠	⊠
	CNTR(ON,OFF)CH	⊠	○	⊠	⊠	⊠	⊠
	CNTR내장검사료	⊠	○	⊠	⊠	⊠	⊠
	경비료(부두보관료)	⊠	⊠	⊠	⊠	○	⊠
	항만시설사용료	⊠	⊠	⊠	⊠	○	⊠
	마샬링 CHARGE	⊠	⊠	⊠	○	⊠	⊠
	직통관 이송료	⊠	⊠	⊠	○	⊠	⊠
	직통관 검사료	⊠	⊠	⊠	○	⊠	⊠
	경과보건료	⊠	⊠	⊠	○	⊠	⊠
관세	관세	○	○	○	○	○	○
	부가세	○	○	○	○	○	○
	가산세	○	○	○	○	○	○
	가산금	○	○	○	○	○	○
통관료	통관수수료	○	○	○	○	○	○
	임시개청허가 수수료	○	○	○	○	○	○
	임시개청 보수료	○	○	○	○	○	○
	타장허가 수수료	⊠	⊠	⊠	⊠	○	⊠
	파출검사 수수료	○	○	○	⊠	○	○
운송료	내륙운송료	○	○	○	○	○	○
	D/O발급 수수료	○	○	○	○	○	○
기타	보수작업비	○	○	○	○	○	○
	작업특허료	○	○	○	○	○	○
	SERVERY FEE	○	○	○	○	○	○
	검수료	⊠	⊠	⊠	⊠	⊠	○
	DEMURRAGE	⊠	○	⊠	⊠	⊠	⊠
	DETENTION	⊠	○	⊠	⊠	⊠	⊠

표 4-4 물류용어해설

비용 항목		용어 해설
해운료	O/FREIGHT	해상운송료(THC 제외)
	THC	부두 O.D.C.Y의 조작료
	CTX	부산항 입항 컨테이네의 지역개발세
	W/F	화물입출항료
	D/FEE	D/O(B/L) 발급 수수료
하역료	CNTR운송료	O.D.C.Y에서 화주배정 보세구역까지의 운송료
	CNTR하차입고료	컨테이너의 장치완료까지의 작업료
	인출료	컨테이너에 화물을 적재하거나 인출할 때 발생된 비용
	경비료	화물에 대한 경비료
	BULK하역료	본선작업에서 하차입고까지의 작업료
창고료	보관료	반입완료에서 출고시점까지의 화물보관료
	출고창고료	면허된 화물의 보세구역에 대한 화재보험료
	화재보험료	입고 완료된 보세화물에 대한 컨테이너 상·하 차료
	CFS CHARGE	CFS반입시 하차입고, 인출, 경비, 보관료
	CNTR(ON,OFF)CH	내장통관화물에 대한 컨테이너 상·하 차료
	CNTR내장검사료	내장통관 화물의 세관검사 시 검사 수수료
	경비료(부두보관료)	부두장치화물(주로 BULK)에 대한 화물 경비료
	항만시설사용료	부두장치화물에 대한 항만시설 사용료
	마샬링 CHARGE	재래부두에서 T.O.C까지의 조작료
	직통관 이송료	통관장에서 검사장까지의 왕복 운송료
	직통관 검사료	직통관 화물에 대한 세관 검사 시 검사료
	경과보관료	직통관 화물이 1L일 이내에 미반출함으로써 발생된 비용
관세	관세	유.무환 수입화물에 대한 통과 시 세관에 납부
	부가세	수입화물에 대한 내국세로서 세관장이 부과
	가산세	납부한 세액이 납부할 세액보다 적은 경우
	가산금	관세체납 시 체납된 관세에 대한 가산금
통관료	통관수수료	수입신고, 면허, 면장전달에 대한 관세사 수수료
	임시개청허가 수수료	세관 근무시간의 개청허가 신청 시 시간당 지급
	임시개청 보수료	임시개청 시 관세사 보수료
	타장허가 수수료	비 보세구역에 대해 타소 장치장 허가신청서
	파출검사 수수료	세관 검사대상 화물에 대한 세관검사 시 교통비
운송료	내륙 운송료	면허 후 화주가 요청한 목적지까지의 내륙운송료
	D/O발급 수수료	상차 운송 시 D/O발급 및 경비대납 수수료
기 타	보수작업비	수출입화물에 대한 보수작업 시 발생
	작업특허료	세관근무시간 이외 보세구역내 작업 시 발생
	SERVERY FEE	수출입화물의 화주요청에 의한 검사 시 발생
	검수료	검수업체에 의한 수량검사 시 발생(BULK화물)
	DEMURRAGE	C/Y반입 컨테이너화물이 F/T이내 반출이 안 될 때 발생
	DETENTION	임대한 컨테이너가 약정된 일정에 반납되지 못한 경우

CHAPTER

05

거래제의와 오퍼

제1절 E-Mail 거래제의서 작성

제2절 오퍼의 발행과 승낙

해외시장조사를 통하여 수출시장과 거래선이 결정되면 수출상은 수입상에게 거래제의서를 작성하여 송부한다. 거래제의서는 대부분 이메일로 주고 받기 때문에 이메일로 거래제의서와 오퍼를 어떻게 작성하는지를 살펴본다.

5-1 E-Mail 거래제의서 작성

1. E-Mail 거래제의서의 작성 원칙

인터넷이 등장하지 않는 시대에 수출상과 수입상은 편지나 팩스, 텔렉스로 의사소통을 하여왔다. 그러나 인터넷이 등장함에 따라 수출상과 수입상은 대부분 인터넷을 이용하여 E-Mail로 그들의 의사를 전달하고 있다. 따라서 오늘날 무역에서 인터넷을 이용한 E-Mail은 중요한 의사전달 수단이 되어 중요한 역할을 하고있다.

E-Mail는 무역거래를 성사시키는데 중요한 매개체 역할을 하기 때문에 수출상은 예의를 갖추어 전달하고자 하는 내용을 간략하고 분명하게 전달하여 오해나 불신 및 혼란을 방지하고 좋은 인상을 심어주기 위해서 E-Mail를 작성할 때 원칙을 세워야 한다. 예의에 벗어난 E-Mail은 무역거래에 나쁜 인상을 주어 무역거래를 성사시키기는데 영향을 줄 수 있기 때문에 수출상은 가능한 한 좋은 인상을 줄 수 있는 E-Mail를 작성하도록 하여야 한다. E-Mail는 항상 받아보는 상대방의 입장에서 작성하여야 한다. 조그만 글씨로 작성된 장문의 문장을 받아본 당사자는 그 E-Mail를 끝까지 읽지 않을 것이다. 따라서 E-Mail를 작성할 때 인사는 가급적 짧은 문장으로 작성하여야 한다. 글자 크기는 12 정도로 하여 읽기가 편하게 하고 전달하고자 하는 내용은 가능한 한 용건별로 정하여 번호를 매기고 한 용건이 끝나고 다음 용건으로 들어갈 때 문장을 띄어서 쓴다. 글씨는 화면 중앙에 나타나도록 화면의 오른쪽 끝까지 행을 이어가지 않고 행을 화면의 중간쯤에서 끝내고 다음 행으로 이어서 작성한다. E-Mail은 다양한 크기의 화면에서 읽혀져야 하기 때문에 글씨를 가로로 길게 쓰기 보다는 세로로 써서 글씨가 화면의 중안에 나타나 읽혀지지가 편하게 작성하고 소문자로 쓴다.

2. E-Mail 거래제의서의 구성

(1) 제목(subject)

무역거래상대방에게 처음 E-Mail를 작성할 때 제목을 어떻게 써야 받은 당사자가 스팸메일로 처리하지 않고 클릭하여 읽어 볼 것인가를 고민하여야 한다. 교수는 학생이 고객이기 때문에 학생이 보내온 메일을 모두 읽는다. 교수는 제목이 교수님 안녕하세요로 되어 있으면 학생이 보낸 메일로 생각하여 클릭하여 읽어본다. 그러나 요즘은 은행의 담당자들도 제목을 '교수님 안녕하세요' 로 하여 보내기 때문에 클릭하여 학생이 보낸 메일이 아니면 휴지통에 버린다. 제목이 '홍길동 학생입니다' 라고 되어 있으면 교수는 반드시 이 메일을 읽을 것이다.

E-Mail의 제목은 받아보는 상대방의 입장에서 생각하여 결정하여야 한다. 수입상은 자기가 원하는 상품을 해외에서 수입하여 국내에서 판매함으로써 돈을 벌기 위하여 무역을 한다. 수입상은 자기가 원하는 상품에 대한 관심이 매우 많기 때문에 수출상이 E-Mail로 거래제의서를 처음 작성할 때 제목을 수입상이 원하는 상품명이나 사양(New product navigation GPS 8001)으로 작성하면 수입상이 읽어볼 가능성이 높을 것이다.

(2) 경칭

경칭에는 Mr, Mrs, Miss 등과 같이 여러 가지가 있지만 E-Mail에서는 Dear로 쓰는 것이 바람직스럽다. Dear를 쓰고 다음에 이름이나 호칭과 이름을 쓰고 콤마를 표기한다. Dear Je Hyun Lee, Dear Dr. Lee, Dear Prof. Lee로 쓰면 된다.

(3) 본문

무역거래당사자가 E-Mail로 거래제의서를 처음 보낼 경우에는 상대방을 알게된 경위를 써야 한다. 일면식도 없는 사람으로부터 E-Mail를 받으면 기분이 좋지 않지만 누구를 통해서 상대방을 알게 되어 메일을 보낸다는 내용이 있으면 기분이 상하지 않을 것이다. 상대방을 알게된 경위에 관한 표현은 다음과 같은 구문을 이용하여 작성할 수 있다.

We have learned(obtained) ------- from (through)
We understand from ----- that ---
We have known ------
To be pleased to obtain your name from
We owe your name and address to
We are indebted to ---- for

We have been informed by -

Through the courtesy of ----- , your name has come to us as ----

We have found your name in A showing you as ------

The Chamber of Commerce at ----- has advised us to get touch with you concerning ----

Your name was (has been) given through (by) A as ------

The Hannam corporation recommended you to us as one of the leading importers of ---

예문

We have learned your name and address from your homepage.

We have learned through the EC21 Website that you are desirous of importing small-size scooters of Korean-make.

We have known your product KR -7000 by reading "GOOGLE WEB SITE."

We are pleased to obtain your name from EC 21 Trade Magazine

We owe your esteemed name and address from the Directory of American Electrical and Electronic Manufacturers.

We have been informed by the Korea International Trade Association in Frankfurt of your firm being interested in importing cell phones from Korea.

Through the courtesy of the Korea International Trade Association, we have learned your esteemed name and address.

자사의 소개를 하는 것으로 업계의 경력, 기술수준, 자사의 평판 등을 기술하여 상대방에게 신뢰를 주어야 한다.

예문

We have been exporting our Looket G8 brand products to China, Japan, USA, Germany, Canada for 25 years. Our products have been very popular in these countries and we are now intending to expand our market into your country. If you check our homepage(http//hannamti.co.kr), you can have more information about us.

상호이익을 위하여 귀사와 거래를 하고 싶다는 내용을 포함시킨다. 거래를 한다는 표현은 Open an account with, Do business with, Deal with 사람 in 상품, Trade with 사람 in 상품, Make a deal with, Conduct a deal with, Have dealings with, Establish business connections with, Enter into business relation with you, Have dealing with, Have business relation with you, Have business connection with와 같은 구문을 이용하여 작성한다.

예문

We hope that we can soon enter into business relation with you which we are sure will lead to our mutual benefit.

We would much like to establish a business link with you soon for our mutual benefit.

We wish to enter into business relation with you.
We would like to open an account with you.
We are anxious to do business with you.
We are desirous of dealing with you.
We are interested in having transactions with you.
We wish to establish business relations with you.
We are desirous of extending our business to your country.
We are desirous of extending our trade with your market.

인터넷은 비대면적인 특성을 가지고 있기 때문에 수신자는 수신 받은 내용에 대하여 의구심을 가질 수 있으며 특히 무역거래에서는 그렇다. 수출상은 자기가 전송한 내용에 관하여 수입상의 의구심을 해소해 주고 수입상이 쉽게 수출상의 신용도를 확인할 수 있는 방법을 제시하여야 한다. 수출상은 자기 주거래은행을 신용조회처로 하고 수입상이 수출상의 주거래은행에 수출상의 신용조회를 의뢰하면 즉시 응해주도록 관리하여야 한다.

예문

As for our credit standing, you may refer to Korea International Trade Association in our territory.

We would refer you to The Kookmin Bank, New York for our financial status.

(4) 맺는말

맺는말은 Regards, Best regards, Kind regards, With best regard, Sincerely와 같은 문구를 사용하여 작성한다.

첨부화일이 있는 경우 첨부화일 명을 Attached : Word file- Request the price list와 같이 기재한다. 발송자의 직위와 주소 전화번호, 홈페이지를 다음과 같이 작성한다.

Lee, Jehyun, Director
International Programs and Services
183 Belk Building
Western Carolina Inc.,
Cullowhee, NC 28723
TEL 828-227-3433
FAX 828-227-7080
www.wcu.edu/ips

예문

Dear Je Hyun Lee
We have learned through the EC21 Website that
you are desirous of importing small-size scooters
of Korean-make.

We have been exporting our Looket G8 brand products
to China, Japan, USA, Germany, Canada for 25
years. Our products have been very popular in these
countries and we are now intending to expand our
market into your country. If you check our homepage
(http//hannamti.co.kr), you can have more information
about us.
We would much like to establish a business link with you
soon for our mutual benefit.

As for our credit standing, you may refer to Korea International
Trade Association in our territory.

Sincerely

Lee, Jehyun, Director
International Programs and Services
183 Belk Building
Western Carolina Inc.,
Cullowhee, NC 28723
TEL 828-227-3433
FAX 828-227-7080
www.wcu.edu/ips

5-2 오퍼의 발행과 승낙

1. 오퍼의 발행

수출상의 거래제의에 대해서 수입상이 거래조건에 대해 구체적으로 문의해 오면 수출상은 대부분 오퍼(offer)를 발행한다. 오퍼는 청약자(offerer)가 피청약자(offeree)와 일정한 조건으로 무역계약을 체결하고 싶다는 의사표시를 말한다. 즉 수출상이 수입상에게 특정 물품을 일정한 조건으로 판매하겠다는 의사표시 또는 반대로 수입상이 수출상에게 일정한 조건으로 물품을 구매하고 싶다고 의사표시를 하는 것을 오퍼라고 한다.

오퍼는 구두로 행하여도 무방하지만 무역거래에서는 일정한 서식을 갖춘 오퍼장(offer sheet ; 청약서)을 사용한다.[1] 그리고 오퍼는 거래조건을 구체적으로 제시하는 것이기 때문에 특정 상품의 거래와 관련된 모든 사항이 오퍼장에 기재된다. 일반적인 무역거래에서 오퍼장에 기재되는 사항은 표 5-1과 같다.

표 5-1 오퍼의 주요 기재사항

품명(Commodity Name) 규격(Grade or Specification) 수량(Quantity) 단가(Unit Price) 원산지(Origin) 포장방법(Packing Method) 선적항(Loading Port) 하역항(Unloading Port)	대금결제방법(Payment Condition) 보험(Insurance) 선적 일자(Shipdate) 발행 일자(Offer Date) 유효 기간(Validity) 주의 사항(Remarks), 기타

2. 오퍼의 승낙

오퍼를 받은 무역상은 오퍼내용을 확인하고 승낙할 수 없는 내용을 변경하여 반대오퍼(counter offer)를 보내기도 한다. 이 반대오퍼는 원래의 오퍼내용을 승낙할 수 없어서 자기가 원하는 내용으로 오퍼내용을 수정했다는 의사를 표시한 것이다.

1) 우리 나라의 대외무역법에서는 오퍼장을 물품매도확약서로 표현하고 있다.

일단 반대오퍼가 제시되면 이전에 발송된 오퍼내용은 무효가 된다. 이와 같이 수출상과 수입상 간에 오퍼와 반대오퍼가 수차례 오고 간 후에 최종적으로 오퍼가 승낙되면 곧 무역계약이 체결된다.

오퍼의 승낙(acceptance)은 상대방의 오퍼를 수락한다는 의사표시를 말한다. 승낙은 원칙적으로 오퍼의 모든 사항을 무조건으로 동의하는 것이어야 하며, 새로운 사항을 추가하거나 오퍼의 내용을 제한·변경하는 것은 승낙으로 간주되지 않는다. 그리고 승낙은 오퍼의 유효 기간 이내에 이루어져야 하고 만약 오퍼장에 승낙방법이 별도로 명시되어 있으면 그 방법에 따라야 한다.

3. 오퍼의 종류

(1) 판매오퍼와 구매오퍼

판매오퍼(selling offer)는 수출상이 판매조건을 수입상에게 먼저 제시한 것을 말하며, 구매오퍼(buying offer)는 수입상이 구매조건을 수출상에게 먼저 표시한 것을 말한다.

(2) 확정오퍼

1) 확정오퍼(Firm Offer)

확정오퍼는 오퍼의 유효 기간이 명시되어 있고 명시된 기간 내에 오퍼내용을 수락할 것을 조건으로 하는 오퍼이다. 비엔나 협약(Vienna Convention)에서는 이를 취소불능오퍼(irrevocable offer)라고 한다.[3] 보통 오퍼의 내용이 확정적 또는 취소불능이라는 문구가 오퍼장에 표기되어 있다. 확정오퍼를 발행하는 청약자는 그 유효 기간 내에 일방적으로 오퍼를 철회하거나 오퍼의 내용을 변경할 수 없으며 만약 상대방으로부터 승낙의 통지가 있으면 오퍼의 내용대로 계약이 성립된다.[4]

---

2) 우리나라를 비롯한 영미법계통에서는 격지자간 수락의사표시의 효력은 수락통지를 발송한 때부터 시작되는 것으로 보는 발신주의 원칙을 채택하고 있고, 독일법 계통은 도달주의 원칙을 채택하고 있다. 따라서 국가나 지역에 따라 승낙통지의 효력발생시기가 다를 수 있으므로 오퍼장에 승낙의 방법과 효력발생시기를 분명히 해두는 것이 중요하다.

3) 국제물품매매계약에 관한 UN협약(United Nations Convention on Contracts for the International Sale of goods ; UNCCISG, 1980) 제16조.

4) 구종순, 「무역실무」, 박영사, 2005. pp.72~73.

확정오퍼의 예문을 보면 다음과 같다.

예문

> We offer you firm subject to your acceptance reaching us by October 20, 2009 as follows

2) 미확정오퍼(Free Offer)

미확정오퍼는 유효 기간 내의 승낙을 조건으로 하지 않거나 오퍼의 내용이 확정적 또는 취소불능이라는 표현이 없는 오퍼를 말한다. 청약자는 유효 기간 내에 일방적으로 오퍼를 철회하거나 그 내용을 변경할 수 있다. 이 오퍼는 여러 가지 오퍼 중에서 제일 많이 사용되며 실무적으로 권유장과 함께 보내어져서 상대방에게 가격, 선적일자 등을 사전에 알려주는 수단으로 사용된다.

미확정오퍼의 예문을 보면 다음과 같다.

예문

> We offer you the following goods on the terms and conditions mentioned hereunder.

(3) 조건부 오퍼

일정한 조건을 붙여서 오퍼를 발행하고 그러한 조건이 충족되면 오퍼가 유효한 것으로 간주할 경우 조건부오퍼라 한다.5)

1) 확인조건부오퍼(offer subject to confirmation)

이는 오퍼에 "subject to our final confirmation" 등과 같은 단서가 붙어 있어 오퍼를 받아 볼 당사자가 거래조건을 수락하여도 오퍼 발행자가 이를 재확인해야만 법적으로 효력을 발휘하는 오퍼를 말한다.

---

5) 조건부오퍼는 그 내용상 미확정 오퍼에 속한다.

2) 승인조건부 오퍼(offer on approval)

오퍼와 함께 견본이나 시험용 현품을 보내면서 상대방이 그것에 만족하면 오퍼가 유효하고, 그렇지 않으면 일정기한 내에 현품을 다시 돌려 보내는 조건부 오퍼를 말한다. 새로 개발된 품목이나 복잡한 물품은 오퍼상의 명세만 보고는 정확히 판단을 내릴 수 없으므로 견본이나 시험용 현품을 보내어 일단 사용해 보도록 한 후 보고 승낙 여부를 결정할 수 있게 한다.

3) 선착순판매조건부 오퍼(offer subject to prior sale)

이 오퍼에는 “subject to prior sale” 또는 “subject to being unsold” 등과 같은 조건이 있어 상대방이 이를 수락할 당시 해당 물품이 아직 판매되지 않았을 경우에만 유효하게 된다. 한정된 재고품을 오퍼할 때 많이 이용된다.

JP CORPORATION
#201, Flat Tarnura
2-23-2, Kouenjimiami, Suginami -ku Tokyo
166-0003, JAPAN

TEL: 0977-25-3453

FAX: 06-6981-7037

OFFER

MESSRS

Date: OCT. 03. 2009
contract no: JJC-030103

We have the pleasure to offer you under mentioned goods on the terms and conditions subject to ;

NO.	COMMODITY &SPECIFICATION	QUANTITY	UNIT PRICE	TOTAL AMOUNT
	VAM	1,000MT	CIF YOKOHAMA USD620/MT	USD 620,000

Manufacturer : JP CORPORATION INC.
Time of shipment : NOV. 25. 2009
Marking : AS PER SELLER'S OPTION
Origin : JAPAN
Port of Shipment : YOKOHAMA PORT
Port of Destination: BUSAN PORT
Payment : BY AN IRREVOCABLE L/C AT 45 DAYS FROM B/L DATE IN FAVOUR OF HANNAM CORPORATION 133 Ojeong-dong, Daedeok-Gu, Daejoen 306-791, KOREA
Insurance : TO BE COVERED BY SELLER
Packing : EXPORT STANDARD WOODEN CASE PACKING

Accepted by: ______________________ HANNAM CORPORATION

on ______________________ ______________________

(Seller) (Buyer)

CHAPTER 06

무역계약서의 작성

제1절 무역계약
제2절 대리점계약
제3절 무역계약분쟁 사례연구

무역계약서가 제 구실을 할 수 있는지 없는지는 무역거래 당사자 간에 분쟁이 발생했을 때 분쟁을 해결할 수 있는 근거가 되는가의 여부에 따라 결정된다. 무역거래 당사자 간의 무역거래가 원활히 이루어질 때는 무역계약서가 중요하지 않지만 무역분쟁이 발생하면 무역거래 당사자가 작성한 무역계약서가 중요한 역할을 하게 된다. 무역분쟁은 무역거래 당사자가 합의하여 해결될 수 도 있지만 해결되지 못하면 제3자(판사)가 해결하게 된다. 판사는 무역계약서에 기재된 내용을 근거로 무역거래 당사자 간의 귀책사유를 판단하여 최종결정을 내리게 된다. 판사가 판단할 내용이 무역계약서에 없으면 무역계약서는 무용지물이 된다. 따라서 무역계약서가 어떠한 구체성을 갖추어야 되는지 구체적으로 살펴본다.

6-1 무역계약

1. 무역계약서의 기재사항

(1) 무역계약의 당사자

This agreement, entered into this 5th day of November, 2001 by and between : LG Corporation, a company organized and existing under the laws of the Republic of Korea and having its principal place of business at 250, 2-Ka, Taepyung-Ro, Chung-Ku, Seoul, Korea(hereinafter referred to as the "Seller")

and: Petrotech Inc., a company organized and existing under the laws of the Principality of Liechtenstein and having its principal place of business at Prasidital Anstaslt Building, 45 Aeulesstrasse, 10000 Vaduz, Liechtenstein (hereinafter referred to as the "Purchaser")

무역계약 당사자의 상호, 주소, 국적 등을 정확히 기재하여 누구와 누구 사이에 무역계약이 성립되었는가를 분명히 하여야 한다. 이 세상에는 아주 비슷한 이름도 많기 때문에 무역계약 당사자의 상호, 이름, 주소, 홈페이지, 전화번호, 팩스번호, e-mail주소 등을 한자 한구 소홀히 하지 말며 적당히 생략하지 말고 전부 쓰도록 하고 주소는 반드시 등기상의 주소를 쓰는 것이 좋다. 무역계약 당사자가 법인인 경우에는 그 법인의 등록명칭과 법인설립의 준거법 및 주된 영업소의 소재지를 표시해야 한다. 법인설립의 준거법을 표시하는 경우 통상 국가를 기준으로 하지만 주법이 다른 경우 국가명과 해당 주명을 동시에 표기해야 한다.

(2) 무역계약 체결일자와 장소

1) 무역계약 체결일자

무역계약 당사자가 무역계약서에 서명한 날에 무역계약서의 효력은 발생한다. 따라서 수출상과 수입상은 쌍방 당사자가 서명을 완료한 일자를 무역계약서에 기입해야 한다. 상대방이 청약을 승낙한 경우에는 청약일자를 무역계약서에 기재하는 것이 아니라 승낙일자를 기재한다. 통상적으로 무역계약 체결일을 그 계약의 효력발생일로 간주한다. 그러나 법률규정에 따라 수출과 수입을 관계 기관이 승인해야 하는 특정 품목의 경우에는 무역계약 당사자 간에 서명이 완료된 후 관계기관의 승인을 받아야 한다. 이런 경우에는 승인기관의 승인일자가 무역계약의 효력발생일이 된다.

2) 일자 표기 방법

일자 표기 방법은 영국식, 미국식 등 여러 가지가 있으나 하나의 방식으로 통일해서 사용하는 것이 좋다. 무역계약 체결일로부터 10일 이내는 within 10 days after(of) the date of(execution of, signature of) this agreement로 표기하며, 동일은 corresponding date, the same date로 표기한다.

3) 무역계약 체결장소

무역계약 체결장소가 소송 시 관할법원을 결정하는 연결점이 될 수 있으므로 무역계약 체결장소를 잘 선택해야 한다. 수출상과 수입상은 무역계약서에 쌍방 당사자가 서명을 완료한 장소를 기입한다. 상대방이 청약을 승낙하는 경우에 승낙한 장소가 무역계약의 체결지가 된다.

(3) 품질조건

무역거래에서 수입상이 제기하는 클레임은 대부분 품질불량, 품질상이 등 주로 상품의 품질과 관련될 정도로 품질은 중요한 약정사항이다. 품질조건에서는 품질을 결정하는 방법과 그 시기에 대해서 약정한다.

1) 품질의 결정방법

① 견본매매(sales by sample)

무역거래 당사자들은 카탈로그로 상품을 확인한 후에 견본을 받아 견본으로 상품의 품질을 결정하는 방법을 가장 많이 이용하여 왔다. 견본매매에서는 대부분 수출상이 견본을 만들어 수입상에게 보내지만 수입상이 원하는 품질을 나타내기 위해 수입상이 만든 견본을 먼저 보내기도 한다. 그리고 상대방이 보낸 견본의 색상이나 부피, 디자인, 고객선호도 등을 분석하여 다시 만든 견본(counter sample)을 이용하기도 한다. 견본은 2종 또는 3종을 한 개의 조(set)로 하여 동일한 번호를 부여해서 사용하며, 수출상과 수입상이 각각 1개씩 보관하고 만약 수출물품을 제3자가 생산할 경우에는 생산자도 참조용으로 1개를 보관한다.

예문

> Seller must prior to shipping out Products submit a standard sample to buyer's approval thereon. Concerning inspections based on the standard sample approved by buyer.

② **상품매매**(sales by brand or trade mark)

가방 베네통, 청량음료의 코카-콜라, 손목시계의 오메가(Omega), 만년필의 파커(Parker)등은 오랫동안 고객으로부터 사랑을 받아왔기 때문에 이와 같은 유명상표는 상품의 품질을 대표한다고 볼 수 있다. 상품의 품질조건을 상표로 결정하는 것을 상표매매라 한다.

③ **규격매매**(sales by type or goods)

상품의 규격이 국제적으로 정해져 있거나 수출국에서 공식적으로 인정하는 것일 경우 규격이나 등급으로 품질을 결정하는 방법이다. 예를 들어 국제표준화기구(International Organization for Standardization), 일본의 JIS(Japan Industrial Standard), 우리나라의 KS(Korean Standard)등과 같은 규칙을 이용한다.

④ **명세서매매**(sales by specification or dimensions)

상품의 원료 · 구조 · 성능 · 작동 등을 자세히 설명한 명세서, 설명서, 청사진 등에 의해서 품질을 결정하는 방법이다. 주로 견본이 곤란한 특수자동차, 공장설비, 선박, 철도차량, 기계류, 의료기구 등 고가상품의 거래에서 많이 이용된다.

⑤ **점검매매**(sales by inspection)

수입상이 실제로 수입된 상품을 살펴보고 품질을 확인한 후 수출입매매계약을 체결하는 방법으로 수입상의 대리인이 수출국에 상주할 경우 가능하다. 보세창고도거래(Bonded warehouse Transaction)에서는 수입상이 보세창고에서 상품의 품질을 확인할 수 있다.

⑥ **표준품매매**(sales by standard)

농 · 수산품 등과 같은 1차산품의 품질은 자연조건에 의해서 영향을 많이 받기 때문에 품질은 해당 연도의 표준품에 의해서 결정되는데, 이에는 평균중등품질조건, 판매적격품질조건, 보통품질조건이 있다.

ⓐ 평균중등품질조건(fair average quality; FAQ) : 선적지에서 생산된 생산물 중에서 중간물품을 품질표준으로 결정하는 방법인데, 면화·곡물·차 등 농산물의 품질을 결정할 때 많이 사용된다.

ⓑ 판매적격품질조건(good merchantable quality ; GMQ) : 상품의 외관으로 품질을 결정하기 어려운 목재나 냉동물품의 품질은 수입지에서 판매될 것을 전제로 결정된다. 수입된 목재를 절단하여 보니 내부가 부패되어 있어 판매가 부적격하면 수입상에게 변상요구를 할 수 있다.

ⓒ 보통품질조건(usual standard quality ; USQ) : 공인검사기관 또는 공인표준에 의해 정해진 보통품질을 표준품의 품질로 결정하는 방법인데 주로 원사거래에서 많이 이용된다.

2) 품질의 결정시기와 검정기관

일반적으로 무역상품의 운송은 장기간에 걸친 해상운송을 필요로 하는 경우가 많으므로 선적항에서의 선적시의 상품품질과 도착지에서의 양륙시의 품질 간에 차이가 생길 가능성이 있다. 그러므로 선적상품의 품질을 선적시에 결정하느냐 또는 양륙시에 결정하느냐 하는 것은 대단히 중요하다.

① 선적품질조건(shipped quality terms)

선적품질조건은 선적완료 시점에서의 품질을 기준으로 하는 방법이며 일반 공산품의 거래에 많이 이용된다. 수출상은 운송 도중의 변질에 대해서 책임지지 않는다. 곡물거래에서는 이 조건을 Tale Quale(T.Q)로 표시한다[6].

예문

> The inspection of the goods shall be performed in Korea by the seller or the manufacturer according to the export regulations of Korea and such pre-shipment inspection shall be considered to be final and binding upon both parties hereto.

6) Tale Quale은 불어로 "as it is" 또는 "just as they come"이란 의미이다. 그리고 곡물거래에서 운송도중 해수에 의한 손해만을 수출업자가 부담하는 일종의 조건부 선적품질조건이 있는데 이를 Sea Damaged(S.D) 조건이라 한다.

② 양륙품질조건(landed quality terms)

양륙품질조건은 양륙시점의 품질을 기준으로 하는 방법으로 물품이 운송과정에서 변질되면 수출상이 책임을 져야한다. 이 조건은 호밀(rye)거래에 많이 사용되었다고 하여 Rye Terms(RT)이라 한다.

예문

> The inspection of the goods shall be carried out at the place or port of unloading by the buyer.

③ 검정기관

수입상은 상품의 품질이 매우 중요하기 때문에 품질검사증명서를 요구한다. 수출상은 무역계약서에 상품의 품질을 검사할 검정기관을 명시하여야 하며 수입상이 검정기관으로 지정할 경우 공공기관인지 아니면 민간기관인지를 확인하여 민간기관인 경우 검정기관을 공공기관으로 하도록 하여야 한다. 왜냐하면 수입상이 발행한 신용장에 검정기관이 발행한 검사증명서를 요구한 경우에 수출상은 검사증명서를 발급받지 못할 위험이 있기 때문이다.

예문

> The seller shall, before the time of shipment, apply to the Import & Export Commodity Inspection Bureau of the People's Republic of Korea for the inspection of the quality, specification, quantity, weight, packaging and requirements for safety and sanitation/hygiene of the goods in accordance with the stipulations of this contract. The result of inspection shall be considered to be final and binding upon both parties hereto. The inspection certification issued by the Import & Export Commodity Inspection Bureau of the People's Republic of Korea shall be an integral part of the documents to be presented for payment.

(3) 무역가격조건(trade terms)

본 무역계약에서 사용되는 모든 무역조건은 본 계약에서 달리 명시된 바가 없는 한 ICC의 최신 INCOTERMS 2000에 의거 해석된다. FOB, CFR, CIF 등 흔히 사용되는 무역조건은 일반적인 상관례라 할 수 있는 INCOTERMS에 의거 해석되어야 하고 또한 당연히 그렇게 해석될 것이라고 믿고 있는 경우가 많은데 본 조항을 명시하지 않는 경우에는 준거법에 따라 해석될 것이지만 만약 준거법이 동 무역조건에 관한 당사자 간의 의무분담 또는 물품의 멸실, 훼손에 관한 위험과 소유권의 이전 시기를 달리 규정하고 있는 경우에 있을지도 모를 위험을 방지하기 위함이다.

물품의 급부가 목적인 계약에서는 본 조항에 명시를 요한다. "Unless otherwise specified in this agreement"라는 단서를 기재해야 한다. INCOTERMS와 달리 규정된 내용이 있는 경우 규정된 내용에 따라 해석되는 것이 당사자의 의사에 합치할 것이기 때문이다.

물품의 급부의무자의 입장에서는 특히 "물품에 관한 멸실, 훼손의 위험 및 소유권이 loading port의 ship's rail에서 물건의 수령자에게 이전된다"고 직접 명시하기도 한다. 그러나 INCOTERMS의 내용이 물품에 관한 위험 및 소유권의 이전 시기만을 규정하고 있는 것이 아니라 당사자 간의 의무분담까지도 규정하고 있음을 감안할 때 이러한 규정방식은 바람직하지 못하다.

대개의 경우 물품의 수령자 입장에서는 해상위험이 늦게 이전되는 것이 안전하므로 해상에서 발생될 위험을 반드시 부보하든지 아니면 위험 및 소유권의 이전시기를 달리 규정하는 조항을 명기해야 한다. 물품공급자의 입장에서는 상관례인 본 조항을 물품수령자가 거부하는 경우 다른 인도조건으로 바꾸고 이에 상응하는 물품대금의 인상을 요구해야 할 것이다.

예문

Unless otherwise specified this agreement, the trade terms under this agreement shall be governed and interpreted by the provisions of the latest INCOTERMS 2000.

(4) 상품표기

1) 상품명과 사양(name of commodity, specifications)

무역계약에서 매매하고자 하는 대상물이 무엇인지 정확히 무역계약서에 기술해야 한다. 무역거래 대상물품이 형식번호 만으로 알 수 있으면 형식번호로 대상물품을 기입하고 형식번호로 알 수 없으면 상세한 사양을 써야 하며 너무 길어지면 부록을 첨부하는 것이 좋다. 수출상은 수입상으로부터 색상 디자인 등에 대한 요구사항이 없는지를 정확히 확인하여 모든 것이 분명하도록 해야 한다.

2) 수량조건(quantity)

상품명이 결정되었다 하더라도 어느 만큼의 양을 인도할 것인지 무역계약서에 기재되어 있지 않으면 안 된다. 수량단위 표기는 국가와 물품에 따라 다양하게 사용되고 있기 때문에 수량은 어느 정도인가, 숫자는 틀림없는지, 단위에는 잘못이 없는지 확인하여 무역계약서에 정확하게 표기되어 있어야 한다. 무역계약서 작성시 단위나 계산 착오 또는 MISS-TYPING으로 인한 큰 손실을 초래할 수 있으므로 각별히 주의하여야 한다.

① 수량단위

수량단위는 상품의 성질과 관습에 따라 중량(WEIGHT), 용적 (MEASUREMENT), 개수(PIECE), 포장단위(PACKAGE), 길이(LENGTH), 면적(SQUARE)으로 분류한다.

ⓐ 중량(weight)

중량의 단위는 국가마다 다소 차이가 있는데 무역거래에서는 주로 lb(pound), kg, Ton 등이 광범위하게 사용되는데 Ton에는 다음의 3가지 종류가 있다. Long Ton (English Ton ; Gross Ton) = 2,240 lbs, Short Ton(American Ton ; Net Ton) = 2,000lbs, Metric Ton(French Ton ; Kilo Ton) = 2,204lbs. 중량의 측정방법에는 총 중량, 순중량 및 법적 중량 등이 있다. ① 총 중량(gross weight) : 상품을 포장한 채로의 중량, 즉 상품의 무게와 포장의 무게(ware and tare)를 합한 총 무게를 말한다. ② 순 중량(net weight) : 포장무게를 제외한 순상품의 무게를 말한다. ③ 법적 중량(legal weight) : 상품의 무게와 법적으로 인정되는 포장무게를 합한 중량을 말한다.

ⓑ 길이(length)

전선, 생사직물, 동관 등의 수량은 meter, yard, foot, inch 등의 길이 단위가 사용된다.

ⓒ 용적(measurement)

용적을 단위로 하는 경우는 Cubic Meter(m^3), Cubic Feet(cft), Barrel(31.5 American Galon), Bushel(8 English Galon ; 36.367cft)이 사용되고 있으며 목재에는 cubic meter(M^3 ; CBM) · cubic feet(cft) · super feet(SF), 석유 등 액체에는 barrel · gallon · liter, Barrel, 곡물에는 Bushel이 거래단위로 사용되고 있다.

ⓓ 개수(number)

개수는 잡화 및 기계류의 거래의 수량단위로 사용되며 단위는 다음과 같다.

► Piece = 1개

► Dozen = 12개

► Gross = 144개

► Great Gross = 12개×12개×12개 = 1.782개

► Small Gross = 12개×10개 = 120개

ⓔ 포장단위

면화, 밀가루, 시멘트, 비료, 통조림, 유제품 등은 포장단위로 거래하며 포장단위로는 Keg, Bag, Case, Bale, Bundle, Drum, Can 등이 사용된다.

② 과부족 용인조건(more or less clause ; MOL Clause)

화물의 성질상 매매계약에 명시된 수량과 정확히 일치시키기가 곤란한 경우가 있다. 이때에는 계약에 과부족을 용인하는 조항이 삽입되어 있지 아니하면 안 되며 여기에는 다음의 두 가지 방식이 있다.

첫째, 물품의 수량에 About, Circa 또는 Approximately 등 이와 유사한 효력을 가지는 용어를 추가하여 과부족이 용인되도록 하는 방식으로 신용장통일규칙 제30조에서 이러한 용어가 선적품의 수량에 관련 되어 사용되었다면 10%의 과부족을 용인하는 것으로 간주한다고 하였다. 그러나 이러한 용어가 사용되지 않았다 하더라도 별도의 금지조항이 사용되지 아니하는 한 5%의 과부족이 용인되는 것이다. 단, bulk 화물로써 PCS나 포장단위로 셀 수 있는 화물에 대해서는 5%의 과부족이 용인되지 아니한다. 둘째, About와 같은 불분명한 용어를 피하고 확정적 수량의 과부족을 용인 할 필요가 있을 경우에 이러한 때에는 More or less clause에 5% More or less at sellers option 등으로 문언을 삽입하여 이를 확실히 하여야 한다.

예문

> +/- 5% tolerance should be allowed to thickness
> 5% more or less both in amount and quantity should be allowed at seller's option

과부족 용인 조항이 있는 경우 과부족이 발생하면 총 금액(total amount)은 조정된다는 것을 무역계약서에 표기해야 한다.

예문

> If the delivered quantity is more or less than 5% of as defined in item 3, the price shall be adjusted correspondingly

③ 단위당 가격(unit price)과 지급통화

항구명은 비용의 분기점이 되기 때문에 가격조건과 항구명을 함께 기재한다. CIF HONGKONG이라고 기재하면 홍콩항까지 보험료와 운송비용이 포함된 가격을 의미하고, FOB BUSAN는 부산항 본선의 난간까지 발생된 비용이 포함된 가격을 의미하며, DES HONGKONG는 홍콩항 본선에서 수출상이 물품을 수입상에게 인도하는 데 발생된 모든 비용이 포함된 가격을 의미한다.

수출국 통화와 수입국 통화의 종류가 다를 경우 하나로 통일하는 것이 리스크헷지면에서 유리하다. 그러나 상호 간에 자국 통화를 고집할 경우 미국통화로 하는 것이 최선의 방법이며 이때 선물환거래를 통해서 환율변동에 따른 위험부담을 관리해야 한다.

USD 3,900/MT

(5) 선적조건(terms of shipment)

대부분의 화물은 해상운송으로 운송되지만 소량의 고가제품, 유행성 제품 등은 항공으로 운송된다. 그리고 콘테이너를 이용하여 수출상의 공장에서 수입상의 창고(door to door)까지 일괄적으로 운송하는 복합운송도 많이 이용되고 있다. 따라서 오늘날 선적(shipment)의 의미는 계약물품을 선적항의 지정 선박에 적재하는 것뿐만 아니라 항공기에 적재하거나 운송인(carrier)에게 인도하는 것까지를 포함한다.

선적조건에서는 선박명, 선적항, 하역항, 선적 기간, 분할선적 및 환적, 선적지연에 따른 면책조항 등에 관하여 약정한다.

1) 선적시기

선적시기를 결정할 때는 선적일을 확정하지 않고 보통 최종선적일 또는 선적월을 정한다. 선적일을 정할 경우에는 수출업자가 임의로 선적시기를 선택해서 정해진 달내에 선적을 하면 된다[7]. 그러나 선적시기를 표시할 때 신속히(prompt), 즉시(immediately), 가능한 한 빨리(as soon as possible)등과 같은 막연한 표현을 사용해서는 안되며 이러한 표현이 사용되었을 경우 은행은 이를 무시한다.

2) 선적일의 표시방법

① 특정일 선적일 경우

특정일 이전까지 선적을 완료하면 된다. 선적일이 Nov. 30, 2010로 표시된 경우 2010년 11월 30일 이전까지 선적을 완료해야 한다.

② 특정 기간월 또는 연속월 중 선적

선적시기를 Shipment during January 20XX 또는 Nov., 2010 Shipment or Shipment during Nov., 2010 등으로 표시하였을 경우에는 그 지정 월의 초일부터 말일까지 사이에 1회에 선적을 완료해야 한다.

③ 특정 연속월 중의 인도 또는 선적

선적시기를 Shipment during From May To July 20XX와 같이 특정월이 계속적으로 표시되어 있을 경우 5월 초일부터 7월 말일의 3개월간에 선적을 완료해야 한다.

④ 선적일이 신용장에 표시되어 있지 않은 경우 선적일을 E/D(Expiry date)로 간주한다.

⑤ 선적일이 1st Half of July인 경우 선적일을 7월 1일부터 15일 사이로 간주한다.

⑥ 선적일이 2st Half of July인 경우 선적일을 7월16일부터 7월 30일까지로 간주한다.

⑦ 선적일이 Promptly, Immediately 등으로 표시된 경우 선적일을 L/C 발행일로부터 30일 이내로 간주한다.

---

7) 선적이 완료되면 선하증권 등과 같은 운송서류가 발급되기 때문에 운송서류의 발급일자를 선적일자의 기준으로 한다.

3) 분할선적 및 환적

분할선적(partial shipment)은 계약물품을 전량 선적하지 않고 2회 이상 나누어서 선적하는 경우를 말한다. 신용장에 분할선적을 금지하는 Partial shipment are prohibited와 같은 문언이 삽입되어 있지 않을 때에는 분할선적이 허용되는 것으로 간주되므로 수출상은 선적 기간에 걸쳐 분할선적을 할 수 있다. 따라서 1회에 전량을 선적토록 할 때에는 분할선적을 금지한다는 것을 계약서와 신용장에 분명히 명시하도록 해야 한다. 또한, 분할선적을 허용하거나 또는 특별히 분할선적을 규정하고 있는 경우에는 특정 월, 별로 선적수량을 결정하여 일시에 또는 부적기에 선적되지 않도록 하는 것이 바람직하다.

환적(transshipment)은 신용장에 명시된 선적항으로부터 양륙항까지 해상운송 도중에 한 선박에서 다른 선박으로 화물을 풀어 다시 적재하는 것을 의미하며 수송수단이 바뀌는 경우 또한 환적에 포함된다. 환적을 하게 되면 그 만큼 운송시간이 많이 소요되고 파손, 분실 등의 위험이 발생할 수 있다. 따라서 목적항까지 직접 가는 선편이 없을 경우나 여러 운송수단을 동시에 사용하는 복합운송인 경우에만 환적을 허용한다. 따라서 환적을 금지할 경우에 이러한 사실을 계약서와 신용장에 정확히 기재해야 한다.

4) 선적지연에 관한 면책조항

수출상의 고의, 과실 또는 태만 등으로 인한 선적지연에 대해서는 수출상이 책임을 져야 하나 천재지변, 전쟁, 파업 등과 같은 불가항력에 의한 선적지연은 면책될 수 있다는 조항을 계약서에 명시해야 한다.

예문

> Seller shall not be responsible for any delay of shipment, should seller delay shipping the Goods for those set forth in Clause Force Majeure hereof.

5) CIF 또는 CFR조건의 선적

① 수출상의 선적세부사항 통지의무

수입상이 C조건으로 상품을 수입하는 경우 선적의 세부사항을 선적완료일로부터 몇일 이전에 수입상에게 통지하도록 하는 내용을 무역계약서에 명시하여 선적을 관리하여야 한다.

예문

If shipment is made under the terms of CFR or CIF, the Seller shall not later than ( ) days before the time of shipment, inform the Buyer by Telex, Fax or E-mail of the name, nationality, age and other details of the carrying vessel as well as the contract number for each shipment.

② 선박회사의 지정 또는 수입상의 본선 동의 확인

수입상이 C조건으로 상품을 수입하는 경우 수출상이 선박회사를 선택하여 선박회사로부터 선하증권을 발급 받기 때문에 선하증권이 위조될 위험이 존재하게 된다. 따라서 수입상은 이러한 위험을 방지하기 위하여 무역계약서에 자기가 선박회사를 지정하게 된다.

예문

The shipment must be effected(made) till Feb. 5th, 2010 by HYUNDAE SHIPPING COMPANY, the bill of lading must be issued by HYUNDAE SHIPPING COMPANY. The shipment shall not be effected without the confirmation from the Buyer with respect to the acceptability of the vessel; provided that the Buyer shall not unreasonably withhold such confirmation. The Buyer shall confirm the vessel, by telex, fax or E-mail, within 3, laest 5 working days, otherwise, the vessel shall be regarded as confirmed.

6) FOB조건의 선적

① 수출상과 수입상의 의무

FOB조건에서 수출상의 상품명세 관련 사항 통보의무와 수입상의 본선 관련 사항 통보의무를 규정하기 위한 조항으로 상품명, 견적수량, 본선 수배에 필요한 계약번호, 상품명, 선적에 필요한 본선명, 도착예정일 등의 통지기한을 결정하여야 한다. 수입상은 본 무역계약에 규정된 선적기한에 따라 선복을 예약하여야 하고 수출상은 늦어도 무역계약에 명시된 선적기한 (15)일 이전에 수입상에게 텔렉스, 팩스 또는 이메일로 계약서번호, 상품명, 수량, 총액, 포장 개수, 총 중량과 총 용적 및 선적항에서의 상품선적 준비완료 일자를 통지하여야 한다. 수입상은 늦어도 선적항에서의 본선 도착예정일 (15)일 이전까지 매도인에게 본선의 선명, 도착 예정일, 계약서번호를 통보하여 수출상이 선적을 이행할 수 있도록 하여야 한다.

예문

If shipment is made under the term of FOB, the Buyer shall book shipping space in accordance with the time of shipment stipulated in this contract. The Seller shall, at least (   ) days before the date of shipment stipulated in this contract, advise the Buyer by Telex, Fax or E-mail of the contract number, the name of commodity, the quantity, the total amount, the package numbers, the total weight and volume and the date when the goods should be ready for shipment at the port of shipment. The buyer shall, at least (   ) days before the estimated date of arrival of the vessel at the port of shipment, notify the seller of the name of the vessel, the estimated date of arrival and the contract number for the seller to effect shipment.

The Buyer should advise the seller of the name of the vessel, the estimated date of arrival within 15 days after the execution of this contract.

② 선적지연과 비용부담

선적항에 선박의 도착일자가 변경될 경우 수입상은 수출상에게 적시에 통지해야 함은 물론 수출상의 사전 서면동의 없이는 무역계약서에 명시된 선적일자를 변경할 수 없다. 본선이 수입상이 통지한 도착예정일로부터 (5)일 이내에 도착하지 않으면 수입상은 (6)일 후부터 계산한 보관료 및 이자를 포함한 모든 비용을 부담하여야 한다.

예문

In case the carrying vessel or the date of arrival have to be changed, the buyer or its shipping agent shall advise the seller in time to make necessary arrangement, provided that the time of shipment as stipulated in this contract shall not be changed without written consent of the seller.

Should the vessel fail to arrive at the port of shipment within ( ) days after the arrival date advised by the buyer, the buyer without prejudice to any other claims of seller under this contract and the provisions of the INCOTERMS shall bear all actual expense, including the storage expenses and interest charges, calculated from the ( ) day thereafter.

③ 수출상의 선적통지 의무

수입상은 수입통관과 적하보험 계약에 필요한 선적통지서를 수출상에게 요구하는 경우에 수출상은 적기에 수입상에게 선적통지서를 인도하여야 하며 수출상이 적기에 선적통지서를 수입상에게 인도하지 못함으로써 발생한 수입상의 손실에 대해서 보상하여야 한다.

예문

If shipment is made under the terms of FOB, CER, CIF or FCA, the seller shall, immediately upon the completion of the loading of the goods, provide the buyer and the consignee appointed by the buyer, with notice of shipment by Telex, Fax or E-mail.

The notice shall include the contract number, name of commodity, quantity, net and gross weights, measurements, invoiced value, bills of lading number, sailing date and the estimated date of arrival at the port of unloading.

If shipment is made under the terms of FOB or CER, should the seller fail immediately to provide the shipment notice to the buyer and/or the consignee appointed by the buyer, and the buyer can not procure the insurance in time, the seller shall be responsible for any damage to and /or loss of the goods incurred in the course of transport.

(6) 인도조건(terms of delivery)

1) 견본승인(sample approvement)

수입상은 수출상이 상품을 운송인에게 인도하기 전에 견본을 수입상에게 보내어 수입상의 승인을 받은 후에 운송인에게 인도하도록 한다.

예문

> Seller must prior to shipping out goods submit a standard sample to buyer and obtain buyer's approval thereon. Concerning inspections based on the standard sample approved by buyer.

2) 인도의 시발점과 종결점

수출상은 수출상품을 언제 누구에게 인도할 것인지를 무역계약서에 명시하여야 한다. 인도시기의 시발점을 계약을 체결한 날로부터 할 것인지 무역계약에서 합의한 신용장을 받은 날로부터 할 것인지를 결정하여야 한다. 무역계약을 체결한 시기와 신용장을 받은 시기 간에는 시차가 발생한다. 따라서 상품 제조 기간을 넉넉하게 하기위해서는 무역계약에서 합의한 신용장을 받은 날을 인도시기의 시발점으로 하는 것이 좋다. 상품을 누구에게 인도할 것인지를 명시하여야 한다. 수출상은 상품을 선적항에 있는 운송인에게 인도한다고 보고 있는데 수입상은 자기에게 인도한다고 보면 인도의 종결점에 있어서 큰 차이가 발생한다.

예문

> The goods must be delivered to the carrier in the port of loading after the date of issuance of L/C as defined in item 4.
>
> The delivery terms for goods shall be CIF Busan Port, which is governed by the International Commercial Terms of the International Chamber of Commerce. The time of shipment for goods shall be of the closing date between( ) and ( ) unless otherwise agreed by both the parties hereto.

CIF조건에서 운송인을 선택할 수 있는 권한이 수출상에게 있다. 따라서 수출상이 선하증권을 위조할 가능성이 있기 때문에 수입상은 이를 방지하기 위하여 무역계약서에 믿을 만한 운송인을 지정하기도 한다.

예문

> Seller must deliver goods to the carrier designated by buyer for shipment to ( ) on the freight designated by buyer.

3) 소유권과 위험의 이전(pass of title and risk)

소유권과 위험의 이전 시기는 INCOTERMS 2000에 의해서 이미 정해져 있지만 이를 다시 상기시키기 위해서 별도 조항으로 언급할 필요도 있다.

예문

> Unless otherwise agreed upon between and seller and buyer, all risks of damage to goods to be sold by seller to buyer under this agreement shall pass to buyer when goods have passed the ship's rail at the port of shipment. Seller's ownership of its receipt of full payment of purchase price.

4) 포장(packaging)

개품화물의 경우 물품을 안전하게 보관하고 상품으로서의 가치를 유지하기 위해 포장(packing)은 반드시 필요하다. 수출화물의 포장은 가볍고 튼튼해야 하며 포장비용도 저렴해야 한다. 그리고 계약물품임을 쉽게 확인할 수 있도록 외관상 식별이 명확해야 한다. 포장조건에서는 포장방법, 포장의 종류, 화인 등을 약정해야 한다.

운송관계자나 수입상이 쉽게 식별할 수 있도록 포장의 외장에 기호, 번호 등으로 계약물품을 표시하는데 이를 통틀어 화인(Shipping Marks)이라 한다. 대부분 수입상이 화인의 모양을 지시하며 수출상은 지시내용대로 화인을 표시해야 한다. 그러나 수입상의 별도 요청이 없을 경우에는 수출상이 임의대로 화인을 하면 된다.

예문

> Goods shall be marked, packed and boxed at seller's option to conform with applicable export packing specifications. Marking shall be at the seller's option, unless otherwise stated. In case special instructions are necessary, the same should be intimated to the seller in time so as to enable the seller to comply with.

일반적으로 사용되는 화인은 <그림 6-1>과 같다.

주화인(main mark)은 다른 화물과 식별을 쉽게 하도록 하기 위해서 외장면에 삼각형, 다이아몬드형, 정방형, 마름모형, 타원형 등의 표시를 하고 그 안에 상호의 약자를 기입한 것을 말한다. 부화인(conter mark)은 같은 lot의 다른 화물과 식별할 수 있도록 표시한 것이다.[8]

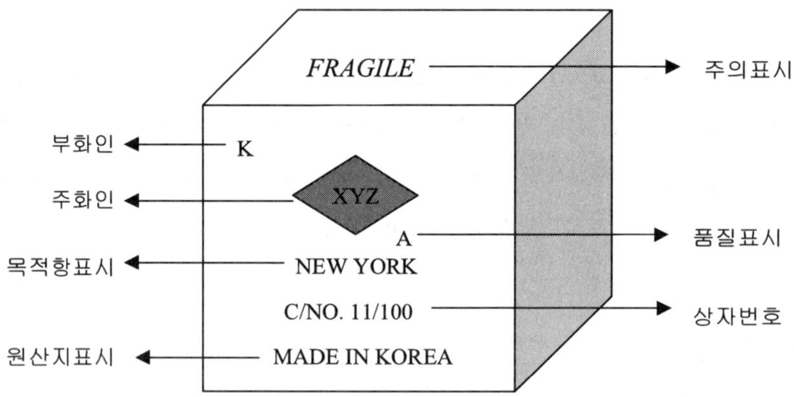

그림 6-1 화인의 방법

8) 구종순, 전게서, p.92.

표 6-1 포장의 종류

구분	포장종류	재 질	포장명	약 호	포장대상물품
용기포장	상 자	나 무	wooden box; case; chest	W/B ;	식료품, 손상하기쉬운잡화,
		종 이	carton	C/S; CST	홍차, 가벼운 일반잡화,
		금 속 지	tin-lined case	C/ ; CTN	통조림
		투시상자	crate; skeleton case	CRT	자동차
	베일 (bale)	마	burlap; hessian cloth	-	면사, 원모
		압축베일	pressed bale	BL	원면
		가 마 니	straw mat	-	쌀
	부대 (bag)	마 대	gunny bag	BG	미곡, 잡곡
		면 대	sack	SK	소맥
		지 대	paper made bag	BT	시멘트, 석회
		폴리에틸렌	polyethylene bag	BG	소금, 사료, 분말약품
	통	나무통(대)	barrel	BRL	술, 간장
		나무통(중)	cask	CSK	염료
		나무통(소)	keg	KG	못, 볼트
	특수용기	드럼관	drum	DR	화공약품, 유지
		양철관	tin; can	-	석유, 통조림
		용기, 유리	jar; pot; carboy	-	유산, 음료수
		대나무	basket; hamper	BKT	과일
		철제원통	cylinder; iron flask	-	탄소
무용기포장	두루마리		roll; coil	BL ; CL	철판, 신문지, 철사
	다 발		bundle	BDL	철근
	궤		ingot	-	철강, 알미늄

(7) 보험조건(terms of insurance)

국제운송보험은 해상보험, 육상보험 및 항공보험으로 구분되지만 무역거래에서 주로 이용되는 보험은 해상보험이다. 해상보험계약은 가격조건에 따라 수출상과 수입상이 체결하는데 CIF 및 CIP조건을 제외하면 해상보험에 대한 약정은 별도로 필요 없다. CIF조건과 CIP조건에서는 수출상이 수입상을 위해서 해상보험계약을 체결해 주므로 해상보험계약조건, 보험가액, 보험금액 등에 관한 약정이 필요하지만 나머지 가격조건에서는 모두 자신들을 위해 해상보험계약을 체결하므로 보험에 대한 약정이 없다.

CIF조건일 경우 수출상은 Incoterms의 의무규정에 따라 상품가액의 110%만큼을 최저보험조건으로 해상보험계약을 체결하면 된다. 만약 수입상이 그 이상의 보험조건을 요구하면 이러한 사항을 계약서에 명시하고 추가로 예상되는 보험료를 수입상으로부터 받도록 한다. 그리고 CIP조건은 복합운송에서 사용되므로 매매당사자들이 구체적인 보험조건을 합의해 둔다.

예문

If shipment is made under the term of FOB, CER, or FCA or CPT, insurance shall be procured (covered, effected) by the buyer.

If shipment is made under the term of CIF or CIP, insurance shall be procured by the seller for 110% of the invoice value against [ ] Free From Average; F.P.A, [ ] With Particular Average; W. P. A, [ ] All Risks; A. R.

Insurance shall be effected for the amount of seller's invoice plus ten percent(10%). Any additional insurance required by buyer shall be at his own expense. Unless otherwise stated, insurance shall cover for marine risk only I.C.C.A. Seller may, if requested by buyer, insure against war risk and other risks at buyer's expense.

(8) 대금결제조건(terms of payment)

1) 대금결제방식

① 신용장에 의한 결제방식

신용장(letter of credit)은 수입상을 대신하여 신용장 개설은행이 수출상에게 수출상이 신용장에서 요구한 서류를 개설은행에 제시할 경우에 수출대금을 수출상에게 지급하기로 약정하는 증서이다. 수출상은 무역계약서에 신용장의 개설 기간, 개설은행, 신용장의 종류, 확인신용장의 경우 확인은행, 개설방법, 유효기일, 신용장 금액 및 신용장통일규칙 등을 기재하여야 한다.

예문

The buyer shall, within (   ) days after the execution of this contract, establish in favor of the seller an irrevocable letter of credit payable at sight (신용장종류) issued by (개설은행명), by SWIFT (신용장개설방법) in the amount of contract, the contents of which shall be in conformity with the terms of this contract. The letter of credit shall not expire until (   ) days after the last day of the time of shipment specified in this contract. The statement "this credit is subject to Uniform Customs and Practice for Documentary Credit, 2007 Revision, International Chamber of Commerce Publication No. 600" shall be contained in the letter of credit.

② 추심에 의한 결제방식

추심(collection)은 채권자가 채무자에게 채무의 변제를 요청하는 환어음을 발행하여 채권을 회수하는 방식을 말한다. 수출상은 무역계약에 따라서 상품을 선적한 후 수입상을 지급인으로 하여 환어음을 발행하고 이를 수입상에게 추심함으로써 대금을 찾는다. 이 방식은 수입상이 수입대금을 지급하고 운송서류를 찾아가는 지급도조건(document against payment ; D/P)과 운송서류를 받고 일정 기간이 지난 후에 수입대금을 지급하는 인수도조건(document against acceptance)으로 구분된다.

추심방식은 은행의 지급보증 없이 전적으로 수출상이 수입상의 신용을 믿고 이루어지는 것으로 결제위험을 부담하여야 한다.

예문

After shipment, the seller deliver a sight bill(s) of exchange drawn on the buyer together with the required documents to the buyer through a bank. The buyer shall effect the payment immediately upon the first presentation of the bill(s) of exchange and the required documents, i.e. D/P.

After shipment, the seller shall deliver bill(s) of exchange drawn on the buyer, payable (   ) days after (   ), together with the required documents to the buyer through a bank for acceptance. The buyer shall accept the bill(s) of exchange and the required documents and small effect the payment on the maturity date of the bill(s) of exchange, i.e. D/A.

③ **송금에 의한 결제방식**

송금(remittance) 방식은 수입상이 수출상에게 수입대금을 직접 송부해 주는 것을 말하는데 보통 송금수표(demand draft ; telegraphic transfer; T/T) 등이 이용된다.

송금수표를 우송할 경우에는 분실의 위험이 있기 때문에 소액의 송금 거래에서만 이용된다. 송금환은 은행에게 수취인에 대하여 일정한 금액의 지급을 위탁하는 지급지시서(payment order)를 말하는데 우편으로 전달되는 것을 우편송금환, 전신으로 통지되는 것을 전신송금환이라 한다. 수출상에게 가장 안전하고 유리한 것은 전신송금환이다.

예문

> The buyer shall, within ( ) days after the receipt of the required documents (within ( ) days after the date of the bill of lading) pay the invoice value of the goods to the seller's account with the bank designated by the seller by means of Telegraph Transfer.

2) 대금결제시기

① **선불**(cash in advance, cash with order; CWO)

주문과 동시에 대금 전부를 송금하는 방식으로 소량의 견본대금을 지급할 경우나 특별 주문시 이용된다. 그리고 수입상이 주문과 동시에 대금의 20~30%를 지급하고 나머지 잔금은 선적이 끝난 후 지급하는 일부 선불방식도 있다. 수출상은 30%를 선불로 지급받고 잔금은 선적 후 선하증권 사본을 선하증권 발행일에 수입상에게 팩스로 송부하고 수입상은 선하증권 사본을 받은 날에 수출상의 계좌로 지급하도록 하면 잔금을 받지 못할 위험을 방지할 수 있다. 수출상이 운송인에게 상품을 인도하면 운송인은 인도받은 시점에서 선하증권을 발행한다. 통상 상품의 본선선적은 선하증권발행일로부터 2~3일 후에 이루어지기 때문에 수출상이 선하증권 발행일에 사본을 수입상에게 송부하고 수입상이 그날 잔금을 입금하지 않으면 운송인에게 상품의 본선선적을 중지시키도록 요구하면 된다.

예문

> The 30% of the account must be paid in advance the account of the seller with the bank designated by the seller. The seller must send the copy of B/L to the buyer on the date of issuance of B/L by the fax, the remainder must be paid on the date that the buyer received the copy of B/L from the seller.

②) **선적서류상환불**(cash against documents; CAD)

수출상이 물품의 선적을 증명하는 운송서류를 수출지에 있는 수입상의 대리점이나 거래은행에 제시하여 운송서류와 상환으로 수출대금을 찾는 방법이다.

③ **현금결제**(cash on delivery; COD)

수입지에서 상품과 대금을 서로 교환하는 현금 결제방식으로 수입지에 수출상의 대리인이 있는 경우 이용될 수 있다.

④ **연지급**(deferred payment)

물품이 선적된 후 또는 목적지에 도착한 후 일정 기간이 지나서 대금을 결제하는 후불방식이다. 기한부신용장, 인수도조건 등은 모두 후불방식이다.

⑤ **장부결제**(open account)

물품을 선적할 때마다 대금을 결제하지 않고 장부에 기입하여 일정 기간 후 서로 상쇄하고 남는 차액만을 결제하는 방법이다. 장부결제는 연지급방식에 속하며 상품 거래관계가 빈번할 경우 이용될 수 있다.

⑥ **분할지급**(progressive payment, installment payment)

대금을 계약시, 선적시, 도착시 등 일정 기간으로 나누어 분할지급하는 방식으로 기자재, 플랜트 등 중·장기 연불수출시에 많이 이용된다.

(9) 클레임 조항

1) 품질불량의 검정기관 및 증명사항

검정기관에 따라 검사 결과가 다르게 나올 가능성이 있는 물품 거래 시에는 제조업체 및 수입상사와의 각 계약서상에 품질검사 또는 클레임조항의 내용을 동일하게 해야 하며 특히 검정기관을 동일하게 특정해야 한다.

예문

For the purpose of warranty and other claims, the buyer shall have the right to apply to the Import & Export Commodity Inspection Bureau of the People's Republic of Korea for the inspection of the goods after the arrival of the goods at the port of unloading. The result of inspection shall be considered to be final and binding upon both parties hereto.

2) 클레임의 제기 기한

클레임 발생시에는 계약서상에 명시된 클레임 제기 기간을 준수하여야 하며 제기 기간의 명시가 없는 경우라도 무한정 연장하여 아무 때라도 클레임을 청구할 수 있는 것은 아니다. 즉, 청구권 자체의 법적 소멸시효 기간을 준수하여야 한다. 또한 구두합의는 후일 입증하기가 곤란한 경우가 많기 때문에 반드시 서면으로 증거를 남겨야 한다.

예문

The purchaser is entitled to make a survey of quantity and quality of the products at the port of discharge and to lodge first claim by cable with seller as soon as possible, if the purchaser finds any defect in the products. Should the quality, specification, quantity, weight, packing and requirements for safety or sanitation/hygiene of the goods be found not in conformity with the stipulation of this contract, within (   ) days after the arrival of the products at the said port, the purchaser shall make a formal claim. accompanied by proof certified by the Import & Export Commodity Inspection Bureau of the People's Republic of Korea. Unless such notice is given to the seller within the specified period in the said manner the purchaser shall be deemed to have waived any claim.

계약이 불완전하게 이행된 경우, 이와 관련한 상대방의 클레임 제기권은 준거법에 따라 해석되어져 불측의 손해를 초래할 우려가 있고 나아가 상대방의 클레임 제기권을 무한정 허용할 수 없다는 측면을 고려한 조항이다. 클레임 제기에 관한 시한을 명시해야 하며, 이행제공자는 되도록 짧게 하고 이행수령자의 입장에서는 장기간이 되도록 하는 것이 당연하다.

다만, 즉시 알 수 없는 하자(latent defects) 발생의 경우에 보다 장기간을 허용하는 방법도 있다. 하지만 국내법상으로는 즉시 발견할 수 없는 하자인 경우 수령 후 6개월 이내에 통지를 요구하고 있다. 물품의 하자 통지시한과 클레임 제기시한은 별도의 개념이므로 클레임 제기시한을 규정하는 경우에도 하자통지규정을 두어야 한다.

보험계약 또는 운송계약의 경우에도 정식 클레임 제기시한과 별도로 사고통지 조항이 규정되는 것이 보통이므로 가급적 동 시한을 충분히 규정해야 한다.

수입상은 자기가 제기한 클레임에 관하여 수출상이 회신해야만 하는 기간을 규정하고 그 기간 내에 수출상의 회신이 없으면 수출상은 수입상의 클레임을 인정한다는 내용을 계약서에 명시하여야 한다.

예문

> The seller shall reply to the buyer's claim not later than (   ) days after receipt of the inspection certificate issued by the Import & Export Commodity Inspection Bureau of the People's Republic of Korea and claims shall be regarded as having been accepted, if the seller fails to reply within the above-mentioned time limit.

수입상은 무역계약의 당사자가 합의한 기간 내에 클레임을 이행하지 않으면 수출상의 계약위반으로 계약은 종료된다는 내용을 무역계약서에 명시하여야 한다.

예문

> If repair, replacement or devaluation definitely fails within the time limit agreed by the parties, and/or if the failure by the seller amounts to a fundamental breach of contract, the buyer has the right to terminate this contract.

3) 불량품의 처리사항

제조업체가 아닌 무역상사도 별도의 특약이 없는 한 제조업체와 똑같이 품질에 대한 담보책임이 있으므로, 제조업체가 제시한 품질 및 클레임제기방법, 기간 등 제 조건을 그대로 수입상에게 전가하던지 수입상이 요구하는 조건을 그대로 제조업체에게 요구해야 한다.

예문

In the event of the non-conformity and provided the seller is responsible, the seller shall promptly, within ( ) weeks/months upon receipt of the buyer's notification, on its own account, repair or replace such goods or supply the quantity that is deficient. Claims for compensation of damages or termination of the contract are excluded unless repair or replacement definitely fails.

Repair or replace such goods or supply the quantity that is deficient and compensate the buyer for damages.

Devalue the goods according to the degree of inferiority, extent of damage and amount of losses suffered by the buyer, if any.

(10) 계약의 해지(termination)

상대방의 계약위반 또는 신용상태 악화 시 해지권이 양당사자 모두에게 공평하게 있음을 명시하여야 한다.

예문

The agreement may be terminated forthwith by notice in writing in the following instances :

a) By either party, if the performance of the agreement is prevented or substantially interfered with by an event of force majeure for a period of more than (ex, 90) days ;

b) By either party, in the event that any material breach of the agreement is not cured to the satisfaction of that party within (ax.30) days of written notice thereof to the other party ;

c) By either party, if the other party is dissolved or liquidated, becomes insolvent or bankrupt, or if other events occur which are of similar effect under the laws of the country in which the other party is unable to pay its debts as they become due and payable ; or

d) By either party, if the other party ceases to do business or is sold or merged for any reason. The termination of this agreement for any reason whatsoever shall not interfere with, affect or prevent the collection by either party of any sums rightfully due to it pursuant hereto.

(11) 불가항력(force majeure)

불가항력이라 함은 양당사자의 귀책이 아닌 사유로 인해 계약이 지체되거나 이행자체가 불가능한 경우 이로 인한 위험을 누가 부담할 것인지에 관한 규정이다. 특히 불가항력적 사유가 후발적 불능이 발생하는 경우 채무자 위험부담주의, 채권자 위험부담주의, 소유자 위험부담주의 등 준거법이 해당규정에 따라 그 결과가 달라질 수 있으므로 이를 반드시 명시해야 할 것이다.

본 조항의 혜택을 보는 입장인 의무 이행자의 입장에서는 상대방의 대가지급 의무와 관련하여 불가항력 조항이 적용되지 않음을 명시하여야 한다. 제공될 급부를 상대방이 수령할 수 없는 상태가 어떤 경우에 발생할 것인지와 관련하여 상대방 국가의 재해 빈발정도, 정치, 경제사정, 노사분규, 항구의 동결여부 뿐만 아니라 주변국의 지정학적 상황까지 모두 고려하여 발생가능성이 높은 것은 모두 불가항력의 예시적 사유로서 명시하는 것이 좋다. 자신의 이행행위와 관련하여서는 원부자재의 앙등 내지 품귀, 전력공급의 중단, 선복수배의 불능, 하도급업체를 포함한 자신의 노사분규, 운송사고, 공장의 징발 등도 모두 불가항력의 예시적 사유가 된다고 명시해야 한다. 즉 불가항력 사유 중 특히 논쟁의 여지가 많은 사유들을 모두 불가항력의 예시적 사유가 된다고 명시하는 방식을 취해야 한다.

본 조항으로 인해 혜택을 보지 못할 급부를 제공받는 당사자의 입장에서는 불가항력 발생 시 상공회의소 등 해당 불가항력의 발생을 인정할 수 있는 공인기관의 확인서를 요구해야 하고, 비록 불가항력 기간 중이라 하더라도 사업적으로 가능한 범위 내에서 이행을 계속하거나 손실을 축소할 의무를 상대방에게 부과해야 한다. 불가항력의 일정 기간 이상 지속 시 계약해지권을 명시하고, 불가항력의 발생 시 자신의 이행제공도 연기할 수 있음을 명시해야 하며, 불가항력 사유 중 논쟁의 여지가 많은 사유는 모두 명시적으로 불가항력으로 간주되지 않는다고 규정해야 한다.

예문

Seller's form

Neither party shall be liable for nonperformance or delay in performance, except for the purchaser's obligation to pay for the products, due to any cause not in its control or not avoidable by reasonable diligence. Upon the occurrence of any such contingency, the party so affected shall promptly notify the other by telex or cable, and may suspend or reduce deliveries of (계약 목적을)? during the period of such contingency or perform the contract on the unfulfilled portion thereof within a reasonable time from the removal of such contingency, or rescind unconditionally and without any liability to this contract. The following while not an exclusive listing, shall not be considered within a part's control or avoidable by reasonable diligence : labor controversies, court decrees, and inability to use the full capacity of plants or facilities as a result of governmental action, machinery malfunctions or breakdowns, and inability to obtain or produce fuel, power, raw materials necessary to produce the product, containers or transportation facilities without litigation of the payment of penalties of unreasonable prices, of the acceptance of unreasonable terms and conditions.

(12) 준거법(governing law)

준거법의 적용은 계약에 달리 규정된 바가 없거나 또는 계약의 내용이 명확하지 않은 경우에 해석 기준이 된다는 것이다. 예기치 못한 분쟁의 발생시에는 그 승패를 좌우하는 것이 준거법이다. 준거법 규정이 없는 경우 법정지의 섭외사법(conflict of laws)에 의해 준거법이 지정된다(대개 계약체결지, 계약이행지 등 소위 center of gravity법으로 지정됨). 따라서 상대방이 특정 준거법을 반대하는 경우 이를 참고해야 한다. 따라서 준거법을 자국법으로 하는 노력이 중요하며 만약 상대방이 이를 거부하는 경우에도 제3국법을 준거법으로 채택해야만 구매자가 자국법을 잘 알고 있음에서 비롯되는 당사의 불이익을 방지할 수 있을 것이다. 정부와의 계약 등에서는 반드시 자국법을 준거법으로 강제하는 국가도 있다(사우디 등 중동국가 및 베트남 등의 사회주의 국가).

예문

> The validity, performance, construction and effect of the agreement shall be governed by and interpreted in accordance with the laws of the republic of Korea.

(13) 중재(arbitration)

중재는 소송보다 시간과 비용측면에서 경제적일 뿐만 아니라 합리적인 중재결정을 기대할 수 있기 때문에 많이 이용되고 있다. 아래 예문은 중재를 제기당하는 당사자의 나라에서 ICC중재규칙에 의한 중재로 모든 분쟁을 해결한다는 조항이다(즉 피고지주의). 만약 제3국의 고정된 장소에서 중재하고자 하는 경우에는 본 예문 제7행의 (　)에다 제3국의 국가명과 도시 명을 기재하고 7행의 "if"에서부터 8행의 "purchaser"까지는 삭제해야 할 것이다.

분쟁해결 조항은 분쟁의 승패를 좌우한다해도 과언이 아닐 만큼 대단히 중요하다. 따라서 분쟁을 "shall be finally settled by arbitration in Seoul, Korea in accordance with the commercial Arbitration Rules of the Korean Commercial Arbitration board and under the laws of the Republic of Korea"로 협상하는 것이 좋을 것이다. 만약 구매자가 이를 거부하는 경우에는 피고지주의 또는 제3국에서의 중재로 하는 것이 좋을 것이다.

중재조항에는 중재범위, 중재지, 중재규칙, 중재기관, 중재의 최종성, 중재언어 등이 명시되어야 한다. 단 중재규칙을 상대방 국가의 중재규칙으로 선택하는 경우에는 중재인의 선임을 상대방에게 유리하도록 규정되어 있는 경우가 있으므로 중재인의 선임방법 중에서 중재인 선임권을 공평한 국제기구 등으로 규정해야 한다.

중재판정을 해당 국가에서 집행시키기 위해서는 해당 국가 법원으로부터 그 중재판정에 관한 승인 및 집행판결을 다시 받아야 함에 유의하여야 한다. 따라서 중재판정의 승인 및 집행을 보장하기 위해 70여개 국가가 "외국 중재판정의 승인 및 집행에 관한 국제연합협약(the United Nations Convention on the Recognition and Enforcement of Foreign Arbitral Awards ; New York Convention)"에 가입한다. 따라서 중재조항을 가입하는 경우 상대방이 동 협약 가입당사자인 경우 동 중재조항은 그 집행까지 보장 받을 수 있는 효력을 지니게 될 것이다. 만약 상대방이 동 협약 가입국이 아니고 한국에도 재산이 없는 경우라면 피고지주의 또는 상대방의 재산이 있는 제3국에서의 소송 또는 중재에 의한 해결이 바람직하다.

위 협약과는 별도로 대한민국은 중재협정을 개별 나라들과 체결하고 있는 바, 동 협정의 골자는 상사 간의 분쟁 시 불만이 있는 당사자가 상대방의 국가에서 그 나라 중재기관에 의해 동기관의 중재 규칙에 따라 중재하기로 서로 권장한다고 되어 있다. 따라서 계약상대방이 중재협정국가의 상사인 경우 동 협정 문구를 인용한 중재로 하는 것이 바람직하다(대부분의 중재협정은 피고지주의에 의하고 있다).

미수교국 당사자와 계약하는 경우에는 한국 및 당해국가와 수교관계가 있는 제3국 중재 (제3국이나 상대방 당사자 국가가 New York Convention가 입국인 경우) 또는 소송으로 하는 것이 좋다.

예문

Any and all disputes, controversies, claims or differences which may arise between the parties hereto out of, in relation to, or in connection with this Agreement, or the breach hereof, shall be finally settled by arbitration in accordance with the rules of Conciliation and Arbitration of the International Chamber of Commerce in force from time to time by one arbitrator. The arbitration shall be held in (도시 명, Purchaser의 국가 명) if the respondent is the Seller and in Seoul, Korea if the respondent is the purchaser (당사가 purchaser인 경우). The award rendered by the arbitrator shall be final and binding on both parties concerned. The language of the arbitration proceeding, the award and all documents filed or submitted in connection therewith shall be in the English language.

(14) 서명(signature)

계약당사자를 대표할 수 있는 법적 권한을 부여받은 자(대표이사 또는 계약체결권을 부여받은 대리인 등)가 서명을 해야 함에 유의를 요한다. 반드시 자필서명을 요하며 성명, 직위 표기를 요한다. 필요시에는 POA(power of attorney)를 첨부한다.

예문

for and an behalf of Petrothch Inc.	for and on behalf of Samsung Corporation
BY : ------------------	BY : ---------------------
Name : George Michael	Name :
Title : Chief Executive Officer	Title :

2. 무역계약서

(1) 판매계약

Hannam Corporation

HEAD OFFICE
25-1, CHUNG MU-RO 1-GA MANUFACTURERS-EXPORTERS-IMPORTERS
CHUNG-GU, SEOUL, KOREA C.P.O. Box 1726, SEOUL, KOREA
MESRS: DATE:

SALES CONTRACT CONTRACT NO:

ITEMNO.	COMMODITY & SPECIFICATION	QUANTITY	VALUE	
			UNIT PRICE	TOTAL AMOUNT

Time of shipment :
Port of Shipment :
Port of Destination :
Payment :
Insurance :
Packing :
Marking :

Hannam Corporation., LTD as Seller, hereby confirms having sold to you the above goods by contract of sale made on the above date and on the terms and conditions herein and on the reverse side. you are kindly requested to sign and return the duplicate attached hereto. If you should find anything not in order, please let us know immediately by telex or cable, internet, otherwise, the terms and conditions shall be final.

Accepted by: ______________________

on ______________________ ______________________

(Seller) (Buyer)

GENERAL TERMS AND CONDITIONS

Both parties agree to following terms and conditions :

Quantity : Quantity set forth in the contract is subject to a variation of then (10) percent more or less at Seller's option.

Inspection : The inspection of Goods shall be done according to the export regulation of the Republic of Korea and/or by the manufacturer(s) which shall be considered as final. Should any specific inspector be designated by the Buyer, all additional charges incurred thereby shall be at Buyer's account and shall be added to the invoice amount, for which the letter of credit stipulates accordingly. The pre-shipment inspection shall be considered to be final and binding upon both parties hereto.

Packing and marking : Packing and marking shall be at the Seller's option. In case special instructions are necessary, the same should be intimated to the Seller in time so as to enable the Seller to comply with and additional cost shall be borne by the Buyer. Shipping mark shall be made as shown in the oblong of the front page of this contract.

Shipment : Date of Bill of Lading shall be accepted as a conclusive date of shipment. Fourteen(14) days grace in shipping shall be allowed. The shipment date Partial shipment and/or transshipment shall be permitted unless otherwise stated in the contract. The Seller shall not be responsible for any delay of shipment should the Buyer fail to provide timely the letter of credit in conformity with the contract or in case the sailing of the steamer designated by the Buyer be deferred beyond the prearranged date of shipment.

Insurance : In case of CIF or CIP basis, 110% of the invoice amount will be insured, unless otherwise agreed; any additional insurance required by Buyer to be at his own expense; unless otherwise stated, insurance to be covered for marine insurance only F. P. A or ICC (c) Clause. Seller may, if he deems it necessary, insure against war at Buyer's expense.

Increased Costs : If Seller's costs of performance are increased after the date of this Contract by reason of increased freight rates, taxes or other government charges, and insurance rates including war risk, or if any variation in rates of exchange increases Seller's costs or reduces Seller's return. Buyer agrees to compensate Seller for such increased cost or income.

Payment : Irrevocable and confirmed letters of credit, without recourse, available against the Seller's sight drafts shall be established through a prime bank satisfactory to the Seller within fifteen(15) days after the date of the Contract and be kept valid at least fifteens(15) days after the date of last shipment. The amount of such letter of credit shall be sufficient to cover the Contract amount and additional charges and/or expenses to be borne by the Buyer. Should the Buyer fail to provide such letter of credit in accordance with the contract, the Seller shall have the option of cancelling the contract, reselling the contracted goods with the loss at the Buyer's account and/or holding the goods for the Buyer's account and risk. Should the Buyer fail to pay the price of the goods on time. The Buyer shall pay additional interest to the seller the rate of such interest in eighteen(18)% by a year.

Warranty : Unless expressly stipulated on the face of this contract, The seller makes no warranty or condition expressly or impliedly as the fitness and suitability of the goods for any particular purpose. The seller shall not be liable of normal manufacturing defects or for customary variations from specifications or for any damage or deterioration in quality or loss in weight during transit or due to natural causes. The Goods shall conform to the specification set forth in this Contract and free from defect in material and workmanship for twelve(12) months from the date of shipment. The extend of Seller's liability under this warranty shall be limited to the repair or replacement as herein provided of any defective Goods or parts thereof free from defects. Provided, however, this warranty does not extend to any of the said Goods which have been : (a) subjected to misuse, neglect, accident or abuse, (b) improperly repaired, altered or modified in any way, or (c) used in violation of instructions furnished by seller.

Remedy : Buyer shall, without limitation, be default of this Contract, if Buyer shall become insolvent, bankruptcy or fail to make any payment to Seller including the establishment of the letter of credit within the due period. In the event of Buyer's default, Seller may within fifteen(15) days of notice thereof to Buyer exercise any of the following remedies : (a) terminate this Contract; (b) terminate this Contract as to the portion of the goods in default only and resell them and recover from Buyer the difference between the price set forth in this Contract and the price obtained upon resale, plus any incidental loss or expense; or (c) terminate the Contract as to any unshipped balance and recover from Buyer as liquidated damages, a sum of five (5) percent of the price of the balance. Further, it is agreed that the rights and remedies herein reserved to Seller shall be cumulative and in addition to any other or further rights and remedies available at law or equity.

Force Majeure : In the event of nonfulfillment or delayed performance of all or part of the contract, due directly or indirectly to any act of God, prohibition of exportation, suspension of issuance of export licence or other government restrictions, act of God, war, blockade, revolution, insurrection, mobilization, strikes, lockout or any labor dispute, civil commotions, riots plague or other epidemics, fire typhoon, flood. The seller shall not be responsible for such nonfulfillment or delayed performance and may at the seller's option, perform or cancel the contract or any unfulfilled portion there of.

Patents, Trade Marks Designs, etc : Buyer is to hold Seller harmless from liability for any infringement with Trade Marks regard to patent, trade mark, copyright, design, pattern, construction Design, stamp, etc., originated or chosen by Buyer.

Claims : Any claims by Buyer regarding the goods shipped shall be transmitted by the buyer to the seller by INTERNET. COM, within fourteen(14) after arrival of the merchandise at the destination specified in the bill of lading. All disputes, controversies, or differences which may arise between the parties, out of or in relation to or in connection with this contract, or for the breach thereof, shall be finally settled by arbitration in Seoul, Korea in accordance with the Commercial Arbitration Rules of the Korean Commercial Arbitration Board and under the Laws of Korea. The award rendered by the arbitrator(s) shall be final and binding upon both parties concerned. This Contract shall be governed under the laws of Korea.

Trade Terms : All trade terms provided in this contract shall be interpreted in accordance with the latest Incoterms of International Chamber of Commerce.

(2) 구매계약

#552-6 DOGOK-DONG GANGNAM-GU TEL: 02)
SEOUL,KOREA 135-270 FAX: 02)

PURCHASE CONTRACT

MESSRS Date: JAN. 03. 2009
contract no: JJC-030103

Hannam Corporation as Buyer, hereby confirms having purchased from you as Seller, the following goods by contract of electronic purchase made on the above date and on the terms and conditions hereinafter set forth. Seller is hereby requested to sign and return the contract of electronic purchase by Internet.com. The sign must mean an electronic signature.

NO.	COMMODITY &SPECIFICATION	QUANTITY	UNIT PRICE	TOTAL AMOUNT
	PLAN AL-FOIL 6MIC x460MM × 10,000M/ROLL TOTAL+/-10% TOLERANCE TO BE ALLOWED TO QUANTITY & AMOUNT	 52.5MT 52.5MT	CIF HOUNGKONG USD3,900/MT	 USD 204,750.00 USD 204,750.00

Manufacturer : LOTTE ALUMINIUM CO., LTD
Time of shipment : FEB. 15. 2009 Marking : AS PER SELLER'S OPTION
Origin : REPUBLIC OF KOREA
Port of Shipment : BUSAN PORT
Port of Destination: HONG KONG
Payment : BY AN IRREVOCABLE L/C AT 45 DAYS FROM B/L DATE IN FAVOUR OF HANNAM CORPORATION #552-6 DOGOK-DONG GANGNAM-GU SEOUL, KOREA 135-270
Insurance : TO BE COVERED BY SELLER

Packing : EXPORT STANDARD WOODEN CASE PACKING

Trade Information

Process System : THE SELLER AND BUYER MUST SEND AND RECEIVE ONLY THE ELECTRONIC TRADE DOCUMENTS BY INTERNET.COM

Special Terms & Conditions :

This contract is subject to the general terms and conditions set forth on back hereof:

Accepted by: ______________________ KIND WEAR SEOUL CORPORATION

on ______________________ ______________________

(Seller) (Buyer)

GENERAL TERMS AND CONDITIONS

Both Parties agree to following terms and conditions;

Quantity : Quantity set forth in the contract is subject to a variation of ten(10) percent more or less.

License : Seller, at its own expense, shall obtain any and all necessary permits or licenses to export the Goods from the country of shipment and/or to import, sell, use or otherwise dispose of the Goods, including but not limited to the safety standard, in any countries where such Goods are imported, sold, used, or otherwise disposed of.

Shipment : If shipment is made under the terms of CFR or CIF, the seller shall not later than 5 days before the time of shipment, inform the buyer by INTERNET.COM, of the name, nationality, age and other details of carrying vessel as well as the contract number for each shipment.

The shipment shall not be effected without the confirmation from the buyer with respect to the acceptability of the vessel; provided that the buyer shall not unreasonably withhold such confirmation. The buyer shall confirm the vessel, by INTERNET.COM within 15 days from latest shipment day, otherwise, the vessel shall be regarded as confirmed.

Time of shipment is the essence of this contract. Should Seller delay shipping the Goods for other reasons than those set forth in Clause Force

Majeure hereof, Buyer may: (a) cancel this contract in whole or in part, and/or (b) request to Seller, any Seller shall pay to buyer, compensation for any and all damages incurred to Buyer and any special premium transportation or other costs required for the Goods to arrive at the destination as if the Goods be shipped as scheduled.

Packing : All goods shall be packaged to prevent damage from long distance Ocean, charge of climate, dampness, rust, moisture, erosion and shock, and shall be suitable for container transport. The seller shall be liable for any damage and loss of the goods attributable to inadequate or improper packaging. The measurement, gross weight, net weight of each package and any necessary cautions such as “Do not Stack Upside Down”, “Keep Away From Moisture”, “Handle With Care”, shall be stenciled on the surface of each package with fadeless pigment, when necessary.

Price : Seller warrants that the prices sold to Buyer hereunder are no less favorable than the prices Seller currently extends to any other customer of the same Goods or similar goods and/or services in similar quantities. If Seller reduce its prices to others during the term of this Contract for such Goods and/or services including but not limited to the Goods. Seller shall reduce the prices to Buyer for such Goods correspondingly.

Insurance : If shipment is made under the term CIF or CIP, insurances shall be effected by Seller for 110% of the invoice value against ICC(A).

Extra Costs : Should the freight, insurance premium and other extra expenses at the time of shipment on this Contract be raised or charged owing to unexpected changes of circumstances after this Contract is executed. such differences and/or additional expense shall be borne by Seller.

Inspections : Inspections of the Goods shall be carried out at the place or port of unloading at Buyer’s expense. Inspection may be done in the presence of Seller if Seller so desire. Provided, however, notwithstanding any inspection or payment made by Buyer, Buyer may without limiting its remedies reject, require corrections or refuse acceptance of the Goods Which are not in conformity with the specifications or Seller's express or implied warranty. The Goods not accepted by Buyer shall be returned to Seller at Seller's accounts and risk or disposed of by Buyer at a time and price which Buyer deems reasonable and Seller shall reimburse Buyer any and all damages incurred to Buyer due to the Goods which are rejected.

Warranty : The Seller shall warrant that all goods delivered by the seller in quality, specification and packaging shall conform to the contract stipulations.

The warranty period shall remain in effect until the expiration of 10 days after the date of arrival of the goods at the destination but in no circumstances exceeding 7 days after the date of completion of unloading of the goods at the port of unloading.

Remedy : If Seller shall be in default of this Contract or shall fail to ship the Goods at the times scheduled, Buyer may by written notice to Seller exercise any of the following remedies : (a) terminate this Contract: or (b) terminate this Contract as to portion of the Goods in default only and purchase an equal quantity of the Goods of the same kind and grade and recover from Seller the excess of the price so paid over the purchase price set forth in this Contract, Plus any incidental loss of expense : or (c) terminate this Contract as to any unshipped balance and recover from Seller as liquidated damages, a sum of five (5) percent of the price of the balance. Further, it is agreed that the rights and remedies herein reserved to Buyer shall be cumulative and in addition to any other or further rights and remedies available at law.

Infringement : Seller shall be responsible for any infringement with regard to patent, utility model, trademark, design or copyright relating to the Goods in any country where the Goods are sold, used or otherwise disposed of. In the event of any dispute with regard to the said intellectual or industrial property right, Buyer may cancel this Contract. Seller shall be responsible for and shall defend, reimburse, indemnity and hold Buyer harmless from any and all liabilities, claims, expenses, losses and/or damages sustained thereby.

Force Majeure : Neither party shall be held responsible for failure or delay to perform all or any part of this Contract due to flood, fire, earth-quake, snowstorm, drought, hailstorm, hurricane, war, government prohibition, or any other events that are unforeseeable at the time of the conclusion of this Contract and could not be controlled, avoided or overcome by the such party. However, the party who's performance is affected by the event of Force Majeure shall give a notice to the other party of its occurrence as soon as possible and a certificate or a document of the occurrence of the Force Majeure event issued by the relative authority or a neutral independent third party shall be sent to the other party not later than 7 days after its occurrence. If the Force Majeure event continues for more than 30 days, both parties shall negotiate the performance or the termination of this Contract. If within 2 months after the occurrence of the event of Force Majeure, both parties can not reach an agreement, either party has the right to terminate this contract. In the case of such a termination either party shall bear its own costs, further claims for compensation in connection with the termination shall be exclude.

Claims : Should the quality, specifications, quantity, weight, packing and requirements for safety or sanitation/hygiene of the goods be found not in conformity with the stipulations of this Contract, the buyer shall give a notice of claims to the seller and shall have the right to lodge claims against the seller based on the Inspection Certification, issued by the inspection organization provided in Warranty Clause of this contract within 10 days from the date of the arrival of the goods at the final destination, provided that such date shall not exceed 4 days from the date of the completion of unloading of the goods at the port of unloading. In the event the non-conformity and provided the Seller is responsible, the Seller shall promptly, within 10 days upon receipt of the buyer's notification, on its own account repair or replace such goods or supply the quantity that is deficient and compensate the buyer for damages. If repair, replacement or devaluation definitely fails within the time limit agreed by the parties, and/or if the failure by the seller amounts to a fundamental breach of contract, the buyer has the right to terminate this Contract.

Arbitration : All dispute, controversies, or differences which may arise between the parties out of or in relation to or in connection with this contract should be settled amicably through friendly negotiation. If the parties fail to reach an agreement through negotiation, then any dispute mentioned above shall be finally settled by arbitration. The place of arbitration should be, unless otherwise agreed between the parties, the country in which the respondent reside. If the arbitration takes place in Korea, it shall be held at the Korean Commercial Arbitration Board in Seoul under its Arbitration Rules. The arbitration award shall be final and binding upon both contracting parties.

Governing Law : This Contract shall be governed under the laws of Korea

Trade Terms : Unless otherwise stipulated in this Contract, the terms and conditions of this Contract shall be interpreted in accordance with "International Rules for the Interpretation of Trade Terms"(INCOTERMS 2000) provided by the International Chamber of Commerce, International Chamber of Commerce Publication.

3. 무역계약서 작성

(1) 비누 수출계약

수출상과 수입상이 다음과 같은 조건에 합의하였고 합의한 조건에 따라 수출계약서를 작성한다.

Exporter : HANILMOOLSAN CO.,LTD
#442-2, SANGDAEWON -DONG, JUNGWONKU, SUNGNAM - CITYKYUNGKI - DO, KOREA TEL: 82-31-735-9900 FAX: 82-31-731-5628
Importer : HANSUNG INTERNATIONAL TRADING INC.
218-4451 No. 3Rd. Richmond, B.C., V6X 2C3, CANADA.
Tel : (604)303-6442 Fax : (604)303-6448
Ref NO. : 2641
계약체결일자: 2009년 4월 1일
ITEM : GINSENG SOAP(100g)
QUANTITY : 5,000
UNIT PRICE : USD 1.10
원산지 : 한국
포장 : 수출상의 선택사항
선적 : 해상운송으로 하며 선적은 2009년 4월 28-30보다 늦지 않아야 한다.
선적항 : 부산항
하역항 : 벤쿠버 항
상품인도 : 신용장을 받는 날로부터 25일 이내
가격조건 : FOB BUSAN
대금지급: 취소불능 일람불신용장으로 하고 신용장은 계약일로부터 7일 이내에 개설되어야 한다.
참조사항 : 회사의 로고는 비누에 기재되어야 한다.
회사의 로고비용은 수입상이 부담한다.
품질은 A등급 이어야 하고 품질이 다르면 주문은 취소될 것이다.
수출상은 포장지 밖에 Ginseng을 기재하여야 한다.
수출상은 진생비누를 홍콩, 중국, 대만, 북미에 수출할 수 없다.

HANILMOOLSAN CO.,LTD

#442-2, SANGDAEWON - DONG, JUNGWONKU, SUNGNAM - CITY KYUNGKI - DO, KOREA TEL: 82-31-735-9900 FAX: 82-31-731-5628

SALES CONTRACT

Dear. HANSUNG INTERNATION TRADING INC.
#218-4451 NO.3 ROAD, RICHMOND, BC. V6X2C3, CANADA
Tel : 1-604-303-6441 / Fax : 1-604-303-6448
REF NO :

DATE :

We, Hanilmoolsan Corporation, hereby confirm having sold to you the following commodity by contract of sale made on the above date and on the terms and conditions herein after set forth.

ITEM & DESCRIPTION	Q' TY	UNIT PRICE	AMOUNT
TOTAL			

ORIGIN :
PACKING EXPORT :
TIME OF SHIPMENT :
PORT OF SHIPMENT :
PORT OF UNLOADING PORT:
PRICE TERMS :
PAYMENT :
DELIVERY :
REMARK
Brand :
Cost of logo :

HANILMOOLSAN CO.,LTD — Hansung International Trading
Inc. SIGN: — SIGN:

(2) 인삼수출계약

다음과 같은 조건을 수출상과 수입상이 합의 하였다. 합의한 조건으로 수출계약서를 작성한다.

Exporter : DONG-JIN PHARMACY CO., LTD
223 Je-Won Ri Je-Won Meoun Kum-San Chung-Nam Kore
Tel : 82-41-754-9372 Fax : 82-42-522-5102
Importer : HANSUNG INTERNATIONAL TRADING INC.
218-4451 No. 3Rd. Richmond, B.C., V6X 2C3, CANADA.
Tel : (604)303-6442 Fax : (604)303-6448
Ref NO. : 2601
계약체결일자: 2005년 11월 26일
ITEM : GINSENG CANDY, GINSENG JELLY
QUANTITY : 각350 CTN
UNIT PRICE : USD 36.00
원산지 : 한국
포장 : 수출상의 선택사항
선적 : 해상운송으로 계약을 체결한 후 20일 이내에 선적되어야 함
선적항 : 부산항
하역항 : 벤쿠버 항
가격조건 : FOB BUSAN
대금지급 : 전신 송금환으로 금액의 10%는 선불로 지급되어야 하고 나머지 90%는 선하증권을 수입상에게 인도한 후에 결제될 것이다.
참조사항 : 다음에 계약을 체결할 때, 가격은 다음과 같이 결정된다.
만약 수량이 200개 이하이면 가격은 미화 1.4으로 하고 수량이 200개 이상이면 가격은 미화 1.3로 한다.

DONG-JIN PHARMACY CO.,LTD

223 Je-Won Ri Je-Won Meoun Kum-San
Chung-Nam Korea
TEL: 82-41-754-9372 FAX: 82-42-522-5102

SALES CONTRACT

MESSRS:
HANSUNG INTERNATIONAL TRADING INC.
218-4451 No. 3Rd. Richmond, B.C., V6X 2C3, CANADA.
REF NO :

DATE :

WE, DONG-JIN PHARMACY CO.,LTD, hereby confirm having sold to you the following commodity by contract of sale made on the above date and on the terms and conditions hereinafter set forth.

ITEM & DESCRIPTION	Q' TY	UNIT PRICE	AMOUNT	REMARKS

ORIGIN :
PACKING EXPORT :
SHIPMENT :
PORT OF LOADING :
DESTINATION PORT :
PAYMENT :
PRIC TERM :
REMARK:

Dong-Jin Pharmacy Co.,ltd

Hansung International Trading Inc.

SIGN:

SIGN:

(3) 신용장 결제방식에 의한 수출계약서 작성

다음 상황을 분석하여 수출계약서를 작성한다.

1) 수출입매매계약 당사자

Seller : Hannam Corporation C.P.O BOX 7856, Seoul, Korea

Buyer : IBM CO., LTD. 70 Liberty Street, New York n.y. 20034, U.S.A.

2) 상품명

Grey Cotton Yarn. H.S NO: 4014-10-203

3) 품질조건

Sales by Sample : Buyer's Sample No. 3068(Counter Sample)
Seller's Sample No. 70989(Confirmed Sample)

4) 수량조건

Buyer : 10,000yds을 첫 주문으로 요구 Blue Color 5,000 yds, Red Color 5,000 yds

Seller : An order shall be accepted so long as the quantity exceeds 20,000 yds을 Blue Color 10,000 yds, Red Color 10,000 yds로 구매할 것을 주장하였다. 결국 수입상의 양보로 수출상의 생산량으로 결정되었다.

5) 가격조건

수출상은 FOB부산조건으로 Yards 당 미화 8달러를 제시하였고 수입상은 CFR뉴욕조건으로 Yards 당 미화 9달러를 제시하였다. 몇 차례의 가격협상을 통해 최종적으로 수출상은 CIF뉴욕가격조건으로 Yards 당 미화 11달러를 제시하였고 수입상은 CIF뉴욕가격조건으로 Yards 당 미화 10달러를 제시하였다. 결국 수출상은 수입상이 최종적으로 제시한 가격조건으로 수출하기로 결정하였다.

6) 선적

수출상은 신용장이 개설된 날로부터 90일 이내로 선적하기로 합의하였으며 수입상은 선박회사를 Hanjin Shipping Line으로 지정하였다. 수입상은 모든 서류에 선적항은 부산항으로, 하역항은 뉴욕, 원산지는 한국으로 기재할 것을 계약서에 기재하였다.

7) 대금결제

수출상과 수입상은 수출대금결제조건을 취소불능 일람불 확인신용장으로 하기로 결정하고 신용장은 계약이 체결된 날로부터 10일 이내에 수출상에게 개설되어야 하며 개설은행은 시티은행이고 확인은행은 맨하탄 은행이 하기로 결정하였다.

8) 포장방법

1롤에 50yds로 하고 한 포대에 5롤이 포장되고 20피트 컨테이너에 FCL기준으로 40포대가 적재하여야 한다.

9) 화인

정사각형안에 IBM을 명기하고 포대번호는 1부터 연속번호로 표기하고 뉴욕과 원산지를 함께 기재해야 한다.

10) 적하보험조건

협회적하약관 ICC(A)조건과 전쟁, 파업, 폭등, 소요조건으로 보험금액은 상업송장금액에 10%의 희망이익을 추가하여 보험계약을 체결하기로 결정하였다.

11) 무역정보통신 시스템 사용조건

한국무역정보통신에서 운영하고 있는 무역EDI시스템을 사용하기로 한다.

12) 오퍼발행일자와 유효 기간 및 계약체결일자

수출상은 수입상에게 2009년1월1일 오퍼 발행일로부터 7일간 유효한 오퍼를 발행하여 2009년 8월 1일 계약을 체결하였다.

(4) 추심방식에 의한 수출계약서 작성

1) 수출입매매계약 당사자

Seller : Hannam Corporation C.P.O BOX 7856, Seoul, Korea

Buyer : OKAMOTO IND. INC. 3-27-12 HONGO BUNKYO-KU, TOKYO, JAPAN

2) 상품명

Automobile tubes. H.D NO : 4013-10-2000

3) 품질조건

Our Sample No. 13 (Confirmed Sample)

Your Sample No. 30(Counter Sample)

4) 수량조건

Size	Valve	Quantity
550-13	TR 13	2,100 PCs
600-14	TR 13	3,900 PCs

5) 가격조건

Seller's price : 550-13 by size, US$ 2.0
600-13 by size, US$ 2.05 CIF YOKOHAMA, JAPAN per PCs

Buyer's Counter price : 550-13 by size, US$ 1.50
600-14 by size, US$ 1.80 CIF YOKOHAMA, JAPAN PER PCS

CONFIRMED price : 500 13 by size, US$ 1.80
600-14 by size, US$ 1.90 CIF YOKOHAMA, JAPAN PER PCS

6) 선 적

수출상은 계약이 체결된 날로부터 45일 이내로 선적하기로 합의 하였으며 수입상은 선박회사를 Hanjin Shipping Line으로 지정하였다. 수입상은 모든 서류에 선적항은 부산항으로 하역항은 요코하마, 원산지는 한국으로 하기로 하였다.

7) 대금결제

수출상과 수입상은 지급인도 조건으로 하기로 하였다.

8) 포장방법

size별로 한 박스에 30개씩 포장하여 20피트 컨테이너에 FCL기준으로 적입하여야한다.

9) 화 인

YOKOHAMA

C/No.: 1-up

size :

Country of Origin

10) 무역정보처리 시스템 사용조건

수출상과 수입상은 한국무역정보통신이 제공한 무역 EDI를 사용하기로 한다.

11) 적하보험조건

협회적하보험약관 ICC(B)조건과 전쟁약관을 추가하여 보험계약을 체결하고, 보험금액은 상업송장금액에 10%의 희망이익을 추가하여 110%까지 보험계약을 체결하기로 하였다.

12) 오퍼발행일자와 유효 기간 및 계약체결일자

수출상은 수입상에게 2009년 1월1일 전자오퍼 발행일로부터 3일간 유효한 전자오퍼를 발행하여 2009년 8월 1일 계약을 체결하였다.

4. 무역계약서의 체크리스트

항 목	확 인 사 항	비 고
1. 계약서표제 (TITLE OF AGREEMENT)	1-1 계약서의 표제가 계약의 내용과 편제에 부합되고 있는가?	
2. 계약서전문	2-1 계약서 일자는 정확한가? 2-2 당사자의 표시는 당사자의 동일성을 인식할 정도로 계약서의 권리의무의 귀속 주체로서 적정한가? 2-3 당사자의 설립준거법은 정확히 기재되어 있는가? 2-4 당사자의 등록사무소(본사)의 주소는 정확히 기재되어 있는가 2-5 당사의 표시를 약어로 할 경우 그 약어표시가 적당하며 추후 계약서조문과 모순됨이 없이 일관성을 유지하고 있는가? 2-6 계약체결지를 표시하고 있는가?	
3. 설명조항 (WHEREAS CLAUSE)	3-1 계약서 작성시점을 정확하게 나타내고 있는가? 3-2 설명조항의 규정내용이 당해 계약체결경위, 당사자의 목적 등 계약내용의 개요를 기재하고 있으며 계약서 본문의 해석에 직결되는 내용인가?	계약준거법, 재판관할의 규정이 없는 경우 그것을 결정하는 요소가 된다. 금반원의 원칙이 적용됨
4. 약인조항 (CONSIDERATION)	4-1 계약의 유상성, 대가성, 상호연결성 등 계약의 원인을 표시하고 당해계약의 유효성을 당사자가 명확히 인지하여 합의한다는 내용을 포함하고 있는가?	영미법상 전통적인 이론에 근거
5. 정의조항 (DEFINITION)	5-1 계약서 전 후규정에 의거 모순·상충됨이 없이 정의를 하고 있는가? 5-2 정의된 용어가 일반적이며 포괄적인가? 5-3 계약서 전 조항에 걸쳐 정의된 용어가 일관성있게 사용되고 있는가?	

항 목	확 인 사 항	비 고
6. 계약서류	6-1 입찰안내서, 견적서, 합의서 일반조항, 특별조항, 시방서, 도면 등 계약을 구성하는 각 계약서류의 계약상의 지위를 규정하고 있는가? 6-2 계약서류중의 각 서류간의 우선 적용순위를 명시하고 있는가?	
7. 계약의주목적 (SUBJECT OF CONTRACT)	7-1 당해계약의 목적이 빠짐없이 포괄적으로 규정되어 있는가? 7-2 당사자의 권리의무 관계가 명확히 규정되어 있는가? 7-3 당사자간의 권리의무관계에서 우리 쪽에 불리한 규정은 없으며 우리에게 유리한 권리의무 관계에 불리한 조건이 붙어 있지는 아니한가?	당사자의 업무범위규정 (SCOPE OF WORK)
8. 계약금액 (CONTRACT OF PRICE)	8-1 계약금액이 FOB, CIF, CFR 또는 기타 수출 이행조건에 근거하는 것이 명시되어 있는가? 8-2 TURN-KEY BASE 조건일 경우 LUM SUM BASE가격인지 혹은 COST PLUS FEE형 가격조건인지 또는 LUM SUM PLUS UNIT PRICE BASE 가격인지? 8-3 계약금액이 수출이행조건상의 모든 원가, 비용을 충분히 고려하여 그러한 모든 원가 요소가 계약금액에 산입되어 있는지? 8-4 물가상승 기타 원가요소의 변동시에 적용되는 적정한 가격변동조항(ESCALATION CLAUSE)이 규정되어 있으며 그 가격변동 내용과 범위는 합리적인지? 8-5 계약금액의 통화는 무엇이며 다른 통화로 전환할 경우 적용되는 기준환율과 환차손익이 발생할 경우 그 손익은 누가 부담하는가에 관한 규정이 있는지? 8-6 계약금액이 포함하는 가격요소와 포함하지 않는 가격요소가 규정되어 있는지?	

항 목	확 인 사 항	비 고
9. 지급조건	9-1 지급통화, 지급지, 지급시기, 지급방법 등 지급에 관한 제 조건이 합당한지? 9-2 현금지급조건의 경우 대금청구방법, 시기, 지급절차 등이 우리에게 불리한 것이 없으며 합리적이며 적절한지? 9-3 연불지급조건인 경우 선수금 연불 기간 상환방법, 연불금리, 이자지급시기, 이자계산방법, 원리금 지급보증방법 등 제 조건이 수출금융기관 또는 타 금융기관의 융자조건에 부합하며 적절한지? 9-4 현급지급, 연불지급조건을 불문하고 우리측의 채권확보에 문제되는 점은 없는지? 9-5 지급보증을 위하여 L/C나 L/G가 발행될 경우 그 내용상 채권확보에 불리한 조건은 없는지? 9-6 신용장에 의한 지급을 경우 1) 신용장개설은행의 신용도는 충분한가? 2) 신용장통일규칙을 준수하고 있는가? 3) 특별조항이 있는 경우 그 이행이 가능한 것이며, 국제관행상 부당한 것은 아닌지? 4) 신용장조건이 계약조건과 일치하고 있는지? 5) 선적기일과 유효기일은 적당한지? 9-8 지급보증서가 발행될 경우 1) 해당은행이 상대국의 법률상 지급보증서 발급을 허용받고 있는지, 은행이 아닌 기관이 지급보증서를 발행하는 경우에는 동 기관이 대외채무에 대한 보증능력이 있는지? 2) 준거법은 무엇인지 3) 보증은 연대보증(JOINT AND SEVERAL)형태이며 보증인은 주채무자로서 책임을 지는 것인지? 4) 발행은행 또는 기관의 공신력은 충분한지? 5) 우리에게 불리한 특별조건은 없는지? 6) 원인되는 수출입 계약관계가 명시되어 있는지? 7) 발효 기간 및 유효기간에 문제점이 없는지?	

항 목	확인사항	비 고
10. 사양변경과 계약금액조정 (MODIFICATION A PRICE ADJUSTMENT)	10-1 사양, 작업내용 변경을 추가하고자 할 경우의 절차는 합당하며 우리측에게 불리한 내용이 없는지? 10-2 사양 및 공사의 변경으로 인한 계약금액을 조정하는 경우 그 절차가 합리적이며 적절한지 또한 우리측에게 불리한 규정은 없는지?	
11. 인도조건	11-1 FOB형(CFR, CIF 포함)계약조건인 경우 그 조건과 상충되는 계약조건이 다른 계약조항에 규정되고 있지 아니한지? 11-2 선적항, 도착항, 수하인이 명시되어 있고 선적기일은 적당하며 분할선적이 허용되는지, 선적지연에 따른 부당한 특별약정은 없는지?	
12. 검사 및 테스트 (INSPECTION AND TEST)	12-1 각종 검사 및 테스트의 실시절차, 방법, 검사 및 테스트의 효과 등이 적절하여 우리측에 부당하거나 불리한 규정은 없는가? 12-2 각종 검사 및 테스트에 상대방 측이 참석을 거부하거나 불참할 경우 이를 보충, 구제하는 규정이 있는지?	
13. 성능보증 (PERFORMANCE GURANTEE)	13-1 성능보증을 위한 각종 검사 및 테스트의 실시방법, 절차가 우리측에 특별히 불리한 규정은 없는지? 13-2 보증된 성능에 미달된 경우 우리측에 불합리하거나 부당한 의무나 책임을 지는 규정은 없는지?	
14. 소유권과 위험의 이전	14-1 적출지 인도조건인 경우 소유권과 위험의 이전은 선적시에 상대방에 이전되는 것이 원칙인데 이의 예외규정이 계약서 다른 조항에 없는지?	소유권과 위험분리가능

항 목	확인사항	비 고
15. 손해배상의 예정 (LIQUIDATED DAMAGE)	15-1 손해배상의 예정을 하는 사유, 배상액의 요율, 금액, 최고배상액이 계약의 성질과 규모에 비추어 적정하며 합리적인가? 15-2 LIQUIDATED DAMAGE란 표현대신에 PENALTY라는 표현을 사용하고 있지 아니한지? 15-3 손해배상금액을 지급하는 방법은 허용될 수 있는 방법인가?	PENALTY란 표현은 가급적 사용하지 않은 것이 좋음 계약금액에서 공제하는 것은 안됨.
16.불가항력 (FORCE MAJEURE)	16-1 불가항력사유는 적절한가? 16-2 불가항력 사유발생시 통지절차 및 그 효과 사유종료시 처리절차에 관한 규정은 적절한가? 16-3 불가항력사유 발생시 인정되는 납기의 연장 방법은 적절한가?	불가항력사유가 발생된 기간 만큼 납기연장을 받은 것이 좋다.
17. 하자담보책임 (LIABILITY FOR DEFECTS)	17-1 하자담보책임 발생사유는 적절하며 우리측에게 불리한 규정은 없는지 17-2 하자보증 기간은 적절한지 17-3 하자담보 책임발생 시 이행할 의무내용은 적절하며 부당한 것이 없는지	책임의 내용은 하자의 수리와 교환을 원칙으로 함이 좋다.
18. 계약약정해지 (TERMINATION)	18-1 약정해지사유로 규정된 것이 계약을 해제할 수 있는 정도의 중대한 계약위반으로 인정되는 것이며 그 사유 중 우리에게 불리한 규정은 없는지? 18-2 계약해지 이외에 손해배상을 하도록 하는 부당한 규정이 없는지?	
19. 계약양도 (ASSIGNMENT &SUBLET	19-1 계약양도, 하도급에 관하여 우리측에 일방적 불리하게 규정하고 있지 않는지? 19-2 계약 기간, 계약갱신에 관하여 우리측에 불리한 조건을 붙이거나 부당한 계약조건을 두고 있지 않는지?	

항 목	확 인 사 항	비 고
20. 계약 기간 계약갱신 (DURATION& RENEWAL)	20-1 계약 기간, 계약갱신에 관하여 우리측에 불리한 조건을 붙이거나 부당한 계약조건을 두고 있지는 아니한가?	
21. 준거법 재판관할 (GOVERNING LAW & JURISDICTION)	21-1 우리측이 받아들일 수 있는 준거법, 재판관할이 규정되어 있는지?	
22. 계약발효요건 (EFFECTUATION)	22-1 계약발효요건 중 우리측이 충족할 수 없는 요건이 있어 계약발효가 될 수 없는 부당한 요건이 없는지? 22-2 계약발효 요건의 충족이 상대방에게만 의존되도록 되어 있지 아니한지?	
23. 계약수정, 변경 (AMENDMENT)	23-1 계약의 수정, 변경절차는 우리측에 불리함이 없이 적절한가?	
24. 통지 (NOTICE)	24-1 계약상의 모든 통지방법, 통지의 효력발생 시점 등 통지에 관한 규정이 합리적이고 적정한지?	
25. 중재 (ARBITRATION)	25-1 적용중재규칙, 중재지, 중재인선임방법, 중재판정의 효력, 중재에서의 준거법 등의 규정이 우리측이 받아들일 수 있는 적절한 규정인지?	
26. 서명자 (SIGNATURE)	26-1 계약서명자에게 당해 계약에 서명하는 정당한 권한이 있는지? 26-2 서명할 수 있는 정당한 권한이 있음을 입증하는 증빙자료를 가지고 있는지	

6-2 대리점계약

1. 독점대리점계약

(1) Definitions

The following terms when used in this Agreement shall have the meaning assigned to them below except where the context other is requires "Agreement" shall mean all of the standard terms, all exhibits and /or schedules, and all references to "herein", "hereunder" of "hereof" shall refer to this entire Agreement.

"Territory" shall mean ________________. "Product" shall mean the products of principal specified in Appendis A. "Product" shall mean garment No.______ of ________ bondname provided by Principal. Product shall mean products or other products specified by Principal from time to time during the term of this Agreement.

1) 의 미

Definition 조항에는 계약서에 쓰일 문구를 지정하는 것으로 "Agreement"는 본 계약 및 별첨된 Exhibit, schedule을 의미한다. 대리인이 취급할 제품과 활동지역을 지정한다.

2) 검토사항

대리인에게 독점권을 주는 계약을 맺을 경우 "Hannam Product"라고 하기 보다는 가급적 취급할 제품을 특정지어 지정하여 놓는 것이 좋다. 혹 다른 사업부에서 모르고 같은 지역에 다른 대리인을 통하여 제품을 판매 또는 구매할 경우 자칫하면 독점대리인과 문제가 생길 수 있기 때문이다. 지역을 명시할 경우 국가명, 지역명을 필히 명시하여야 한다. "Japan", 미국의 경우 "State of Illinois, U. S. A"

(2) APPOINT OF AGENT

Subject to the terms of this Agreement, Principal appoints ______ (Agent 될 자) to be its(exclusive/ nonexclusive) _____ Agent is ____(지역)_____ for the period of years commencing on the day of (month), 2009_____ with first _______ months being trial period and this appointment shall be subject to termination as provided in Article ________.

Nothing contain in this Agreement shall be deemed or construed as for any purpose whatsoever, or responsibility express or imply orally or in writing, on behalf of the name of principal or to bind Principal in any manner whatsoever.

1) 의 미

계약내용을 조건으로 하여 대리인을 선임한다는 조항이다. 이 조항에는 대리인을 누구로, 어떤 목적으로 하는지에 관한 사항과 어떤 지정된 지역내에서 활동할 것인지에 관한 사항을 포함시켜야 한다. 또한 exclusive, semi-exclusive 또는 non-exclusive 하게 활동할 수 있도록 선임한다는 내용과 계약은 언제부터 얼마동안 유효하며 수습 기간(trial period)이 설정되어 있어야 한다. "Nothing contained" 이하의 문장은 대리인과 본인(Principal)의 관계가 피고용인과 고용인과의 관계가 아니고 독자적인, 독립적인 관계이며 대리인이 자기 명의로 또는 본인의 허락 없이 본인의 명의로 의무, 권리를 행사할 수 없다는 내용이다.

이는 필수적인 내용으로, 이를 안 넣으면 고용인-피고용인의 관계로 인식될 수 있어 후에 소송 등이 제기될 경우 일부 국가에서는 노동청에서 관여하게 되어 대리인에게 매우 유리하게 판결날 수 있다.

2) 검토사항

① 대리인을 누구로 하느냐에 있어 그 대리인의 주소를 필히 계약에 기재하여야 한다.
② 지역은 앞서 말한 바와 같이 국가명, 지역명 등을 명확히 지정하여야 한다. 이렇게 지정하지 않으면 대리인은 본인이 원하지 않는 지역에서 활동할 권리가 있다고 우길 수 있으며, 본인은 그 타지역 대리인으로부터 클레임을 받을 수 있다.
③ 특정 지역에서 독점적으로 활동할 수 있는 독점권을 줄 것인지의 여부를 명시하여야 서로의 혼돈을 막을 수 있다.
④ 당사가 대리인인 경우 수출지역을 본인이 제한하거나 부당하게 정하는 경우, 특히 그 지역에 대리인의 대리점이나 지점이 없는데도 불구하고 제한하는 것은 불공정거래 행위에 해당될 수 있다.

⑤ 계약 기간을 꼭 지정하여야 하며 초창기 기간은 단기간(1년)으로 하는 것이 좋다. 또한 '당사자 간의 통지가 없으면 자동 연장 된다' 등의 내용은 제외시킨다. 우선 계약 기간을 정하지 않으면 일방에서 계약이 만료된 것으로 간주하여도 상대방(특히 Agent)에서 이를 극구 부인하는 사태가 발생하여 후에 수수료를 청구하는 사태가 발생할 수 있다. 계약 기간을 장기간으로 하면 대리인이 의무를 제대로 이행하지 못할 경우, 어쩔 수 없이 계속 끼고 업무를 하는 수밖에 없는 상황이 일어날 수도 있다. 특히 유럽에서는 대리인 계약을 파기하면 소송을 걸어올 확률이 높으며 또한 수수료의 2배로 보상하게 될 경우가 많다. 수습 기간(trial period)을 정하면 그 기간 동안 업무실적이 저조할 경우 해임할 수 있다고 규정되어 있다면 별문제 없이 해임이 가능하다.

(3) DUTIES OF AGENT

The Agent shall during the term of this Agreement :

a. endeavour to procure for Principal orders from customer for the supply of Products.

b. Comply at all times with Principal's instructions. Keep Principal informed of all matters that come within its knowledge which may be of interest to Principal concerning business. Make such reports as Principal may require to Agent from time to time relating to its duties hereunder. bear all costs and expenses incurred arising from the performance of its duties hereunder.

d. Bring to the notice of the customer the terms and conditions of sale(including delivery periods and payment) prescribed by the Principal. The Agent's authority is limited to procuring the Products on behalf of Principal in the Territory and the Agent shall have no authority to accept purchase orders in its own name or in its own name or in Principal's name.

1) 의 미

대리인이 본인으로부터 지시받아 이행해야 할 의무에 대한 조항으로 수입상으로부터 제품의 주문을 받는 것, 판매보고, 본인의 지시준수 의무, 지정지역에 대한 정보보고, 시장조사, 고객확보, 활동비용은 대리인이 부담한다는 내용들과 본인의 허락 없이 구매주문을 마음대로 수락할 권한이 없다는 내용을 포함시켜야 한다.

2) 검토사항

① **본인의 입장**

대리인의 의무를 구체적으로 명확하게 기술해 놓지 않으면 대리인이 계약이행을 하지 않더라도 구체적으로 명시되지 아니한 사항을 나중에 본인이 증명하려면 힘들어진다.

- 각 주문 수락 시에는 본인의 서면승인을 받아야 한다.
- 판매보고, 시장조사, 지역정보 등을 정기적으로 보고하도록 한다.
- 활동비용을 대리인 부담으로 한다.
- 사전 승인을 받아 선전, 광고하도록 한다.
- 대리인이 의무를 이행하는데 있어 법에 위배되는 행위, 즉 뇌물을 주거나 받는 행위 등 불법행위는 하지 않도록 규정해야 하다. 보통 대리인의 불법행위에 대해 본인이 책임지는 것으로 되어있기 때문에 '대리인의 불법 행위에 대해서는 본인은 책임지지 않는다'는 내용을 언급하여야 한다.

② **대리인의 입장**

- 판매보고 등 의무사항이 많이 나열되지 않도록 하는 것이 좋겠지만 요구한다면 판매보고는 하더라도 가급적 정기적이라는 것은 삭제하는 것이 좋다. 특히 시장조사, 지역정보 등을 "upon Principal's reasonable request", 즉 본인이 합리적으로 요청할 경우에 한다고 하여 업무의 범위를 축소하는 것이 좋다.
- 활동비용 부담, 선전광고는 가급적 언급하지 않는 것이 좋으며, 선전, 광고의 경우 자료를 본인의 부담으로 본인이 제공해 주는 것으로 한다. 본인이 광고 선전비 등 판촉촉진의 규모를 과다하게 정해 강요하는 경우 불공정 거래행위에 저촉될 수 있다.
- 본인이 부당하게 특정물품을 구매할 것을 강요하는 행위는 불공정거래 행위에 해당되므로 참조하여야 한다.

(5) COMMISSION

1) 본인의 입장

① As sole compensation for all services to be rendered by Agent here under Principal shall pay Agent a commission ("Commission") at the rate of percent (_____%) of the Invoice value, based on F.O.B. ________________, of the Products("the Sales Amount")sold through Agent.

FOB가격을 기준으로 몇 퍼센트의 수수료를 지급한다는 내용으로 CIF, CFR 가격조건보다 본인은 적은 수수료를 부담하여 유리하다.

② The commission shall be payable and due to Agent within _______ days after actual receipt by Principal of the Sales Amount.

수수료의 지급시기를 본인이 대리인의 고객으로부터 물품대금을 받은 후 수수료를 지급한다고 규정하여 수수료의 지급시기를 늦춤으로써 본인에게 유리하다. 만약 수수료의 지급시기를 대리인이 고객과 물품을 판매하기로 판매계약을 체결한 시점으로 규정한다면 대리인은 수수료를 빨리 회수하여 대리인에게 유리하다.

③ If, after receipt of the Sales Amount, Principal is forced to refund any of the Sales Amount, Agent shall refund to Principal the commission on the refunded Sales Amount within _______ days after Principal's refund of the Sales Amount. However, if Agent fails to refund the said commission within the said ____ days, Principal shall be entitled to deduct the same amount from the future commission to be paid to Agent.

이 문구는 본인에게 유리한 내용이다. 본인이 지급받은 물품대금을 만약 환불하여 주어야 하는 상황이 생기면 다음 대리인에게 지급되는 수수료에서 공제한다는 내용이다.

④ In the event that Principal enters into sales contract for the sale of Products between Principal and customer, Principal agrees to pay to Agent a commission on the Products actually sold and paid for by customer as full compensation for all services rendered by Agent hereunder. Unless otherwise agreed upon, the sales commission shall be at the rate of _____ percent(____%) of the contract price received by Principal for any Products sold by Principal under the sales contract between Principal and customer.

Principal agrees to pay to Agent the commission within fifteen(15) days after receiving Agent's invoice ;provided, however, that commission earned means customer has paid Principal for said Products.

All payments to be made to Agent hereunder shall be made in the same currency applying to the respective Products sales contracts and shall be remitted to Agent's ______ office, or to such other place as Agent may indicate to Principal in writing from time to time.

가급적 고객과 거래가 마무리된 후에 수수료를 지급하겠다는 내용으로 본인에게 유리한 내용이다.

⑤ The commission shall be paid to the Agent's designated bank account by telegraphic transfer remittance.

1) 의미

수수료에 대한 조항으로서 수수료 산정기준, 가격, 수수료율, 화폐단위 지정, 지급방식, 지급시기 등을 규정하여야 한다. 당사가 대리인이냐 본인이냐에 따라 조항 내용이 바뀔 수 있다. 수수료 조항의 내용, 즉 지급시기 등은 취급되는 품목이 일반 상품이냐 아니면 플랜트 수주이냐에 따라 달라질 수 있으며, 또한 대리인의 입장에서는 Exclusive냐 아니면 Non-exclusive냐에 따라 달라진다.

2) 검토사항

① 수수료 산정기준을 어떤 가격으로 할 것인지는 대단히 중요하다. FOB로 할 것인지, CFR, CIF로 할 것인지에 따라 수수료의 실지급 금액에 차이가 생길 수 있다.

② 지급시기에 있어 대리인의 입장이라면 수수료 받는 것이 우선일 것이므로 가급적 본인과 고객 간의 대금지급 여부와는 무관하게, 그리고 계약을 체결한

후 일정 기간 이내에 받을 수 있어야 할 것이다.
간혹 고객이 주문을 취소하면 본인이 수수료를 반환하라는 경우가 있으나, 이 경우에도 주문취소와 관련하여 본인의 입장에서는 고객으로부터 물품대금을 받은 후에 대리인에게 수수료를 지급하는 것이 좋다. 또한 고객이 주문을 취소할 것에 대비하여 고객이 주문을 취소하면 다음 수수료에서 지급한 수수료를 공제한다는 규정을 둔다.

③ 대리인이라면 수수료를 제대로 받을 수 있게 본인과 고객 간의 거래실적이 얼마가 되는지 항상 확인 할 수 있게 하는 것이 중요하다.

④ 지급조건을 지정할 필요가 있다. 즉, 본인이라면, 대리인이 개입하여 이루어진 거래에 한하여 수수료를 지급한다는 조건을 명시할 필요가 있으며 그 "이루어진 거래"란 정의도 본인이 서면으로 승인하여 고객과 이루어진 거래로 정할 필요가 있다.

⑤ 지급방식과 화폐를 지정해 놓아야 한다.

2) Agent의 입장

① The Agent is entitled to commission on all sales of the Products which are made during the term of this Agreement to customers situated in the Territory regardless of whether the respective sales contract can be attributed to the Agent's activities under this Agreement.

지역에 대해 독점권을 가진 대리인의 입장에서, 그 지역에서 이루어진 모든 물품판매에 대해 수수료를 받을 자격이 있음을 명시한다.

② The Agent is entitled to commission on such sales of the Products made during the term of this Agreement to customers situated outside Territory which can be attributed to the Agent's activities under this Agreement.

지역외에서 대리인이 활약하여 이루어진 거래에 대해도 대리인은 일정액의 수수료를 받는다는 내용이다.

③ The commission the Agent is entitled to according to Articles land 2 hereinabove (Commission 조항)shall be ____ percent of the C.I.F. --- price of the Products with (　　) days after conclusion of sales contract for the sale of such Products between the principal and customer.

The commission shall be paid to the Agent's designated bank account by telegraphic transfer remittance.'

계약체결 후 (　)일 이내에 CIF의 몇 퍼센트의 수수료를 대리인에게 지급하는 방식이 언급되어 있다.

3) 공사와 관련된 계약의 경우

In full compensation of the services of the Agent, the Principal shall pay the Agent a maximum amount up to ______ percent(___%) of the net quoted price of Principal upon successful executions of a contract for Project. Such compensation may be adjusted by mutual consent between Agent and Principal in due course of negotiation with the Owner if necessary for the successful award of the contract to Principal.

Agent's compensation shall be paid at such time and in such corresponding amount as that received by Principal from Owner.

공사의 경우 본인과 발주자와 거래가 성립되어 본인이 발주자로부터 대금을 받은 후에 대리인에게 수수료를 지급한다는 내용이다. 밑줄 친 부분은 때에 따라 발주자와의 계약을 따기 위해 필요에 따라 대리인의 수수료를 조정할 수 있다는 내용으로 대리인이라면 넣는 것이 좋다. 프로젝트에 따라, 또 대리인의 역할에 따라 수수료를 발주자가 지급할 때마다 주거나 또는 분할로 중간 지급할 수 있다는 내용은 본인에게 유리하다.

(6) OBLIGATION OF PRINCIPAL

The Principal shall be free at any time subject to three months notification to change his current list price for any Product, to change any of his conditions of sale to alter the characteristics or to discontinue the manufacture of any Product, and/or to accept or reject any order transmitted by the Agent. the Principal shall, however, keep the Agent adequately informed as to the prices and other conditions of sale applied by the Principal and as to the characteristics and availability of the Products.

1) 의 미

본인의 역할, 의무를 기재한 조항으로 대리인으로선 유의해야 할 조항으로 상기 내용은 물품 가격변동을 사전 3개월의 기간을 두고 품목의 변동, 물품생산의 중단, 주문의 수락 또는 거절여부 등을 통지한다는 내용으로서 본인에게 매우 유리한 조항이다.

2) 검토사항

① 일반적으로 본인이 수수료를 지급할 의무 등 물품의 샘플, 선전광고 자료의 제공, 상표사용, 제품의 가격표(Price List)제공 및 변동통지 등의 사항을 검토하여야 할 것이며 동시에 본인이 해주어야 할 사항을 회피하고 있지 않은지 점검하여야 한다.

② 가격변동에 있어서는 변동된 가격이 어느 시점에 적용된다는 사항을 정해야 한다. 가령, 변동시기 이전에 선적된 것에 대해서 적용 안된다든지 또는 변동시기 이전에 수락된 구매주문에 대해서 적용이 안된다는 내용을 삽입한다.

(7) MINIMUM QUANTITY

Agent shall have irrevocable orders for the products placed with Principal for not less than the amount of ________ for each ______ months periods in accordance with terms and conditions herein provided. Should Agent fail to place an order for the quantities above mentioned during the said period, Principal may forthwith and without notice terminate this Agreement.

1) 의미

일정 기간 동안 대리인이 달성해야 할 최소의 목표를 지정하는 조항으로 본인의 입장이라면 반드시 넣어야 할 조항이다.

2) 검토사항

① 대리인이 일정 기간 동안 최소판매(구매)량을 거래하게끔 하는 조항이므로, 본인은 기간을 정하는데 있어 계약 기간 중보다는 매 몇 개월에 얼마만큼의 실적을 올려야 된다는 방식으로 정해야 한다. 1년 내에 얼마정도의 실적을 올리게 하고서 만약 대리인이 의무이행을 게을리 할 경우, 1년이 끝나는 시점까지 기다려야 하므로 본인에게 불리할 수 있다.

② 만약 실적을 달성하지 못했을 경우 어떻게 한다는 내용을 언급하여야 한다. 본인이라면 계약을 종료시키는 것이 좋을 것이다.

(8) ORDERS

Principal shall from time to time furnish Agent with price quotations including delivery conditions of the Products in the regions of the Territory. When the Agent receives orders for the Products from the customers in the Territory, the Agent shall transmit such orders to the Principal by written confirmation all order received from Agent are subject to the final approval of the principal.

Notwithstanding the above, all orders must first be confirmed by the Agent before subject to final approval of the Principal.

1) 의 미

대리인이 고객으로부터 주문을 받았을 경우 이루어지는 절차를 정한 내용으로 본인의 입장에서 많이 쓰는 내용이다. 때에 따라 대리인의 의무조항에 포함되기도 한다. 본인이 멋대로 주문을 처리하지 못하게 하기 위해 모든 주문은 본인의 승인을 받아야 된다는 내용이다.

2) 검토사항

① 본인의 입장이라면 필히 주문은 본인의 서면승인을 받을 것이며 승인 받지 못한 것은 주문으로 인정하지 않는다는 내용을 넣을 필요가 있다.

② 대리인의 입장이라면, 이 조항은 원칙적으로 불리하지만 만약 대리인의 승인을 받아야 된다면 기간을 정해 놓는 것이 좋다. 가령 대리인이 주문을 본인에게 발송한 날로부터 몇일 이내로 가부의 여부를 알려주어야 하고 만약 그 지정기일 이내에 가부에 관한 아무런 서면통지가 없으면 가로 간주 하겠다는 등의 내용을 조항에 포함시키는 것이 좋다.

(9) EXPENSES INCURRED BY AGENT

It is understood that all expenses of whatever nature incurred by the Agent attributable to the carrying out of its activities hereunder shall be deemed to be covered by the commission provided for in Article and the Principal shall be under no obligation to make any payment to the Agent in addition to the said commission in compensation for such expenses.

1) 의 미

상기 조항도 본인의 입장에서는 반드시 넣어야 하는 조항이다. 일반적으로 대리인의 의무조항에 포함되거나 별도로 (강조용으로) 규정하기도 하며 본인이라면 모를까 대리인의 입장에서는 굳이 이를 넣을 필요는 없다.

2) 검토사항

본인이라면 상기조항 내용을 넣으면서 밑줄 친 부분, 즉 수수료 외의 비용은 지급하지 않겠다는 내용을 꼭 넣어야 한다.

(10) EXCLUSIVITY

① The Principal shall not appoint any other person or firm for the sale or representation of the Products in the Territory during the life of this Agreement.

② The Principal shall be entitled to deal directly, without the invention of the Agent, with customers situated in the Territory. The Principal shall notify the Agent, with customers situated in the Territory. The Principal shall notify the Agent of any such direct business, and the Agent shall be entitled to the commission provided for in Article in respect thereof to the extent that the Principal deals directly with customers situated in the Territory.

1) 의 미

체결한 계약이 독점대리인 계약인 경우 대리인은 모든 거래가 대리인 자신을 통해서 이루어지길 바라는 의도에서 지정 지역내에 타 대리인의 선임이나 본인이 직접 활동하지 못하게 하는 조항이다. 반대로 본인의 입장에서는 대리인이 지정 지역 이외에서는 활동하지 못한다는 내용을 포함시켜야 한다.

2) 검토사항

대리인은 본인이 독점 지역 내에 다른 대리인을 선임하지 못하게 하고 혹 고객이 본인에게 직접 연락하여 거래가 이루어지더라도 수수료를 대리인이 받을 수 있게 하여야 한다. 이는 대리인이 선전한 효과로 이루어진 결과라 할 수 있기 때문이다.

(11) UNDER TAKING NOT TO COMPLETE

① Without the prior written consent of the Principal, the Agent shall not manufacture, represent, purchase, sell, advertise or otherwise deal with products similar to, identical with usable or sold for similar application as the Products during the life of this Agreement.

② Upon the execution of this Agreement the Agent shall inform the Principal on any existing agreements or other arrangements by virtue of which the Agent deals with products which are not similar to, identical with or usable or sold for similar application as the Products. Thereafter, the Agent shall keep the Principal informed of any such agreements or arrangements and shall in no event jeopardize the proper and punctual fulfillment by the Agent of its obligations under this Agreement.

1) 의 미

계약 기간 동안에 제품과 유사 또는 경쟁하는 물품을 취급하지 않을 것이라는 내용의 조항으로 본인이라면 반드시 반영해야 할 조항이다.

2) 검토사항

① 본 조항은 본인의 물품과 유사하거나 경쟁하는 물품을 취급하지 않는다는 내용인데 기존에 취급하고 있는 물품이 있거나 앞으로 취급할 의향이 있으면 이를 삭제하던지 융통성 있게 변경해야 한다.

② 당사가 대리인 입장에서 본인이 이 경쟁금지 조항을 계약 종료 후에도 강요할 경우 이는 불공정 거래 행위에 해당된다는 것을 알아야 한다.

(12) 기 타

1) 기밀유지(confidentiality)

본인이라면 넣으면 유리한 조항으로, 대리인이 영업하면서 얻은 본인의 기밀 사항을 제 3자에게 누설하지 않을 것을 기재한 조항이다. 이 조항은 계약이 만료, 종료된 후에도 유효하게 하고 만약 당사가 대리인일 경우에는 불공정 거래행위에 해당되므로 유의하여야 한다.

2) 계약의 해지(termination)

본인이라면 대리인이 최소물량을 달성하지 못했을 경우 및 불법 행위를 했을 경우 본인이 계약을 해제, 해지할 권리가 있음을 언급해야 한다. 대리인이라면 본인이 수수료를 지급하지 못했을 경우를 계약 해지한다는 내용을 넣어야 할 것이다. 또한, 본인이 계약종료 후라도 대리인과 본인이 계약 만료 전에 이행하기로 했던 의무를 서로 이행하여야 한다는 내용을 기재하는 것이 좋다.

3) 보증(warranty)

보통 대리인 계약에서도 제외되는데 그 이유는 물품의 공급, 거래가 본인과 고객간에 이루어지며 대리인이 직접 물품을 받아서 넘기거나 취급하는 경우가 드물기 때문에 계약 내용에 삽입되지 않는다. 단 만약을 위해 대리인의 입장에서 짚고 넘어가기 위해 대리인이 책임지지 않는다는 내용으로 넣는 경우도 있다. 기본적으로 상기 조항들은 일반적으로 대리인 계약에 들어가는 조항들로서 실제적으로는 계약서가 무엇을 목적물로, 또 무엇을 목적으로 하느냐에 따라 다른 특별한 조항들이 들어갈 수 있다.

2. 유통대리점계약

(1) 주요 검토 및 필수적인 조항

주요 검토 및 필수적인 조항	
●● Distributor Agreement ●●에 들어가는 독특한 조항	○○ General Terms ○○
● Definitions ● Appointment ● Responsibilities of Distributor ● Responsibilities of Supplier ● Price & Payment ● Order ● Warranty ● Minimum Sales Quantity ● Indemnity ● Undertaking Not to Compete ● Use of Trademark	○ Amendment ○ Assignment ○ Term & Termination ○ Governing Law ○ Arbitration ○ Confidentiality ○ Force Majeure ○ Language ○ Notice ○ Waiver ○ Severability ○ Entire Agreement

(2) 조항 설명

1) DEFINITIONS

The following terms when used in this Agreement shall have the meaning assigned to them below except where the context otherwise requires: "Agreement" shall mean all of the standard terms, all exhibits and/or schedules, and all references to "herein", "hereunder" or "hereof" shall refer to this entire Agreement. "Territory" shall mean (지역), "Products" shall mean the products of Supplier specified in Appendix A.

또는 ⓐ "…shall mean garments No. of brand name provided by Supplier." ⓑ "shall mean products or other products specified by Supplier from time to time during the term of this Agreement."

① 의 미

계약서에 쓰일 문구를 Definition 조항에서 지정한다. 유통업자가 취급할 품목과 활동할 지역을 지정한다.

② 검토사항

유통업자에게 독점권을 주는 계약일 경우 "Hannam Products" 보다는 가급적 취급할 품목을 특정지어 지정하여 놓는 것이 좋다. 다른 사업부에서 모르고 같은 지역에 있는 다른 유통업자를 통하여 품목을 판매 또는 구매 할 경우 자칫하면 독점유통업자와 문제가 생길 수 있기 때문이다. 지역 명을 필히 명확히 명시 하여야 한다. 가령, "Japan", 또는 미국의 경우 "State of Illinois, U.S.A" 등으로 기재한다.

2) APPOINTMENT

Supplier hereby appoints Distributor as nonexclusive (exclusive) distributor of the Products in the Territory. The parties agree that the Distributor will act at all times as a principal and independent contractor in its own name and for its own account and not as a servant, employee or agent of Supplier and that Distributor is not authorized to obligate or blind Supplier in any way. Distributor, as part of its appointment, hereby waives any and all benefits of protective legislation in the Territory.

① 의 미

계약내용 및 공급업자의 지시에 따라 유통업자를 선임 한다는 내용으로 유통업자를 누구로, 어떤 목적으로, 어떤 지정된 지역 내에서 활동할 것인지에 관한 내용을 포함시킨다. Exclusive, semi-exclusive 또는 non-exclusive 하게 활동할 수 있도록 한다는 내용도 포함시킨다. "The parties agree…"는 유통업자와 공급업자의 관계가 피 고용인과 고용인과의 관계가 아니라 독자적인, 독립적인 관계이며 유통업자가 자기 명의로 의무, 권리를 행사한다는 내용이다.

② 검토사항

❶ 유통업자를 누구로 하느냐에 있어 그 유통업자의 주소를 필히 계약에 기재할 것.

❷ 지역은 앞서 말한 바와 같이 국가명, 지역명 등을 명확히 지정하여야 한다. 자칫하면 유통업자와 공급자가 원하지 않는 지역에서 활동할 권리가 있다고 주장할 수 있다.

❸ 계약 기간을 꼭 지정하여야 한다. 계약 기간을 정하지 않으면 계약을 종료시키기 상당히 힘들다. 최초 거래시에는 계약 기간은 될 수 있는 한 장기간은 피하는 것이 좋다.

3) RESPONSIBILITIES OF DISTRIBUTOR

❶ Distributor shall undertake to, actively promote the sales of Products in the Territory. Distributor's obligations shall include, but, not limited to, soliciting new sales, product support, training and hiring of competent personnel, and cooperating and participating in the Supplier's advertising and sales promotion programs.

❷ Distributor shall make quarterly sales analysis reports to Supplier containing customer names, customer addresses, resale prices, expected quarterly sales volume, promotion and marketing efforts, and other information as Supplier may reasonably require.

본 내용은 유통업자에게 불리한 내용이나 공급자에게는 유리하다.

❸ Distributor shall maintain an adequate inventory of the Products and so as to be able at all times to meet without delay the reasonably anticipated demand for the Products for at least 90 days.

❹ Distributor shall maintain a well trained service staff sufficient in size to meet the reasonably anticipated servicing needs for the Products.

❺ Distributor shall not sell the Products to the customers that are located outside the Territory unless permitted by Supplier to do so in writing which shall not be unreasonably withheld.

❻ Distributor shall make quarterly reports to Supplier of any legal claims against Distributor relation to Distributor's sale and support of the Products or any legal claims that could affect the Distributor's ability to perform its obligations under this agreement. Distributor shall also inform supplier of any laws or regulations or any changes in those laws or regulations of the Territory which may affect the production, packaging labeling or the import of the Products.

❼ Distributor will allow Supplier the right to inspect Distributor's business premises and warehouse(s) upon ___ weeks prior to written notice to Distributor.

① 의 미

유통업자가 이행하여야 할 의무를 지정한 조항으로 지정 지역 외에서는 판매활동을 하지 않을 것이며, 판매활동, 판촉활동, 재고유지 및 기타 서비스를 제공하고 지정 지역의 법률정보의 제공 등 의무사항을 유지한다는 내용이다. 상기 조항의 ❷는 특히 공급업자에게 유리한 조항으로 유통업자의 입장에서는 삭제해야 할 사항이다.

② 검토사항

유통업자가 물품을 공급업자로부터 구매하여 판매하기 때문에 물품하자에 대한 책임을 부담하게 되므로 다음과 같은 내용에 대해서 유통업자가 해야 할 의무 부담할 비용 등을 정해야 한다.

- 판매활동을 활발히 할 것
- 재고 및 물품을 항상 구비한다는 내용
- 정기적으로 결산 보고를 한다는 내용
- AFTER-SERVICE 제공
- 광고, 선전할 것
- 세금부담

유통업자가 물품을 공급업자로부터 구매하여 고객에게 직접 판매함에 따라 물품 가격에 마진을 붙여 판매하므로 간혹 공급업자가 부당하게 이 마진을 제한할 경우가 있는데 이는 국내에서는 불공정거래행위에 해당될 수도 있으므로 이 경우 해당 정부기관에 신고해야 하며 자칫하면 계약변경 또는 계약 무효가 되므로 유의해야 한다.

당사가 유통업자일 경우 공급업자가 광고 선전비 등 판촉비를 과다하게 정해 강요할 경우 이는 불공정거래행위에 해당될 수 있으므로 적정한 수준으로 축소하고 간혹 물품의 재판매에 관해 거래 단계로 재판매 창구를 부당히 제한하는 경우도 있는데 이것도 불공정 거래행위에 해당된다.

공급업자의 입장에서는 유통업자의 의무사항이 기재된 것으로 본 조항의 반영은 필수적이다. 특히 독점인지 아닌지에 따라 활동을 지정지역에 국한하느냐의 여부가 정해진다.

4) RESPONSIBILITIES OF SUPPLIER

The Supplier will undertake, ❶ to supply and deliver the Products in accordance to Distributor's orders, by shipment to such locations within the time and Territory as Distributors shall designate; ❷ to extent permitted by law, to endeavor to prevent other appointed distributors located outside the Territory from selling the products within the Territory; and ❸ to provide from time to time, such sales brochures, catalogs, specifications, samples and information as Supplier deems in its sole discretion to be necessary for Distributor to perform its obligations under this Agreement. In the event this Agreement is terminated or expires, Distributor shall at its own expense return any and all unused materials or samples to Supplier.

① 의 미

공급업자가 해야 할 의무를 기재한 내용으로 주로 물품공급, 독점권을 유통업자에게 허가했을 경우 다른 유통업자가 지역 침범을 하지 않도록 보장하는 내용, 광고물 선전물 제공 등을 언급한다.

② 검토사항

유통업자의 입장에서 공급업자가 유통업자를 위해 어떠한 의무를 하겠다는 내용이므로 일반적으로 공급업자는 유통업자가 주문한 물품을 제때에 공급한다는 내용, 판매에 필요한 선전문, 카탈로그 등을 (무료로 또는 유료로) 제공할 것이라는 내용 등이 들어가야 한다. 특히 공급업자가 주문한 물품을 유통업자에게 적기에 인도하지 못함으로서 발생한 손해를 유통업자에게 배상하여야 한다는 내용을 계약서에 삽입하면 유통업자에게 유리하다. 계약이 exclusive

냐 nonexclusive냐에 따라서 공급업자가 지정 지역에 또 다른 유통업자를 둘 수 있는지 없는지가 결정되기 때문에 유통업자는 이러한 내용에 주의하여야 한다. 유통업자가 계약을 위반하거나 잘못을 했을 경우 공급업자는 계약을 해지할 권리가 있다는 내용을 넣을 수 있으므로 유통업자는 주의 깊게 이 내용을 검토하여야 한다. 공급업자의 입장이라면 공급업자가 책임지는 사항을 제한하여 놓는 것이 좋을 것이다. 가령, 광고물, 선전물 등을 제공하는 경우 계약 종료 시 유통업자로 하여금 모두 반환하게 한다.

6) PURCHASE ORDER

❶ Without prejudice to the other provisions of this Agreement Supplier shall sell and deliver Products to Distributor in the Territory for resale in the Territory in accordance with the terms and conditions of a purchase order which was separately agreed upon and fixed between the parties provided that unless agreed otherwise, provisions in this Agreement shall be applied to each purchase order where the context so admits.

❷ No order from Distributor is binding on Supplier until Supplier issues an acknowledgement to Distributor for such order. Supplier shall confirm the purchase order in writing within 15days from the receipt of such purchase order. In case Supplier does not make a written notice within the time stimulated above, Supplier shall be deemed to have confirmed such purchase order.

❸ If Supplier fails to deliver the Products due to any reason attributable to supplier in any quantity by the time as stipulated on the purchase order, Supplier shall pay liquidated damages at the rate of ____ percent (____%) of the delayed amount per each delayed calendar day up to maximum of ____ percent (____%) to supplier.

❹ Any terms or terminologies quoted in purchase order shall be construed in accordance with the provisions of INCOTERMS 2000 and its amendments.

① 의미

물품의 주문을 위해 구매주문을 유통업자가가 공급업자에게 보내는 것으로서 일반적으로 매 주문 분마다 쓰일 수 있도록 계약 체결과 함께 서식을 만들어 놓는다. 매 주문 때마다 선적항, 운송방법, 수량, 품목납기 등이 다를 수 있으므로 아예 서식을 만들어 몇 가지 일정사항은 고정시키고 변동사항 등을 표시해 나가는 것이다.

② 검토사항

❶ 공급업자의 입장이라면 필히 구매주문은 공급업자의 서면 승인을 받아야 하고 승인 받지 못한 것은 주문으로 인정하지 않는다는 내용을 넣을 필요가 있다.

❷ 유통업자의 입장이라면, 구매주문을 공급업자에게 발송한 날로부터 며칠 이내로 가부의 여부를 알려주며 만약 그 지정기일 이내에 소식이 없으면 주문하는 것으로 간주하겠다는 등의 내용을 조항에 포함시키는 것이 좋다.

❸ 선적방법, 운송조건 (FOB, CIF), 및 책임배상 등에 대한 사항도 구매주문서식에 포함시키는 경우도 있으므로 주의하여 검토해야 할 것이다. 특히 운송 중에 물품이 손실될 경우의 책임문제 등에 대한 조항이 유통대리점계약과 구매주문서식에 서로 달리 규정되어 있을 수가 있으므로 주의하여야 할 것이다.

7) WARRANTY

Supplier shall warrant the Product for a period of 12 months from the date of delivery (or the date of installation) of the Product from defects due to materials or workmanship. In the event any defect is found to the Product, Distributor shall advise Supplier of such defect which Supplier shall repair, replace the defective part and/or furnish the replacement part to Distributor free of charge. If Distributor desires the defective Product to be replaced, Supplier shall send a replacement part immediately upon notice of such desire by Distributor. (또는 "within ___ days of the shipment of the Product.")

① 의 미

물품에 대한 하자보증 조항으로 인도일로부터 12개월 간 보증 기간을 정하고 그 기간 동안 하자가 발생하면 공급업자는 무료로 수시, 교체하여 준다는 내용이다.

② 검토사항

유통업자의 입장이라면 꼭 보고 챙겨야 할 사항이다. 만약 물품에 하자가 있는 경우, 고객이 유통업자에게 클레임 할 것은 당연지사이기 때문에 유통업자는 이를 위해 공급업자의 하자보증을 제대로 받아 놓아야 책임을 모면 할 수 있다. 보증 기간이 얼마나 되는지, 언제까지 하자 유무 여부를 알려야 하는지 등을 검토해야 할 것이다. 가능한 한 공급업자가 하자 있는 물품에 대해 수리, 교체, 현금지급 등의 거의 모든 방식으로 하자책임을 져야 하고, 그리고 그것도 통보한 후로부터 일정일 (가령, 30일) 이내에 하자보증 의무를 이행해야 하고, 그리고 교체, 수리를 할 경우 공급업자의 비용 부담으로 해야 함을 명시해야 한다.

공급업자의 입장이라면 가급적 보증의 범위를 좁혀야 한다. 보증 기간, 보증 의무 이행 방법 등 특히 물품에 대해 보증하는데 있어 일정 기간을 정하여 그 보증기간 내에 연락할 것이며 연락이 그 기간 중에 오지 않으면 보증 의무가 없음을 명시해야 한다.

제조업자의 입장에서 보면 전반적인 대량 하자가 있을 경우 물품을 공급업자가 검토해 본 후에 하자여부를 판단하여 조치하여 준다는 내용이 좋다.

All Products delivered under this Agreement will be guaranteed against epidemic defaults only, during a period of 1 year from the date of shipment per clause ____. Epidemic defaults are defined as one specific fault occurring in more than 20% of the Products, delivered during a period of six consecutive months.

Upon discovery of an epidemic default, the Distributor will hold a sample of such defect product at the disposal of the Supplier. When the epidemic default is established the Supplier will send the necessary parts in replacement of the defective parts to the Distributor at the Manufacturer's costs or cure defect in any other manner the Supplier may deem fit. The Distributor will bear the responsibility for the necessary repair and/or replacement work unless otherwise agreed. In consideration of the Distributor bearing the responsibility for and handling all other warranty claims, the Supplier deducts already in price list service/warranty compensation of 1%.

8) MINIMUM SALES QUANTITY

❶ Distributor shall sell the Product to the clients as specified below during the term of this Agreement.

______ Units in year 2009___ Units in year 2010____

The parties shall review their sales, services and results for the past year at least

90 days before the last day Supplier' s fiscal year ending on March 31 each year. In case the minimum units are not purchased in any year, both parties shall mutually discuss and decide in good faith whether the level of the minimum purchase units guaranteed for the following year should be adjusted or not.

❷ In the event that for two consecutive years Distributor fails to purchase the guaranteed minimum number of units specified in Section 1 of this Article without a proper reason, then Supplier may terminate this Agreement upon a three month written notice.

❸ The guaranteed minimum number of units to purchase mentioned above shall comprise of the Product of the purchase order under which the shipment is completed.

① 의 미

공급업자의 물품을 유통업자가 일정 기간 (주로 계약 기간) 내에 일정물량을 구매해 가도록 하는 조항이다.

② 검토사항

주의해야 할 사항은 상기 조항은 유통업자가 일정량의 물품을 구매한다는 내용으로 했는데 만약에 유통업자가 약정한 물품량을 구매 못하였을 경우 유통업자가 이를 배상해 주어야 하는 상황이 발생할 수 있으므로 유의해야 한다.
유통업자 입장에서는 "guarantee"라는 문구보다는 "shall use its best efforts(최선을 다하겠다)"로 하는 것이 위험을 줄일 수 있다. 당사가 유통업자의 입장인 경우 공급업자가 유통업자에게 판매수량을 제한 또는 판매목표량을 과다하게 강요하는 경우 불공정 거래 행위에 해당된다고 주장해야 한다.
공급업자의 입장에서는 기간을 지정하는데 있어 단기간 (3개월 등)으로 정해야만. 유통업자가 활동을 못할 경우 제재를 취할 수 있다.

9) INDEMNITY

Supplier shall indemnify and hold Distributor harmless against and from any and all losses, obligations, liabilities, costs and expenses, including legal and other fees, arising from any claim of a third party of any perfect in workmanship or materials of any Product or the design thereof.

Supplier shall further indemnify and hold Distributor harmless against and from any and all losses, obligations, liabilities, costs, and expenses, including legal and other fees, arising from any claim of a third party for infringement of patent, trademark or trade name rights. In complying with the provisions of this Article, Supplier shall actively and at its own cost and expense defend against any claim or infringement, provided that if Supplier fails to defend against any such claim, Distributor shall have the right to so defend and Supplier shall indemnify Distributor wherefrom as provided in this Article.

① 의 미

제 3자에 의해 물품과 관련된 클레임이나 특허, 상표침해 등이 발생할 경우 공급업자가 책임진다는 내용이다.

② 검토사항

유통업자라면 소송 등 클레임이 있을 때 공급업자가 가급적 책임지고 자기 비용으로 해결하는 방향으로 문구를 작성하는 것이 좋다. 반대로 공급업자라면 이러한 의무를 이행함에 있어서 일정한 제한을 두어야 하고 그 비용도 반반 부담한다고 명시하여 그의 책임범위를 제한시킬 수 있다.

10) UNDERTAKING NOT TO COMPETE

The Distributor agrees not to develop, manufacture, sell or service goods, neither directly nor indirectly in or outside the Territory, which are competitive to the Products manufactured by the Supplier without prior written consent from the Supplier. The Supplier agrees (accepts) not to promote sales in the Territory of other affiliates manufactured products competing with the Products.

① 의 미

계약 기간 동안 물품과 유사하거나 경쟁하는 업체의 물품은 취급하지 않을 것이라는 내용으로 주로 공급업자가 넣으려 하는 조항이다.

② 검토사항

공급업자의 물품과 유사하거나 경쟁하는 물품을 취급하지 않는다는 내용인데 유통업자의 입장에서는 기존에 취급하고 있는 물품이 있거나 앞으로 취급할 의향이 있으면 이를 삭제하든지 아니면 예외적으로 허용된다는 규정을 두어야 한다.

당사가 유통업자일 경우 간혹 공급업자가 계약 종료 후에도 본 조항을 계속 준수하도록 요구하는 경우도 있는데 이는 불공정거래 행위에 해당된다고 주장해야 한다.

11) USE OF TRADEMARK

Supplier warrants and represents to Distributor that (a) Supplier is the owner of the Trademark right and to the best of its knowledge is free and clear of any rights or claims or licenses of others and has not entered into any agreements or contracts authorizing others to use the Trademark in the Territory and (b) to the best of Supplier's knowledge, no person or entity is infringing or has threatened to infringe the Trademark in the Territory; and (c) there is no pending or threatened litigation related in any way to the validity, use or enforce ability of the Trademark and all of the right, title and interest in and to the Trademark acquired by Distributor under this Agreement.

① 의 미

물품의 상표가 제 3자의 상표권을 침해하거나 침해할 소지가 없으며 현재 특허가 침해되고 있는 사항이 없다는 내용을 보증하여 주는 내용이다.

② 검토사항

유통업자의 입장에서는 상표의 사용권에 대해 공급업자로부터 상기 내용을 보증 받고 사용권을 받아야 한다. 만약 공급업자의 상표가 그 활동지역 내 특허청에 등록되어 있지 않은 상황에서 제 3자의 상표를 침해한다면 제3자로부터 유통업자는 소송제기를 받을 수 있으며 또한 같은 지역 내에 같은 상표를 사용하는 라이선서가 있다면 혼돈의 소지 등 문제가 생길 수도 있기 때문이다. 유통업자라면 상기 조항을 반드시 반영하여 활동지역에서 공급업자의 상표를 사용하여도 문제가 없게 해야 한다. 대부분 국가에서 상표를 안전하게 사용하려면 그 상표가 등록되어 있어야 보호받을 수 있다.

공급업자의 입장에서는 유통업자가 요구하는 내용 보다는 유통업자가 자기 임의대로 사용하거나 등록하는 일이 없도록 규정하는 것이 중요하다. "Distributor hereby acknowledges Supplier's proprietary rights in Trademarks and undertakes not to do anything, during or after the term of this Agreement, which would adversely affect such proprietary rights of the distinctiveness of aforesaid Trademark".

6-3 무역계약분쟁 사례연구

1. 연안부두로 가는 길

국제 소송도 일종의 게임이다. 경기에 임하기 전에 기초체력을 다져야 하고, 막상 게임에 임하였을 때 누가 날카로운 무기와 두터운 방패를 갖추고 있느냐에 따라 승패가 결정된다. 복잡한 국제 무역거래에 종사하고 있는 무역전문가들은 도처에 도사리고 있는 무역사고라는 덫에 걸려 몇 년 동안의 종사로 벌은 수확을 날리기도 한다. 참으로 노련한 무역전문가라면 이러한 덫을 헤쳐 나갈 무기를 사전에 준비할 것이다.

신도시 건설계획으로 건설경기가 한창 좋던 2009년 여름 품귀현상에 시달리던 시멘트를 수입하여 어려운 영업환경을 타개해 보고자 했던 한남상사의 시멘트팀은 프랑스에 있는 K상사로부터 값싸고 양질의 루마니아산 시멘트를 공급하겠다는 주문을 받았다. 일전에 중국산 시멘트로 재미를 본 시멘트팀은 별로 낯설지 않은 품목과 눈에 훤히 보이는 장래 이익에 수입을 주저할 수 없었다.

항상 시멘트와 같은 벌크 화물을 취급할 때는 선적, 운송, 하역의 문제가 가장 중요한 사항으로 등장한다. 루마니아의 사정에 밝았던 K상사측의 요청에 의하여 CFR조건으로 계약을 체결한 후, K상사측은 키프러스 선박회사인 OCEAN TRUST사의 22년짜리 배를 수배하였다고 통보하였다. 선령이 너무 오래되어 제대로 하역작업을 할 수 있을까 의심한 한남상사의 시멘트팀은 선박교체를 요구하였지만 K상사측과의 수입계약서에는 선박선령에 관한 별다른 제한이 명기되어 있지 않았기에, 별문제가 없을 것이라는 K상사의 주장을 반박할 수 없었다.

그 당시 건설경기의 과열로 인한 물동량의 증가와 무역거래규모의 비약적인 팽창을 따라잡지 못한 사회간접자본시설의 미비로 인하여 인천항은 선박의 적체로 몸살을 앓고 있었다. 시멘트를 실은 선박이 인천항 부근에 도착한 것은 2009년 8월 20일 빽빽하게 들어 차 있는 인천항은 밀려드는 외국 선박을 맞이하기에 너무나도 좁았다.

신문경제면에서는 연일 부두, 항만시설의 미비로 인하여 인천항에서 체선이 평균 15일 가량 발생하고 있다고 보도하면서, 사회간접자본의 투자 마인드를 고취하기에 이르렀다. 결국 10일간의 대기 끝에 선석에 접안한 선박은 하역작업을 진행하고

자 하였으나 선박의 DERRICK에 이상이 있다는 것이 발견되었고, DERRICK이 이상하다고 느낀 하역인부들의 작업거부로 인하여 하역작업은 점점 지연되고 말았다. 이때 OCEAN TRUST사는 체선료의 지급을 한남상사측에 요구하였으나 한남상사측은 DERRICK의 하자 등을 들어 그 이행을 거부하였다. 그럭저럭 하역을 마친 한남상사가 건설회사에 시멘트를 납품한지 6개월 후 OCEAN TRUST사는 국내의 유수한 변호사를 통해 서울민사지방법원에 32일간 발생한 체선료를 청구하는 소송을 제기하였다.

쌍방 간에 7명의 증인과 유력한 증거자료를 통하여 공방전을 벌였지만, 객관적인 체선의 발생사실, 당시 보편적인 인천항 선박적체 현상, 하역인부들의 무리한 작업거부 등인으로 인하여, 한남상사는 체선료에 대한 OCEAN TRUST측의 공격을 피할 수 없었다. 비록 DERRICK의 하자 등과 같은 몇 가지 사유로, 감액을 청구할 수 있다고 하여도 사실관계가 이와 같이 불리하다고 느낀 한남상사측은 새로운 방어무기를 강구하지 않을 수 없었다.

OCEAN TRUST측은 한남상사가 본건 선하증권의 소지인으로서 수하인이기에 한국상법 800조 "수하인이 운송물을 수령하는 때에는 운송계약 또는 선하증권의 취지에 따라 운임, 부수비용, 체당금을 지급하여야 한다."는 규정에 의하여 비록 한남상사가 용선계약의 당사자는 아니지만 체선료에 대한 책임을 피할 수 없다고 주장하였다. 이에 대하여 한남상사측은 선하증권의 이면에 명기된 "선하증권에 따른 제반분쟁은 선적국법에 따른다. (Any disputes arising under this bill of lading to be decided according to the of vessel's flag)"라는 규정을 들어 선적국인 키프러스법이 적용되어야 하기에 한국상법 800조에 따라 한남상사가 책임이 있다는 OCEAN TRUST측의 주장은 이유 없다고 반박하였다. 또한 용선계약의 당사자가 아닌 한남상사가 용선계약상의 체선료에 대한 책임을 지기 위하여는 선하증권상에 "FREIGHT AND OTHER CONDITIONS AS CHARTER PARTY"라는 취지의 문구가 기재되어 선하증권의 소지인인 한남상사가 선하증권상의 문구에 따라 용선계약의 규정을 적용받도록 하여야 한다고 주방하였다. 한남상사가 키프러스 변호사에게 확인하였고, 이에 관한 판례 등을 증거자료로 제출하게 되었다.

준거법에 대한 주장과 선하증권의 해석에 관한 반박은 OCEAN TRUST의 날카로운 창끝을 꺾어버리기에 충분했던지 결국 본건은 법원측에서 한남상사의 주장을 받아들여 OCEAN TRUST측의 청구를 기각하였다.

소송이 진행되는 과정에서 한남상사의 시멘트팀은 다음과 같은 몇 가지 점을 발견하고 앞으로 이와 비슷한 사태를 대비하기 위하여 이론적 무기를 준비할 수 있었다.

첫째, 용선계약의 당사자가 아니면서 수하인의 지위에 있으면(CIF, CFR 등) 선하증권의 내용에 구속된다. 따라서 선하증권에 따라 체선료 등에 대한 지급책임을 질 경우가 허다하므로, 무역계약을 체결할 때 체선료에 대한 지급책임을 누가 부담할 것인가를 규정하여 향후 선박회사의 청구에 대비하여야 한다.

둘째, 수하인이 선하증권에 구속되면, 선하증권에 의한 분쟁을 어느 법에 의하여 판단하느냐가 중요한 문제로 대두된다. 한국법에 의하면 일단 수하인이 화물을 수령하면 체선료 등에 대한 책임을 지는 것으로 해석될 여지가 많다. 따라서 향후 선하증권의 이면약관을 검토할 시 이점을 유의하여 살펴야 할 것이다.

셋째, 운임이 후불로 지급되는 벌크화물의 경우에는 운임 등은 용선계약서에 따른다는 문구가 선하증권에 기재되는 경우를 많이 볼 수 있다. 선적항이나 하역항에서 발생된 체선료 및 운임에 대하여 선주는 용선계약자가 누구냐에 관계없이 동 문구에 기하여 수하인인 당사에게 지급청구를 할 수 있다는 점을 명심하여야 한다.

2. 선사의 나쁜 습관

스페인에서 수입한 물품이 오염되었다. 이에 당사는 선적시 오염의 존재를 알았음에도 불구하고 무사고본선적재선하증권(clean on board bill of lading)을 발행하여 당사가 대금지급을 정지할 수 있는 기회를 박탈한 선사를 상대로 손해배상을 제기하기에 앞서 인천항에서 물품을 하역하던 문제의 선박을 가압류했다.

비록 당사가 매입서류로서 선적전 검사증명서를 요구하였지만, 검사는 실선적일보다 20여일 전에 실시되었기 때문에 오염은 더욱 심화되어 결국 팔릴 수 없는 물건으로 만들었던 것이다. 물론 선사는 화주로부터 오염으로 인하여 제기되는 모든 클레임으로부터 선사를 면책시키겠다는 약속을 담은 보증서(letter of indemnity)를 징구하고 오염이 있다는 사실을 본선수취증(mate's receipt)에 기재하였다. 오염, 녹, 파손 등이 발생하기 쉬운 품목에 대해서는 반드시 선적전 검사보고서를 요구해야 한다. 검사와 선적일 사이가 긴 경우 선적전 검사보고서를 요구하는 것은 의미가 없을 수 있다. 따라서 검사시점을 선적전 몇 일 이내로 제한하여 이것을 신용장과 계약서에 명시하여야 한다.

선적시 물품의 하자를 알고 있는 선사가 선하증권에 면책조항이 있음에도 불구하고 무사고선하증권을 발행하면 선사는 그에 대하여 책임을 져야한다.

3. 배반의 검사보고서

한남상사의 김과장은 타고난 주력과 원만한 인간관계 그리고 저돌적인 업무 추진력으로 인해 사내・외에서 체질적인 상사맨으로 널리 인정받고 있는 훌륭한 해외영업맨이다. 지나 7년간 회사에 많은 이익을 남겼다. 김과장은 S금속과 체결하게 될 시베리아산 망간괴의 계약 때문에 저녁 늦게 퇴근하였다. A종합상사의 D지사를 통해 호조건의 망간괴 수입 오퍼를 받고 국내판매를 물색하느라 쏟았던 노고도 잊은 채, 이번 거래로 USD 15,000,000 상당에 이르는 이익을 생각할 때 운전대를 잡은 김과장은 콧노래를 부르면 집에 왔다.

김과장은 몇 일전에 만났던 S금속의 양사장을 만났다. 김과장은 금속업계에서 잔뼈가 굵은 금속전문가로 불혹의 나이에도 불구하고 왕성하게 사업을 해왔던 양사장의 기억을 떠올리며 계약서를 가지고 양사장을 만나러 갔다. 양사장은 김과장이 만든 계약서를 신중하게 검토하고 망간 순도가 99.99%라는 품질보장을 한남상사가 해달라는 주문을 잊지 않았다.

김과장은 D지사가 보낸 오퍼에 동일 내용으로 품질이 보장되어 있으므로 품질에 관한 위험은 생산업자에게 그대로 전가될 것이므로 순도 99.99%를 한남상사가 재확인해 주는 것은 무방하리라 생각하고 이를 계약조건에 반영하기로 승낙하였다. 그래서 그는 계약을 성사시켰다.

김과장은 그 뒤 생산업자와는 이메일을 통해서 계약서에 서명날인하느라, S금속과는 합의된 사항을 계약서에 반영하고 계약서에 사명날인하느라, 분주한 몇일을 보내고 물건이 도착하기만을 기다리고 있었다. 그런데 하루하루가 지날수록 망간괴의 국내가격이 하락하는 것이었다. 정말 그 때 계약물량을 잘 팔았다고 김과장은 안도의 한숨을 내쉬었다. 비철금속의 시세는 동업계의 물을 7년이나 먹은 김과장의 예측을 항상 무색하게 만들곤 했다.

한 달이 지난 후 계약물량이 인천항에 도착하였으며 하역작업 역시 순조로이 진행되어 S금속이 지정하는 창고로 입고까지 약정기일 내에 완결지었다. 그 다음날 S금속의 담당부장으로부터 전화가 왔다. 망관괴의 색깔이 이상하다는 것이다. 부랴부랴 S금속에 도착해 보니, 순도에 대해 믿을 수 없으니 순도검사를 하지 않고는 망간괴를 인수하지 못하겠다는 것이 S금속 사람들의 변이었다. 망간괴의 국내가격이 계약당시보다 25%가 하락하니 별의 별 수를 다 부리는구나 라고 김과장은 못마땅해 하면서도 책임있는 당사자가 검사비용을 부담하는 조건으로 검사기관으로 국제적인 권위를 자랑하는 SGS에 검사를 의뢰하였다.

이는 생산업자와의 계약시에 품질에 관한 클레임은 SGS의 검사보고서를 첨부하여 45일 이내에 제기하기로 한 단서조항을 염두에 두었기 때문이다. 망간괴에서 시편이 채취되어 검사결과가 나오기까지는 어언 한 달이 걸렸다. 역시 모든 시편에 검사결과는 망간 순도가 99.99%였다. 물론 99.99%가 아니었다 하더라도 생산업자에게 클레임을 제기하는 수고만 하면 될 것이므로 김과장은 검사결과에 대해 크게 걱정하지 않았던 것도 사실이었다.

순순히 승복할 줄 알았던 S금속은 또다시 검사결과에 이의를 제기하면서 여전히 인수를 거부하고 나왔다. 무슨 소리냐며 김과장은 SGS를 믿지 못하고 더구나 구두로 한 약속이지만 SGS검사결과에 승복하기로 하지 않았느냐고 화를 내었다. 이미 그때 수면하에 잠재하던 위험이 그 모습을 드러내고 있었던 것이다. 막무가내로 인수를 거부하던 S금속의 비산사적인 마켓클레임에 마지못해 또 다른 검사기관인 지방공사시험소에 다시 한번 검사를 의뢰하기로 하였다. 이번에는 이전의 경험을 되살려서 지방공업시험소의 검사가 어떻게 나오더라도 무조건 양당사자는 승복키로 한다는 내용의 약정서를 체결하였다.

다시 한 달이 흘렀다. 이제 망간괴의 국내시세는 30%나 하락하였다. 그런데 지방공업시험소는 감히 SGS의 국제적인 명성에 정면으로 도전하는 결과를 발표한 것이다. 70%에 달하는 시편의 망간순도가 99.8% 내지는 99.97%라고 결론지었던 것이다. 망간순도가 0.01%가 다르면 가격차이가 상당하다는 사실을 김과장은 잘 알고 있었으며, 지방공업시험소의 결과가 곧 한남상사의 계약위반을 의미한다는 사실 또한 잘 알고 있었다. S금속은 지방공업시험소에 검사를 의뢰하기 전에 체결한 약정서를 빌미로 망간괴 인수는 물론 대금지급을 거부하였다. 김과장의 얼굴은 사색이 되었다. 왜냐하면 이미 생산업자에게 클레임을 제기할 기회도 상실하였을 뿐만 아니라 설령 클레임을 제기할 수 있는 기회가 있다 하더라도 생산업자와의 계약체결시 SGS의 검사보고서를 첨부하기로 약정하였으므로 순도가 99.99%라 되어 있는 SGS의 검사보고서는 클레임을 제기할 수 있는 근거로 더 이상 활용할 수 없게 되었다.

계속된 김과장의 고민은 끝내 하나의 탈출구를 찾았다. SGS의 검사결과가 명백히 잘못된 것이라면 이를 상대로 어떤 손해배상을 청구할 수 있지 않는가? 법률전문가의 조언을 구한 끝에 김과장의 생각은 이론적으로는 옳다 하더라도 이를 법정에서 입증하기가 얼마나 어려운 사안인지를 쉽게 알게 되었다. 도대체 계약체결시 무엇이 잘못되었단 말인가? 김과장은 잊지 못할 교훈을 발견하였다.

4. 시작은 좋지만

2009년 중반 이란의 수입상으로부터 비료푸대자루인 PP Bag을 US$ 12,000,000 정도를 수입하겠다는 오퍼를 받은 김대리는 곧바로 홍콩의 중화교역을 접촉하였고 동 물품에 대한 구매계약을 체결하였다. 중화교역은 한남상사와 거래가 있던 제조업체에게 구매주문서를 발행하였고, 약정물품은 계약조건에 따라 선적되어 이란의 수입상에게 보내졌다. 노련한 김대리는 수입상과의 계약에 따라 개설된 이행보증서(P-Bond)의 위험부담을 위해 중하교역으로부터 이행보증서를 챙겨두는 것을 잊지 않았다.

다소 빡빡한 일정이었기 때문에 김대리에게는 품질보다는 납기가 우선이었고, 계약서에 품질검사에 관한 규정이 있었으나 이행보증서만을 믿고 크게 신경 쓰지 않았다. 무사히 네고를 끝낸 김대리는 이행보증서 만료일을 기다리며 또 다른 거래를 찾으며 분주한 나날을 보냈다.

이란의 수입상으로부터 불쑥 날아온 클레임통지서가 날아왔다. 귀사가 판매한 PP Bag은 박음질에 심각한 문제가 있어서 비료를 투입하면 PP Bag의 밑부분이 터져버리는 사례가 빈번하게 발생하므로 전량 품질을 재검사하여 하자물품은 즉시 교체해달라고 하였다. 1개월 이내로 위 요구사항을 이행하지 않을 경우 이행보증서의 전액을 몰수하고 알라신의 가르침대로 이행하겠다고 하였다. 한남상사는 US$2,000,000을 수입상에게 배상하여 주었다. 이러한 사실을 중화교역에 통보하고 동 금액의 보상을 청구하였으나 중화교역은 무역계약서에 규정된 품질검사 및 클레임 조항의 절차상의 규정을 지키지 못하였기 때문에 이미 클레임을 제기할 수 있는 권리를 상실했고 따라서 그러한 청구에 응할 수 없다고 회신하여 왔다.

깜작 놀란 김대리는 무역계약서를 다시 살펴보았다. 무역계약서의 품질검사 및 클레임조항에는 한남상사는 약정물품이 목적항에서 양하된 후 1주일이내에 품질검사를 실시하고, 하자가 있을 경우 SGS의 검사보고서와 함께 6개월 이내에 클레임을 제기하여야 한다라고 규정되어 있었다. 그러나 불행히도 김대리가 위 사실을 통보한 것은 10개월이 지난 후였고 SGS의 품질검사도 하지 않았다.

5. 무역분쟁 사례연구

(1) 분쟁의 원인 분석

(2) 당사자 간의 논점

(3) 분쟁의 해결방안

CHAPTER 07

수출상품의 생산과 무역금융

제1절 수출상품의 생산관리
제2절 무역금융

상품은 수출계약에서 핵심적인 역할을 한다. 수출상은 수출계약에서 합의한 상품을 수입상에게 인도하여야만 수출대금을 받을 수 있다. 수출상품의 생산관리는 수출입매매계약에서 합의한 상품을 약정된 기간에 수입상에게 인도하기 위해서 상품생산에 필요한 원재자와 부품의 조달, 생산일정에 따른 상품의 생산, 생산된 상품의 품질 검사 등의 전 과정을 체계적으로 관리하는 납기관리를 말한다. 본 장에서는 수출상품이 생산되는 과정과 방법 및 관리의 중요성 및 무역금융을 이용한 자금조달에 대하여 살펴본다.

7-1 수출상품의 생산관리

1. 수출품 생산관리의 의의

수출상은 수출입매매계약에서 합의한 신용장을 접수하고 신용장내용과 매매계약의 내용이 일치하는지 검토한 후에 이상이 없다면 수출입매매계약을 체결한 후에 수출상품을 생산하게 되는데 이때부터 생산되는 상품에 대한 관리를 시작해야 한다. 생산관리는 수출입매매계약에서 합의한 상품을 약정된 기간에 수입상에게 인도하기 위해서 상품생산에 필요한 원재자와 부품의 조달, 생산일정에 따른 상품의 생산, 생산된 상품의 품질검사 등의 전 과정을 체계적으로 관리하는 납기관리를 말한다. 납기라는 것은 정해진 기한 내에 물건을 들인다는 의미를 갖고 있다. 따라서 납기관리는 수출상이 수입상과 계약한 일정에 선적을 하고 계약한 일정에 상품을 인도한다는 개념을 모두 포함하여 이 두 가지를 모두 관리한다는 것을 말한다. 수출상품은 수출상의 직접 생산에 의하여 또는 외주업체의 생산위탁을 통해서 만들어진다. 수출상이 수출상품을 직접 생산하더라도 생산에 직접 관여하는 부서가 있기 때문에 수출업무 담당자는 생산공정을 체크하는 역할이 중요하다. 외주업체의 생산위탁의 경우 발주서를 계속해서 검사해야 한다. 발주서는 생산업체에 투입하는 상품 생산주문서라고 볼 수 있는데, 이것이 제대로 전달이 되고 계획대로 일이 진행되고 있는지 확인을 하는 것이 상당히 필요하다.

2. 수출상품의 자체생산과 관리

(1) 수출상품의 생산과정

수출상품의 생산은 수출기업의 여러 기능조직과 밀접하게 관계가 있다. 수출기업간에 차이는 있지만 통상 수출상품생산에는 해외마케팅팀, 디자인팀 또는 연구소, 생산팀, 자재관리팀, 생산시설이 해외에 있는 경우 해외공장, 영업관리팀 등이 관여하게 된다. 해외마케팅팀에서 수주한 상품은 디자인팀 또는 연구소에서 상품을 디자인하게 된다. 해외마케팅팀은 해외수입상과 상담과정에서 얻은 수입상이 원하는 상품, 재질, 색상 등 모든 사항을 정확하게 디자인팀 또는 연구소에 전달해야 한다.

해외영업팀과 디자인 또는 연구소 간에 이루어지는 업무처리가 정확히 이루어질 수 있도록 해당 담당자는 세심한 주의를 기울여야 한다.

디자인팀 또는 연구소에서 디자인한 것은 생산을 하기 위해서 생산팀과 자재관리팀으로 전달되고 자재관리팀은 전달받은 디자인을 근거로 상품생산에 필요한 원, 부자재를 구매할 계획을 수립하여 구매하고 생산팀과 해외공장은 자재관리팀 구매계획을 근거로 생산계획을 수립하여 상품을 생산한다. 해외영업팀의 수출담당자는 수출상품 디지인에 관한 상세한 정보가 디자인팀 또는 연구소에서 생산팀으로 정확하게 전달되었는지 확인해야 한다.

해외영업팀의 수출담당자는 생산팀 또는 해외공장의 생산계획이 해외수입상이 원하는 일정에 수출상품을 인도할 수 있도록 수립되었는지 반드시 확인하고 그 일정에 맞지 않으면 생산계획을 변경해야 하며, 생산계획에 따라 생산되고 있는지 수시로 확인하여 상품의 품질을 관리해야 한다. 각 공정별로 부품을 생산하여 완제품을 만들고 있기 때문에 각 공정별로 생산된 부품에 관한 품질과 최종적으로 생산된 완제품에 관한 품질을 검사해야 한다.

해외영업팀의 수출담당자는 수출통관관리를 해야한다. 생산팀의 생산일정에 따라 수출통관에 필요한 모든 행정절차와 제반 서류를 준비하고 선적계획을 수립하여 수출상품이 효율적으로 통관되도록 해야한다.

(2) 수출상품의 생산관리

해외영업팀의 수출담당자는 수출상품이 생산되는 모든 업무처리과정을 치밀하게 관리해야 한다. 수출기업내에서 수출상품생산에 관련된 여러 기능조직 간에 이루어지고 있는 업무처리과정을 정확하게 관리할 경우 수출상품의 품질과 해외수입상에게 새로운 서비스가 창출되어 수입상과의 수출거래가 지속되고 수출물량이 늘어나게 될 것이다.

따라서 수출상품의 생산관리는 수출기업내에서 수출상품을 생산하는데 직접적인 관계가 있는 조직 간에 이루어지는 업무처리과정을 관리하는 것이다. 해외영업팀은 수입상과 상담을 통해서 수출계약을 체결하고 수입상이 원하는 상품을 디자인하기 위해서 수입상으로부터 얻은 모든 정보를 디자인팀 또는 해외생산공장에게 전달하게 되는데, 해외영업팀의 수출담당자가 이러한 정보를 정확하게 디자인팀과 해외공장에게 정확하게 전달하지 못하면 수출상품을 디자인하는 단계에서부터 잘

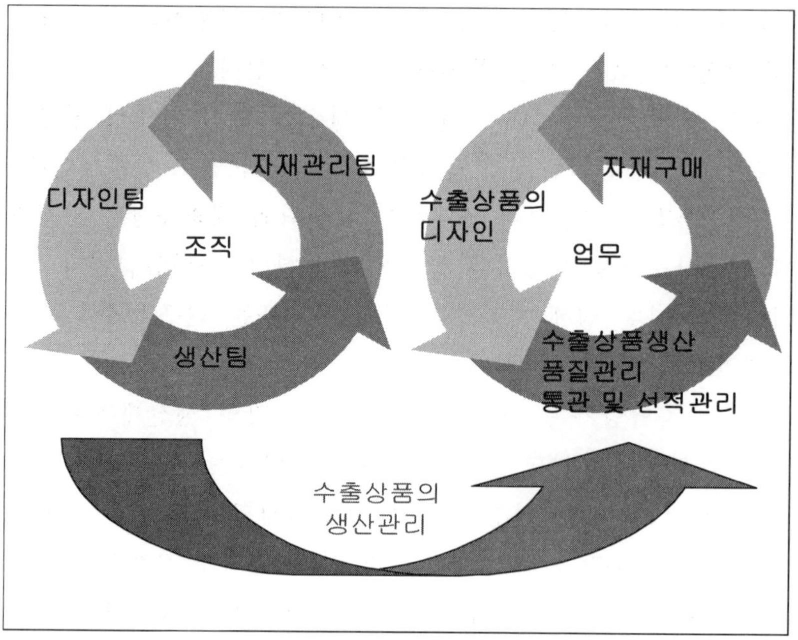

그림 7-1 수출상품의 생산관리

못되어 수출입매매계약에서 수입상이 원하는 상품과 전혀 다른 상품이 생산되어 수출기업에게 막대한 손실을 발생시킬 수 있다.

수출담당자는 수출상품생산에 참여한 여러 조직 간에 이루어지는 업무처리가 정확하게 이행되고 있는지 수시로 확인하여, 수입상이 원하는 상품이 수입상이 원하는 시기에 적기에 전달될 수 있도록 해야한다.

3. 수출상품의 외주생산과 관리

(1) 내국신용장방식을 이용한 생산방법

1) 내국신용장의 개념과 장점

내국신용장(local letter of credit)은 국내의 수출상이 국내에서 생산되는 수출용 완제품 및 수출용 원자재를 국내의 다른 업체로부터 구매하게 될 때 국내수출상의 신용이 낮으면 수출상품을 구매하기가 어려울 수도 있다. 내국신용장은 국내은행이 국내수출상을 대신해서 국내제조업체에게 상품대금의 지급을 보증하는 것이다.

따라서 국내제조업체는 국내은행의 보증을 믿고 제품을 국내수출상에게 판매하게 된다. 국내수출상이 개설의뢰인이 되고 수출상품 생산업체를 수익자로 하여 외국환은행이 상품대금 지급에 대하여 책임을 진 지급보증확약서로 국내업체 간에 이용되는 신용장을 말한다. 내국신용장의 개설의뢰인은 무역금융 수혜와 결제자금의 편의, 수출상품의 안정적 확보 등의 이점이 있고 국내제조업체는 무역금융의 활용, 수출실적 인정, 관세환급, 부가가치세 영세율 적용, 상품대금 회수의 보장 등과 같은 이점이 있다.

2) 내국신용장의 종류

① 원자재내국신용장

제조업체로부터 국내에서 생산된 수출용 원자재를 또는 유통업자로부터 수출용 수입원자재를 구입할 목적으로 개설되는 내국신용장을 말한다. 개설의뢰인은 수출신용장 등 융자대상증빙 보유자 및 과거수출실적 보유자로서 생산시설 보유자 및 생산시설보유자와 임가공계약을 체결한자가 된다.

② 완제품내국신용장

국내에서 생산된 수출용 완제품을 구매할 목적으로 개설되는 내국신용장으로, 무역금융을 취급할 수 없다. 개설의뢰인은 무역종합상사 및 무역업 고유번호를 갖고 있는 업체 중 원수출신용장 등 융자대상증빙(내국신용장제외)을 보유하고 있는 자가 된다. 완제품과 원자재의 구분은 거래대상 상품이 같다고 하더라도 해외 직수출상품이 자동차인 경우에는 원자재, 내국신용장 개설의뢰인의 수출상품이 철강인 경우에는 완제품이 된다.

③ 임가공 내국신용장

임가공 내국신용장은 생산시설이 없거나 부족한 업체가 생산시설을 보유한 업체와 임가공계약을 맺고 가공임자체를 거래대상으로 하여 개설된 내국신용장을 말한다. 임가공은 가공의 성격에 따라 원자재임가공과 완제품임가공으로 구분된다. 원자재임가공은 수출상품의 원자재 제조(가공)공정 중 일부가 없거나 부족한 경우, 당해 공정에 대한 생산시설이 있는 업체와 임가공계약을 체결하고 가공을 의뢰하여 원자재 상태로 반환 받는 형태의 임가공을 말한다. 완제품 임가공은 생산능력이 없거나 부족한 직수출업체가 해외로부터 수취한 수출신용장 등을 근거로 소요 원자재 전량을 확보(원자재내국신용장 및 수입신용장 또는 현금에 의하여)하여, 이를 임가공계약을 체결한 수출용완제품 생산시설이 있는 가공업체에게 무상으로 공급하여 주고 완제품을 반환받는 형태의 임가공을 의미한다.

(2) 구매승인서를 이용한 생산방법

구매승인서는 수출상이 수출용원자재나 완제품을 국내 생산업자 또는 공급업자로부터 구매하는 경우 내국신용장취급규정에 의하여 외국환은행장이 발급하는 승인서이다. 내국신용장 취급규정에 의거 내국신용장을 이용하지 못하는 국내수출품 생산업자를 지원하여 수출상사가 원자재나 완제품을 원활히 확보할 수 있도록 하기 위한 제도이다.

구매승인서의 사후발급을 인정하고 있다. 상품공급당시에는 외화획득용으로 사용될 목적이 아니거나 개설대상이었지만 거래당사자의 무지로 인해 구매승인서를 개설하지 못하는 경우 사후의 발급을 인정하였다. 구매승인서에 의한 수출실적확인기관을 명확히 했다. 은행을 통한 대금결제시에는 확인기관으로 결제은행을 지정하였고, 거래당사자 간에 대금 지급이 직접 이루어지는 경우에는 구매승인서를 발급한 은행을 수출실적 확인기관으로 지정하였다. 또한 무역EDI을 통한 구매승인서의 신청과 발급시 절차를 간소화하였다. 은행이 구매승인서를 발급할 때는 상품을 공급한 자와 구매승인서 발급신청자 모두에게 구매승인서 발급관 관련된 모든 정보를 통지한다. 따라서 구매승인서의 발급을 무역EDI로 신청하는 경우 상품을 공급한 자와 구매승인서의 발급신청자에게 양자가 알고 있는 동일한 내용을 무역EDI를 통하여 전송되기 때문에 불필요한 무역EDI 사용료를 부담하게 되는 비효율성이 발생하여 무역EDI로 구매승인서의 발급을 신청한 업체에게는 승인번호 등 최소사항만 전송할 수 있도록 대외무역법이 개정되었다.

(3) 외주수출상품의 생산관리

외주수출상품의 생산관리는 수출상사가 수출상품을 직접생산하지 않고 제3자의 제조업체에게 수출상품의 생산을 위탁하는 경우 필요하며, 제조업체가 수출상품을 생산하는데 필요한 원·부자재의 조달에서 수출상품의 생산과정, 검사 등 모든 생산과정을 관리하는 것을 말한다. 수출상사는 재무상태, 생산능력, 기술력, 생산시설, 신용상태 등을 상세히 조사하여 제조업체를 결정해야 하고 제조과정의 결함으로 인하여 수입상이 제기한 무역클레임에 관하여 전적으로 제조업체가 책임을 부담한다는 조항이 포함된 수출상품 공급계약을 체결해야 한다.

수출상이 수입상과 수출입매매계약을 체결하는 과정에서 수입상이 요구한 수출상품의 견본을 수용한 경우 수출상품을 생산하는 비용이 과다하게 발생하면 수출상은 수입상에게 이러한 비용을 부담시켜야 하고 수출상품의 견본을 생산할 때 제조업체의 생산능력을 반드시 확인해야 한다. 제조업체는 수량이 적은 수출상품의 견본을 짧은 시간에 생산하지만 견본이 확정되고 본격적으로 수출상품을 생산할 때는 생산 기간이 많이 소요되어 선적일정을 지키지 못하는 경우가 무역실무에서 종종 발생하고 있다. 수입상은 수출상품의 견본을 확정할 때까지는 급하지 않다가 견본이 확정되면 수출상품의 인도를 독촉하는 경우가 무역실무에서 자주 발생하기 때문이 수출상은 이점을 유의해야 한다.

수출상은 수출상품을 생산하는데 필요한 원·부자재를 일괄 구매하여 제조업체에게 공급하고 제조업체는 생산만 전담하는 방법이 있다. 수출상사는 수출품생산에 필요한 모든 원·부자재를 제조업체의 생산계획에 따라 공급하고 제조업체가 수출상품을 생산하는 초기생산단계에서부터 적극적으로 참여하여 수출상품의 생산과정을 관리해야 한다. 수출상사는 원·부자재의 색상, 규격, 생산수량, 생산공정상태, 품질관리 등을 치밀하게 관리해야 한다.

외주관리 사례연구

DRESS SHIRTS를 제조하는 한남상사는 삼미그룹 의류부문의 협력업체로서, 연간 매출이 약 50억에 달하는 중소업체로써 제조상품의 80%을 삼미그룹에 공급하고 있다. 삼미그룹과 한남상사의 거래를 간단히 요약하면 삼미그룹이 원단과 디자인 등을 제공하고 한남상사는 이에 맞추어 완제품을 제조하여 삼미그룹에 납품하며, 삼미그룹은 전량 미국과 유럽으로 수출하고 있다. 한남상사는 삼미그룹이 제시한 디자인 및 납기를 잘 맞추어 주어 삼미그룹은 해외수입상으로부터 높은 신용을 얻었다. 한남상사는 삼미그룹의 매출 및 이익에 많은 기여를 했으며 삼미그룹은 고정된 생산량을 한남상사에게 주어 한남상사의 경영안정화에 많은 역할을 하였다. 따라서 양사 간의 업무상, 비업무상 돈독히 맺어진 인간관계가 형성되었고 양사가 상대의 요청 이전에 서로에 필요한 부분을 선행관리하고 있어 거래의 안정화에 기여하고 있다.

본 사례를 통해서 한남상사 거래에서 보여주듯 외주생산업체의 관리목적. 한남상사를 관리하는데 있어 어떠한 태도 즉 마음가짐, 한남상사를 관리하는데 있어 성공요인을 분석하기 바란다.

(4) 양도가능신용장에 의한 수출품생산

수출상사가 수출상품을 직접 생산하지 않고 제3자의 제조업체에게 수출상품을 생산하는데 필요한 원·부자재의 조달에서부터 수출상품의 생산 등 모든 생산과정을 제조업체에게 전가시키는 방법이 있는데 이것은 양도가능신용장에 의해서 실행된다. 수출상사는 수입상으로부터 양도가능신용장을 받고 제조업체에게 신용장을 양도하고 수출금액 중에서 일정금액을 수수료로 받는다.

1) 양도가능신용장의 정의

양도가능신용장이란 신용장금액의 전부나 일부를 1명 또는 수명의 제3자에게 양도하여 그들이 신용장대금의 청구권을 갖도록 되어 있는 신용장을 말한다. 신용장통일규칙 제38조 b항에서 양도가능신용장의 정의를 다음과 같이 규정하였다.

"Transferable credit means a credit that specifically states it is "transferable" and that may be made available in whole or in part to another beneficiary ("second beneficiary") at the request of the beneficiary ("first beneficiary").Transferring bank means a nominated bank that transfers the credit or, in a freely available credit, a bank that is specifically authorized by the issuing bank to transfer and that transfers the credit."

신용장의 양도를 요청할 수 있는 자를 최초의 수익자(first beneficiary)로 한정하고 있으며, 양도은행은 지정은행이며 자유매입신용장의 경우에는 개설은행이 지정한 은행이 양도은행이다.

2) 양도가능신용장의 양도절차

수출상과 수입상이 수출입매매계약에서 수출대금 결제조건을 양도가능신용장으로 할 것을 합의 한다. 수입상은 개설은행에게 양도가능신용장 개설신청서를 작성하여 신용장 개설을 요청하고, 동 요청을 받은 개설은행은 양도가능신용장 개설신청서에 따라 수출상을 수익자로 된 양도가능신용장을 발행하여 통지은행을 통하여

수출상에게 통지한다.(그림 7-1참조)

수출상은 지정된 양도은행에게 신용장전액양도신청서(Application for advice of total transfer)와 신용장분할양도신청서(Application for advice of partial transfer)를 작성하여 신용장의 양도를 요청하고 동 요청을 받은 은행은 신용장이 양도 가능한지, 양도신청서가 양도인과 양수인이 연서로 작성하였는지, 양도신청서와 인감(서명감) 신고서상의 인감서명이 동일한지, 양도인이 진정한 수익자인지, 양도가 1회에 한하여 제한되었는지 여부, 분할양도의 경우 원신용장에서 분할선적을 허용하고 있는지, 분할양도의 경우 여러 개의 분할양도 금액 총액이 원신용장금액을 초과하는 지 여부, 양도은행을 제한하고 있는 지 여부, 원수출신용장의 조건과 동일하게 양도하는 지 여부[1], 제시된 원수출신용장에 의하여 기 취급한 금융이 있는 지 여부 등과 같은 사항을 검토한 후 수출신용장전액양도통지장을 이용하여 양도통지장(Advice of total(partial) transfer)을 작성한다. 전액양도인 경우에는 전액양도 통지장을 원신용장 및 양도신청서의 조건에 따라 작성하고, 그 내용을 확인하며 분할양도의 경우에는 분할양도 통지장에 원수출신용장 및 양도신청서의 조건에 따라 각 양수인 앞으로 작성하여 원신용장사본을 첨부하고, 양도은행은 원수출신용장 배면에 전액양도 또는 분할양도에 따라 다음과 같이 양도 문언을 기재한다.

"This credit has been totally(or partially) transferred to Co. LTD. For US$ ------."
양도은행은 전액양도인 경우 전액양도통지장을 원신용장과 함께 양수인에게 교부하고 분할양도인 경우에는 분할양도통지장원본과 원본대조를 필한 원신용장 사본을 양수인에게 원신용장은 양도인에게 교부하며, 양수인이 외국에 소재하고 있는 경우 양도통지는 우편이나 전신으로 해외통지은행을 통하여 양수인에게 전달된다.

---

1) 신용장금액 및 단가의 감액, 유효기일, 서류제시기일 및 선적기일의 단축, 보험부보비율을 원신용장의 부보금액 한도까지 증액, 신용장개설의뢰인의 성명을 제1수익자의 성명으로 대체 등은 변경이 가능하다.

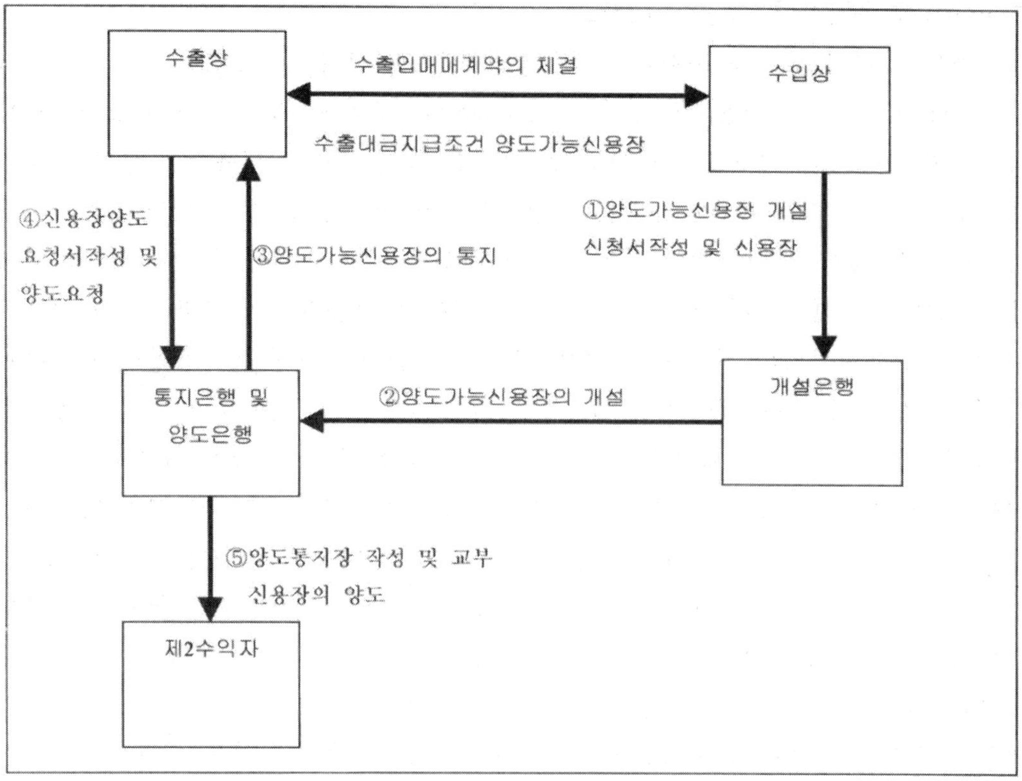

그림 7-2 신용장의 양도절차

3) 신용장통일규칙상 신용장양도에 관한 조항

국제무역환경의 변화로 신용장통일규칙이 2007년에 여섯번째로 개정되었으며 양도가능신용장에 관한 개정된 조항을 보면 4차 개정에서 a항에서 g항까지 7개 조항으로 되었던 것을 5차 개정에서는 a항에서 j항까지 10개 조항으로 6차 개정에서는 1개 조항이 추가되어 11개조항으로 되었으며 주요 개정조항을 살펴보면 다음과 같다.

첫째, 제38조 a항에서 양도가능신용장에 대한 정의를 정확하게 기술하였다.

신용장통일규칙 제4차 개정에 명시된 조항을 보면 "A transferable credit is a credit under which the beneficiary has the right to request the bank called upon to effect payment or acceptance or any bank entitled to effect negotiation to make the credit available in whole or in part to one or more other parties(second beneficiaries)." "The bank requested to effect the transfer(transferring bank), whether it has confirmed the credit or not, shall be under no obligation to effect such transfer except to the extent and in the manner expressly consented to by such bank."로 되어 있어 제1수익자와 양도은행 간에 상호모순 되는 관계에 있는 것처럼 보여 동 규정을 해석하는데 혼동이 발생하였기 때문에 제5차 개정에서는 has the right to를 may로 수정하였고 6차 개정에서는 at the request of the beneficiary 로 수정하여 수익자의 양도요청을 분명히 하였다. 즉 right라는 오해의 소지를 담은 용어를 삭제하여 단순히 수익자는 양도은행에 양도요청을 할 수 있을 뿐이고, 이것은 어떠한 구속력을 갖지 않는다는 것을 명확히 한 것이다.

4) 양도가능신용장 거래당사자 간의 법률관계

① 신용장의 양도와 양도인의 법적관계

ⓐ 양도인과 개설의뢰인과의 관계

수출입매매계약에서 합의한 사항은 수출입매매계약의 당사자인 수출상과 수입상을 기속하고 합의사항을 위반한 당사자는 상대방에게 합의사항을 위반함으로써 초래된 손실을 배상해야 한다. 양도인과 개설의뢰인과의 법적관계는 수출입매매계약에서 약정한 사항에 따라 결정된다. 수출입매매계약에서 수출대금은 양도가능신용장결제방식에 의해서 결제된다고 합의 한 경우에 수출입매매계약과 양도가능신용장거래계약이 양도인과 개설의뢰인을 기속 하는 것으로 보고있다. 개설의뢰인은 수출입매매계약에서 합의한 종류의 양도가능신용장을 약정된 기간 내에 양도인 앞으로 개설해야 된다. 이와 같이 개설의뢰인의 양도가능신용장개설은 양도인 입장에서 보면 수출입매매계약을 이행하기 위한 선행조건이 된다.

즉 양도가능신용장이 개설되어야만 양도인은 수출상품을 생산할 수 있다. 개설의뢰인은 매매계약에서 명시된 신용장을 약정된 기일 내에 수출상 앞으로 개설해야 한다. 수입상이 매매계약에 명시된 양도가능신용장을 개설하지 않으면 매매계약을 위반하게 된다. 수출입매매계약에서 합의한 양도가능신용장이 개설되지 않거나 지연되면 양도인은 수출입매매계약을 해제할 수 있다.

국제 상거래에서는 어디까지나 수출입매매계약이 위주가 되며, 수출입매매계약을 이행하는 과정에서 수출입매매계약의 당사자들을 돕기 위해 존재하게 된 것이 양도가능신용장이다. 그러나 양도가능신용장이 일단 개설되면 수출입매매계약의 당사자가 아닌 은행이 개입하게 되므로 양도가능신용장은 그

자체로서 어떤 독립성을 갖추고 있어야 한다. 양도가능신용장 자체는 어떤 특정한 수출입매매계약에 의해서 생성되었다고 할 지라도 일단 양도가능신용장이 존재하게 되면 그 전의 모든 계약에 의해서는 하등의 구애를 받지 않고 독자적인 법률성을 갖게 되며 양도가능신용장의 당사자인 은행과 양도인, 개설의뢰인은 양도가능신용장거래에서 발생한 어떤 문제를 수출입매매계약의 내용을 들어 영향을 미치게 할 수 없다.

신용장이 전액 양도된 경우 신용장거래에서 개설의뢰인에 대한 양도인의 권리와 의무가 존재하지 않는다. 그러나 수출입매매계약상의 개설의뢰인에 대한 매도인의 권리와 의무는 계속 존재하며, 즉 신용장이 전액 양도되었다 해서 수출입매매계약상의 매도인의 지위가 상실된다고 볼 수 없다. 따라서 수출입매매계약을 매도인이 위반할 경우 그에 대한 법적 책임이 존재한다.

신용장이 일부 양도된 경우 양도인은 자신의 송장을 양수인의 송장과 대체하여 사용할 수 있는 권리가 있으며, 그런 경우 자신의 송장과 양수인의 송장 사이에 차액이 있을 경우에는 그 차액에 대해서 환어음을 발행할 수 있다. 신용장이 일부 양도되면 양도인은 신용장거래에서의 양도인의 권리와 의무가 또한 수출입매매계약상의 매도인의 지위가 동시에 존재하여 양자 간의 권리와 의무를 이행하여야 하며, 그러한 양자의 권리와 의무를 해태함으로써 발생된 손실에 대해 개설의뢰인에게 손해배상을 해야 한다.

양도인과 양수인 간의 수출로 인한 하자담보책임은 전적으로 양수인이 부담한다는 약정을 했다 하더라도, 수입상과의 관계 즉 대외적인 관계에서는 면책의 약정을 하지않는 한 상품의 하자담보책임을 져야 한다.

ⓑ 양도인과 양수인과의 관계

신용장이 양도됨에 따라 신용장거래에서 발생한 매도인의 지위가 양수인에게 이전되어 양수인은 신용장에 명시된 상품을 약정된 기간에 선적하여 수입상에게 송부하고 선적서류와 환어음을 개설은행을 통하여 수입상에게 전달하여야 한다. 즉 양수인은 신용장거래의 매도인으로써 무역거래법상 적법하게 상품을 수입상에게 인도하고 신용장에서 요구한 모든 선적서류를 작성하여야 한다.

따라서 양도인과 양수인의 법적관계는 신용장이 양도됨에 따라 신용장거래에서의 매도인의 위치에 있다. 양수인은 양도인과 신용장거래의 매도인으로써 권리와 의무를 이행해야 할 법적관계가 성립된 것으로 보아야 한다.
신용장이 전액 양도되면 양도인의 신용장 청구권이 상실되고 신용장이 분할 양도된 경우에는 잔액부문에 대해서 양도인은 원신용장을 사용할 수 있다. 또한 신용장이 양도된 이후에 신용장의 조건변경 또는 취소에 대한 낙부권을 유보하게 된다. 그러나 신용장이 전액 양도된 경우 양도인이 이러한 권리를 포기했을 때에는 신용장거래의 의무에서 완전히 벗어나게 된다. 달리 합의 한 경우를 제외하고 양도인은 양도와 관련된 수수료와 제반비용을 지불해야 한다.
양도가능신용장이 자유매입신용장인 경우 양도인은 양수인에게 양도은행 이외의 타은행에서의 매입의뢰를 금지하고 양도은행에서 매입하도록 요구할 권리가 있다. 이것은 양수인이 타은행에서 선적서류와 환어음을 매입하게 되면 매입은행이 선적서류를 원신용장 개설은행에 직송하게 되어 양도인은 송장을 대체할 수 없게 되기 때문에 이를 방지하기 위한 것이다.

ⓒ 양도인과 양도은행과의 관계

양도인은 신용장의 전액양도요청서 또는 신용장의 분할양도신청서를 작성하여 양도은행에게 신용장 양도를 요청하게 된다. 신용장의 양도요청을 받은 은행은 양도요청을 거부할 수 있으며 양도요청에 동의하면 신용장 양도요청서에 기재된 사항에 따라 신용장양도통지장을 발행하여 양수인에게 신용장을 양도하게 된다.
양도요청서는 양도은행이 동 요청서를 접수하고 동 요청서에 기재된 양도에 동의한 범위와 방법에 의하지 아니하고는 이러한 양도를 이행할 의무를 지지 않기 때문에 신용장이 적법하게 양도되었는지 판단할 수 있는 근거 자료이며 양도은행이 신용장양도요청서에 따라 신용장의 양도통지장을 발행하지 않아 양도인에게 손실을 발생시키면 양도은행은 양도인에게 손해를 배상할 책임이 있다.
양도은행을 지급, 연지급, 인수 또는 매입이 수권된 은행, 자유매입신용장인 경우에는 신용장에 양도은행으로 특별히 수권된 은행으로 제한하고 있다. 지급신용장이나 제한신용장은 지급, 인수, 매입은행이 양도은행이 되며 자유매입신용장의 경우에는 양도인이 양도은행으로 특별히 수권된 은행에 대해 양도요청을 해야한다.

② 신용장의 양도와 양수인의 법적관계

ⓐ 양수인과 개설의뢰인과의 관계

수출입매매계약은 수출상과 수입상 간에 체결되나 신용장은 개설은행과 개설의뢰인 그리고 개설은행과 수익자 간의 특정한 관계를 구성하게 된다. 따라서 신용장과 수출입매매계약은 분명히 별개의 것이며 독립되어 있다.

신용장이 양도됨으로써 신용장의 양수인과 개설의뢰인과의 관계는 신용장거래에서 발생한 매도인의 권리와 의무가 존재한 것으로 본다. 양도인이 양수인에게 일단 신용장을 양도하면 형식상으로나 법적으로 모든 책임과 의무는 양수인에게 승계되고, 그 시점부터는 양수인과 수입상 간의 거래가 성립되게 되며 양수인은 신용장의 권리를 취득하는 동시에 신용장조건 준수의무도 승계하는 것으로 본다. 신용장거래는 상품이 아닌 서류상의 거래라는 추상성을 갖고 있기 때문에 양수인은 양도가능신용장에서 명시된 상품을 생산하여 적기에 선적하고 신용장에서 요구한 선적서류와 환어음을 개설은행을 통해 개설의뢰인에게 송부해야 한다.

개설의뢰인은 양수인이 송부한 선적서류와 환어음을 검토한 후 동 서류가 신용장의 제 조건을 충족시키면 정당하게 개설은행에게 수출대금을 지급해야 한다. 따라서 양수인과 개설의뢰인 간에 신용장거래에 대한 법적관계가 존재하고 수출입매매계약상의 매도인으로써의 법적관계는 존재하지 않는다. 양도인과 양수인 간에 어떠한 계약이 존재하여도 그러한 약정은 양도인과 한 것이고 개설의뢰인과의 계약에 의한 것이 아니기 때문에 양수인과 개설의뢰인과의 관계는 신용장이 양도됨으로써 간접적인 법률관계를 맺게 된 것에 불과하다. 또한 신용장에는 담보책임의 발생에 관한 요건이 규정되어 있기 때문에 양수인은 신용장에 기재된 이상으로 상품의 하자담보책임을 지지않는다고 볼 수밖에 없다. 따라서 양수인은 신용장의 양수인으로서의 책임만 부담하면 된다.

ⓑ 양수인과 개설은행과의 관계

신용장거래에서 가장 중요한 것이 수익자와 개설은행 간의 법적관계이며 이러한 법적관계는 수출상과 수입상이 체결한 수출입매매계약에서 비롯된 것이 아니라 은행이 개설한 신용장에 의해서 성립된 것이다.

"An issuing bank is irrevocably bound to honour as of the time it issues the credit."와 같은 내용이 신용장에 포함되어 있고 이러한 개설은행의 확약에 따

라 수익자에게 법적으로 기속 당한다. 이와 같이 개설은행의 약정은 절대적이며, 수출상과 수입상이 체결한 수출입매매계약에 명시된 특정분쟁과 하등의 관계없이 존속한다.

양도가능신용장을 개설한 은행은 양수인이 제시한 선적서류와 환어음이 신용장조건이 아닌 수출입매매계약의 조건과 일치하지 않는다는 이유로 지급을 거절할 수 없으며, 수입상이 상품의 인수를 거절할 만한 정당한 이유가 있다 하더라도 개설은행은 수입상의 지시에 따라 일방적으로 양도가능신용장의 결제를 거절할 수 없다. 특히 수입상이 도착한 상품을 서류를 인수하기 전에 검사해보고 수출입매매계약에서 약정한 상품과 일치하지 않는다는 주장을 해도 개설은행은 양수인에게 수출대금의 지급을 거절할 수 없다.

개설은행은 개설의뢰인의 상환능력의 상실, 또는 양도인과 체결한 수출입매매계약의 하자 등을 이유로 양수인에게 항변할 수 없다. 이는 일단 양도가능신용장이 개설되면 신용장은 그것 자체로서 독립된 특성을 갖고 있기 때문에 다른 어떤 계약에 하등의 영향을 받지 않는다.

ⓒ 양수인과 매입은행과의 관계

양수인은 상품을 선적한 후 화환어음과 선적서류를 매입은행에 제시하여 매입을 의뢰하게 되며, 이때 양수인과 매입은행은 수출거래약정서를 체결하여 매입을 하게 되고 양수인과 매입은행과의 법적관계는 신용장거래와 어음법에 의한 관계가 성립된다. 매입은행이 양수인이 발행한 환어음을 매입하면 양수인이 개설은행(지급, 인수, 상환은행 포함)에 대하여 보유하고 있는 청구권을 어음매입 시점에서 양도 받은 양수인 또는 어음소지인(Purchaser of draft or Bona-fide holder)의 지위를 갖는다.

따라서 수입상이 발행된 환어음을 서류상의 하자를 이유로 인수하지 않거나, 어음만기일에 지급하지 않으면 매입은행은 환어음 발행인에게 상환청구를 할 수 있다. 상환청구불능신용장(Without recourse L/C)과 환어음에 무담보문구(Sans recourse)가 없는 한 환어음 발행인은 매입은행의 상환요구에 응해야 한다. 매입은행은 신용장에 매입은행으로 지정되어 있지 않으면 수익자가 제시한 환어음을 반드시 매입할 의무는 없고, 확인은행이 매입은행의 역할을 겸하는 경우 매입은행의 상환청구권을 인정하지 않는다.

ⓓ 양수인과 양도은행과의 관계

양수인은 양도은행과의 직접적인 법률관계는 없으며 양도인을 중심으로 간접적인 법률관계를 맺고 있다고 볼 수 있다. 양수인은 양도은행이 신용장을 양도통지장에 명시된 대로 양도하지 않아 손실이 발생할 경우 양도인에게 그러한 손실을 요청할 수 있고 이러한 요청을 받은 양도인은 양도은행에게 그러한 손실을 배상 받아 양수인에게 상환해 주어야 한다. 양도은행은 양수인이 제시한 선적서류와 환어음을 매입할 의무는 없다. 양도은행은 확인은행의 역할을 동시에 갖고 있지 않는 한 동 은행이 명시적으로 동의한 이외의 범위와 방법으로 양수인의 서류를 지급, 인수 또는 매입하여야 할 의무가 있는 것은 아니다.

따라서 양도은행은 신용장이 양도될 때 원신용장에 따른 담보를 조건으로 매입하겠다는 약정을 할 수 있고 이러한 약정은 신용장통일규칙 제38조 h항의 규정에 위배되지 않는다. 그러나 양도은행이 확인은행의 경우에는 신용장통일규칙 제8조 a항에 의거하여 양도은행은 신용장에 명시된 선적서류와 환어음이 동 은행이나 기타 지정은행에 제시되면 지급, 인수 또는 매입해야할 의무가 있다.

④ 신용장의 양도와 개설은행의 법적관계

ⓐ 수입상과 개설은행과의 관계

개설은행은 수입상이 제출한 양도가능신용장 개설신청서에 명시된 내용에 따라 수입상의 비용부담으로 수출상에게 양도가능신용장을 개설해야 한다. 개설은행은 어디까지나 수입상의 지시와 요청에 따라 양도가능신용장을 개설해야지 개설은행이 임의로 신용장을 개설할 수 없다. 개설은행이 수입상의 지시와 요청을 제대로 지키지 못하여 수입상에게 손해를 발생시키면 그에 대한 책임을 져야 하며, 귀책사항은 양도가능신용장 개설신청서에 기재된 내용에 따라 결정된다. 취소불능 양도가능신용장의 경우 개설은행은 수출상에게 양도가능신용장을 통지해 줄 의무가 있다. 이러한 의무는 수출입매매계약에서 수입상이 수출상에게 부담하는 의무이며 양도가능신용장 개설신청서에 명시된 내용에 따라 개설은행이 수입상에게 부담하는 의무이다.

개설은행은 제시된 서류가 신용장의 제 조건과 문면상 일치하는지 상당한 주의를 기울여 검토하여야 한다. 개설은행이 신용장의 제 조건과 일치하지 않는 서류와 상환으로 대금을 지급하였다면 수입상은 개설은행의 대금지급요청을 거부할 수 있다. 따라서 개설은행은 자신과 고객인 수입상의 이익을 보호하기 위해 제시된 서류를 엄격하게 심사해야 한다.

ⓑ 양도인과 개설은행과의 관계

수출상의 권리는 양도가능신용장을 인수한 후에 발생하게 되므로 수출상이 양도가능신용장을 받지 않으면 양도가능신용장이 개설되지 않았기 때문에, 개설은행과 수출상과의 법적 관계가 성립되지 않는 것으로 간주한다. 따라서 개설은행은 개설된 양도가능신용장을 정확하게 수출상에게 통지해 주어야 한다. 개설은행은 수출상과 수입상이 체결한 수출입매매계약의 내용이나 수입상의 파산 등과 같은 이유를 들어 수출상에게 수출대금의 지급을 거절할 수 없다.

양도가능신용장을 인수한 수익자는 신용장의 양도를 개설은행에게 요청하면 개설은행은 이러한 수익자의 양도요청을 이행할 의무가 있다.

ⓒ 양도은행과 개설은행과 관계

양도가능신용장은 수출입매매계약의 당사자인 수출상이 아닌 제3자가 수출입매매계약의 상품을 생산하고 제반 서류를 제시하여 수출대금을 회수하기 때문에 개설의뢰인과 개설은행과 확인은행은 더 많은 위험을 부담하게 된다. 따라서 제6차 개정에서 신용장의 양도를 요청할 수 있는 자를 제1수익자로 한정하고 양도은행의 자격은 지급, 연지급, 인수 및 매입은행과 자유매입신용장의 경우 양도지정은행이 되며 양도 횟수는 1회로 제한하였다.

자유매입신용장에서 개설은행이 양도은행으로 지정한 은행이 양도해야 하고 자유매입신용장에서 개설은행이 양도은행을 지정하지 않으면 개설은행에 통지하여 지정을 받은 후 지정된 양도은행이 양도를 해야 한다.

양도요청을 받은 은행은 반드시 이러한 요청을 이행할 의무는 없으며 양도요청이 확인은행인 경우에도 양도요청을 이행할 의무는 없기 때문에 그 은행이 명백히 동의한 한도와 방법에 의하지 않고는 양도해 줄 의무가 없다.

7-2 무역금융

1. 무역금융의 의의와 종류

(1) 무역금융의 의의

무역금융은 국내 수출업체 및 수출상품 생산업체를 지원 대상으로 하여 수출상품이 선적되기 전에 필요한 운전자금을 지원하는 원화자금 대출제도를 말하는 것으로 수출상품의 생산에 따른 수출기업의 소요자금을 적기에 지원하여 국제경쟁력을 강화하고 수출증대를 도모하기 위하여 지원되는 금융이다. 현재 우리나라 정부는 수출상품의 경쟁력을 향상시키기 위해 국내 수출입업체와 수출상품 생산업체에게 필요한 수출상품 생산자금을 일반금융에 비해 유리한 조건으로 지원하는 무역금융제도를 실시하고 있다.

수출기업은 해외에서 원자재와 부품을 수입하여 수출상품을 생산하고 있기 때문에 막대한 생산자금이 필요하지만 시중은행에서 이러한 자금을 대출받기가 매우 어렵다. 따라서 정부에서는 수출상품을 적기에 생산하기 위하여 수출상품의 생산에 필요한 자금을 적기에 지원해주는 금융지원정책을 시행해왔다.

무역금융은 수출물량이 급격히 증가함에 따라 통화량을 팽창시키는 원인이 되었고, 무역금융자금을 용도와 다른 부동산투기자금으로 사용하여 부작용도 발생하였다. 특히 세계무역기구(WTO)는 무역금융을 정부의 보조금으로 규정함으로써 수출기업에게 무역금융을 지원해주는 범위에 대해서 매우 엄격하게 제한하고 있다.

수출상품을 지원하는 경우 그 지원금을 상쇄시킬 수 있는 상계관세(countervailing duties)와 덤핑방지관세(anti-dumping duties) 등을 두고 있다. 현재 무역금융은 정부가 수출기업을 유리하게 지원해주는 금융에서 상업금융으로 바뀌고 있다.

현재 우리나라의 무역금융이 지니고 있는 특징을 살펴보면 다음과 같다.

첫째, 무역금융은 한국은행이 수출기업에게 수출상품을 생산하는데 필요한 자금을 지원하는 정책금융이다. 무역금융은 금융통화운영위원회가 제정한 한국은행의 금융기관에 따라 한국은행총재가 제정한 한국은행의 총액한도 대출관련 무역금융 취급세칙 및 동 취급절차에 의하여 시행되고 있다.[2)]

둘째, 무역금융의 융자대상은 포괄적이다. 상품과 용역의 수출에 직접 또는 간접적으로 참여한 모든 기업들은 무역금융을 이용할 수 있다. 따라서 대외거래의 직접 당사자로서 수출계약을 체결한 수출기업뿐만 아니라 수출용원자재의 생산업자와 수출용완성품 생산업자 등 내국신용장(local credit)을 받은 국내업체들도 무역금융을 이용할 수 있다.

셋째, 무역금융은 용도별, 시기별로 지원된다. 무역금융은 생산자금, 원자재 수입자금, 원자재 구매자금, 완제품 구매자금, 농수산물 비축자금 및 농수산물 수집자금으로 구분하여 수출기업이 원하는 시기에 맞추어 지원하고 있다.

넷째, 무역금융은 신용장기준과 실적기준으로 융자한도가 결정된다. 무역금융의 융자대상이 되는 수출실적은 수출신용장, D/A, D/P계약서, 외화표시 물품공급계약서 및 내국신용장에 의하여 FOB가격기준으로 집계한 수출실적으로서 원칙적으로 수출통관 금액 중 입금이 완료된 분만 인정된다. 또한 과거 수출실적을 기준으로 융자한도가 결정된다. 융자신청 전월부터 과거 3개월간 수출실적의 1/3 또는 융자신청 9개월 전월부터 과거 3개월간 자사제품 수출실적의 1/3×평균가득율로 산출된다.

마지막으로 무역금융을 받은 수출기업은 반드시 상품을 수출해야 한다. 수출기업은 무역금융을 통해서 융자받은 금액을 용도에 맞게 사용하여야 하며 용도 외에 사용하여서는 안되며 반드시 상품을 수출해야 한다.

2. 무역금융의 종류

무역금융은 수출기업이 대외무역거래를 추진하는 과정에서 필요한 자금을 용도별, 시기별로 지원하므로 그 종류가 표 7-1에서처럼 매우 다양하다. 현행 무역금융은 융자 기간에 따라 단기무역금융과 중장기무역금융, 해외금융으로 구분되는데 단기무역금융은 융자 기간이 180일 이내 이며, 중장기무역금융은 융자 기간이 6개월 이상 10년 이내 이다. 해외무역금융은 해외의 수입업자 또는 금융기관이 우리나라의 수출기업에게 여신을 제공하는 것으로서 무역금융에 해당되지만 정책적 차원의 지원금융은 아니다.

---

2) 금융통화운영위원회가 제정한 「한국은행의 금융기관에 대한 대출규정」은 무역금융, 상업어음할인, 지방중소기업지원자금 및 소재부품생산자금의 4가지 정책금융을 융자취급한 은행에 한국은행이 일정비율을 지원할 수 있도록 규정한 것이다.

단기무역금융은 크게 선적 전 금융과 선적 후 금융으로 나눌 수 있다. 선적 전 금융에는 일반수출입금융, 건설 · 용역수출금융 및 농수산물수출준비자금대출이 있는데 이 세가지 금융은 무역금융의 핵심으로서 물품, 건설, 기타 용역의 수출에 직접 간접으로 참여하는 업체를 대상으로 선적 전에 지원되는 금융이다.

그 밖에 수출기업을 지원하기 위한 내국신용장제도, 내국수입 Usance제도, 무역어음제도 및 수출환어음매입제도도 단기무역금융에 해당된다.

중장기무역금융에는 융자 기간이 6개월 이상으로서 한국수출입은행의 연불수출금융과 외화대출중 외화획득용 시설재수입자금이 있다.

해외금융에는 융자 기간이 180일 이내로 수출선수금, D/A조건수입, 연지급조건수입신용장개설, 현지금융이 있다.

표 7-1 무역금융의 종류

구 분	종 류
단기무역금융 (180일 이내)	• 일반수출입금융 • 건설 · 용역수출금융 • 농수산물 수출준비자금대출
	• 내국신용장제도 • 무역어음제도 • 수출환어음매입제도 • 내국수입 Usance제도
중장기무역금융 (6개월이상 10년 이내)	• 한국수출입은행의 연불수출금융 (수출자금대출, 기술제공자금대출 등) • 외화대출중 외화획득용 시설재 수입자금
해외금융 (180일 이내)	• 수출선수금 • D/A조건 수입 • 연지급조건 수입신용장개설 • 현지금융

3. 단기무역금융제도

(1) 단기무역금융제도의 의의

단기무역금융은 수출상품의 특징에 따라 상품수출을 지원대상으로 하는 일반수출입금융, 건설·용역수출을 지원대상으로 하는 건설·용역수출금융, 수출용농산물의 수집 및 비축활동을 대상으로 하는 농수산물수출준비자금대출 등 3가지로 나누어져 있으며 지원대상, 지원자금종류 등으로 분류하면 표 7-2와 같다.

표 7-2 단기무역금융의 종류

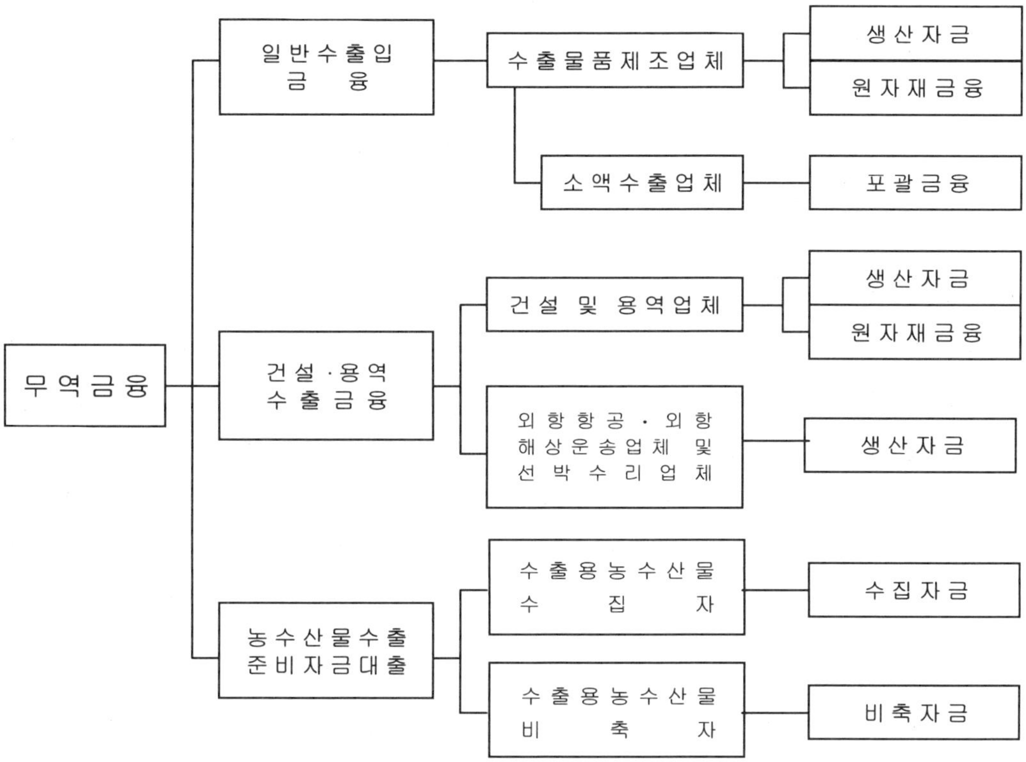

무역금융은 대외거래와 관련하여 취급되는 여신이므로 기타 여신과는 달리 무역금융의 취급은 외국환거래법에 의거 재정경제부장관으로부터 외국환업무 취급인가를 받은 외국환은행으로 한정되어 있다.

외국환은행은 융자신청액 및 융자 기간이 허용된 범위내라 하더라도 당해업체의 업황 및 생산능력과 당해수출 또는 공급이행에 필요한 실제 소요금액과 기간 등을 참작하여 융자해야 하며 융자 기간이 90일을 수출신용장등에 의한 융자는 당해수출의 선적기일, 인도기일 또는 대금지급기일 등을 참작하여 당해 품목의 1회전(90일기준) 소요자금범위 내에서 분할하여 취급하고 생산자금 수혜자격의 변동을 수시로 파악하여 생산능력을 보유하지 않은 업체가 생산자금을 수혜받지 않도록 하여야 한다.

무역금융 수혜업체가 무역어음도 함께 이용하는 경우에는 업체의 수출실적이나 수출능력을 종합적으로 고려하여 적정한 여신한도를 산정함으로써 중복금융을 방지하여야 한다. 중복금융 취급을 방지하기 위해서는 수출신용장 등 무역금융의 융자대상 증빙서류의 뒷면에 취급일자, 금액, 기일, 취급점명이 기재된 수출신용장과 무역어음 인수 등에 대한 융자내용과 관련 수입신용장 및 내국신용장 등의 개설내용, 매입 또는 입금일자, 금액, 취급점명 등이 기재된 수출 도는 공급대금 입금상황을 기재하여야 한다.

(2) 일반수출입금융

일반수출입금융은 수출상품의 국제경쟁력을 강화하고 수출을 증대시키기 위해 수출입업자 및 국내수출물품 생산업자(수출용원자재 생산업자 포함)에게 수출물품과 수출용원자재를 생산하는데 필요한 생산자금을 지원하는 제도이다.

일반수출입금융은 자금의 용도에 따라 생산자금, 원자재자금 및 완제품구매자금으로 구분하여 지원하고 있으며 1년간 수출실적이 1천만 달러 미만인 업체들에 대하여는 자금용도의 구분 없이 소요자금 전액을 일괄하여 포괄금융으로 지원하고 있다.

1) 융자대상업체

중소기업과 비계열대기업이 융자대상 업체이다. 다만, 「신용정보 관리규약」에 의거 부도거래처로 분류된 업체는 제외되고 비계열대기업은 금융감독원장이 선정하는 금융기관 대출금 기준으로 상위 30대 계열기업군 및 그 소속기업체에 포함되지 않는 대기업을 지칭하며 금융기관이 자체자금으로 무역금융을 지원하는 경우 융자대상업체에 대한 제한은 없다.

2) 융자대상수출

일반수출입금융의 융자대상수출은 다음과 같다.

① 수출신용장, 지급도(D/P) 및 인수도(D/A) 조건의 수출계약서(선수출계약서) 및 기타 수출관련계약서에 의한 물품, 건설 및 용역의 수출

② 다음의 외화 또는 원화표시 물품공급계약서에 의하여 물품을 수출하거나 국내공급하고자 하는 자

ⓐ 외국정부, 외국공공기관 또는 국제기구와 체결한 물품공급계약서

ⓑ 선박건조공급(개조공급 포함) 및 대외무역법이 정한 산업설비의 수출을 위한 계약서

ⓒ 정부, 지방자치단체 또는 정부투자기관이 외국으로부터 받은 차관자금에 의한 국제경쟁입찰을 통하여 국내에서 유상으로 물품을 납품하기 위하여 체결된 계약서

③ 내국신용장에 의하여 수출용 완제품 또는 원자재를 국내에서 제조·가공하여 공급(수탁가공 포함)하고자 하는 자

④ 관세법에 의하여 설치된 보세판매장에서 자가생산품을 외국인에게 외화로 판매한 실적 및 외항항공·외항해상운송·선박수리업체의 외화입금을 받는 자

⑤ 중계무역방식에 의한 수출은 융자대상에서 제외되며, 위탁가공무역방식에 의한 수출은 내국신용장에 의하여 국내에서 조달하는 원자재만이 융자대상에 포함

⑥ 상기 방식에 의한 과거 수출실적이 있는 자로서 동 수출실적을 기준으로 융자를 받고자 하는 자

3) 융자방법

일반수출입금융의 융자방법에는 다음의 4가지 방식이 있는 바 수혜희망자는 이 중 하나를 선택하여 이용할 수 있다.

① 신용장기준 금융

과거 수출실적에 의하여 산정된 융자한도내에서 신용장 등의 융자대상증빙 건별로 자금의 용도(생산자금, 원자재금융)별로 구분하여 융자하는 제도이다.

② 실적기준금융

건별 신용장 등의 내도와는 관계없이 과거 수출실적에 의하여 산정된 융자한도내에서 자금의 용도(생산자금, 원자재금융)별로 구분하여 융자하는 제도이다.

③ 신용장기준 포괄금융

과거 수출실적에 의하여 산정된 융자한도내에서 신용장 등의 융자대상증빙 건별로, 자금별 구분 없이 융자하는 제도이다.

④ 실적기준 포괄금융

건별 신용장 등의 내도와는 관계없이 과거 수출실적에 의하여 산정된 융자한도내에서, 자금별 구분 없이 일괄융자하는 제도이다.

4) 융자금액

① 달러당 융자금액

일반무역금융은 각 기업별로 미화 1달러당 일정금액의 원화를 융자하고 있다. 따라서 생산자금의 경우에 업체는 수출금액 중 가득외화액, 원자재금융의 경우에는 원자재수입액 또는 국내구매액에 미화 1달러당 융자금액을 곱한 금액 범위내에서 융자받게 되어 있다.

융자금액은 전월 국내외환시장에서 형성된 기준환율의 평균 즉 평균기준환율의 일정비율을 지원하고 있으며, 중소기업과 대기업으로 분류하여 중소기업의 경우 전월 평균기준환율의 90%, 대기업의 경우 60%를 미화 1달러당 융자단가로 하고 있다.

② 융자금액

ⓐ 생산자금

㉠ 신용장기준 생산자금

융자대상 수출신용장 등의 융자대상금액 중 가득외화액을 계산하여 가득외화액 1달러당 기업별 융자단가를 곱한 금액범위내에서 융자취급이 가능하다. 따라서 신용장기준 생산자금의 융자취급가능액은 다음 산식에 의하여 산정된다.

융자금액 = 가득외화액{수출신용장등의 융자대상금액(FOB기준) - 원자재수입액(CIF기준) - 국산원자재구매액(내국신용장의 외화금액)}×기업별 융자단가

㉡ 실적기준 생산자금

과거 3개월 간 수출실적 또는 9개월 전 3개월 수출실적에 1/3을 곱한 금액에 당해 업체의 평균가득율과 기업별 융자단가를 곱한 금액범위 내에서 일시 전액융자가 가능하며, 소정융자 기간 만료시 회전대출할 수

있다.

융자금액 = 과거 3개월간 수출실적 또는 9개월전 3개월 수출실적×1/3×평균가득율×기업별 융자단가

ⓑ 원자재 금융

㉠ 원자재 수입의 경우

원자재를 수입할 경우 일람출급조건 수입신용장(at sight L/C)과 지급도(D/P)조건 수입계약서에 의한 수입의 경우에는 수입어음금액에, 대금교환도(COD와 CAD)조건 수입의 경우에는 수입대금에 기업별 융자단가를 곱한 금액범위 내에서 융자가 가능하다.

한편, 화물운임을 따로 지급키로 되어 있는 경우에는 운임금액에 기업별 융자단가를 곱한 금액범위 내에서 융자된다.

㉡ 원자재를 국내에서 구매할 경우

국내에서 생산된 수출용 원자재를 구매하기 위하여 개설된 내국신용장상의 물품공급자가 발행한 내국신용장어음의 부기외화금액 또는 외화금액에 기업별 융자단가를 곱한 금액범위 내에서 융자가 가능하다.

ⓒ 포괄금융

㉠ 신용장기준 포괄금융

수출신용장 등의 융자대상금액(FOB 가격기준)에 기업별 융자단가를 곱한 금액범위 내에서 융자가 가능하다.

㉡ 실적기준 포괄금융

과거 3개월간 자사제품 수출실적의 1/2 또는 9개월 전월로부터 과거 3개월간 자사제품 수출실적의 1/2 또는 과거 1년간 자사제품 수출실적의 1/8 해당 금액범위 내에서 발급된 수출실적확인서 금액에 기업별 융자단가를 곱한 금액범위 내에서 융자가 가능하다.

융자금액 = 수출실적확인서금액(과거 3개월간 수출실적×1/2)×기업별 융자단가

수출실적확인서는 실적기준 포괄금융 수혜업체로 선정된 업체의 신청에 의하여 주거래 외국환은행이 발급하는 실적기준 포괄금융의 융자한도를 확인한 서류로서 유효 기간이 최초 융자취급일로부터 90일로 제한되며, 동 확인서 발급일로부터 15일 이내에 융자를 받지 않을 경우에

는 무효가 되고 유효 기간 중에는 재발급을 하지 않는다.

5) 융자 시기 및 융자 기간

일반수출입금융은 수출기업이 원하는 시기에 맞추어 지원된다. 신용장기준 금융은 소요원자재의 확보가 확실한 경우에 융자가 되며, 실적기준금융은 원자재 확보와 관계없이 거래 외국환은행이 과거 수출실적에 의하여 융자한도를 산정하면 15일 이내에 융자가 가능하다.

수출용 원자재를 해외에서 수입할 경우에는 수입어음을 결제할 때 또는 수입대금을 결제할 때 지원되고 원자재를 국내에서 구매할 경우에는 국내에서 생산된 수출용 원자재 또는 국내의 유통업자(사업자 등록증상의 도매업자, 조달청, 중소기업협동조합)로부터 수입원자재를 원상태로 조달할 경우 내국신용장에 의하여 구매하는데 소요되는 자금으로 내국신용장에 의하여 발행된 어음을 결제할 때 융자된다.

신용장기준 포괄금융의 경우는 소정의 융자한도 범위 내에서 신용장이 도착할 때마다 수시로 융자되며 실적기준 포괄금융은 한도 범위 내에서 과거 수출실적에 의해 발급된 수출실적확인서 발급일로부터 15일 이내 융자된다.

일반수출입금융은 융자 기간이 90일 이내인 단기운전자금으로 지원하는 것을 원칙으로 하고 있다. 이에 따라 실적기준 금융의 융자 기간은 90일 이내이며 신용장기준 금융의 융자 기간은 융자금이 수출대금회수와 동시에 상환토록 연계되어 있고 최장 180일 이내로 한다.

6) 포괄금융

포괄금융제도는 기존의 무역금융제도가 생산자금, 원자재 금융 등으로 자금의 용도를 구분하여 지원하고 있어 그 운용방법과 절차가 복잡하여 중소수출업체가 이용하기에는 불편하기 때문에 이들 업체에 대한 금융수혜폭을 넓히기 위하여 도입한 제도이다.

즉, 포괄금융제도는 자금용도를 구분하지 않고 일괄하여 수출신용장 등의 일정비율 만큼을 일시에 현금으로 대출해 주도록 하여 금융수혜 절차에 따른 불편을 해소하여 중소기업의 수출을 촉진하기 위한 제도다.

포괄금융 수혜업체의 가격은 전년도(1월 1일부터 12월 31일까지) 또는 과거 1년간 수출실적이 미화 1천만 달러 미만인 업체이며 수출실적 보유 기간이 1년 미만인 업체도 1천만 달러 미만인 경우에는 수혜대상이 된다.

포괄금융의 수혜방법은 신용장기준 금융 또는 실적기준 금융 중 업체가 임의로 택일하여 이용할 수 있으며 융자시기는 업체의 융자신청 시점이다. 융자 기간은 신용장기준 포괄금융인 경우는 당해 수출신용장 등의 유효기일 범위내에서 선적기일(인도기일)에 7일을 가산한 기일(최장 180일)이내이며 실적기준 포괄금융은 해당 수출실적확인서의 유효 기간 만료일(90일)이내이다.

참고로 수출의 진행과정에 따른 일반수출입금융의 융자절차를 요약해 보면 그림 7-3과 같다.

(3) 건설 · 용역수출금융

건설 · 용역수출금융은 국내외에서 건설, 해운, 항공 등 서비스를 공급함으로써 외화를 획득하는 업체를 지원하는 금융이다. 건설 · 용역수출금융은 무역금융의 하나로서 융자대상과 융자한도 등을 제외하고는 융자금액의 종류 및 융자시기, 융자취급은행, 사후관리 등 자금지원 조건 및 융자절차 면에서 일반수출입금융과 동일하게 처리하고 있다.

1) 융자대상

건설 · 용역수출금융의 융자대상은 다음에 해당하는 업체로 한정하고 있으며 해외에서 이루어지는 건설 또는 용역공급의 경우에는 외화대금의 본국 송금 또는 추심이 가능한 경우에 한한다.

① 해외에서 이루어지는 건설공사 또는 용역공급을 위한 계약을 체결한 자
② 국내에서 이루어지는 건설공사 또는 용역공급을 위한 계약을 체결한자[3] 다만, 계약상대방이 외국의 정부기관, 외국의 공공기관 또는 국제기구이거나 외국으로부터 받은 차관자금으로 국제경쟁입찰에 의하여 국내산업을 시행하는 정부, 지방자치단체 또는 정부투자기관이어야 한다.
③ 전년도 또는 과거 1년간 외화입금실적이 1백만 달러 이상에 해당하는 외항항공업체, 외항해상운송업체 또는 선박수리업체

3) 주한미군 당국과 건설공사계약을 체결하거나 부대내에서 세탁 등 특정 서비스 제공계약을 체결한 업체 또는 IBRD, ADB 등의 차관자금에 의하여 건교부가 시행하는 국토개발사업에 국제경쟁입찰을 통하여 낙찰받은 국내건설업자 등을 말한다.

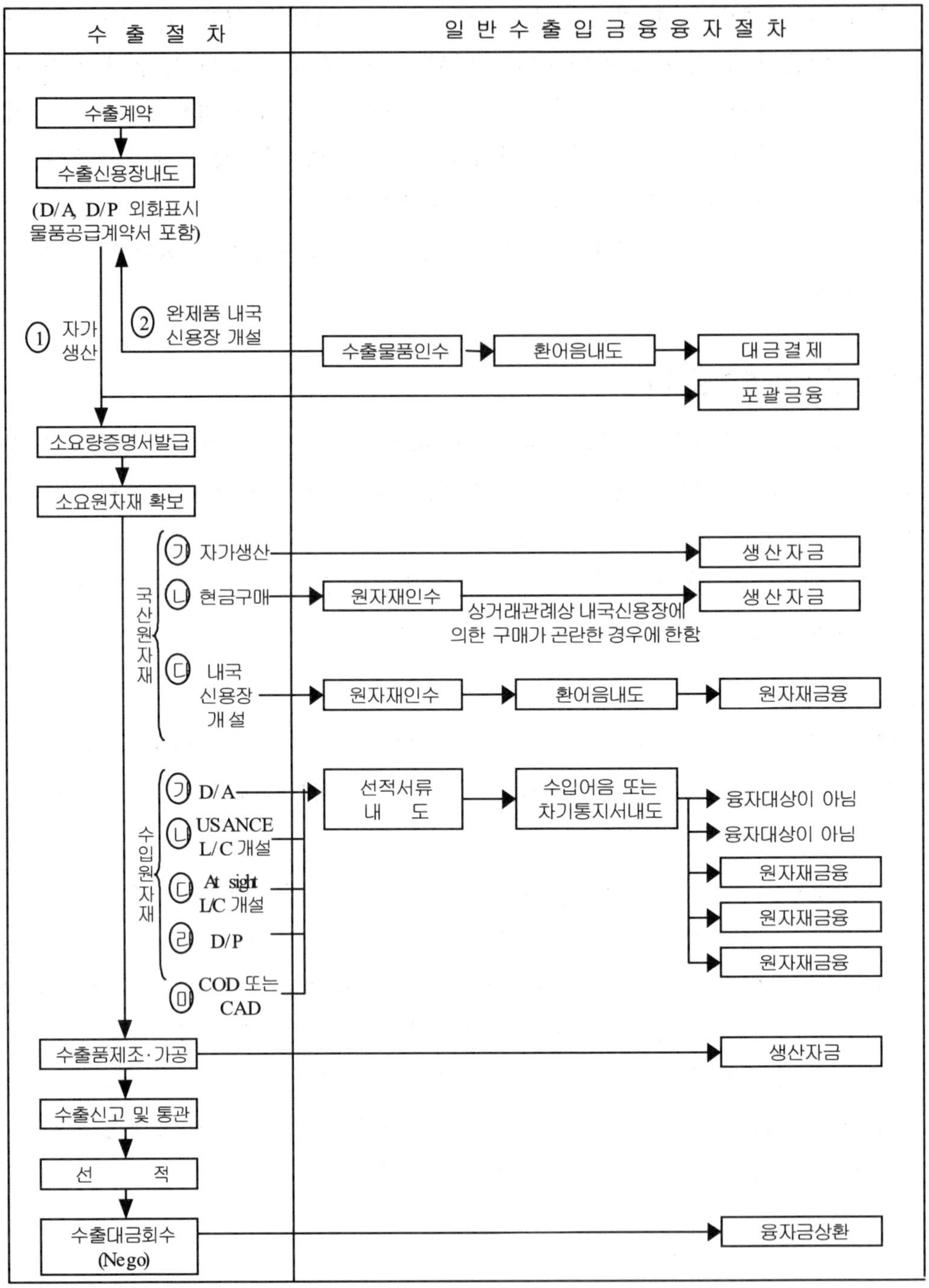

그림 7-3 일반수출입금융의 융자절차

2) 융자대상증빙의 요건

건설・용역수출금융의 융자대상이 되는 외화표시건설공사계약서 또는 외화표시용역계약서의 요건은 다음과 같다.

① 계약서의 내용으로 보아 기간 내 계약이행이 확실한 것이어야 한다.
② 당해 계약이행에 필요한 당국의 허가, 승인 또는 추심을 받은 것이어야 한다.
③ 결제통화가 외국환 관리규정에 의하여 그 거래가 인정된 외국통화로 표시된 것이어야 한다. 그러나 국제금융기구가 공여하는 자금으로 지급하는 계약이거나 주한 외국공공기관과 체결한 계약인 경우에는 원화표시계약서도 융자대상이 된다.

3) 융자 방식· 융자 금액 · 융자 기간

건설・용역수출금융의 융자방식은 당해 계약서를 근거로 매 건별 융자함을 원칙으로 한다. 다만 외항항공업체, 외항해상운송업체 및 선박수리업체에 대한 융자는 과거 외화입금 실적을 기준으로 산정된 융자한도 범위내에서 회전 대출되고 건별 융자는 인정되지 않는다.

생산자금은 당해 외화표시 건설·용역공급계약서 금액에서 소요원자재의 수입액과 국내구매액을 차감한 가득외화액에 융자단가를 곱한 금액범위내로 하고, 실적기준건설・용역수출금융의 경우에는 외화입금실적확인서 금액(과거 1년간 외화입금실적의 1/12 또는 과거 3개월간 외화입금실적의 1/3금액중 큰 금액)에 융자단가를 곱한 금액 범위내로 한다.

원자재수입자금은 수입어음의 외화금액에 융자단가를 곱한 금액 범위내로 한다. 수입화물운임을 따로 지급할 경우에는 운임증명서상의 운임금액에 융자단가를 곱한 금액 범위내이다. 원자재구매자금은 내국신용장의 부기외화금액(원화표시내국신용장의 경우) 또는 외화금액(외화표시 내국신용장의 경우)에 융자단가를 곱한 금액 범위내이다.

건설・용역수출금융의 융자 기간은 건설공사계약서 또는 용역공급계약서의 대금지급기일에 10일을 가산한 범위내에서 융자 기간을 책정하되 건설공사의 경우에는 최장 180일, 용역공급의 경우에는 최장 90일을 초과할 수 없다. 그리고 실적기준 건설・용역수출금융 수혜업체에 대한 융자 기간은 최초 융자취급일로 부터 90일(외화입금확인서의 유효기간) 이내로 한다.

(4) 농수산물 수출준비자금대출

농수산물의 생산과 수확은 계절적인 제약으로 인하여 특정시기에 집중되어 있기 때문에 가격의 차이가 커서 농어민만 골탕을 먹게 된다. 농수산물 수출준비자금대출은 이와 같이 일정시기에 집중적으로 이루어지는 수출용농수산물의 수집 및 비축에 따르는 소요자금을 적기에 공급함으로써 농수산물의 수출신장을 도모하기 위해 지원되는 금융이다. 이 자금대출은 농수산물수출의 특수성에 기인하여 일반수출입금융 및 건설·용역 수출금융제도와는 별개의 독특한 체계에 의해 운영되고 있는 데 그 특징을 살펴보면 다음과 같다.

① 농수산물 수출준비금대출은 융자대상품목을 따로 지정하여 지원한다.
② 융자금의 종류는 수집자금과 비축자금으로 구분한다.
③ 수출신용장 등이 내도되지 않은 상태에서 지원되는 수출준비자금이다.
④ 정부 또는 공공기관의 수매계획, 업자별 할당계획 등에 의하여 소요자금의 확인이 이루어진다.
⑤ 각 융자대상품목의 특성에 따라 융자 기간이 다르다.
⑥ 융자금액이 달러 당 융자금액에 의해서 산정되지 않고 실제소요자금의 일정비율로 제한되어 있다.

1) 융자대상품목 및 대상자

농수산물 수출준비자금대출의 융자대상품목은 한국은행총재가 지정하며 현재 농산품은 잠견, 양송이, 갈저, 부잠사, 송이, 미과제조용찹쌀, 백삼, 통조림용밤, 떡갈잎, 멍개잎, 사과, 배, 냉동용 딸기 등 13개 품목으로 수산품은 김, 우뭇가사리, 오징어, 톳, 통조림용 굴, 뱀장어, 건미역 등 7개 품목으로 지정되어 있다.

한편 농수산물 수출준비자금대출은 융자대상품목으로 지정된 수출용 농수산물을 수집하거나 비축하는 자를 융자대상으로 한다.

수집자는 융자대상품목을 농어민으로부터 수집하는 자로서 주로 조합이나 사업자단체가 이에 해당된다. 갈저의 경우에는 산림조합중앙회가, 수산물의 경우에는 관련 수산업협동조합이 수집자금의 융자대상이 되고 있다. 비축자는 융자대상품목을 수출품 또는 수출용원료로 사용하기 위하여 수집자나 농어민으로부터 구매하는 수출기업을 말한다. 비축자에 대한 융자는 융자대상품목이 수출용원료인 경우에는 제조가공시설을 보유하고 있는 수출기업에 한하여 수출할 수 있다. 그러나 제조가공시설을 보유한 업자를 공동 차주로 하는 경우에는 제조가공시설이 없는 수출기업에 대하여도 융자취급이 가능하다.

2) 융자금액, 융자시기, 융자 기간

농수산물 수출준비자금대출의 융자금액은 소요자금의 70% 이내로 되어 있고 한국은행총재가 따로 정하는 품목(잠견비축자금)에 대해서는 소요자금의 80%까지 융자를 할 수 있다. 융자금산정시에는 융자대상품목의 생산이나 수출을 관장하는 정부관계부처, 공공기관 등이 발행 또는 확인한 수매계획서, 수매할당계획서, 매매계약서 등에 의해 소요자금을 확인하도록 하였다.

농수산물 수출준비자금대출의 융자시기는 정부관계부처 또는 공공기관이 발급한 소요자금확인서류에서 정하고 해당 융자대상품목의 수매 또는 비축시기에 맞추어 동 수매계획의 진척도에 따라 융자를 하도록 하였다. 분할수매가 이루어지는 경우에는 당해업체의 실제 수집실적을 감안하여 분할 융자로 간주하기 때문에 통상 융자시기는 해당 품목의 생산 또는 수확시기와 일치한다.

융자 기간은 융자대상이 되고 있는 농수산물의 생산시기, 유통구조 등을 감안하여 융자대상 자금별, 품목별로 차등 운용하고 있는데 현재 수집자금은 품목을 부분하지 않고 90일 이내로 되어 있고 비축자금은 품목에 따라 최단 90일에서 240일 이내로 되어 있다.

4. 기타 무역금융제도

(1) 무역어음제도

1) 무역어음제도의 개요

무역어음제도는 수출기업이 수출신용장을 근거로 선적 전에 발행한 기한부어음(무역어음)을 금융기관이 인수하고 이를 금융시장에서 할인·매각하여 그 대금으로 수출기업을 지원하려는 취지에서 1989년 8월 1일부터 시행된 비정책금융적인 무역금융의 일종이다.

무역어음제도는 신용장을 받은 수출업체가 발행한 선적전 기한부환어음을 금융기관에서 인수하여 인수된 무역어음을 중개하는 기관(dealer)의 할인, 매각을 통하여 이를 시중에 유통시키고 수출환어음 매입자금으로 발행된 인수기관의 무역어음 결제자금을 상환하는 제도이다. 이 제도는 수출기업이 수출상품 생산에 필요한 자금을 수출상품을 선박에 선적하기 전에 조달한다는 점에서는 일반수출입금융과 비슷하지만 일반수출입금융에 비해 무역어음을 발행하여 자금을 조달한다는 점에 있어서 다르다. 또한 일반수출입금융은 정부의 정책자금을 통해서 지원되지만 무역어음제도는 금융기관의 자체 자금 또는 할인·매입한 무역어음을 일반 투자가에게 재 매각한 대금으로 지원한다는 점에 있어서 차이가 있다.

무역어음에 의한 수출자금의 조달은 그림 7-4에서처럼 이루어진다.

먼저 수출기업은 수출상품을 생산하는데 필요한 자금을 조달하기 위해 융자대상 증빙서류인 수출신용장 등을 근거로 기한부 무역어음을 발행하고, 금융기관이 이 어음을 인수함으로써 어음의 지급을 보증한다.

다음으로 수출기업은 금융기관이 지급을 보증한 무역어음을 중재기관(할인기관)에 매각하여 수출에 필요한 자금을 조달하여 수출물품을 제조·가공하여 선적한다. 수출기업은 무역어음의 대금을 수출상품을 선적하고 매입은행(negotiating bank)으로부터 받은 수출대금으로 결제한다.

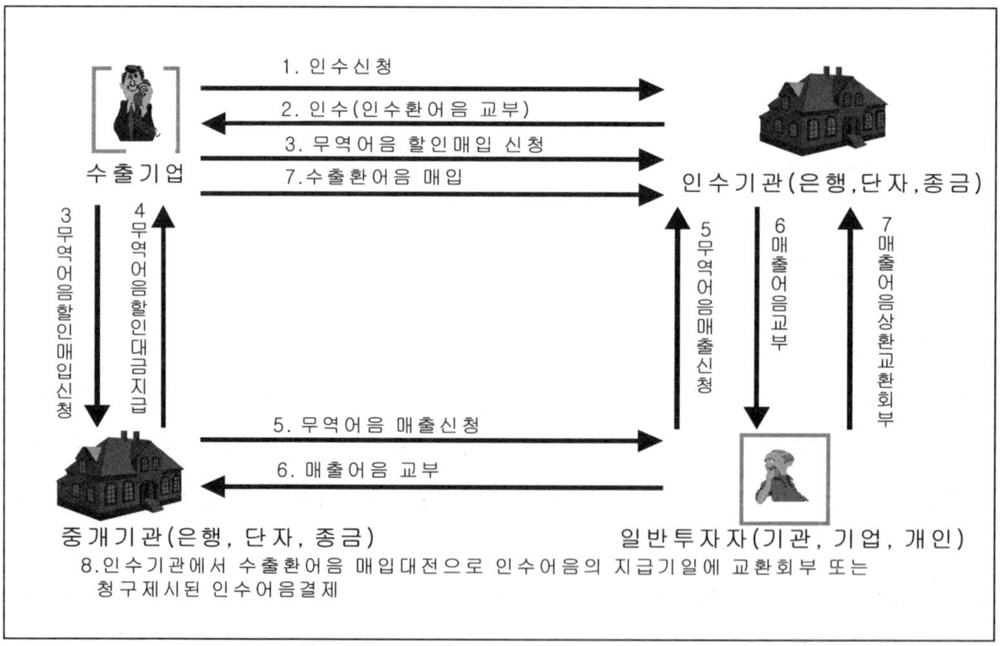

그림 7-4 무역어음의 인수와 유통절차

무역어음을 매입한 할인기관은 어음만기일 까지 그대로 가지고 있거나 일반 투자가들에게 다시 매각한다. 일반 투자가들은 만기일에 무역어음을 인수한 기관으로부터 대금을 결제받는다.

2) 무역어음의 발행·인수·할인

① 무역어음의 발행

무역어음은 무역어음을 발행할 수 있는 수출업체 등이 인수기관과의 일정한 약정에 의하여 무역어음 발행대상이 되는 신용장의 물품을 제조·가공하는데 필요한 자금을 선적전에 조달할 목적으로 인수기관을 지급인으로 발행하여 인수기관이 인수한 환어음을 말한다.

무역어음을 발행할 수 있는 자는 무역금융 취급세칙상의 융자대상 수출증빙인 수출신용장, 내국신용장, 선수출계약서(D/A, D/P) 및 외화표시물품공급계약서를 받은 자이다.

수출기업은 무역어음 인수기관을 환어음 지급인으로 발행하고 어음금액은 신용장금액(FOB기준)의 90% 범위 내에서 인수 당일의 대고객전신환매입율로 환산한 원화금액의 범위 내에서 발행하며 최소금액은 500만원이다. 한 번의 신용장거래금액이 5백 만원 미만인 경우에는 수개의 신용장을 통합하여 1매의 무역어음을 발행할 수 있고 한 번의 신용장거래금액이 거액인 경우에는 신용장금액을 분할하여 수매의 무역어음을 발행할 수 있다.

② 무역어음의 인수

무역어음의 인수는 수출기업이 발행한 환어음을 인수기관이 지급기일에 지급할 것을 보증하는 것을 말한다. 인수기관은 은행 및 종합금융회사가 되며 인수금액은 일정 산식에 의해[4] 산출된 한도액 이내에서 수출기업의 수출실적, 생산능력 등을 감안하여 금융기관이 자율적으로 산정한다. 그리고 인수기관은 연 1.5% 이내의 인수수수료를 선취할 수 있다.

③ 무역어음의 할인

무역어음의 할인은 인수기관이 인수한 무역어음을 무역어음발행인의 신청에 의하여 할인·매입하는 것을 말한다. 중개기관은 은행 및 종합금융회사이며 할인금리는 중개기관에 의해 자율적으로 결정된다. 그리고 중개기관은 할

---

4) 일정 산식은 과거 1년간 자사제품 수출실적(FOB)×1/3×대고객전신환 매입율이다.

인·매입한 무역어음을 일반 투자가에게 다시 매출하여 자금을 조달할 수 있다.

(2) 수출환어음의 매입

수출기업이 수입업체에게 외상으로 상품을 수출한 경우 수출기업은 외상기간이 도래한 후에 수출대금을 받을 수 있다. 수출기업은 수출대금을 외상기간 동안 기다렸다가 받기 때문에 막대한 자금압박에 시달리게 된다. 수출환어음의 매입은 수출신용장, 선수출계약서(D/A, D/P) 등에 따라 수출기업이 발행한 기한부어음을 은행이 추심하기 전에 매입해 줌으로써 수출기업에게 선적과 동시에 수출대금을 찾을 수 있도록 해주는 선적 후 금융제도이다. 이 제도로 인해 수출기업은 외상조건으로 상품을 수출하였다하더라도 수출대금을 일람 수출과 마찬가지로 선적 후 즉시 찾을 수 있게 된다.

매입은행은 수출기업에게 외상기간 동안의 이자를 공제하고 대금을 지급하며 외상기간이 도래하면 개설은행으로부터 대금을 받는다. 매입은행이 수출기업의 자금부담을 대신 지기 때문에 한국은행은 외국환은행이 매입한 수출환어음을 담보로 환어음에 해당하는 외화를 대출해 주는 수출환어음 담보대출제도를 운영하고 있다. 이 제도를 통해서 외국환은행들은 한국은행의 담보대출조건에 적합한 환어음을 매입하여 추심전 매입에 따른 은행의 자금부담을 완화하고 있다.

수출환어음 담보대출은 국내에 본점을 둔 외국환은행이 매입한 수출환어음만 융자대상으로 하고 있으며, 만기일이 한국은행의 대출일로부터 6개월 이내로 다음과 같은 조건에 해당되어야 한다.

① 화환신용장에 의하여 국내의 수출기업이 발행한 수출환어음
② 선박수리와 관련한 무화환신용장에 의하여 국내의 선박수리업체가 발행한 수출환어음
③ 국내의 수출기업이 발행한 무신용장방식의 인수도조건(D/A) 또는 지급도조건(D/P)의 수출환어음

(3) 내국수입 Usance 제도

내국수입 Usance제도는 수입상품을 연지급으로 수입하고자 하는 수입업자의 요청에 따라 개설은행이 기한부 수입신용장을 개설하지만 해외의 수출기업에게는 수

출대금을 일람출급조건으로 전액 지급함으로써 연지급기간 중의 여신을 국내 외국환은행이 수입기업에게 제공하는 제도를 말한다.

우리나라의 수입기업이 해외의 수출기업으로부터 외상으로 상품을 수입할 경우 수출기업은 외상기간 동안의 이자를 수출가격에 포함시켜 산정하게 된다. 수입기업이 외상기간동안의 이자를 전적으로 부담하게 되어 상품을 비싸게 수입하게 되며 국가적인 측면에서 보면 외상기간동안의 이자가 해외로 유출되는 결과가 된다. 따라서 국내의 은행이 수입대금을 지원하여 해외의 수출기업에게 일람조건으로 결제하도록 하여 정상가격으로 수입할 수 있도록 한다.

내국수입 Usance 방식에 의한 수입은 외상수입으로 간주되어 수입품목 및 수입기간은 외환관리규정에 의해 허용된 범위 내에서 인정된다.

연지급수입 대상품목은 종량세 대상품목이 아닌 품목으로 실행관세율이 100분의 10을 초과하지 않는 품목, 원유 또는 액화천연가스 등이다. 연지급수입기간은 용도별(수출용, 내수용)로 대기업 및 중소기업 별로 차등 적용되지만 180일을 초과할 수 없다.

CHAPTER 08

무역결제방식

무역거래의 당사자들이 혼신을 다하여 노력을 하는 것은 돈을 벌기 위해서이다. 무역대금결제방식은 수출입상사의 이해관계에 밀접한 영향을 주기 때문에 신중을 기해서 결정하여야 한다. 무역결제방식과 무역결제위험의 관계를 살펴봄으로써 무역결제위험을 관리할 수 있는 안목을 가지도록 한다.

8-1 무신용장결제방식

1. 송금결제방식과 국제무역위험

수출상이 수출상품을 수입상에게 인도하기 전 또는 인도한 후, 인도와 동시에 수입상이 수입대금을 수출상에게 송금하여 무역대금을 결제하는 방식을 송금결제방식이라고 한다. 이방식은 수출상이 수입상에게 수출상품을 인도하는 시점에 따라 세 가지로 구분된다.

(1) 단순송금방식(Advance Payment)

수출상이 수출상품을 선적하기 전에 수입상이 먼저 수입대금의 전액을 수출상에게 결제한 후 수출상은 매매계약에 명시된 수출상품을 약정된 기간에 선적하는 방식이다. 이 무역대금결제방식은 수출상에게 있어서 무역위험이 전혀 발생하지 않고 수입상에게 일방적으로 무역위험이 발생할 가능성이 매우 높다. 수출상은 수출상품을 선적하기 전에 선불로 수출대금을 받았기 때문에 수출대금을 회수하지 못할 무역위험에 전혀 노출되어 있지 않다. 반면에 수입상은 매매계약에서 명시된 수

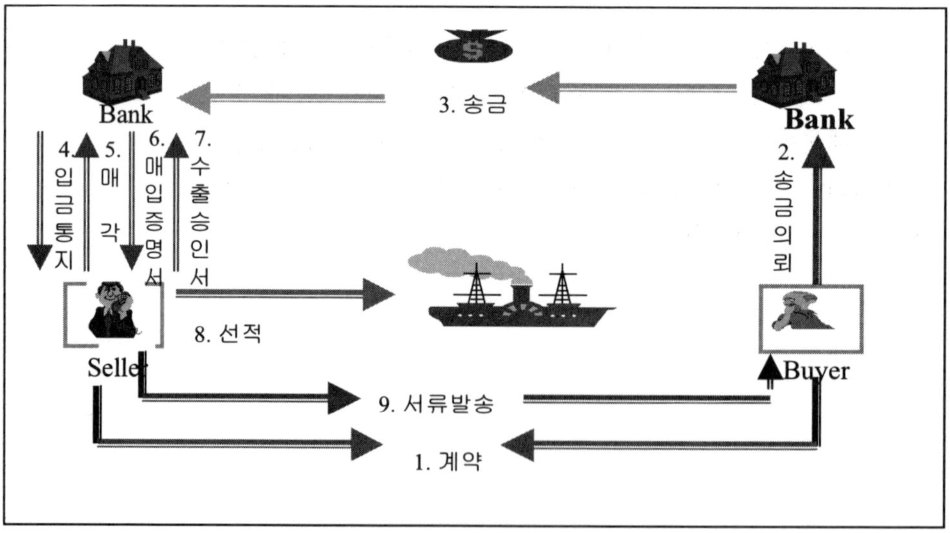

그림 8-1 단순송금방식의 거래절차

입상품이 선적되기 전에 수입상품대금을 선불로 지급하였기 때문에 '수출상이 매매계약에 명시된 상품을 선적할 것인가?', '수출상이 파산하여 제대로 상품을 선적할 것인가?' 수출상이 선불 받은 수출상품대금을 갖고 도주할 가능성 등과 같은 무역위험들이 수입상에게 있어서 발생할 가능성이 매우 높다. 따라서 본 무역대금결제방식은 수출상의 신용을 근거로 이루어지기 때문에 수출상의 신용이 불량할 경우 수입상이 무역대금결제 방식으로 선택하기 어려운 결제방식이다.

(2) 서류상환불 결제방식(cash against documents: CAD)

서류상환불결제방식은 수출상이 수출상품을 선적한 후 선적서류를 수출지역에 있는 수입상의 대리인에게 인도하면서 수출대금을 결제 받은 방식이다. 수입상의 대리인은 수입상과의 대리인계약을 통해 수출지역에서 수입상을 위해 수입상이 원하는 상품을 수출상으로부터 구매해 주며, 이러한 구매행위는 전적으로 수입상의 이익을 위해서 이행된다. 수출상의 입장에서 보면 이 결제방식은 수출상이 수출상품을 생산하여 지정된 선박에 선적한 후 선적서류를 수입상의 대리인에게 제시한 후 수출대금을 결제 받도록 되었기 때문에 수입상의 대리인이 수입상의 지시를 받아 선적서류의 인수를 거부하면 수출대금을 회수하지 못하는 무역위험에 노출되어

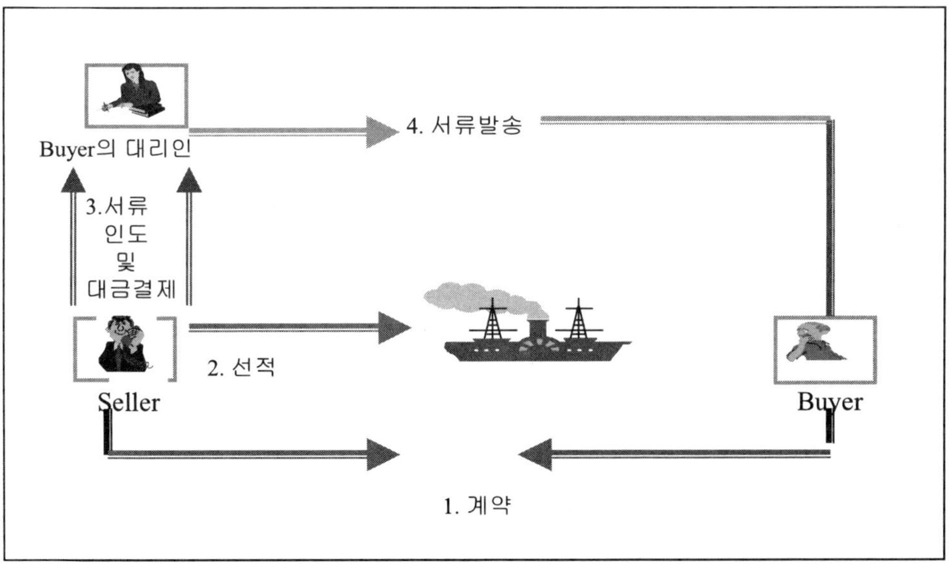

그림 8-2 서류상환불결제방식의 거래절차

있다. 수출상은 기 선적된 상품을 수입지역에서 회수하여 판매해야 하며 상품가격이 매매계약에 명시된 가격보다 하락한 경우 그 차액과 제반 비용을 부담해야 하는 무역위험에 직면해 있다. 반면에 수출지역에 있는 수입상의 대리인과 수출상이 공모하여 상품이 선적되지도 않았는데도 수입대금이 결제될 수 있는 무역위험이 수입상에게 있어서 발생할 수도 있다.

(3) 상품인도불 결제방식(cash on delivery: COD)

상품인도불결제방식은 수출상이 수출상품을 선적한 후 선적서류를 수입지역에 있는 수출상의 대리인에게 송부하여 수출상품이 수입상이 지정한 장소에 도착하면 수입상이 상품을 검사한 후 매매계약에서 약정한 상품과 동일하여 동 상품을 인수하면 수출대금이 결제되는 방식이다. 수입상의 입장에서 보면 국내거래와 동일하다. 수입상은 수입된 물품을 확인하여 매매계약에서 약정된 물품과 동일한 경우에 물품을 인수하고 수입대금을 결제할 수 있기 때문에 무역위험에 전혀 노출되어 있지 않다.

수출상은 수출상품을 생산하고 수출지역에서 수출항까지 수출상품의 운송과 수출통관을 스스로 해야 하고 수출항에서 수입항까지 해상운송이나 항공운송을 이용

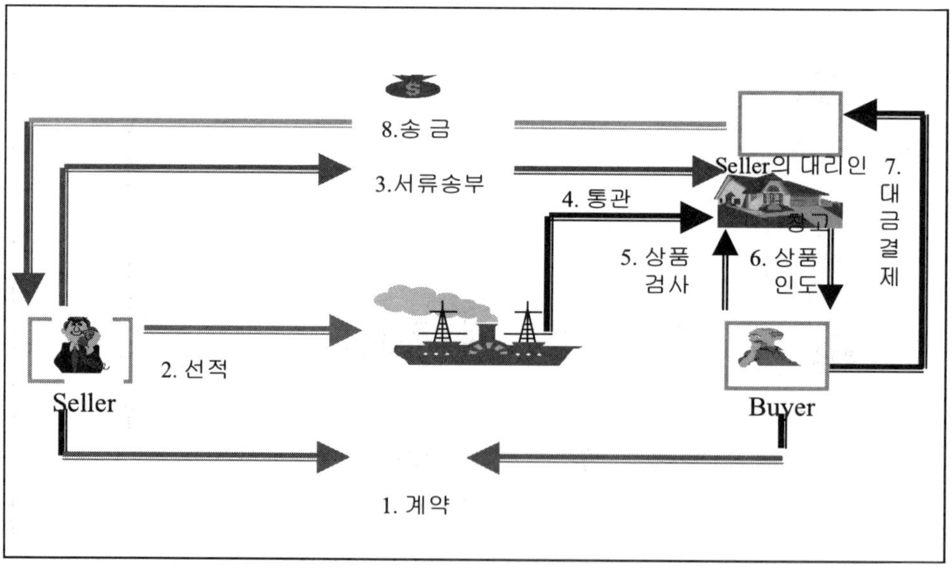

그림 8-3 상품인도결제방식의 거래절차

하여 수출상품을 운송해야 한다. 또한 수출상은 수입통관 뿐만 아니라 수입항에서부터 수입상이 지정한 장소까지 수출상품을 운송해야 한다. 따라서 수출상의 무역위험이 발생할 가능성이 매우 높은 결제방식이다.

(4) 청산계정 결제방식(Open Account)

청산계정결제방식은 수출입거래가 많은 수출입상이 매번 거래마다 수출입대금을 결제하면 그에 따르는 비용과 시간이 반복되어 발생하기 때문에 일정기간을 약정하여 그 약정기일이 도래하면 그 동안 발생된 수출입대금을 결제하는 방식이다. 수출상은 수입상이 수입대금을 결제하기 전에 미리 수출상품을 수입상에게 송부한 후에 수출대금을 수입상에게 요구한다. 본 결제방식에서 운송서류는 은행을 통해서 수입상에게 전달되지 않고 수출상이 직접 수입상에게 송부하기 때문에 무역위험이 그만큼 발생할 가능성이 높다. 또한 본 결제방식은 수출입거래 당사자의 신용에 근거해서 이루어지는 외상거래에 해당되기 때문에 수출입상이 서로 믿지 못하는 경우에는 이용되기가 어렵다. 결제수단으로는 개인수표(personal check), 은행어음(bankers draft), 우편환(mail transfer), 전신환(telegraphic transfer) 등이 사용된다.

2. 추심결제방식과 국제무역위험

추심결제방식은 수출상이 수출상품을 선적한 후 수입상을 지급인으로 하는 화환추심어음을 발행하여 수입지역의 추심은행(collecting bank)에 추심을 의뢰함으로써 수출대금을 회수하는 것으로 운송서류의 인도조건에 따라 인수도조건과 지급도조건으로 구분된다.

(1) 인수도조건(Documents against Acceptance : D/A)

인수도조건은 수출상이 수출상품을 생산하여 계약에 명시된 선적일자에 선적을 완료한 후 수입상을 지급인으로 하는 기한부 환어음을 발행하여 추심은행을 통해서 수입상에게 제시되면 수입상은 환어음에 대한 인수(acceptance)만으로 운송서류를 찾아간다. 즉 수입상은 어음에 대한 지급의 약속으로 “accepted”라고 쓰고 서명, 날인함으로써 운송서류를 인도 받을 수 있으며 어음만기일에 수입대금을 추심은행에게 지급하게 된다. 따라서 인수도 조건은 외상거래에 해당되며 수입상은 인도 받은 운송서류로 상품을 운송회사로부터 찾아 판매한 후 그 대금으로 어음만기일에 결제하면 된다. 수출상은 만기일 후 수출대금을 추심은행을 통해서 지급 받는다. 인수도 조건의 추심과정을 살펴보면 그림 8-4와 같다.

① 수출상은 수입상과 상품매매계약을 체결하고 수출대금은 인수도조건으로 결제하기로 한다.
② 수입상은 수입에 필요한 모든 허가와 승인을 득한 후 수출상에게 선적지시를 통지한다.
③ 수출상은 약정된 선적 기일 내에 명시된 선박에 선적을 완료하고 선하증권을 교부받고 기타 필요한 제반 서류를 구비한다.
④ 수출상은 수입상을 지급인으로 하는 환어음을 발행하여 기타 선적서류와 함께 거래은행에 제시하여 수입상 앞으로 추심을 의뢰한다.
⑤ 추심의뢰은행은 수출상이 제시한 제반 서류와 환어음을 수입상 지역에 있는 추심은행 앞으로 송부하여 추심을 의뢰한다.
⑥ 수입자의 추심은행은 수입상에게 관계선적서류와 환어음이 도착했음을 통지한다.
⑦ 수입상은 서류도착통지에 따라 환어음을 인수하고 선적서류를 인도 받는다.

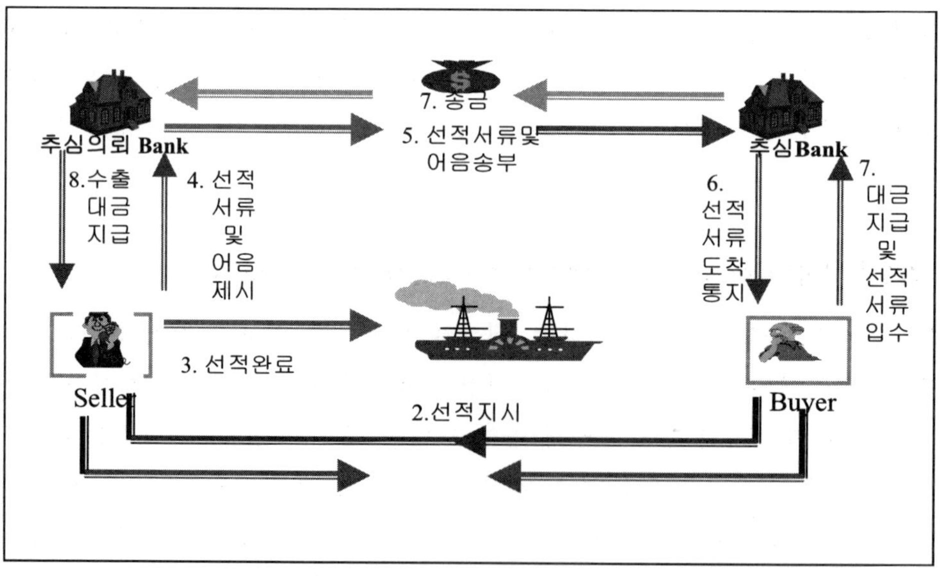

그림 8-4 인수도조건에 의한 결제과정

⑧ 수출대금은 추심은행, 추심의뢰은행을 통하여 수출자 앞으로 송금된다.

(2) 지급도조건(Documents against Payment : D/P)

지급도조건은 수출상이 수출상품을 계약에 명시된 선적일자에 선적한 후 수입상을 지급인으로 하는 일람불환어음을 발행하여 운송서류와 함께 수입상의 거래은행으로 하여금 수출대금의 추심을 의뢰하면 추심은행은 수입상에게 어음을 제시하여 어음금액의 일람지급을 받고 운송서류를 인도하는 방식을 말한다. 지급도방식에서 수입상이 추심은행에 수입대금을 반드시 지급해야만 추심은행은 수입상에게 운송서류를 인도한다. 만약 수입상이 환어음에 대한 지급을 거절하면 관계서류는 수출상에게 반송된다. 지급도 조건의 추심과정을 살펴보면 그림 8-5와 같다.

① **매매계약의 체결** : 수출상은 수입상과 매매계약을 체결하고 수출대금은 지급도조건으로 하기로 한다.

② **수출상품의 선적과 운송서류의 입수** : 수입상은 수출상에게 선적지시를 하고 수출상은 그 지시에 따라 수출상품을 선적한 후 선박회사로부터 선하증권을 발급 받는다.

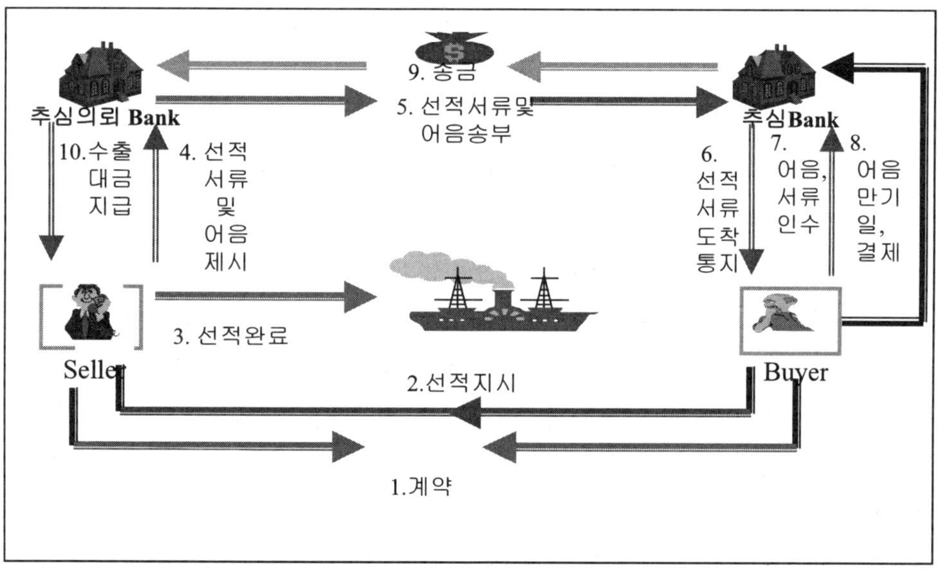

그림 8-5 지급도조건에 의한 결제과정

③ **선적서류 및 환어음 추심의뢰** : 수출상은 수입상을 지급인으로 하는 화환어음을 발행하고 운송서류와 함께 거래은행(추심의뢰은행)을 통하여 수입상으로부터 수출대금을 추심해 줄 것을 요청한다.

④ **추심의뢰은행의 서류송부** : 추심의뢰은행은 아무런 책임을 부담하지 않고 수입상 지역에 있는 추심은행 앞으로 운송서류와 환어음을 송부하면서 추심을 의뢰한다.

⑤ **추심통지** : 추심은행은 수입상에게 운송서류와 환어음이 도착한 사실을 통지한다.

⑥ **추심완료 및 수출대금상환** : 지급인인 수입상은 수입대금을 추심은행에 지급하고 나서 추심은행으로부터 운송서류를 입수한다. 추심은행은 결제 받은 수출대금을 추심의뢰은행을 통하여 수출상에게 상환한다.

무신용장방식에 의한 수출거래는 매매당사자 간의 신용을 근거로 수출입거래가 성사되기 때문에 신용장방식에 비해서 다음과 같은 특성에 의해서 무역위험이 발생할 가능성이 높다.

첫째, 신용장거래에서는 개설은행이 수입상의 수출대금 지급의무를 대신해서 지급확약을 하고 있지만 무신용장방식은 추심은행이나 추심의뢰 은행이 수출대금지급에 대해서 어떠한 확약을 하지 않고 단순히 추심만 한다. 따라서 무신용장 거래는 수출상이 오로지 수입상의 신용상태만 믿고 수출거래를 수행한다는 것을 의미한다.

둘째, 신용장거래에서 수입상은 신용장의 독립추상성 때문에 개설은행이 제시한 운송서류가 신용장의 조건과 일치하면 이 운송서류의 인수를 거절할 수 없다. 그러나 무신용장거래에서 수입상은 추심은행이 제시한 환어음과 운송서류의 인수를 얼마든지 거절할 수 있다. 이런 점에서 무신용장방식은 수출상에게 매우 불리한 결제방식이다. 수입상이 수출대금결제를 거절하면 운송서류는 수출상에게 반송되고 경우에 따라서는 수입항에 도착한 수출상품을 반송처리하든지 수입국에서 수출상이 판매처분해야 하는 경우도 발생한다. 인수도조건에서는 수입상이 어음상의 인수만으로 운송서류와 수입상품을 운송회사로부터 찾을 수 있어 수출대금 미회수위험이 발생할 가능성이 매우 높다.

셋째, 신용장거래에서는 수출상이 발행한 화환어음의 지급인은 개설은행 또는 개설은행이 지정한 제 3의 은행이 된다. 그러나 무신용장거래에서 수출상이 발행한 환어음은 지급인이 수입상으로 되어 있다. 즉 신용장거래에서는 발행된 환어음에 대한 지급보증을 개설은행이 하지만 무신용장방식에서는 수입상이 하기 때문에 지급상의 모든 책임은 수입상에게 있다. 추심결제방식은 거래의 이런 특성으로 인해 수출상의 입장에서 보면 수출대금 결제위험이 매우 높지만 수입상의 측면에서는 신용장 개설에 따른 담보금을 제시할 필요가 없기 때문에 신용장방식보다 이 방식이 유리할 수 있다.

3. 포피팅 결제방식(Forfaiting)과 국제무역위험

포피팅 결제방식은 수출상이 수출대금에 대한 채권을 포피팅계약을 통하여 포피터에게 양도하고 포피터는 그에 상응한 대금을 수출상에게 지급하는 결제방식이다. 본 결제방식은 수출거래에 따른 환어음이나 약속어음을 소구권 없이 할인하여 신용판매를 현찰판매로 환원시키는 금융기법을 말한다. 포피팅은 소구권을 행사할 수 없다는 특징을 갖고 있다. 따라서 연지급어음을 소지한 당사자는 어음만기일에 어음지급인이 어음결제를 거부한 경우 그 이전에 어음을 소지한 자에게 소구권을 행사할 수 없다. 수출상은 포피팅 계약을 통해 포피터로부터 수출대금을 영수한 경우 수입상의 대금지급거절, 또는 연기와 같은 모든 무역위험으로부터 벗어날 수 있다. 반면에 수입상은 환변동 위험과 상업 위험에 노출되어 있다.

(1) 포피팅의 거래절차

포피팅에는 수출상, 수입상, 포피터, 보증은행이 개입하게 되는데 포티터는 수출상과 포티팅계약을 통해서 수출상이 발행한 연불어음을 할인 매입하는 은행을 말한다. 보증은행은 수입상을 위해 환어음의 지급을 보증하거나 지급보증서를 발급하는 은행을 말한다.

지급보증은행이 환어음을 보증할 때 어음상에 Aval을 추가하는 방식을 쓰는데 이는 보증은행이 환어음 자체에 보증한다는 뜻을 기입하여 채무를 성실히 이행할 것을 보증하는 취소 불능의 무조건 보증을 말한다. 보증형식이 간단하고 양도될 수 있어 널리 사용되고 있다.(그림 8-6 참조).

포피팅 거래는 ① 수출상과 수입상이 수출입매매계약을 체결하고 본 계약조항에 무역대금은 포피팅으로 결제된다는 것을 포함시켜 무역대금 결제조건에 대해 수출상과 수입상이 합의한다. ② 수출상은 계약에 명시된 상품을 선적기일내에 선적한다. 수입자가 지급보증은행에 어음이나 환어음을 제출하면 지급보증은행은 별도의 지급보증서를 발급하거나 환어음이나 어음상에 Aval을 추가하여 이를 수출자에게 인도한다. ③ 수출상은 포피터와 포피팅 계약을 체결하고 포피터는 수출상에게 어음대금을 할인하여 지급한다. 수출어음이 확정되면 수출자는 포피터에게 문의하여 확정오퍼를 받는다. 포피터가 보낸 화정오퍼를 수출상이 인수하면 포피팅계약이 체결된다. 포티핑계약에 따라 포피터는 어음을 약정한 요율로 매입하고 어음보증 또는 Aval과 수입승인 및 기타 제반 허가 사항을 확인한다. 수출상은 수출상품을 선적하고 선적서류를 포피터에게 제시하고 포피팅계약에 명시된 요율에 따라 할인지급을 받게 되며 금리기간은 선하증권의 일자로부터 기산된다. ④ 포피터는 어음의 만기일에 어음을 지급보증은행에 제시하고 지급보증은행은 포피터에게 대금을 지급한다. ⑤ 보증은행은 포피터가 제시한 어음을 수입상에게 제시하고 수입상으로부터 대금을 회수한다.

(2) 포피팅의 특징

포피팅은 다음과 같은 특징을 갖고 있다.

첫째, 포피팅은 주로 수출상이 발생한 환어음이나 약속어음과 같은 채권을 대상으로 한다. 단순외상매출채권, 채권 또는 다른 연불지급 약속수단도 포피팅의 대상이 될 수 있으나 분쟁이 발생할 가능성이 높고 권리취득이 복잡하기 때문에 국제무역상거래에서 수출상과 수입상이 오랫동안 사용하여 국제적 관행과 법적지위가 확립되어 있는 환어음과 약속어음만을 대상으로 한다.

둘째, 포피터는 수입자은행의 지급보증을 담보로 한다. 포피터는 수입상의 신용상태를 조사하여 평가하기 어렵고 수출상에게 소구권을 행사할 수 없기 때문에 수입자은해이 별도로 발행하는 취소불능지급보증이나 환어음 및 약속어음에 추가하는 지급약속을 담보로 확보한다.

둘째, 푀터는 수입자은행의 지급보증을 담보로 한다. 포피터는 수입상의 신용상태를 조사하여 평가하기 어렵고 수출상에게 소구권을 행사할 수 없기 때문에 수입자은행이 별도로 발행하는 취소불능지급보증이나 환어음 및 약속어음에 추가하는 지급약속을 담보로 확보한다.

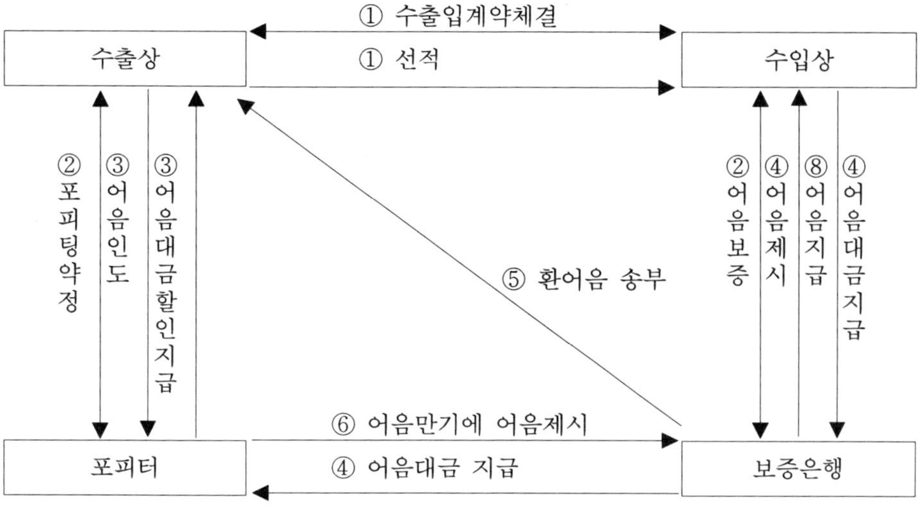

그림 8-6 포피팅 거래절차

셋째, 포피팅은 구모가 크고 중장기연불어음을 공정금리부로 할인한다. 포피팅은 환어음이나 약속어음을 할인하는 형식을 취하여 이자를 액면에서 공제하고 대금을 지급하므로 신용판매를 현찰판매로 환원시키는 효과를 갖는다.

넷째, 포피터는 수출상에게 환어음에 대한 소구권을 행사할 수 없다. 수출상이 발행한 환어음을 할인·매입한 후 어음만기일에 수입상이 어음을 결제하지 않아도 수출상은 포피터가 지급한 수출대금을 포피터에게 반환할 필요가 없다. 따라서 수출상은 포피터로부터 수출대금을 결제 받으면 본 거래는 종결되어 안심하고 다른 수출거래에 전념할 수 있다.

다섯째, 포피터는 수입상 거래은행의 지급보증을 담보로 수출상에게 금융을 제공한다. 포피터는 수출상에 대한 상환청구권도 없고 수입상의 신용상태를 면밀하게 조사할 수 없기 때문에 보증은행의 지급보증을 담보로 수출상에게 여신을 제공한다.

(3) 포피팅 결제방식과 국제무역위험

수출상이 포피팅 결제방식을 활용하는 경우 수출상은 포피터에게 고정금리, 소구권면제 조건부로 수출환어음이나 약속어음을 할인받게 되므로 이자율 및 환율변동에 따른 무역위험과 수입상의 대금지급거절이나 연기 등의 상업적 무역위험을 관리할 수 있다. 또한 수출상은 포피팅 결제방식을 이용함으로써 다른 경쟁업체보다

비교우위를 확보할 수 있다. 수출상은 포피터에게 어음을 할인하여 해외구매자에게 최장 10년까지의 장기신용을 제공할 수 있게됨으로써 경쟁업체에 비해 금융상의 비교우위를 확보할 수 있다. 무역위험이 발생할 가능성이 높은 지역에 대해서도 포피팅을 활용할 수 있으므로 신시장 개척을 위한 금융조달이 가능하다.

포피팅 결제방식은 신속한 현금확보가 가능하고 이용절차가 편리하다. 처음 이용하는 수출상의 경우에도 포피팅을 이용할 수 있는지 단시간에 알 수 있으며 요구서류가 간단하여 서류를 준비하는 데 시간이 많이 소요되지 않는다. 수출상은 선적 후 포피터에게 포피팅계약에서 명시된 서류들을 제시하면 수출대금을 지급 받을 수 있기 때문에 자금문제에서 벗어날 수 있다.

4. 국제팩토링 결제방식과 국제무역위험

(1) 국제팩토링의 정의

팩터(factor)는 판매자와 구매자를 중개하는 중개업에서 국제무역으로 발전하여 활용되고 있는 국제무역 결제방식이다. 국제팩토링은 수출상에게 수출대금 지급을 확약하여 수출상의 금융부담을 완화시켜 준다. 따라서 수출상은 수출대금을 안전하게 회수할 수 있어서 다른 수출업무에 전념할 수 있다. 국제팩토링은 금융서비스를 이용하여 수출대금을 결제하는 무신용장 방식의 새로운 무역거래형태로 국제무역에서 활용되어 왔다.

국제팩토링 결제방식에서 중요한 역할을 하는 당사자는 팩터이다. 이 팩터는 수출팩터와 수입팩터로 구분되는데 수출팩터는 수출상에게 수출대금의 지급을 확약하고 수출팩터가 수출대금을 지급한 경우 수출상은 채권을 수출팩터에게 양도한다. 수입팩터는 수입상에게 신용을 공여하게 하여 무역거래가 원활히 이루어지도록 한다.

수출상은 수출팩터로부터 수출대금을 지급받을 수 있고, 더 나아가 수출생산 자금을 받을 수 있어 금융부담을 덜 수 있다. 그리고 수입상은 수입팩터의 신용을 활용하여 기한부조건으로 수입할 수 있으므로 자기 자금이 없거나 신용이 낮을 경우에도 수입할 수 있다.

(2) 국제팩토링 결제방식의 절차

국제팩토링의 당사자는 수출상, 수입상, 수출팩터, 수입팩터로 구분할 수 있다. 수출상은 수출상품을 수입상에게 판매하는 자로서 팩터와 팩토링 거래계약을 체결하고 거래계약에 따라 수출대금채권을 팩터에게 양도한다. 팩토링 계약은 수출매매계약과 하등의 관계가 없는 독립된 계약이며 준거법은 팩터가 팩토링 사업을 하는 국가의 법으로 한다. 수입상은 수출상과의 수입매매계약을 체결하고 매매계약조건에 따라 상품을 인수하고 수입대금을 지급하는 당사자로서 국제팩토링 거래에서 궁극적으로 채무를 부담하는 당사자이다.

수출팩터는 수출국의 팩토링회사를 말하며 수출상과 팩토링 계약을 체결하며, 팩토링 계약조건에 따라 수출채권을 관리하고 수출상에게 수출대금의 지급을 보증한다. 그 밖에 수출팩터는 수출상품의 생산, 확보에 필요한 생산자금과 수출업무에 관련된 경영서비스를 수출상에게 제공한다. 수입팩터는 수입국의 팩토링 회사를 의미하며 수입상에 대한 신용조사 및 신용승인을 하고 수출채권을 양수받아 수출대금을 회수하여 송금하는 업무 등을 주로 한다.

국제팩토링 결제방식은 다음과 같이 이루어진다.(그림 8-7 참조)

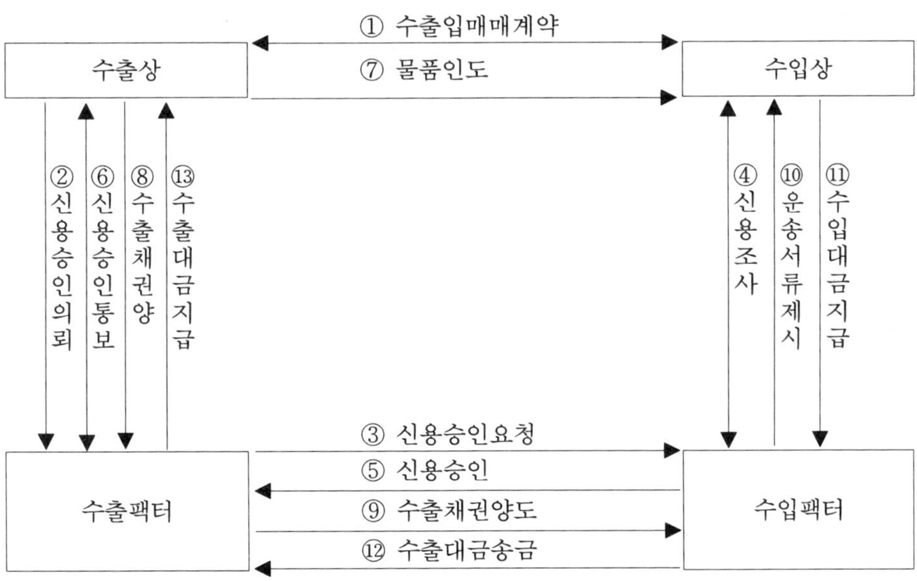

그림 8-7 국제팩토링 결제방식

① 수출상과 수이상은 수출입매매계약을 체결하고 수출대금은 팩토링 결제방식으로 한다는 데 합의한다.
② 수출상은 수출팩터의 소정양식인 신용승인신청서를 이용하여 수입상에 대한 신용조사를 수출팩터에 의뢰한다.
③ 수출팩터는 수입팩터에게 수입상의 신용상태를 파악하여 수입팩터가 보장할 수 있는 신용한도를 요구한다.
④ 수입팩터는 수입상의 신용상태를 철저히 분석하여 신용한도액을 산정한다.
⑤ 수입팩터는 수입상에게 제공할 수 있는 신용한도와 신용상태에 대한 자료를 수출팩터에게 제공한다.
⑥ 수출팩터는 수입팩터가 통지한 자료를 근거로 수출상에게 신용승인을 알린다.
⑦ 수출상은 수출입매매계약에서 약정한 상품을 수입상에게 선적한다.
⑧ 수출상은 수출상품에 관련된 운송서류를 수출팩터에게 양도한다.
⑨ 수추랙터는 제반 운송서류를 수입팩터에게 송부하여 수출물품에 대한 수출채권을 수입팩터에게 양도한다.
⑩ 수입팩터는 운송서류를 수입상에게 양도하여 수입상이 수입상품을 운송회사로부터 인수하게 한다.
⑪ 수입상은 수입대금 만기일에 수입팩터에게 수입대금을 지급한다.
⑫ 수입팩터는 수입상으로부터 받은 대금을 수출팩터에게 송금한다.
⑬ 수출팩터는 수출상에게 송금된 수출대금을 지급한다.

(3) 국제팩토링결제방식과 국제무역위험

국제팩토링은 수입상의 신용을 근간으로 이루어지는 결제방식으로 수출상의 측면에서 보면 수출대금회수불능과 같은 국제무역위험은 크게 줄어들 수 있지만 수입상의측면에서 보면 여전히 수입상품의 품질, 환변동위험, 가격변동위험이 수입상에게 존재한다.

8-2 신용장결제방식

1. 신용장의 개념

신용장(letter of credit)에 의한 수출거래조건은 국제상거래에서 일찍이 정형화된 수출거래방식이다. 신용장의 중요한 목적은 수출상이 수입상에게 제공한 상품이나 서비스에 대한 지불수단을 제공하는 데에 있고, 또한 수출상에게 수출계약상품과 서비스에 대한 대금지급을 확신시켜 주고 수입상에게는 수출계약에 명시된 상품을 인도할 것을 명확히 함으로써 서로 다른 국가에 거주하는 계약 당사자들 간의 거래를 활성화시키는 데 있다.[5)]

신용장은 수입상의 수출대금지불능력을 특정은행이 대신하여 보증함으로써 수입상의 상업신용이 은행신용으로 바뀌게 된다. 따라서 이는 수출상에 대해서 수출대금회수를 보장하고 수입상에 대해서는 상품수입을 원활하게 함으로써 국제거래를 활성화시키는 금융수단이다. 신용장의 정의에 대해서 많은 학자들이 다양하게 정의를 내리고 있는데 이들을 종합해 보면 다음과 같이 정의할 수 있다.

신용장이란 무역거래의 대금지불과 상품수입의 원활을 기하기 위하여 수입상의 요청과 지시에 따라 수입상의 거래은행이 수출상 또는 그의 지시인으로 하여금 일정기간 및 일정조건 아래 선적서류를 담보로 하여 개설은행 또는 개설은행이 지정하는 제3의 은행을 지급인으로 하는 화환어음을 발행하도록 하여 이 어음이 제시될 때에는 지급, 인수 또는 매입할 것을 어음발행인(수출상) 또는 어음수취인(어음매입은행)에 대해서 약정하는 증서이다. 따라서 신용장 방식으로 수출대금을 결제할 경우 개설은행은 제시된 운송서류와 제반서류가 신용장에 명시된 조건과 일치하면 무조건적으로 수출대금을 지급해야 한다.

2. 신용장의 거래절차

신용장의 거래절차를 살펴보면 다음과 같다.(그림 8-8 참조)

① **매매계약의 체결** : 수출상과 수입상이 매매계약을 체결하면서 수출대금의 결제는 신용장거래조건으로 한다는 것을 매매계약에 명시한다.

---

5) Gutteridge and Megrah, The Law of Banker's Commercial Credits, London, Europe Publications Ltd., 1984, p. 1.

② **수입상의 신용장 개설요청과 지시** : 수입상은 계약에 명시된 기간 내에 신용장을 개설하기 위해 수입약정서를 체결하고 수입담보금을 예치한 다음 신용장개설 신청서를 작성하여 은행에 제시한다.

③ **신용장의 개설** : 수입상으로부터 신용장 개설요청과 지시를 받은 은행은 수입상이 제시한 신용장 개설신청서를 근거로 신용장을 개설한다.

④ **신용장의 통지** : 신용장은 개설은행으로부터 직접 수출상에게 통지되는 방법과 제3의 은행을 통해서 통지되는 방법이 있다. 일반적으로 제3의 은행을 통해서 신용장이 수출상에게 전달된다.

⑤ **매매계약과 신용장 내용확인** : 수출상은 신용장을 인수하고 신용장내용이 수출계약과 일치하는지 반드시 검토하고 일치하지 않을 경우 신용장 조건변경을 수입상에게 요구하여 수출계약과 일치한 신용장을 받아야 한다.

⑥ **수출품 생산 및 선적** : 신용장을 접수한 수출상은 신용장 내용이 매매계약의 내용과 일치하는지 검토한 다음 수출품 생산활동에 들어가게 된다. 생산된 상품을 신용장에 명시된 기간 내에 명시된 선박에 선적하여 선적을 완료하게 된다.

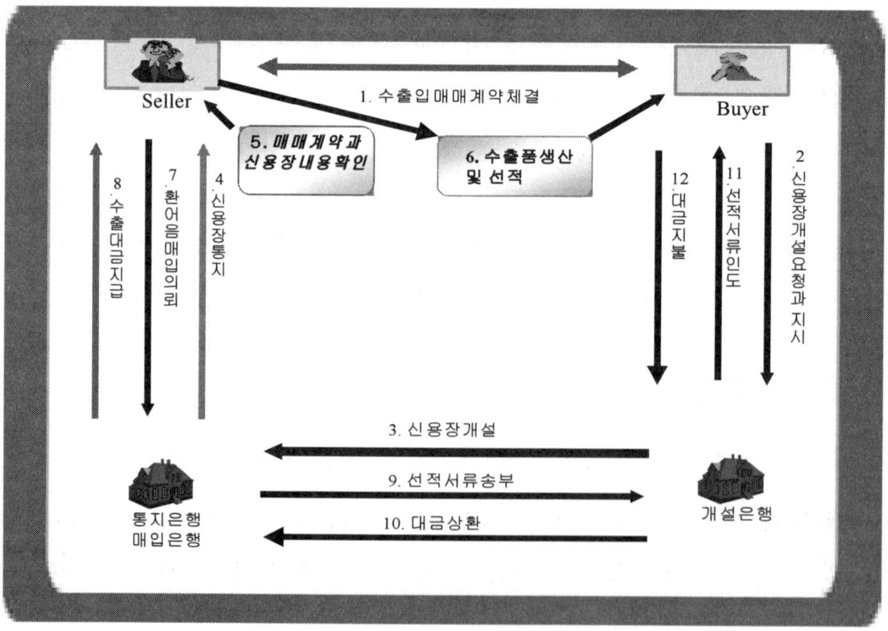

그림 8-8 신용장거래방식에 의한 거래절차

⑦ **화환어음 매입의뢰** : 수출상은 운송회사로부터 선하증권을 발급받고 신용장에 명시된 제반 서류를 작성하고 개설은행 또는 제3의 은행을 지급인으로 하는 화환어음을 발행하여 매입은행에 제시함으로써 매입을 의뢰하게 된다.
⑧ **수출대금지급** : 매입은행은 제시된 서류가 신용장의 여러 조건과 일치하는지 검토한 후 수출대금을 수출상에게 지급한다.
⑨ **선적서류 송부** : 매입은행은 제반 선적서류를 개설은행에 송부하여 대금지급을 요청한다.
⑩ **대금상환** : 개설은행은 매입은행으로부터 송부된 제반서류를 면밀히 검토하여 그것이 신용장의 조건을 충족시키면 매입은행에 대금을 상환하게 된다.
⑪⑫ **선적서류 인도 및 대금지급** : 개설은행은 송부되어온 운송서류를 수입상에게 제시하고 수입상은 이에 따른 수입대금을 지급한다.

3. 신용장거래방식과 국제무역위험

신용장은 독립성과 추상성이라는 특성을 갖고 있다. 신용장은 비록 그것이 매매계약이나 다른 계약에 근거를 두고 있다고 하더라도 본질적으로 이러한 계약과는 별개의 거래이며, 또한 이러한 계약에 대한 참조사항이 신용장에 포함되어 있다고 하더라도 그러한 계약과는 하등의 관계도 없으며 또한 기속 당하지도 않는다. 따라서 신용장하에서 은행이 행하는 지급, 환어음의 인수 및 지급 또는 매입 및 다른 모든 의무를 수행하는 행위는 개설의뢰인의 개설은행 또는 수익자와의 관계에서 초래되는 개설의뢰인에 의한 클레임이나 항변의 대상이 되지 않는다.

또한 수출상은 어떠한 경우에도 은행상호 간에 또는 개설의뢰인과 개설은행 간에 존재하는 계약관계를 원용할 수 없다. 신용장거래에 있어서 모든 관계 당사자는 서류를 취급하는 것이지 그 서류와 관련될 수 있는 물품, 용역 및 또는 기타 의무이행을 취급하는 것이 아니다. 취소불능(irrevocable)신용장은 일단 개설되면 신용장 거래의 당사자 전원의 동의 없이 한 당사자에 의해 일방적으로 취소 또는 변경이 될 수 없다. 이러한 모든 측면을 고려해 볼 때 신용장방식으로 수출대금이 결제되면 수출위험은 제한적으로 발생한다고 볼 수 있다. 취소불능신용장이 개설되기 전에 수입상은 수입승인을 받아야 한다(그림 1-4 수입거래 절차 참조). 신용장이 일단 발급되면 외환통제가 강화되어도 기 개설된 신용장에 대해서는 정부가 대외신용을 추락시키면서까지 지급거절을 하지 않을 것이다.

신용장거래에서 수출대금 지급보증은 개설은행이 한다. 따라서 수출상은 수출대금 회수를 보장 받을 수 있다. 그러나 신용장방식으로 수출대금을 결제한다고 해서 수출대금 결제위험이 완벽하게 방지될 수 있는 것은 아니다. 수출상의 수출대금 지급확약을 하는 개설은행의 신용상태가 현저히 떨어지는 경우 수출상은 수출대금을 회수하지 못할 수도 있다.

또한 신용장거래에서의 수출대금지급의 전제조건은 신용장에서 명시된 대로 수출상이 명시된 서류를 완벽하게 작성해야만 된다. 수출상이 신용장에 명시된 대로 제반 서류를 작성하지 못하면 수출대금을 완벽하게 회수할 수 없다. 국제가격과 수입국의 판매가격이 폭락하면 수입상이 서류상의 조그만 하자를 트집잡아 수출대금 지급을 거부할 수도 있다. 따라서 신용장방식으로 수출대금을 결제하게 되면 수출대금 결제위험이 크게 줄어들긴 하지만 완벽하게 방지할 수 있는 것은 아니다.

따라서 신용장결제방식하에서 수출대금 결제위험을 완벽하게 방지하려면 개설은행의 신용조사와 신용장 내용의 완벽한 분석을 통해서 수출상에게 불리한 내용을 수정하고 신용장에서 명시된 대로 완벽하게 서류를 작성하는 시스템이 수출상에 도입될 때 가능하게 될 것이다. 또한 수입상 측면에서 보면 신용장거래는 서류상의 거래이기 때문에 매매계약에서 명시된 상품을 입수한다고 보장할 수 없다. 지금까지 살펴본 바와 같이 수출상과 수입상의 이해관계를 완벽하게 충족시켜줄 수 있는 제도는 아직까지는 없는 것 같다. 그나마 신용장결제방식이 조금이나마 제3자인 은행이 수출대금지급을 보증함으로서 수출상과 수입상의 이해관계를 반영시켜 국제무역거래를 활성화 시키는데 기여하고 있다고 평가를 할 수 있다.

4. 신용장의 기능과 특성

1) 신용장의 기능

① 대금결제수단

신용장 대금결제방식은 수출입매매계약 당사자 이외에 제3자인 개설은행이 개입하여 수출상에게 신용장 조건과 일치하는 선적서류와 상환으로 수출대금의 지급을 보증함으로써 신용장조건과 일치하는 선적서류를 제시하는 조건으로 상품거래를 서류거래로 구현시켜 매매계약의 당사자인 수출상에게는 수출대금을 받기 전에 수출상품에 대한 대금결제위험을 제거하여 준다. 반면에 수입상에게는 신용장에 의하여 수출상이 의무를 이행하도록 하며 수입상품을 인수하기 전에 대금지급을 확약하는 대금결제수단으로서 기능을 갖는다. 신용장제도가 오늘날 국제무역거래의 대금결제방식으로서 주류를 이루게 된 것도 바로 이러한 신용장의 대금결제 수단으로서의 기능 때문이다.

② 금융수단

신용장은 매매계약의 당사자인 수출상과 수입상의 금융상의 부담을 완화시켜 주는 역할을 한다. 수출상에게는 수출상품을 선적하자 마자 수출대금의 회수를 가능케 하며, 수입상에게는 상품의 도착과 더불어 대금의 지불을 가능케 하는 금융수단으로서 기능을 하는 한편 나아가 개설은행의 공신력을 바탕으로 수출입거래의 자동결제기능(function of self-liquidating)이 부여되어 각종 신용편의(credit facility)가 창출된다. 신용장에 의한 각종 금융편의는 수출거래에 있어 무역금융편의, 매입편의(negotiation-facility), 우편기일편의(mail credit facility), 할인기본기능인보증편의(guarantee facility) 이외에 화물대도편의(trust receipt (T/R) facility), 인수편의(acceptance facility), 금융편의(refinance facility) 등이 있다.

2) 신용장의 특성

① 독립성

신용장 자체는 어떤 특정한 매매계약에 의해 생성되었다 할지라도 일단 신용장이 존재하게 되면 그 전의 모든 계약에 의해서는 하등의 구애를 받지 않고 독자적인 법률성을 갖게 되며, 신용장의 당사자인 은행과 매도인 및 매수인은 신용장 거래에서 야기된 어떤 문제를 매매계약의 내용을 들어 영향을 미치게 할 수 없는 것이다. 수출대금 지급에 관한 결정은 매매계약을 근거로 하는 것이 아니라 전적으로 신용장에 명시된 내용을 근거로 판단하게 된다.

② 추상성

신용장거래는 상품이 아닌 서류상의 거래라는 추상성을 강조하고 있다. 신용장에 의한 거래의 목적은 상품에 있는 것이 아니라 서류에 있다. 그러므로 신용장거래에서는 상품이 서류보다 목적지에 먼저 도착해도 그 상품을 검사하고 대금을 결제하는 것은 용납되지 않고 반드시 서류상의 인수와 결제가 끝난 후에 상품을 인수할 수 있다. 즉 모든 당사자는 서류만 갖고 수출대금을 결제할 것인지를 결정하여야 한다.

③ 한계성

신용장은 독립추상성을 바탕으로 무역거래를 촉진시켜 주는 편리한 결제 수단이다. 그러나 원만한 계약이행을 위해서는 매매당사자의 성실성이 중요한 것이지 신용장이 개설되었다고 모든 것이 다 원만하게 해결되는 것은 아니다. 다시 말해서 신용장에도 몇 가지 한계점이 있다. 신용장은 하나의 독립된 지급수단이 될 수 없다. 신용장은 반드시 개설의뢰인의 지시와 요청이 있어야만 개설은행이 개설한다.

신용장에서 개설은행은 매매계약의 당사자가 아니며, 단지 일정한 조건을 충족시키는 경우에 한해서만 개설은행이 지급, 인수 또는 매입을 하겠다는 독자적인 약속을 하는 것으로서 매수인이 상품대금을 지급하지 않으면 은행이 대신 갚아 준다고 생각해서는 안 된다.

개설은행의 대금지급확약은 제시된 서류가 신용장의 제조건과 일치해야 된다는 조건부 보증이다. 신용장은 반드시 계약상품이 인수된다고 보장하지는 않는다. 신용장거래는 상품의 거래가 아니라 서류상의 거래이기 대문에 매매계약에서 명시된 상품을 수입상이 인수 받는다는 것을 보증하지 못한다. 선하증권이 위조되었을 경우 수입상은 매매계약에서 명시된 상품을 인수하기 보다는 사기에 휘말려 수입대금을 한 푼도 찾지 못하는 위험에 직면할 수도 있다.

5. 신용장거래의 당사자

1) 개설의뢰인(Applicant)

매매당사자 간의 약정에 따라 수입지에서 자신의 거래은행에 신용장의 개설을 의뢰하는 자를 말한다. 개설의뢰인은 하는 역할에 따라 다르게 불리어진다. 상품을 수입하는 당사자라 하여 Importer 또는 Buyer로, 환어음의 지급인으로서 Drawee, 수입대금을 지급해야 하는 채무자로서 Accountee, 화물을 인수한다는 의미에서 Consignee, 신용장을 개설한다는 의미에서 Opener, 등으로 표시되기도 한다. 서류에 표기된 이러한 표현들은 모두 수입상을 의미하는 것으로 보아도 된다.

2) 수익자(Beneficiary)

수출입 매매계약의 매도인으로서 개설된 신용장의 조건에 따라 수출을 이행하여 이익을 얻는 당사자를 의미한다. 수익자는 상품을 매도하는 자라 하여 Seller, 상품을 수출하는 수출상으로서 Exporter, 환어음의 발행자로서 Drawer, 신용장의 수취인이라 하여 Addressee, 신용장을 이용하는 자라하여 User 등으로 표시되기도 한다. 수익자는 신용장에 명시된 조건에 따라 개설은행 및 제3의 은행을 지급인으로 하는 환어음을 발행하며 기타 요구서류와 함께 은행에 제시하고 지급 인수 또는 매입을 의뢰한다.

3) 개설은행(Opening Bank, Issuing Bank)

수입자의 지시와 요청과 따라 수출상을 수익자로 된 취소불능신용장을 개설하여 수출상에게 수출대금을 확약하는 당사자이다. 신용장을 개설한다고 하여 Opening Bank 또는 Issuing Bank로 불리운다. 개설은행은 수출상이 제시한 서류가 신용장의 제 조건을 충족시키면 수출상품의 매매계약과 관계없이 수출상에게 수출대금을 지급해야 한다.

4) 통지은행(Advising Bank, Notifying Bank, Transmitting Bank)

수출상에게 개설은행이 개설한 신용장을 통지해주는 은행을 말한다. 통지은행은 통상 개설은행의 본·지점이나 개설은행과의 환거래 취결 관계에 있는 은행이며, 개설은행의 지시와 요청에 따라 통지은행이 직접 신용장을 개설하여 수출상에게 통지하기도 한다. 신용장은 전달하는 은행이라 하여 Notifying 또는 Transmitting Bank라고 한다. 통지은행은 신용장을 통지할 때 신용장의 진위확인을 할 의무가 있으며 통지신용장에 대해서 하등의 책임을 부담하지 않거나 약정 없이 신용장을 수출상에게 통지할 수도 있다.

5) 확인은행(Confirming Bank)

수출상은 개설은행의 수출대금지급 확약을 믿고 상품을 수입상에게 수출한다. 그런데 대금지급을 확약한 개설은행의 신용을 믿지 못하는 경우 수출상은 수입상에게 제3의 은행이 당해 신용장의 대금지급을 확인해 주도록 요청하게 된다. 확인은행은 개설은행과 같이 수출상에게 수출대금의 지급을 확약하여 개설은행이 수출상에게 수출대금을 지급하지 못하면 확인은행은 수출상에게 개설은행을 대신해서 수출대금을 지급할 의무가 있다.

6) 매입은행(Negotiating Bank)

수출상은 신용장에 명시된 대로 환어음이나 선적서류를 첨부하여 은행에 매입을 의뢰한다. 매입의뢰를 받은 은행은 제시된 서류가 문면상 신용장의 제 조건을 충족시키는지 면밀히 검토하여 하자사항이 없으면 개설은행에 의한 최종 지급일까지의 이자(환가료) 및 수수료를 공제하고 수출대금을 미리 수출상에게 지급하는 은행을 말한다. 매입의뢰은행의 매입은 개설은행의 대금지급확약을 믿고 개설은행으로부터 수출대금의 상환을 받은 것을 전제로 하여 자기은행의 자금으로 수익자에게 수출대금을 지급하여 준다.

7) 지급은행(Paying Bank)

개설은행과 예치환거래 계약을 체결하여 자행에 개설은행의 명의의 예금 계정을 설치하여 두고 신용장의 조건과 일치되는 서류가 제출될 때 또는 그러한 서류가 첨부된 환어음이 자행을 지급인으로 하여 제시될 때, 개설은행의 예금계정에서 차감하면서 지급을 이행하는 은행을 말한다.

8) 인수은행(Accepting Bank)

수출상은 환어음과 제반 서류와 상환으로 수출대금을 지급 받든지 아니면 환어음과 제반 서류를 수입상에게 넘겨주고 일정기간이 지난 후에 수출대금을 지급 받는 방법이 있다. 일정기간 동안의 여신을 수출상에게 제공하는 은행을 인수은행이라고 하며 인수은행은 기한부어음을 인수하고 수출상에게 서류와 상환으로 수출대금을 지급하고 어음만기일에 개설은행으로부터 수출대금을 지급 받는다. 통상 여신이자는 개설은행으로부터 선불로 받고, 어음 만기일에 가서 지급은행이 된다.

9) 상환은행(Reimbursing Bank)

개설은행은 자행의 본·지점, 또는 타 은행에 예금계좌를 설치해 두고 매입은행으로부터 자행이 개설한 신용장에 의거 발행된 환어음의 매입대전에 대한 상환요청이 오면 자행의 예금계정을 차기(Debit)하여 상환을 이행하도록 신용장 개설 시점에서 타 은행에 수권 또는 위임을 하게 되는데, 이러한 수권 또는 위임을 받아 상환 업무를 대행해 주는 은행을 말한다.

10) 양도은행(Transferring Bank)

양도가능 신용장 하에서 수익자의 요청에 의하여 제2의 수익자에게 양도하는 은행을 양도은행이라고 한다.

6. 신용장의 종류

1) 취소불능 신용장(Irrevocable Credit)

개설은행이 수입상의 지시와 요청에 따라 수출상을 수익자로 취소불능신용장을 개설하면 신용장거래의 당사자인 수출상, 수입상, 개설은행, 확인신용장의 경우 확인은행이 모두 합의하지 않는 한 신용장 내용이 변경 또는 취소될 수 없는 신용장을 말한다.

2) 신용장의 사용방법에 따른 분류

신용장통일규칙 제6조에서 모든 신용장을 일람출급신용장(sight payment credit), 연지급신용장(deferred payment credit), 인수신용장(acceptance credit), 매입신용장(negotiation credit)으로 구분하여 신용장의 사용방법을 명확히 표시하도록 규정하고 있다. 또한 신용장의 매입이 개설은행에서 직접하거나 또는 어느 은행에서 가능하도록 되어 있는 자유매입신용장(open credit)을 제외하고는 반드시 지급, 인수 및 매입할 수 있는 은행을 지정해야 하며 지정하지 않는 경우 본 신용장은 개설은행에서만 사용된다.

① 매입신용장(Negotiation Credit)

화환어음과 선적서류의 매입이 어느 은행에서나 가능한 신용장을 말하며 매입 시 선적서류와 화환어음이 함께 제시되어야 한다. 일람출급 또는 기한부신용장으로 사용되며 기한부신용장으로는 수출상이 여신을 제공하는 Shipper's Usance의 경우에 사용하는 것이 일반적이며 신용장의 뒷면에 매입사실의 배서를 요구하는 배서신용장이다.

② 지급신용장(Payment Credit)

환어음이 없이 선적서류와 기타서류를 지급은행에 제시하면 지급은행은 서류를 검토한 후 서류가 신용장에 명시된 내용과 일치하면 수출대금을 지급하는 일람출급신용장을 말하며 신용장 뒷면에 매입사실의 배서가 필요 없다. 지급은행은 통상 수출지의 통지은행이 되며 통지은행이 개설은행의 예치환 거래은행이나 해외지점일 경우 사용될 수 있다.

③ 인수신용장(Acceptance Credit)

기한부 화환어음과 선적서류를 인수은행에 제시하면 인수은행은 여신을 제공하여 수출상에게 수출대금을 지급하고 어음만기일에 개설은행으로부터 대금지급을 받은 신용장을 말한다. 기한부화환어음이 개설은행이나 제3의 은행을 지급인으로 발행되고 신용장 뒷면에 매입사실의 배서를 요구하지 않는 비배서 신용장이다.

④ 연지급신용장(Deferred Payment Credit)

기한부화환어음이 없이 선적서류와 기타서류가 연지급은행에 제시되어 일정기간이 도래하면 수출대금이 지급되는 기한부신용장을 의미하며 신용장 뒷면에 매입사실의 배서를 요구하지 않는 비배서 신용장이다. 통상 연지급은행은 수출자의 통지은행이 되며 예치환 거래은행 또는 해외지점 일 때 사용된다.

3) 대금지급방법에 따른 분류

① 일람출급신용장(Sight Credit)

수출상이 화환어음과 선적서류를 매입은행에 제시하고 서류상의 하자가 없으면 곧 바로 수출대금을 지급하는 신용장으로 전술한 일람출급지급신용장과 일람출급매입신용장이 이에 해당된다.

② 기한부신용장(Usance Credit)

수출상이 화환어음과 선적서류를 제시하고 일정기간이 경과한 후에 수출대금을 지급하는 신용장으로 일정기간에 대한 기간의 이익을 수입상이 향유하며 전술한 인수신용장, 연지급신용장, 기한부매입신용장이 이에 해당된다. 이는 다시 일정기간에 대한 신용공여를 누가 하느냐에 따라 Banker's Usance와 Shipper's Usance로 분류된다.

4) 매입은행 지정여부에 따른 분류

① 자유매입신용장(Freely Negotiable Credit)

신용장 중 매입신용장은 원칙적으로 어느 은행에서나 화환어음과 선적서류의 매입이 가능하도록 발행되는데 이를 자유매입신용장(Freely Negotiable Credit) 이라 하고, 매입은행이 특정되지 않는다 하여 보통신용장(General Credit)이라고도 하며, 매입이 모든 은행에 개방되어 있다 하여 개방신용장(Open Credit)이라고도 한다. 반대로 특정은행에 화환어음과 선적서류의 매입이 제한되어 있는 신용장은 매입제한신용장(restricted credit)이라고 한다. 매입제한신용장은 신용장 원본에 매입을 제한하는 명시적인 문구가 기재되어 있는 매입제한 신용장(Negotiation Restricted Credit)과 상환문구를 통지은행용 사본에만 표시하고 있어 결과적으로 매입이 제한되는 상환제한 신용장(reimbursement restricted credit)으로 구분된다.

매입제한 문언은 매입제한 신용장의 경우 Negotiation under this credit is restricted to ○○ Bank (Yourselves, Advising Bank), Drafts drawn under this credit are negotiable through ○○ Bank:, The drafts drawn under this credit are payable by ○○ Bank, Negotiation are restricted to ○○ Bank, This credit is available only through ○○ Bank, Drafts drawn under this credits musts be presented for negotiation on or before at the advising Bank 등으로 표시된다.

② 지정신용장(Straight Credit)

신용장 중에서 지급신용장, 연지급신용장 및 인수신용장이 이에 속하며, 이들 신용장의 지급확약문언에서 보는 바와 같이 신용장에 의한 환어음의 매입여부 및 어음의 배서인이나 선의의 소지인에 대한 아무런 조건 없이 신용장조건과 일치하는 선적서류나 환어음을 제시하면 지급하겠다고 약정하고 있는 신용장을 말한다.

신용장 통일규칙 제7조에서 지급신용장과 인수신용장인 경우 개설은행은 반드시 지급은행이나 인수은행을 지정하여 신용장조건과 일치된 서류가 제시될 때 지급 또는 인수토록 수권하고 동 수권된 은행에 대하여 상환할 의무를 부담한다고 규정하고 있다. 실무적으로 이러한 지정신용장에 대한 선적서류 매입은 매입제한신용장(restricted credit)에 준하여 처리하고 있다. 지정신용장은 매입은행이 특정되어 있다고 하여 Special Credit 또는 Nominated Credit이라고도 한다.

We engage with beneficiary that all drafts drawn under and in compliance with the terms of credit will be duly honored on delivery of documents as specified, if presented at your office on or before. We agree with you that drafts drawn in compliance with the condition of this credits will be duly honored.

5) 양도가능 여부에 따른 분류

① 양도가능 신용장(Transferable Credit)

수익자가 신용장금액의 전부 또는 일부를 제3자(제2의 수익자)에게 양도할 수 있는 권한이 부여된 신용장을 말한다. 즉 신용장상에 Transferable이라는 문구가 표시되어 있는 신용장을 말한다.

② 양도불능신용장(Non-transferable Credit)

수익자가 신용장을 제3자에게 양도할 수 없는 신용장을 말한다. 즉 신용장상에

Transferable이라는 문구가 표시되어 있지 않은 신용장을 말한다.

6) 확인여부에 따른 분류

신용장을 제3의 은행이 확인했느냐 하지 않았느냐에 따라 확인신용장(confirmed credit)과 미확인신용장(unconfirmed credit)으로 구분된다. 즉 확인신용장이란 수익자가 발행한 어음의 인수, 지급, 또는 매입에 대해 제3은행의 추가적 확약이 있는 신용장을 말한다. 만일의 경우 개설은행이 지급불능 상태에 빠지면 확인은행이 개설은행을 대신하여 지급하여야 하므로 수익자는 이중의 지급확약을 받게 되어 그만큼 신용도가 높아지게 된다.

일반적으로 개설은행이 통지은행에게 신용장 통지시 확인을 추가하도록 요청하게 되며 수익자 소재지 또는 제3국의 유력한 은행에게 확인을 요청하는 경우도 있다.

7) 어음유무에 따른 분류

신용장에서 어음의 제시를 요구하는 경우를 어음부신용장(with draft credit), 어음을 필요로 하지 않는 신용장을 무어음신용장(without draft credit)이라 한다. 지급신용장 및 연지급신용장은 무어음신용장이고 인수 및 매입신용장은 어음부 신용장이다. 독일, 프랑스 등의 유럽국가에서는 환어음에 첨부하는 인지세가 비싸므로 무어음신용장이 많이 이용되고 있다.

8) 상환방법에 따른 분류

① 송금신용장(Remittance Credit)

서류매입은행이 서류를 매입하고 자기가 대금을 받기 원하는 은행을 지정하면 개설은행이 지정된 은행에 대금을 송금하므로써 지급이 이루어지는 신용장을 말한다.

예시

> Upon receipt of complying documents, we will reimburse you as per your instructions.

② 상환신용장(Reimbursement Credit)

신용장개설시 대금청구를 특정은행(reimbursing bank)으로 하도록 지정되어 있는 신용장을 상환신용장이라 한다. 이러한 경우 매입은행은 개설은행이 지정한 제3의 은행 앞으로 상환청구를 별도로 하여야 한다. 상환신용장은 매입을 제한하는 문언은 없으나 신용장 원본에 상환권리가 어느 특정 은행에 제한된다는 문언이 있거나, 통지은행이 다음과 같은 문언을 신용장 원본에 표시한 신용장이다.

We are holding special instructions regarding reimbursement, We are holding special instruction for reimbursement, Reimbursement are arranged, Reimbursement for all drafts negotiated under this credit shall be obtained by the advising bank from ○○ Bank, Reimbursement will be effected to you by ○○ Bank upon their receiving your advice of negotiation, In reimbursement, negotiating bank are authorized to reimburse themselves on ○○ Bank.(reimbursing bank) 등으로 표시된다.

9) 회전신용장(Revolving Credit)

신용장금액이 일정 조건하에 결제됨과 동시에 자동적으로 동액의 금액이 되살아나는 신용장을 회전신용장(Revolving credit. self-continuing credit)이라고 한다. 회전신용장 중 회전될 때 전회의 미사용잔액이 있는 경우 그 잔액이 이월되는 경우를 누적식 회전식신용장(cumulative revolving credit), 그 잔액이 이월되지 않는 경우를 비누적식 회전신용장(non-cumulative revolving credit)이라고 한다.

10) 상환청구 가능여부에 따른 분류

상환청구가능신용장과 상환청구불능신용장(with recourse credit, without recourse credit)은 수출상이 발행한 화환어음과 제반 서류를 매입은행이 인수하고 수출대금을 지급한 후 매입은행은 개설은행 앞으로 화환어음과 제반 서류를 송부하여 수출대금을 청구하게 된다. 이때 개설은행은 송부된 서류를 면밀히 검토하여 신용장의 제 조건과 일치하게 되면 매입은행에게 수출대금을 송금하게 된다. 그러나 제시된 서류가 신용장의 제 조건과 일치하지 않으면 수출대금의 송금을 거부하게 된다. 이때 어음의 선의의 소지자(매입은행)가 화환어음발행인(수출상)에게 이미 지급한 수출대금의 반환을 청구할 수 있으면 상환청구가능신용장이고 청구할 수 없으면 상환청구불능신용장이라고 한다.

우리나라에서는 상환청구불능신용장이 인정되지 않는다. 그러나 영·미법에서는 Without Recourse 신용장에서 Without Recourse라는 문구가 어음상에 기재되면 법적으로 효력이 있다.

11) 연계무역거래에 사용되는 신용장

① 동시발행 신용장(Back to Back Credit)

원래의 뜻은 원 신용장(Back to back clause credit)을 견질로 하여 발행되는 제2의 신용장(back to back credit)으로 수출과 수입을 연계, 수출입의 균형을 기하기 위한 연계무역하에서 사용되어 진다. 일국에서 일정액의 수입신용장을 개설할 경우 그 신용장은 수출국에서 동액 또는 그와 상응하는 일정액의 수입신용장을 개설하여 오는 경우에만 유효하다는 조건이 있는 신용장을 Back to Back Clause Credit이라고 하며 이러한 원 신용장을 근거로 하여 개설된 제2의 신용장을 Back to Back Credit이라고 한다.

② 기탁 신용장(Escrow Credit)

구상무역하에서 수출입의 균형을 기하기 위하여 수입자가 수입신용장개설시에 신용장의 한 조건으로 당해 신용장에 발행되는 어음의 매입대금은 수익자에게 지급되지 않고 수익자 명의의 Escrow Account(기탁계정)에 기탁하여 두었다가 그 수익자가 원신용장 개설국으로부터 수입하는 상품의 결제대전에만 사용하도록 명시된 신용장을 말한다.

③ Tomas Credit

Back to back Clause Credit과 유사하나 수출입 당사자가 서로 동액 또는 그와 상응하는 일정액의 신용장을 개설하는데 있어, 먼저 신용장을 개설하는 일방이 신용장의 발효요건으로 동액 또는 그와 상응하는 일정액의 Bank to Bank Credit개설을 전제로 하는 것이 아니라 상대방이 일정기간 후 동액의 신용장을 개설하겠다는 보증서의 제출을 조건으로 하는 신용장을 말한다.

12) 선대신용장(Advance Payment Credit)

수출상이 선적전에 해당상품의 대금을 선지급 받을 수 있도록 되어 있는 신용장으로 그 선대 받은 대전이 수출상품이 포장(packing)이나 집하에 사용된다는 관행에서 집하신용장(packing credit), 선대문언을 붉은 타자로 표시하는 관행에서 적기신용장(red clause credit)이라고도 하며 통상 Red Clause L/C라고 한다. 이러한 선대신용장은 일국의 통화정책 및 국제수지와 밀접한 관련이 있어 현행 우리나라 외국환관리규정에서도 수출선수금의 영수한도 및 대응 수출이행기간 등에 대해 엄격히 규제하고 있다.

We authorize the negotiating Bank to pay the sums not exceeding 20% of the above mentioned amount to the beneficiary against presentation of the following documents:

Beneficiary's clean draft at sight on the accountee Beneficiary's receipt stating that the beneficiary have duly received sums representing 20% advance payment for the delivery of commodity from Pusan to New York.

13) 보증신용장(Stand-by Credit)

보증신용장은 수출입거래에 수반되는 상품대금의 결제를 목적으로 하는 화환신용장(documentary L/C)과는 달리 금융 또는 채무보증 등을 목적으로 발행되는 특수한 무화환신용장(clean L/C)을 말한다. 화환신용장은 수출자가 매입은행에 선적서류를 의뢰할 때 운송서류(transport documents)의 제시를 요구하는 신용장이며, 무화환신용장은 매입 시 운송서류의 제시를 요구하지 않는 신용장이다. 일반적으로 보증신용장은 국제입찰참가에 수반되는 입찰보증금(bid bond), 계약이행보증금(performance bond), 선수금환급보증금(advance payment bond) 등의 적립에 대신하여 사용되거나 자국상사의 해외지사가 수출입거래에 필요한 운영자금을 현지은행에서 공급받는 경우 동 채무를 보증할 목적으로 국내 외국환은행이 해외은행 앞으로 발행하는 신용장이다. 따라서 보증신용장을 받은 은행은 현지에서 보증신용장에 의하여 대출을 받은 상사 또는 피보증상사가 채무를 불이행하였을 경우, 신용장에 의거 발행은행 앞으로 지급을 청구하여 채권을 회수할 수 있게 된다.

7. 신용장 수취시 검토사항

수출상은 수입상의 주거래은행이 개설한 신용장을 받고서 신용장내용과 매매계약에서 명시한 내용이 일치하는지 또 신용장 내용에 독소조항이 포함되어 있는지 상당한 주의를 기울여 신용장내용을 검토해야 한다. 수출상이 자기에게 유리한 매매계약을 체결하고 그러한 내용이 신용장에 구현되어 있지 않으면 수출상의 이익을 보호하는데 한계가 있다. 수출입상이 수출대금 지급방법으로 신용장방식을 선택하면 수출대금지급에 있어서 모든 결정사항은 매매계약에 명시된 내용에 따라 결정되는 것이 아니라 신용장에 명시된 내용으로 결정되기 때문에 신용장내용의 면밀한 분석이 수출상에 있어서 매우 중요하다.

1) 신용장 수취시 유의사항

① 신용장 진위여부

수출상은 수입상의 요청과 지시에 따라 개설은행이 개설한 신용장에 대해 다음과 같은 사항을 중심으로 검토해야 해야 한다. 첫째, 신용장이 Cable로 개설되지 않고 우편으로 발송된 경우 개설은행의 신용에 대해서 철저한 조사가 선행되어야 한다. 둘째, 개설은행이 통지은행과 환거래 계약이 체결되지 않은 은행이고 통지은행이 그러한 은행을 잘 모르는 경우 통상적으로 개설은행과 통지은행은 환거래 취결관계에 있어서 서로 잘 알기 때문에 통지은행이 개설은행을 알지 못하면 개설은행의 신용이 낮을 수 있다. 셋째, 통지은행을 거치지 않고 우편에 의해 신용장이 직접 우송된 경우에는 신용장의 개설 경위에 대해 면밀한 조사가 요망된다. 넷째, 운송서류의 수령자가 개설은행이 아니고 수입자로 되어 있을 경우에는 그러한 조항을 삭제하고 수정된 신용장을 받아야한다.

② 형식요건 및 계약내용과 일치여부

첫째, 신용장 통일규칙 준수 문언 유·무 모든 신용장에는 신용장통일규칙 준수문언을 기재하도록 신용장통일규칙 제1조에서 규정하고 있다. 신용장 통일규칙 준수문언이 기재되어있지 않은 신용장은 무신용장 방식으로 간주한다. 둘째, 신용장이 취소불능신용장인가를 확인해야 한다. 셋째, 개설은행의 지급확약 문언이 기재되어 있는지 확인 한다. 넷째, 품목, 규격, 선적기일 등이 계약서 내용과 일치 하는가? 다섯째, 매입제한 신용장 또는 지정 신용장인지 확인한다. 여섯째, 개설은행의 자산과 신용상태가 양호한지 확인한다. 일곱째, 신용장 내용이 불분명하거나 애매모호한 성격의 서류를 요구하면 그 내용에 대해서 개설의뢰인에게 정확히 확인하고 그러한 서류들이 발행될 수 있는지 알아본 다음에 거래를 추진하므로써 앞으로 발생할지 모르는 무역대금결제위험을 어느 정도 예방할 수 있다. 또한 제3국 은행의 환거래비밀번호(test key)를 제시할 경우 그 진위성 여부를 철저히 확인해야 한다.

③ 이행에 지장을 초래할 수 있는 내용검토

첫째, FOB조건의 거래인데도 해상보험의 부보를 요구하고 있거나 선하증권상에 "Full set of clean on board ocean bills of lading consigned to buyer. One original B/L & Shipping Documents to be sent to applicant right after shipment"로 표기되어 있는 경우 이 표현은 수입상이 선하증권원본을 개설은행을 통해서 받지 않고 직접 서류를

받아서 운송회사로부터 수입상품을 받고 잠적할 가능성이 매우 높다는 것을 의미한다.

둘째, 선적서류 제시기일의 별도 명시여부를 확인한다. 셋째, 과부족 허용조항이 있는지 확인한다.

④ 신용장 유효기간 및 장소

유효기일이 종료되는 장소가 수출지역이외의 장소인 경우에는 우편일수를 감안하여 유효기일 경과 여부를 판단하여야 하며. 재매입(renego)은 지정된 은행에 화환어음과 선적서류를 제시하는 날을 기준으로 신용장 유효기일의 경과여부를 판단한다. 은행의 휴업일이 공휴일 및 통상적인 휴일인 경우에는 최초의 익영업일까지 자동연장 되며. 이때 매입은행은 선적서류송부장(covering letter)의 Special Instruction 란에 동 사실을 표시해야 한다.

선적기간이 정해져 있지 않은 신용장의 유효기일이 은행의 통상적인 휴업일에 해당하는 경우에 신용장 유효기일은 익영업일까지 자동으로 연장되나 선적기일은 자동으로 연장되지 않으며, 신용장에 서류제시기간에 대한 명시가 없으면 선적 후 21일을 서류제시기간으로 본다.

[보기] 한국의 수출상의 경우 유효기일 2009년 10월 26일 In Seoul Korea.

⑤ 조건부 신용장

선적유보나 매입유보문언이 있는 신용장, 국제양도된 신용장으로 양도은행이 개설은행으로부터 대금수령 후 지급하는 조건 등 특정조건이 충족되어야 신용장으로서 효력이 인정되는 것을 말하며. 조건부 내용은 다음과 같다.

ⓐ 선적지시를 받는 조건으로 신용장에 "This L/C is available for negotiation only after receipt by the beneficiary of further instruction of shipment from us"와 같은 문구가 포함 된 경우이다.

ⓑ 네고전에 사전지시를 받은 조건으로 "Negotiation is subject to our further instruction indicating"와 같은 내용이 신용장에 명시된 경우이다.

ⓒ Sample 승인조건을 요구한 경우로서 신용장에 "Sample must be approved by the buyer prior to shipment"와 같은 내용이 포함된 경우이다.

ⓓ 도착지에서의 검사조건을 요구한 것으로 신용장에 "80% of invoice value available at sight and remainder to be negotiated upon receipt of notice from drawee that they are satisfied with the merchandise"와 같이 표기되어 있으며

이러한 표현은 수출대금잔액을 온갖 구실로 지급하지 않겠다는 의도가 숨어 있고 위 사례에서 살펴본 바와 같이 실제로 중국과의 거래에서 이런 조건으로 국내의 수출상이 잔액을 받지 못하는 사례가 빈번하게 발생하였다.

ⓔ 수출국에 주재하지 않은 수입국 공관장의 확인서를 요구한 것으로 신용장에 "Certification of original must be legalized by yyy Embassy in Korea. Canadian customs file number"와 같이 명시되어 있고 신용장에서 명시된 서류가 발급되지 않으면 매입자체가 불가능하기 때문에 이러한 증명서가 수출국에서 발급되는지 반드시 확인해야 한다.

ⓕ 대금상환 수권서의 발급조건으로 신용장에 "This letter of credit will be operative on receipt of qualified agreement to reimburse from A. D. B."와 같이 표기되어 있다.

⑥ 기타 문제가 된 표현

ⓐ 검사증명서를 요구한 조건으로 "Certification of inspection must be forwarded and verified to us"와 같은 내용이 신용장에 표기된 경우이다. 이러한 경우 검사증명서를 누가 발행하느냐에 따라 문제가 심각해진다. 검사증명서의 발행기관이 공공기관인 경우에는 크게 문제가 되지 않으나 수입상이 지정한 기관인 경우에는 문제가 발생할 가능성이 크다. 수입상은 시황이 떨어지면 검사증명서 발급기관에 동 증명서의 발급을 거부하도록 요청할 수 있으며 실제로 그렇게 하고 있다.

ⓑ 서류제시기간을 촉박하게 요구한 경우로서 신용장에 "Draft be negotiated within 3days after confirmation of certificate of inspection by us"와 같은 내용이 포함된 경우이고 이러한 표현은 매입기간이 매우 촉박하다는 것을 의미한다.

ⓒ 검사전문가를 불분명하게 표기한 조건으로 신용장에 "Experts inspection certificate are required"와 같은 내용이 포함되어 있으며 이러한 내용은 전문가가 누구인지 명확하지 않다.

ⓓ 선적항이 육지로 표기된 경우로서 해상선하증권을 요구하면서 신용장에 선적항을 "Shipment to be made from Seoul Korea"로 기재된 경우를 말하며 부산항으로 정정해야 한다.

ⓔ 개설의뢰인이 지정하는 자의 확인을 받은 상품 검사증명서를 요구한 것으로 신용장에 "Inspection Certification approved and signed by Buyer's Agent in triplicate"와 같이 명시된 경우이다.

ⓕ 목적항에서 품질검사조건을 요구한 것으로 신용장에 "Draft are payable upon receipt of advice from buyer that the merchandise has been inspected and released by the U. S Food & Drug Administration"와 같은 내용이 표기되어 있는 경우이다. 목적항에서 품질검사조건으로 된 조건부신용장과 같아 품질의 하자를 들어 품질증명서를 발급하지 않을 경우 매입자체가 불가능하다.

ⓖ 선적항에서 항만당국이 발행한 증명을 요구한 조건으로 신용장에 "Certificate issued by Korea Port Authorities at the port of loading"와 같은 내용이 포함된 경우로 실무상 선적항에서 항만당국이 발행하는 증명서를 발급 받기가 어렵고 시간이 많이 걸린다.

ⓗ 선박이 선적항을 출항한 후에 선주, 선장 그들의 대리인이 발행한 증명서를 요구한 것으로 신용장에 "Certificate from the carrier, master, or their agents issued after the date of sailing of the carrying vessel from the port of loading"와 같은 문구가 기재되어 있는 경우이다. 선박이 선적항을 출항한 후에 선박회사가 증명서를 발행하기가 어렵기 때문에 이러한 서류를 수출상이 준비하는데 시간과 비용이 많이 든다는 것을 의미한다.

ⓘ 선하증권이 선적항에서 발행될 것을 요구한 조건으로 신용장에 "Bill of Lading issued by at the port of loading"와 같이 기재된 경우를 말하며 통상적으로 선하증권은 선적항에서 발행되는 것이 아니라 상품을 인수한 곳에서 발행되고 있기 때문에 실무상의 관례와 다르다.

ⓙ 컨테이너에 적재된 상품에 대한 운송인의 책임면책을 요구하는 것으로 신용장에 "Bill of Lading showing shippers load and count not acceptable"와 같은 내용이 포함된 경우를 말하며 이러한 내용은 Door to Door로 운송될 경우 컨테이너안에 적재될 때 컨테이너에 적재된 상품을 운송인이 확인하지 않았기 때문에 상품의 품질에 대해 운송인이 책임지지 않는다는 것을 의미하는 것이다.

ⓚ 기타 요구조건으로 신용장에 "Fax transmission report is accompanied the original documents. Relevant postal receipt is accompanied the original documents. Document must include a certificate from the shipping company of their agents dated after of the vessel stating the actual date of departure from the port of loading and expected date of arrival at port of destination, The name of vessel will be indicated by us"와 같은 내용이 포함된 경우로 이러한 내용은 수출상

의 서류준비를 까다롭고, 복잡하게 하는 내용들이어서 수입상이 언제든지 서류상의 트집을 잡아 마켓클레임을 제기할 수 있는 가능성을 내포하고 있다.

악덕 수입상은 더 지능적인 무역사기수법을 쓰고 있는데 그 수법을 살펴보면 다음과 같다.

ⓐ 계약서에 Certificate를 요구하고 Certificate의 형식과 내용을 트집잡음.
ⓑ Inspection Report를 요구하고 Report의 형식과 내용을 걸고 넘어짐.
ⓒ 선적기간을 일부러 촉박하게 해놓고 수출상이 Amend를 요구하면, 수수료가 비싸다는 이유를 들어 그대로 선적을 해도 나중에 하자를 문제 삼지 않겠다고 하면서 나중에 이를 트집잡아 지급를 거절하는 수법.
ⓓ 콘테이너를 여러 개 발주해 놓고 처음 2-3개를 정상 결제하여 신용을 얻은 뒤에 나머지 잔량의 지급을 거부하고 수출가격의 할인을 요구하는 수법.
ⓔ Backship 하기가 극히 곤란한 국가나 무역통관 절차가 까다로운 지역에 물건을 선적하게 해놓고 수출대금의 지급을 거절하는 조치를 취한 후, Backship 해 가라고 협박을 하면서 수출가격을 후려치는 수법.
ⓕ 부실은행을 통해서 신용장을 개설한 뒤 수출상이 선적을 하면 개설은행을 고의로 파산시키는 수법.[6)]

위에서 언급한 사항들은 수입상이 자기이익을 보호하기 위해 자주 사용하는 무역사기 수법이다. 수출상이 무역에 관련된 서류를 꼼꼼히 분석하면 수입상의 사기수법을 어느 정도 감지할 수 있다.

8. 무역계약과 신용장내용 검토

아래 제시된 매매계약서와 발행된 신용장내용을 분석하여 매매계약내용과 신용장 내용이 불일치한 사항과 독소조항을 찾아 신용장내용을 정정하기 바란다.

6) 대한무역진흥공사, "국제무역사기 이렇게 대비하라", 1999, pp.88~89.

1) Sales contract

SAMSUNG CORPORATION	HEAD OFFICE SAMSUNG MAIN BLDG 250, 2-KA. TAEPYUNG-RO, CHUNG-KU SEOUL, KOREA TEL : 751-2114	C.P.O. BOX : 1144, SEOUL, KOREA CABLE : STARS SEOUL TLX : STARS K23169, K23349, K23302 FAX : 751-2776
EXPORT SALES CONTRACT SAMSUNG CORPORATION		
MESSRS : KING POWER CO., LTD PANAMA CITY PANAMA	CONTRACT DATE : JUL. 2. 2010	CONTRACT NO : K-1001
	BUYER' S REFERENCE NO : K-2001	

COMMODITY DESCRIPTION	QUANTITY	UNIT PRICE	AMOUNT
SAMSUNG WINNER 1004-A	10,000SET	CNF PANAMA 273.1	CITY PANAMA 2,731,000
TOTAL			

SHIPMENT NOV. 30.2010 TIME OF SHIPMENT OCT. 31. 2010 PORT OF LOADING BUSAN, KOREA	PORT OF DISCHARGE PANAMA CITY PANAMA TRANSSHIPMENT NOT ALLOWED PARTIAL SHIPMENT ALLOWED
PACKING 100Sets in a case EA 5case in a city to be packed in to an ex portable carton box	PAYMENT By an irrevocable L/C at sight in favour of SAMSUNG CO., LTD. 3RD party' s inspection CO., LTD. Allowed at supplier' s factory.
INSURANCE : To Be Effected by buyer	INSPECTION : Loading port Inspection Prior to shipment to be Fjnal

OTHER TERMS AND CONDITION : COUNTRY OF ORIGIN : REPUBLIC OF KOREA
Refer to General Terms and Condition on the reverse side hereof which are incorporated herein and make a part of this contract

Accept by (Buyer) (Signature) (name & title) Date (name & title)	Accept by (Seller) (Signature) (name & title) Date (name & title)

2) 신용장

JUL 22'2010 14:31TO: FROM: T-430 P.02

RECEIPT-NUMBER : T-0428-00 DATE: 2010.07.09 EDITOR : AUTO

===CH#:02

0875 2010.07.09 17:23:52

ZCZC JULY/09 17:25

+++ RCVD R1838 00/00:00 +++

KOEXBK K23142

ATTN: INTL/ L/C DEPT

DATE: JULY 8,2000

FROM: MONTANA FIRST BANK, PANAMA CITY, PANAMA

TO: KOREA EXCHANGE BANK, SEOUL, KOREA

ATTN: EXPORT L/C DEPT

T-KEY:

T-CUR/AMOUNT: USD2,170,000.00

T-DATE: JULY 8, 2010

GENTLEMEN

PLEASE ADVISE THE FOLLOWING IRREVOCABLE DOCUMENTARY LETTER OF CREDIT WITHOUT YOUR CONFIRMATION:

CREDIT NO: MFCP 413052

ISSUE DATE: JULY 8,2000

EXPIRY DATE: DEC 10,2010

PLACE OF EXPIRY: AT OUR COUNTRY

BENEFICLARY: SAMSUNG CO.,LTD. C.P.O. BOX 1144, SEOUL, KOREA

SAMSUNG MAIN BLDG.,

250, 2-KA, TAEPYUG-RO, CHUNG-KU, SEOUL, KOREA

ACCOUNTEE: KING POWER CO., LTD

PANAMA CITY, PANAMA

AMOUNT: USD 2,170,000.00

(NOT TO EXCEED USD TWO MILLION ONE HUNDRED AND SEVENTY THOUSAND ONLY)

PURCHASE TERM : CNF PANAMA CITY, PANAMA

PORT OF LOADING : SEOUL, KOREA

PORT OF DESTINATION : PANAMA CITY, PANAMA

LATEST SHIPMENT : 5,000 SET - - - - 31/OCT/2010

5,000 SET - - - - 30/NOV/2010

THIS CREDIT IS AVAILABLE BY NEGOTIATION OF BENEFICLARY'S DRAFTS IN DUPLICATE AT SIGHT DRAWN ON US BEARING THE CLAUSE "DRAWN UNDER THE DOCUMENTARY CREDIT NO. MFCP413052 OF MONTANA FIRST BANK DATED JULY 8, 2000 ACCOMPANIED BY THE FOLLOWING DOCUMENTS"

1. 2/3 CLEAN ON BOARD OCEAN BILL OF LOADING CONSIGNED TO KING POWER CO., LTD.
   PANAMA CITY, PANAMA MARKED "FREIGHT PREPAID" AND "NOTIFY THE ACCOUNTEE"
2. COMMERCIAL INVOICE IN 3 COPY.
3. PACKING LIST IN 3 COPY.
4. CERTIFICATE OF ORIGIN MUST BE MARKED "MADE IN KOREA" IN 3 COPY.
5. SHIPMENT ADVICE

DESCRIPTION OF GOODS: COLOR T.V. SAMSUNG' S WINNER 1004-A 10,000 SETS USD 217/SET

PARTIAL SHIPMENTS ARE NOT ALLOWED, TRANSSHIPMENT ARE NOT ALLOWED

SPECIAL INSTRUCTION :

1. ALL DOCUMENTS MUST INDICATE CREDIT NUMBER ALL BANKING

COMMISSIONS AND CHARGES OUTSIDE OF PANAMA ARE FOR ACCOUNT OF BENEFICLARY.

2. ONE SET OF ORIGINAL SHIPPING DOCUMENTS MUST BE SENT TO ACCOUNTEE BY COURIER SERVICE.
3. DOCUMENTS MUST BE NEGOTIATED WITH 10 DAYS AFTER SHIPMENT

SPECIAL CONDITIONS TO THE NEGOTIATING BANK:

ALL DOCUMENTS MUST BE FORWARD DIRECTLY TO MONTANA FIRST BANK, PANAMA CITY, PANAMA IN TWO LOT BY COURIER SERVICE TOGETHER WITH INSTRUCTION ON REIMBURSEMENT. DARAFTS MUST BE DRAWN AND NEGOTIATED NOT LATER THAN EXPIRY DATE. THE AMOUNTS THEROF DRAWERS, ENDORSED ON THIS LETTER OF CREDIT. WE HEREBY AGREE WITH THE DRAWERS, ENDORSED AND BONA FIDE HOLDERS OF ALL DRAFTS DRAWN UNDER AND IN COMPLIANCE WITH THE TERMS OF THIS CREDIT, THAT SUCH DRAFTS WILL BE DULY HONORED UPON PRESENTATION TO THE DRAWEE. THIS DOCUMENTARY CREDIT IS SUBJECT TO THE U.C.P. FOR DOCUMENTARY CREDIT(1993 REVISION) I.C.C., PARIS, FRANCE (PUBLICATION NO. 500)

RE: L/C NO. : MFCP413052
REGARDS, MTFBK LETTER OF CREDIT
TLS NO. : 49617350 MTFBK

PRPLY TO 49617350 (49617350 MTFBK)

3) 수정사항

9. 신용장의 구조분석

1) 신용장의 기재사항

신용장의 형식은 은행에 따라 다르고, 같은 은행의 신용장이라 할지라도 신용장의 종류에 따라 그 내용이 다르다. 신용장이 이와 같이 국가와 사용은행에 따라 다르지만 신용장에서 요구하는 기본 공통사항이 있다. 일반적으로 신용장은 신용장자체에 대한 기재사항, 화환어음에 대한 기재사항, 운송에 대한 기재사항, 운송서류에 대한 기재사항, 기타 기재사항으로 구분할 수 있으며, 기타 기재사항으로는 상업송장, 원산지증명서, 보험증권, 포장명세서, 검사증명서, 중량증명서, 선적통지서, 수출상의 증명서 등과 같은 요구서류가 있으며 이 요구서류는 매매계약의 당사자인 수출상과 수입상이 합의하여 결정한다.

신용장개설은행(issuing bank) 신용장란에 ①이 신용장을 개설한 은행이며 모든 신용장에 개설은행을 기재해야 한다.

발행지와 개설일자(place & date of issue) ②란에 표시된 일자가 신용장이 개설된 날짜이며 개설은행은 동 날짜부터 신용장의 유효기일까지 수익자에게 수출대금지급을 확약한다.

신용장의 종류 ③란에 표시되어 있는 "irrevocable"은 신용장의 종류를 표시한 것이다.

신용장번호(credit number) ④란 에는 개설은행이 부여한 신용장번호를 기재하게 되어 있으며, 수출상은 신용장의 조건에 따라 선적서류에 신용장번호를 기재해야 한다.

신용장의 유효기일과 장소(date and place of expiry) ⑤란 에는 신용장의 유효기일을 표시하는데, 개설은행은 신용장 개설일로부터 명시된 날짜까지를 포함하는 기일까지 수익자에 대하여 지급확약을 하고 있는 것이다.

[보기] 신용장 상에 Expiry Date/ Place 05 June 2009 South Korea로 표기되어 있다.

신용장 개설의뢰인(applicant) ⑥란 에는 신용장 개설신청인을 기재해야 하며 통상 수입상을 기재해야 한다. 수출입매매계약에 명시된 수입상의 상호와 주소를 정확히 기재해야 하고 신용장에 Applicant로 기재하면 된다.

수익자명(beneficiary) ⑦란 에는 수출상을 기재하면 된다. 신용장에 Beneficiary로 표기되고 in your favor는 in favor of you로 기재되며 이는 수출상을 의미한다. 수출상의 상호와 주소를 정확하게 기재해야 한다.

통지은행(advising bank) ⑧란 에는 신용장을 통지하는 은행을 기재하면 된다. 통지은행은 통상 수출지역에 있는 개설은행 본지점 또는 환거래취결은행이 된다.

신용장금액(amount) ⑨란에는 신용장 한도액(available amount of credit)이 표시되는데, 이 금액 이상으로 환어음을 발행할 수 없다. 비표준 신용장 양식에는 "up to an aggregate amount of" 뒤에 표기되기도 하는데 다음과 같은 문언으로 표시하고 있다. "for a sum or sums not exceeding a total of - ", "to the extent of not exceeding a total of -", "for a maximum amount of - ". 금액은 숫자와 문자로 표기해야 하고 숫자와 문자금액이 상이할 경우 문자금액이 우선한다.

2) 환어음에 대한 개재사항

신용장의 이용방식 ⑩란에는 신용장이 일람지급(sight payment), 연지급(deferred payment), 인수(acceptance) 또는 매입(negotiation) 중에서 어떠한 방식에 의하여 이용가능 한지를 명확히 표시하여야 한다.

환어음 발행인(drawer)과 통수 "draft(s) in duplicate"에서 수출상이 곧 환어음의 발행인이 되고 환어음은 보통 매거래시마다 2통(in duplicate)을 1조로 하여 발행되고 있다.

환어음의 지급기일(tenor)과 어음금액(amount of draft) "in duplicate at" 다음의 ⑪란에 환어음의 지급기일이 표시되는데, 일람지급어음(sight draft)인 경우에는 "at" 바로 다음에 sight를 표시하면 되고, 기한부어음(usance draft)인 경우에는 약정된 기간, 예를 들면 90 days after sight와 같이 표시하면 된다. 일람지급어음의 경우는 환어음이 제시되면 개설은행은 지급을 확약한 대로 즉시 결재하여야 하며, 기한부어음의 경우에는 어음이 제시되면 신용장에서 지정한 Drawee가 먼저 어음을 인수하고 그 인수에 따라 확정된 지급 기일에 결제가 이루어지게 된다. 환어음 금액은 보통 송장금액과 일치하게 발행되어야 하고 신용장상에 "for 100% of invoice value"로 기재하면 된다.

그러나 거래가 특수한 경우, 즉 광석이나 화학약품 등의 거래에 있어서는 송장금액의 80%는 선적과 동시에 환어음을 발행하고 나머지 20%는 수입상품이 수입항에 도착하여 수입상이 수입상품의 금액을 검사한 후에 발행하도록 되어 있는 경우도 있다. 이런 경우 수출상은 나머지 20%의 환어음에 대해 안전하게 지급 받을 수 있는 방법을 강구해야 한다.

환어음 지급인(drawee) “drawn on” 다음의 ⑫란에는 환어음 지급인이 표시되는데 일반적으로 개설은행이 되며 경우에 따라서는 개설은행의 예치환거래은행이 된다. Usance draft 에서는 이 Drawee가 먼저 어음의 인수를 하고 지급기일에 가서 지급하게 된다. 이외에도 표준양식이 아닌 경우에는, “We hereby authorize you to draw on -”, “You are hereby authorized to draw (or value) on -”, “have opened an irrevocable credit in your favor for an amount of … available by your draft(s) on -”, “We open an irrevocable documentary credit in favor of yourselves for up to… available by your drafts on -”. 등으로 표시되는 수가 있어 “on” 다음에 환어음 지급인을 표시하면 된다.

3) 운송에 관한 기재사항

분할선적(partial shipment) ⑬은 분할선적의 여부를 표시하는 규정으로, 허용할 경우에는 “allowed” 또는 permitted에 ‘X’ 표시를 하면 되고, 금지할 경우에는 “not allowed”에 ‘X’ 표시를 하면 된다. 분할선적에 대해 신용장상에 표시가 없으면 분할선적이 허용되는 것으로 간주하게 되므로, 분할선적이 곤란한 거래에서는 반드시 금지(not allowed)란에 이를 명시하여야 한다.

환적(transshipment) ⑭는 환적의 가부를 표시하는 것으로 분할선적의 표시방법과 동일하다.

선적항, 선적기일, 도착항 ⑮에는 상품이 선박이나 항공기 또는 그 밖의 운송기구에 선적되는 장소를 의미한다.

선적기일(shipping date) 상품이 최종적으로 선적되는 날짜 최종선적일(latest date for shipment)을 기재해야 한다. 선적기일의 기준은 선하증권(운송서류)의 발행일자 또는 선적이나 발송을 증명하는 수령인(reception stamp)이 찍힌 일자로 하며, 선적해야 하는 최종일이 공휴일이라도 선적기일은 연장되지 않는다.

4) 운송서류에 관한 기재사항

운송서류(transport document)의 명세 위의 항에 적힌 “against presentation of the documents listed below, marked” ‘X’와 연결되어 신용장에서 요구하는 운송서류의 조건이 명시된다.

⑱에는 대금결재의 필수서류로서 선적상품의 계산서 및 내용명세서, 수입계산서의 역할을 하는 송장에 관한 요구조건을 기재하도록 되어 있다.

⑲는 선하증권에 관한 요구조건으로 선하증권은 보통 3통을 1조로 하여 발행되며, Order Party(선하증권에서의 수하인)는 일반적으로 개설은행(여기서는 외환은행)이 된다.

"Freight"는 운임지급 여부를 표시하는 것으로 가격조건이 CFR 또는 CIF일 때는 "prepaid"가, FAS 또는 FOB의 경우에는 "collect", 또는 이와 유사한 문언이 기재된다.

'Notify'는 수입항에서 상품의 도착통지를 하는 당사자를 의미한다. 서류상의 수하인(consignee)이 실수입상(accountee)인 경우에는 수입상 혹은 수입상이 지정하는 그의 대리인인 항구의 수입상의 통관사가 된다. 수입상이 은행의 융자로 신용장을 개설하였으면 은행이 Consignee가 되고 수입상은 Notify Party가 된다.

⑳은 항공운송의 경우 요구되는 Air Waybill에 관한 조건이다.

㉑은 보험증권(insurance policy)또는 보험증명서(insurance certificate)에 관한 사항으로 가격조건이 C&I 또는 CIF가 아닌 경우에는 이 보험증권에 관한 난을 삭제하고 특별조건(Special Conditions)에 "Insurance to be covered by buyer" 또는 "Buyer insures" 등과 같은 문언을 기재한다. 한편 "claims are payable in" 다음에는 보험금 청구시 지급지가 표시되며, "it must include:" 다음에는 Institute Cargo Clause (A), (B) 또는 (C) 등과 같이 매매계약에서 약정된 부보조건을 표시한다.

㉒는 포장명세서(packing list)가 필요한 경우 그 통수를 표시하도록 되어 있다.

㉓의 Covering 이하의 여백에는 상품명, 수량, 명세(description), 단가, 무역거래조건 등이 기재된다.

상업송장에 기재되는 상품명세는 신용장의 상품명세와 일치하여야 한다. 기타 모든 서류에는 신용장의 상품명세와 모순되지 않는 일반적인 용어로 기재할 수 있다.

5) 기타 기재사항

㉔에는 신용장 서식의 다른 난에는 기입되지 않는 추가적인 명세 또는 기타 필요한 서류를 지시하는 데 사용된다. 즉 서류발송에 관한 일체의 지시사항, 선하증권에 관한 허용조항, 용선계약선하증권(charter party B/L) 또는 운송중개업자(forwarding agent)가 발급한 운송서류가 허용되는 경우 이의 수리가능 여부, 부보에 관한 특별한 지시사항 및 신용장이 양도 가능한 경우에 그 내용을 표시한다.

그 밖에 영사송장, 원산지증명서 또는 용적/중량 등과 같이 기타 거래상에 있어서 특히 요구되는 서류가 있을 때 이 난에 표시하면 된다.

① KOREA EXCHANGE BANK
(Head Office : 181, 2-ka, Ulchi-ro, Chung-ku, Seoul 100, Korea)
Cable address : "KOEXBANK"
K24244 K24245
Telex number : k27237 k27254
K23141~5
② Place and date of issue

③ IRREVOCABLE DOCUMENTARY CREDIT

④ Credit number

⑤ Date and Place of Expiry

⑥ .Applicant

⑦ Beneficiary

⑧ Advising Bank

⑨ Amount

⑬ Partial shipments
☐ allowed ☐ not allowed

⑭ Transshipment
☐ allowed ☐ not allowed

⑮ Loading on board /dispatch/taking in charge from/at

⑯ Not later than
⑰ For transportation

⑩ Credit available with
By ☐ sight payment
☐ deferred payment at
☐ acceptance
☐ negotiation
against presentatioin of the documents listed below, marked "X" ☐ and of beneficiary' s draft(s) in duplicate ⑪ at sight
drawn on ⑫

⑱ ☐ Signed commercial invoice in fold
⑲ ☐Full set of clean on board bills of lading made out to the order of KOREA EXCHANGE BANK marked Freight and Notify
⑳ ☐Airway bill consigned to KOREA EXCHANGE BANK marked Freight and Notify
㉑ ☐Insurance policy or certificate in duplicate, endorsed in blank for 110% of the invoice value, expressly stipulating that claims are payable in and it must include
㉒ ☐Packing list in fold
㉓ Covering :
㉔ Special conditions and other required documents (if any) :

㉕ Unless otherwise expressly stated, all banking commissionsand charges outside issuing country are for account of

㉖ Documents to be presented within days after the date of issuance of the transport documents but within the validity of the credit.

㉗ All documents must be forwarded to issuing bank in two lot(s) by registered airmail.

㉘ We hereby issue this Documentary Credit in your favour. It is subject to the Uniform Customs and Practice for Documentary Credits(2007 Revision, International Chamber of Commerce, Paris, France, Publication No. 600) and engages us in accordance with the terms thereof, and especially in accordance with the terms of article 10 thereof. The number and the date of the credit andthe name of our bank must be quoted on all drafts required. If the credit is available by negotiation, each presentation must be noted on the reverse of this advice by the bank where the credit is available.

㉙ Please acknowledge receipt
REIMBURSEMENT

Authorized Signature
This documents consists of Signed page(s)

㉚ Advising bank' s notification

Advice No. and date

Authorized Signature

㉕에는 수입국외에서 발생하는 수수료를 포함한 모든 은행 비용은 수출입상 중에서 누가 부담할 것인지 명시해야 한다.

㉖에서는 운송서류의 최종제시일이 표기된다. 신용장 통일규칙 제14조에는 운송서류 발송일 이후의 일정기간을 정하여 지급·인수 또는 매입을 위해 서류를 제시하도록 규정하고 있다. 제시기간이 명시되지 않은 경우 은행은 운송서류 발행일 후 21일이 경과한 서류에 대해서는 수리를 거절한다.

㉗은 모든 관계서류를 운송할 때에는 등기 항공우편이나 택배로 개설은행에 직접 보내라는 문언으로 서류가 은행을 통하지 않고 직접 개설 의뢰인에게 전달되지 못하도록 하고 있다.

㉘에는 신용장통일규칙 준거문언이 기재된다. 국제상업회의소(2007 Revision, Publication No. 600)에 의한다는 준거문언으로 개설은행은 신용장통일규칙의 조항, 특히 제7조에 의거하여 신용장 조건과 일치하게 제시된 서류에 대해서는 일람지급, 연지급, 인수 또는 매입에 대한 책임을 진다는 확약(engagement)을 하고 있다.

㉙의 난에는 신용장 대금의 상환에 따른 사항이 기재된다.

㉚의 난에는 통지은행의 신용장 통지번호, 통지일자와 아울러 통지은행이 수익자에게 통지할 때 자국어를 사용하는 경우와 신용장에 아무런 약정이 없이 통지하는 경우 및 신용장에 통지은행의 확인을 추가하여 통지하는 경우에 그 지시를 기재하게 된다.

10. 신용장 내용분석

1) 취소불능신용장[7)]

Documentary Credits Department

U B A F

SEOUL BRANCH

Seoul, 07/10/2009.

Tel. Nr.:778-8081 Ext:114

SOGANG CORP.

C.P.O. BOX 1726
SEOUL
REPUBLIC OF KOREA

<u>ADVICE OF NOTIFICATION</u>

Our Reference	:	20091007EX1312/SM
Applicant	:	.
Issuing Bank	:	UNION NAT'L BANK PO BOX 6681 DUBAI U.A.E
Issuing Bank's ref	:	030022-080
Currency/Amount	:	USD 51,700.00 MAX
Validity	:	05/11/2009
Place of expiry	:	KOREA
B.O.K. Number	:	A-8601-810-03295

Dear Sirs.

We are pleased to enclose full details of the documentary credit issued in your favour. This credit is irrevocable, available by payment at sight, for presentation of documents at our counters exclusively.
This credit does not bear our confirmation.
In accordance with the credit reimbursement conditions, upon presentation of the documents for our Renegotiation, we-Ubaf Seoul branch-will pay the value of the documents to your first negotiating bank after receipt of the funds from the issuing bank.

If after careful examination of credit terms, you do not agree with any of them, please contact your buyers to obtain the appropriate amendment.

Our above reference, 20091007EX1312/SM, should be quoted in all correspondence.

Yours faithfully.
Union de Banques Arabes et Francaises
U.B.A.F.-SEOUL BRANCH
No signature required

---

7) 본 장에서 살펴본 신용장은 두 가지 이상의 역할을 하고 있어서 취소불능신용장에 포함되어 있지만 취소불능 매입자유신용장이 될 수도 있고 취소불능 일람출급신용장도 될 수 있다.

UNION DE BANQUES RABES ET FRANCAISES U.B.A.F.
3RD Floor, Sam Do Building 1-170, Soon Hwa-Dong, Chung-ku, Seoul, Korea. C.P.O. Box 1224

UNION NATIONAL BANK

This Credit is sent to the advising bank by courier.

ORIGINAL

L/C Centre
P.P. Box 6811
Dubai, UAE
Date : 29SEP2009

IRREVOCABLE DOCUMENTARY CREDIT	CREDIT NUMBER Dated : 29SEP2009	EXPIRY DATE 05NOV2009	PLACEOF EXPIRY KOREA

UMESH ENTERPRISES. P.O. BOX 12853 DUBAI U.A.E.	M/S SOGANG CORPORATION C.P.O. BOX : 1726 SEOUL KOREA
ADVISING BANK U.B.A.F. SAMDO BUILDING, 3RD, FLOOR, 1-170, SOONHWA-DONG, CHUNG-KU, CPO BOX 1224, SEOUL, KOREA.	USD 51,700.00 CFR USD Fifty One Thousand Seven Hundred Only
PART SHIPMENTS: Allowed TRANSHIPMENT: Not Allowed Transportation From : KOREAPORT RASHID To : DUBAI. By : SEA Not Later Than : 27 OCT 2009	CREDIT AVAILABLE WITH U.B.A.F. KOREA By NEGOTIATION against presentation of documents detailed Herein and your draft(s) at sight Drawn on UNION NATIONAL BANK and marked "Drawn under UNION NATIONAL BANK Credit Number 030022-080 Dated 29SEP2009"

Dear Sir,
We hereby issue in your favor this Irrevocable Documentary Credit as per details stated.

DESCRIPTION OF MERCHANDISE :NOT EXCEEDING 22000 YARDS PLAIN DYED FANCY SPANDAX JACQUARD 44 INCHES X ABOUT 25 YARDS AT THE RATE OF USD 2.35 PER YARD CIF DUBAI.

DOCUMENTS :

01. Manually signed commercial invoice in 4 copies certifying goods as per merchandise description and to be of KOREAN origin.
02. Full set of clean shipped on board marine ocean Bill(s) of Lading made out or endorsed to order of Union National Bank, Dubai, showing Freight Prepaid and marked notify the applicant and Union National Bank, Dubai.
03. Shipment must be effected through UASC/APL/NYK/PIL/UNIGLORY/WILLINE Line vessels only B/L must be that issued by them or its Agents.
04. documents must be negotiated only after sailing of the carrying vessel from the port of loading. Shipping Company or their Agents Certificate required stating the actual date of arrival of the carrying vessel at the port of loading and date of departure from the port of loading.
05. Certificate from shipping named on the Bill of Lading or its Agents confirming that (a) the goods have been shipped on vessel covered under institute classification clause (b) the carrying vessel is not banned from entering the Arab Ports for any reason according to their laws and regulations (c)vessel is below 15 years of age. This certificate must indicate name of carrying vessel.
06. Certificate of Origin issued by the Local Chamber of Commerce duly attested by the Joint Arab Chamber of Commerce, if available, and then duly legalized by UAE Embassy or its Diplomatic Mission. If the said Embassy or Diplomatic Mission not available then this must be legalizedby any Arab Diplomatic Mission. This must indicate (a) the name of Country from where the goods are exported (b) name of exporting Co. (c) country of origin (d) name and address of the manufacturer.
07. Insurance covered by the applicant. Details of shipment(s) under this Credit must be advised by the beneficiary by FAX within 24 hours after the shipment referring to Policy MRN/OC/KI9400055 direct to the applicant on fax No.

009714-531903 and to KESTREL INS./ARAB ORIENT INSURANCE CO. P.O. BOX 922 DUBAI, UAE on fax No. 009714-512689. Copies of such

CONTINUED ON PAGE … 2 WHICH IS AN INTEGRAL PART OF THIS CREDIT

Documents to be presented within to 10days after issuance of the transport document but within the validity of the credit. All charges of ADV/NEG band and of reimbursement are to be borne by the beneficiary

This credit is subject to the uniform customs and practice for Documentary Credits 2007 (Revision) ICC Publication 600. All negotiations under this credit must be endorsed on the reverse hereof.

Yours faithfully,
For UNION NATIONAL BANK

Authorised Signature   Authorised Signature

UNION NATIONAL BANK
This Credit is sent to the advising bank by courier.

ORIGINAL

L/C Centre
P.P. Box 6811
Dubai, UAE
Date : 29SEP 2009

Credit Number 030022-080
PAGE NUMBER 2 ATTACHED TO AND FORMAING AN INTEGRAL PART OF THE ABOVEMENTIONED CREDIT

Advices must accompany the original shipping documents.
08Packing List in 4 copies showing carton no. color no. length of each piece, number of pieces and yards packed in each carton

SPECIAL INSTRUCTIONS:
01. Shipping Marks; M5940/UMESH/HETRO/DUBAI INTRANSIT. B/L TO EVIDENCE THIS OR SHIPPING MARKS AS PER B/L.
02. Original legalizedcertificate of origin and Original legalized Invoice must be sent to L/C Opener by Reg : airmail Beneficiary' s certificate stating that the same has been sent to L/C opener must accompany the documents. In such case, copy of invoice and Certificate of origin without legalization acceptable for negotiation.
03. Documents issuedprior to the date of issuance of this LC not acceptable.
04. Third party transport documents not acceptable.
05. Negotiation under reserve/guarantee strictly prohibited. In case of discrepant document either prior approval must be obtained or documents may be sent to us mentioning the discrepancies on acceptance basis. In the event of presentation of documents under this Letter of Credit containing discrepancy(ies)a charge of USD50/- or its equivalent will be recovered from the Beneficiary.
This fee will be charged for each set of discrepant documents presented for negotiation. This fee will be deducted from the remittance made under this Letter of Credit, even if the Letter of Credit states the charges are to be borne by the Opener/applicant.
06. All documents must be made out in English language only.
07. Invoices to certify that goods shipped are neither of Israeli origin nor they contain any Israeli material.
08. At the time of negotiation USD610/-being legalization charters of M5691/M5735/M5763/m5777 must be deducted from the amount payable to the beneficiary for ultimate remittance to M/S METRO TEXTILE EST P.O.BOX 7146 DUBAI. This deduction must be made from the first negotiation.
09. Insurance Premium at the rate of 1% on 125% of the Invoice value must be deducted from the amount payable to beneficiary for ultimate remittanc to M/S Metro Textile Est p.o.box 7146 Dubai UAE TEL 532024 FAX 532923 This must be clearly mentioned on the covering schedule of the negotiating bank.
10. Invoices to show deduction of USD45/- being courier charges of this L/C to LC Opener. However, total Invoice value before the deduction should not exceed the value of the Credit. This deduction must be made from the first negotiation under this Credit.
11. Invoice must bear Harmonized Systems Commodity Code Number(H.S.Code No.) applicable to the products under shipment
12. Shipment advice indicating shipper' name, LC o. indent no. invoice value, merchandise quantity, total number of packages name of carrying vessel voyage no. B/L no. and date container no. E.T.A of the carrying vessel at the port of discharge must be sent to applicant by fax on their fax no. 04-531903 within 4 days from B/L date & copy of such fax along with relevant transmission report to accompany the original documents.
13. Short Form, Blank Back Bill of lading, Forwarder' s Bill of Lading, not acceptable.
14. Goods must be shipped in 20 feet container on FCL basis. B/L to evidence this & also to indicate that all FCL container handling charges/delivery charges and local delivery order charges at the port of destination are prepaid. A separate certificate to this effect issued by the shipping co. or it' s agent manually signed must also accompany the original shipping documents.
15. B/L must show the name, address and telephone number and fax no. of the carrying vessels' s agent at port of destination and also to indicate container no. seal no. total no. of cartons.
16. A copy of B/L must be faxed to opener on their fax number 009714-531903 within five days from the date of B/L.
Beneficiary' s certificate to this effect alongwith fax transmission report to accompany the original shipping documents
17. Any Alteration, deletion and / or amendment on the Bill of Lading not acceptable even if it is authenticated by its issuing authority.
18. Each carton on its outer side must show the carton No. total no. of pieces and total yards packed inside and invoice must certify the same.
19. Rubber stamp signatures are not acceptable.
20. Invoice to show deduction of USD290/- being legalization fee payable to L/C opener. However the total invoice value fore deduction should not exceed the value of the credit. This deduction must be made from each invoice.

CONTINUED ON PAGE

UNION NATIONAL BANK

AUTHORISED SIGNATORY

AUTHORISED SIGNATORY

해설

in your favour ~, 귀사를 수익자로, full details of ~, 상세한, at sight ~, 일람출급으로 환어음을 발행한다. 일람출급은 서류와 상환으로 수출대금이 지급되는 것을 의미한다. Confirmation~, 확인은 통지은행이 개설은행과 연대해서 수출상에게 수출대금의 지급을 보증하는 것을 말한다. Reimbursement conditions ~, 상환조건 통상적인 경우 매입은행은 개설은행으로부터 수출대금을 지급 받는다. 그러나 상환조건으로 상환은행이 지정된 경우 매입은행은 개설은행으로부터 수출대금을 지급 받은 것이 아니라 개설은행이 지정한 제3의 은행으로부터 수출대금을 지급 받는 것을 의미한다.

Renegotiation ~, 매입은 수출상이 제시한 화환어음과 서류와 상환으로 수출대금을 은행이 지급하는 것을 의미한다. 여기서 재매입은 매입은행이 매입한 서류를 매입이 제한된 은행으로 다시 제시하여 매입을 의뢰하는 것을 말한다.

Expiry date ~, 신용장유효기일은 수출상이 화환어음과 선적서류를 매입은행에 제시해야 하는 기간을 의미하며 신용장유효기일 이내에 제반서류를 매입은행에 제시하지 못하면 매입은행은 선적서류의 매입을 거절할 수 있다.

Place of expiry ~, 신용장 유효장소, 통상적인 경우 신용장 유효장소는 수출지역이 된다. 그러나 간혹 신용장 유효장소가 수입지역으로 기재되어 있는 신용장도 있다. 이런 경우 화환어음과 제반서류들이 수입지역에 약정된 기일 내에 도착하기 위해서는 우편일 수만큼 먼저 서류를 송부하여야 한다.

USD 51,700,000 CFR ~, 비용 및 운임을 수출상이 부담하는 무역거래 조건으로 된 미화 51,700,000 달러를 의미하며 숫자와 문자금액이 상이할 경우 문자금액이 우선한다.

AGAINST PRESENTATION OF DOCUMENTS DETAILED HEREIN ~, 본 신용장에 상세히 명시된 서류와 상환으로. Draw On UNIONNATIONAL BANK ~, 유니온 내셔널 뱅크를 지급인으로 화환어음이 발행되어야 한다는 것을 의미한다. Draw on 다음에 기재되어 있는 당사자가 지급은행이 되며 통상적인 경우 개설은행이 기재되어 있으나 제3의 은행이 기재된 경우도 있다.

Manually signed commercial invoice ~, 수기로 서명된 상업송장을 말하며 상업송장은 수출상이 특정 수출거래의 구체적인 내용을 기재하여 수입상 앞으로 보내는 매매거래의 명세서이다. 수출상은 이 명세서를 근거로 수출대금을 청구하기 때문에 수출상의 입장에서 보면 상업송장은 대금청구의 역할을 하게 된다.

Shipped on board ~, 선적선하증권은 운송물품이 본선에 적제된 후 발급되는 선하증권이다. 선하증권의 발행일자가 선적일자로 간주된다.

To order of union national bank ~, 지시식 선하증권은 수하인에 대한 표시가 to order. To order of . to order of shipper. To order of issuing bank 등과 같이 표시되어 있는 선하증권을 말한다. 수출상이 선하증권 뒷면에 백지배서만 하면 이 선하증권은 자유롭게 유통되어 소유권이 수출상에서 수입상으로 이전된다.

Freight Prepaid는 운임이 선불되었음을 의미한다. Freight collect는 운임이 후불됨을 의미한다.

Notify는 수입항에 화물이 도착되면 누구에게 화물이 도착되었음을 통지해야 되는지를 나타내는 것으로 통상적인 경우 수입상이 되지만 수입상이 아니고 제3자가 기재될 수도 있는데, 이때 제3자는 수입상의 수입통관 대리인으로 보면 된다.

Shipment must be effected~, CIF무역가격 조건은 수출상이 비용과 해상보험 및 운송비용을 부담한다. 수출상이 운송인과 운송계약을 체결할 수 있는 권한을 갖고 있다. 즉 운송인의 선택권이 수출상에게 있다. 그러나 본 신용장은 운송인이 수입상에 의해서 지정 되어서 수출상은 수입상이 지정한 운송인과 운송계약을 체결해야 한다. CIF무역가격 조건이지만 이와 같이 운송인이 수입상에 의해서 지정되는 이유는 수출상이 선택한 운송인에 대해 수입상이 믿지 못하기 때문에 수입상이 믿을 수 있는 운송인을 사전에 지정하여 선하증권이 위조될 위험을 사전에 방지하고자 수입상이 운송인을 지정한 것으로 보면 된다.

Document must be negotiated~, 선적항에서 선박이 출항한 후에만 매입할 수 있어서 매입시기가 제한되어 있다. Port of loading 선적항, Actual date of arrival of the carrying vessel at the port of loading 선적항에 선박이 실제로 입항한 날짜를 의미한다.

Institute Classification Clause~, 협회선급약관에 등록된 적격선박이어야 한다는 것을 말한다. 협회선급약관에 규정된 적격선박이라는 것은 다음의 요건을 충족시키는 선박을 말한다. 기계력에 의한 자항능력을 지니는 철선일 것. 10대 선급가운데 하나를 취득할 것. 선령이 15년 이하일 것. 정기선인(Liner)인 경우는 선령이 15년을 넘어도 좋지만 25년 이하일 것. 다만 용선된 선박(Chartered Vessel)과 총톤수 1,000톤 미만의 선박에 대해서는 정기선이라도 선령 15년 이하가 아니면 적격선박으로 인정되지 않는다.

정기선은 특정항로를 주기적으로 운항하는 선박을 의미하고 용선된 선박은 특정기간 또는 특정항구에서 항구 간에 선박을 임대하는 것을 말한다.

Certificate of Origin ~, 원산지 증명서, Insurance covered by the applicant ~, 보험은 수입상이 부보해야 된다. 통상 CIF무역가격 조건은 수출상이 적하보험에 부보할 의무가 있다. 본 신용장에서는 특약으로 수입상이 적하보험에 부보해야 된다는 것을 수출입상이 약정한 것으로 보아야 한다.

Document to be presented ~, 서류제시기일, To be borne ~, 부담하다.

Packing List ~, 수출포장명세서이며 상업송장의 부속서류로서 화물을 외관상 식별하기 위하여 사용되는 서류마다 수출상이 선적화물의 자세한 명세를 표시하여 수입상이 수입화물을 식별할 수 있게 한다. 포장명세서의 기능은 수입통관절차에서 심사자료로 활용되고 양륙지에서 화물의 분류와 판매단계에서 이용된다. 검수 또는 검량업자가 실제 화물과 대조하는 참고 자료로서 이용되며 개별화물의 사고발생분에 대한 확인자료로서 사용된다. 또한 선박회사와 운송계약을 체결할 때 운임산정 등의 기준이 된다.

Legalized Invoice ~, 신용장에서 Visaed Legalized 또는 Notarized Document를 요구하면 다음과 같이 준비해야 한다. Visaed은 일반송장에 영사가 서명한 것을 의미하고 Legalized은 송장과 선하증권에 영사가 서명, Notarized은 수출상이 서명한 서류에 상공회의소의 서명이 있어야 하고, 이를 정당한 것으로 인정하는 영사의 서명이 있어야 함을 의미한다.

Accompany ~, 제시하다. Documents Issued Prior to the date of Issuance of this L/C not acceptable~, 모든 서류는 신용장이 발행되고 난 후에 발행되어야 하며 신용장 발행일자 이전에 발행된 서류는 수리하지 않는다. Third Party Transport Documents ~, 제3자 운송서류를 말하며 서류상에 수출상의 이름을 기재하지 않고 제3자의 이름을 기재한 서류를 의미한다. 수출상의 이름을 숨기는 것은 만약 수입상이 선하증권의 수출상의 이름을 알게 되면 향후 거래는 중계인을 통하지 않고 직접 수출상과 거래할 수 있기 때문에 중계인의 이익을 보존해 주기 위해서 사용된다.

Negotiation under Reserve/Guarantee ~, 유보조건부 매입은 수출상이 매입은행에 제시한 서류가 신용장의 제 조건과 일치하지 않은 경우 이에 대한 전적인 책임은 수출상이 부담하기로 하고 매입하는 것을 의미한다.

Recovered ~, 부과하다, 징수하다. Deducted ~, 공제하다. Made out ~, 작성하다. Certify ~, 증명하다.

상업송장에 수출상이 본 상품의 제조과정에서 이스라엘 제품이 사용되지 않았음을 나타내는 문구를 기재하면 된다. 서류송부장(Covering Schedule)은 매입은행이 수출상이 제시한 화환어음과 선적서류를 심사하여 신용장의 제 조건과 일치한 것이 확인되며 본 서류를 개설은행에게 송부하게 되며 이때 화환어음과 선적서류와 함께 Covering Schedule이 첨부된다.

Covering Schedule에는 개설은행의 신용장을 자기은행에서 매입하였다는 내용과 발송서류의 명세서, 상환지시사항과 특별지시사항을 기재하게 된다. 여기서 보험료는 수출대금지급에서 공제된다는 것을 특별지시사항으로 명확하게 기재해야 된다는 것을 의미한다.

Shipment Advice ~, 선적통지서는 수입상이 수입통관을 사전에 하기 위해서 수출상에게 요구하는 서류이다.

Short Form, Blank Back Bill of Lading 통상 선하증권은 선하증권의 앞면에 필수기재사항이 인쇄되어 있고 선하증권 뒷면에는 운송인의 운송약관이 인쇄되어 있지만 모든 운송약관을 인쇄하려면 선하증권의 양식이 길어지기 때문에 운송약관을 인쇄하지 않고 "All the terms of the Carrier's regular long form of Bill of Lading are incorporated herein with like force and effect as if they were written at length herein. A copy of such Bill of lading may be obtained from the Carrier, its agent, or the master." 문구를 선하증권에 삽입시켜 마치 운송약관이 인쇄되어 있는 것과 동일한 효력을 갖도록 한 선하증권을 말한다.

FCL Basis(Full Container Load)~, 컨테이너 하나에 한 수출상의 화물을 적재하는 것을 의미한다. 즉 컨테이너에 다른 수출상의 화물이 혼재되어 적재되는 것이 아니라 특정 수출상의 화물만 단독으로 적재되는 것을 말한다. Less Container Load ~, LCL은 한 컨테이너에 여러 수출상의 화물이 적재되는 것을 말한다. Show ~, 기재하다.

해석

신용장 통지서.

당 은행 참조번호 : 20091007 EX 1312 / SM.

개설의뢰인 :

개설은행: UNION NATIONAL BANK.

개설은행 참조번호 :030022-080.

화폐와 금액 : 미화 51,700,000.

신용장 유효기일 : 2009년 5월 11일.

신용장 유효장소 : 한국.

B.O.K. 번호 : A-8601-810-03295.

당 은행은 귀사를 수익자로 발행된 화환신용장에 대한 상세한 내용을 동봉합니다.

본 신용장은 취소불능 신용장이고 제반 서류들을 당 은행의 거래은행에 제시하여 일람출급으로 수출대금을 회수할 수 있습니다. 당 은행은 본 신용장에 대해서 확인을 하지 않았습니다.

신용장의 상환 조건에 따라 재매입을 위해 제반서류를 제시하면 당 은행의 서울지점은 개설은행으로부터 수출대금을 수령한 후에 귀사의 첫 매입 은행에게 장부금액(서류에 기재된 수출금액)을 지급할 것입니다.

신용장의 조건을 주의 깊게 검토한 후 귀사가 신용장의 내용에 대해 이견이 있는 경우 귀사는 수입상에게 통지하여 신용장 내용을 정정하기 바랍니다.

당 은행(통지은행)의 참조번호 20091007 EX 1312 / SM은 모든 통신서류에 기재되어 있어야 합니다.

본 신용장은 택배로 통지은행에게 송부되었습니다.

본 신용장은 취소불능 화환신용장 입니다.

신용장 번호와 발행일자 : 030022-080, 2009년 9월 25일.

신용장 유효기일 : 2009년 11월 25일.

신용장 유효장소 : 한국.

신용장 개설의뢰인: UMESH ENTERPRISES. P.O. BOX DUBAI U.A.E.

수익자 : 서강무역(한국 서울 1726번지).

통지은행 : U.B.A.F 서울지점(서울 중구 순화동 1-170번지 삼도빌딩 3층).

신용장 금액 : CFR가격조건으로 계산된 미화 51,700,000달러.

분할선적 : 허용.

환적 : 금지.

선적지 : 한국.

최종목적지: RASHID DUBAI 항구.

운송수단 : 해상 운송.

최종선적기일 : 2009년 10월 27일.

신용장 활용방법.

본 신용장에서 명시된 제반 서류들과 UNION NATIONAL BANK을 지급인으로 발행된 일람출급 화환어음과 그 어음에는 Drawn under UNION NATIONAL BANK와 신용장번호 30022-080, 발행일자 2009년 9월 29일 이 기재되어 있어야 합니다. 이러한 서류들과 상환으로 U.B.A.F 서울지점은 매입할 수 있습니다.

당 은행은 상세하게 명시된 대로 귀사를 수익자로 된 취소불능화환 신용장을 개설합니다.

상품 명세서-, NOT EXCEEDING 22000 YARDSPLAIN DYED FANCY SPANDAX JACQUARD 44 INCHES X ABOUT 25 YARDS AT THE RATE OF USD 2.35 PER YARD CIF DUBAI.

요구서류.

01. 자필로 서명한 상업송장 부본 4통이 상품명세서와 동일한 제품이고 원산지가 표기되어 있다는 것을 입증하는 것이어야 합니다.
02. 무사고 선적 선하증권 3통이 UNION NATIONAL BANK Dubai 을 지시인으로 발행되고 배서되어야 합니다. 운임은 선불 되고 수입항의 화물도착통지처가 수입상이나 개설은행으로 작성되어있어야 합니다.
03. 선적은 UASE/APL/NYK/PIL/UNIGLORY/WILLE 선사에서만 가능하며 선하증권은 이들 선사와 대리인이 발행한 것이어야 합니다.
04. 서류들은 선적항에서 선박이 출항한 후에만 매입할 수 있습니다. 선사와 그의 대리인이 선적항에 선박이 입항한 실제 날짜와 선적항에서 출항한 날짜를 기재하여 발급한 증명서를 제출해야 합니다.
05. 선하증권과 명시된 선사와 그의 대리인이 상품은 협회선급약관에 등록된 선박에 선적되고, 본 선박은 법이나 제도에 따라 아랍항구의 입항이 허용되고 선령은 15년 이하임을 증명하는 서류를 제시해야 합니다. 이 증명서에는 선사명이 기재되어 있어야 합니다.

06. 현지 상공회의소가 발행한 원산지 증명서가 아랍연합 상공회의소에 의해 정당하게 확인된 것이어야 합니다. 만약 아랍연합 상공회의소가 없는 경우 UAE의 대사관이나 영사관이 정당하게 사증을 발급한 것이어야 합니다. 만약 대사관이나 영사관이 없는 경우 이것은 모든 아랍영사관 중 어디에서든지 사증을 발급 받아도 무방합니다.

    원산지증명서에 상품이 수출된 국가명, 수출회사명, 원산지, 제조회사명과 주소가 기재되어 있어야 합니다.

07. 해상보험은 수입상이 부보하며 수출상은 본 신용장 하에서의 선적사항을 보험증권번호 MRN10CIKZI940055에 따라 선적 후 24시간 이내로 FAX(FAX 번호 007914-531903)를 이용하여 수입상과 KESTREL 보험회사/ARAB ORIENT(FAX 번호 009714-512689)로 통지해야 합니다.

    서류들은 운송서류가 발행된 날로부터 10일 이내에 제시되어야 하며 신용장 유효기일 이내이어야 합니다. 모든 통지, 매입, 상환 비용은 수출상이 부담해야 합니다.

    본 신용장은 국제상공회의소가 제정하고 2007년 개정된 신용장 통일규칙 및 관례에 따라 처리되며 본 신용장에서의 모든 매입은 신용장 뒷면에 배서되어 있어야 합니다.

    신용장 번호 03002-080.

    2페이지 상기 언급한 신용장의 일부를 구성합니다.

    신용장 통지서 부본은 운송서류 원본과 함께 제출되어야 합니다.

08. 포장 명세서 부본 4통, 본 포장명세서에는 카튼 번호, 색상번호, 각각 낱개의 길이, 갯수, 카튼 박스에 포장된 야드가 기재되어 있어야 합니다.

특별지시사항.

01. 선적표기를 M5940/UMESH/METRO/DUBAI INTRANSIT로 나타내어야 합니다.

02. 사증이 표기된 원산지증명서 원본과 상업송장 원본이 등록항공우편으로 수입상에게 송부되어야 한다. 사증이 표기된 원본과 같이 동일한 효력이 있는 서류가 수입상에게 발송했다는 수출상의 증명서가 함께 제시되어야 하고 그런 경우 사증이 표기되지 않는 상업송장과 원산지 증명서 부본에 사증이 표기되지 않았더라도 매입할 수 있습니다.

    신용장 발행일자 이전에 발행된 서류들은 인수할 수 없습니다.

03. 제 3자 운송서류는 수리할 수 없습니다.
04. 유보조건부와 보증부 매입은 엄격히 금지되어 있습니다. 불일치 서류가 제시되는 경우 사전 승인을 받아야 하며 서류들은 인수조건으로 불일치 사유를 명시하여 당 은행에게 송부해야 합니다.
본 신용장 거래에서 불일치 서류가 제시되면 불일치 서류검토비용으로 미화 50$와 동등한 금액을 수출상에게 청구하게 될 것입니다. 이러한 비용은 매입을 위해 제시된 서류가 불일치할 때마다 부과될 것입니다. 본 비용은 비록 신용장에 이와 같은 비용이 수입상이 부담한다고 명시되어있더라도 본 신용장 거래에서 지급한 송금액에서 공제될 것입니다.
06. 모든 서류들은 반드시 영어로 작성되어야 합니다.
07. 상업송장은 선적된 상품이 원산지가 이스라엘이 아니고 이스라엘에서 생산된 원료를 사용하지 않았음을 증명해야 합니다.
08. 매입할 때 M5691/M5735/M5777의 사증발급비용으로 미화610$이 M/S METRO TEXTILE로 최종 송금하기 위해 수출상에게 지급하는 금액에서 공제될 것입니다. 이러한 사항은 매입은행의 매입의뢰서에 정확히 기재되어 있어 합니다. 이 공제금액은 최초매입금액에서 차감될 것입니다.
09. 상업송장가액의 125%당 1%비율로 된 적하보험료가 M/S METRO TEXTILE에게 최종 송금하기 위해 수출상에게 지급되는 수출금액에서 공제되어야 합니다. 이러한 사항이 매입은행의 매입의뢰서에 분명하게 명시되어 있어야 합니다.
10. 상업송장에는 미화 145달러가 공제되어 있어야 하고 이 비용은 수입상에게 송부하는 서류송부 비용입니다. 그러나 공제 전 전체 상업송장 금액은 신용장 금액을 초과할 수 없습니다. 이 공제금액은 신용장 거래의 첫 매입금액에서 차감될 것입니다.
11. 상업송장에는 선적된 제품의 국제상품 품목번호가 기재되어 있어야 합니다.
12. 선적통지서에는 수출상의 상호, 신용장 번호, 계약서 번호, 송장금액, 상품수량, 선박 항행번호와 선박명이 기재된 전체 포장 갯수, 선하증권번호와 발행일자, 컨테이너 번호, 양륙항에 선박이 입항할 날짜 등이 기재되어야 하며 이러한 선적통지서는 선하증권이 발행된 날로부터 4일 이내로 팩스발송서류를 원본서류와 함께 팩스(팩스번호 04-531903)로 수입상에게 통지해야 합니다.

13. 약식선하증권, 선하증권 뒷면이 비어있는 선하증권, 운송주선업자가 발행한 선하증권은 수리할 수 없습니다.
14. 상품은 20피트컨테이너에 완전히 채울 수 있게 적재되어야 합니다.
    선하증권은 모든 FCL 컨테이너 적재비용, 인도비용, 목적항에서의 현지인도 지시비용이 지불되었음을 증명해야 합니다. 선사나 선사대리인이 자필 서명하여 발급한 별도의 운송증명서도 운송서류 원본과 함께 제시해야 합니다.
15. 선하증권은 목적항에 있는 선사대리인의 상호, 주소, 전화번호, 팩스번호가 기재되어 있고, 컨테이너 번호, 봉인번호, 전체카튼 박스 수량도 기재되어야 합니다.
16. 선하증권 부본은 선하증권 발행일로부터, 5일이 내에 그들의 팩스 004714-531903번으로 수입상에게 보내야 합니다.
    팩스 송부서와 함께 선하증권 부본을 송부했음을 수출상이 증명하는 서류가 운송서류원본과 함께 제시되어야 합니다.
17. 선하증권을 발행할 수 있는 권한을 갖고 있는 당사자가 확인을 해도 선하증권의 변경, 삭제, 정정은 인정할 수 없습니다.
18. 카튼 박스 표면에 카튼 박스 번호, 전체수량, 갯수, 안에 포장된 전체야드가 표기되어 있어야 하며 상업송장에 표기된 것과 동일해야 합니다.
19. Rubber Stamp 서명은 인정하지 않습니다.
20. 상업송장은 수입상에게 지급할 사증 비용으로 미화 290$가 공제된 것으로 기재해야 하며, 공제 전 전체 송장가액은 신용장 금액을 초과할 수 없으며 이 공제금액은 별도 송장으로 작성되어야 합니다.
    매입 통지은행에게 상기은행의 지시사항.
    당 은행을 신용장의 제 조건과 일치된 원본 서류들을 접수한 후 10일 이내에 수출대금을 송금할 것입니다.

2) 연지급신용장

THE
BANK OF
NEW YORK

The Bank of New York
Seoul Branch
Young-Poong Building, 23rd Floor
33 Seolin-dong, Chongro-ku
Seoul, 110-752, Korea
Tel : 399-0301/5
Fax : 399-0055

Our Ref No.	Trn.	L/C No.	Tenor	Date
A770180511285	DLS-980520-06043-00	126898D35	30 A/s	2009-05-20

Beneficiary	Issuing Bank
SOGANG CORP TEL : 3166-449,771-1500 11-13TH FLR., CORYO DAEYUNGGAK CENTER 25-5, CHUNGMURO 1-GA, CHUNG-GU. SEOUL. KOREA(CPO BOX 1726)	DORNBIRNER SPARKASSE LUSTENAU SCHILLERSTRASSE 6, A-6890 LUSTENAU, AUSTRIA
Advised through(if any)	Intermediary Bank(if any)
Amount USD 229.490.00+/-0%	

Date of Pre-Advice	Issurance Date	Expiry Date
	2009-05-19	2009-06-14

adies/Gentlemen :

AT THE REQUEST OF OUR CORRESPONDENT, WE ATTACH THE CAPTIONED DOCUMENTARY CREDIT ISSUED IN YOUR FAVOR.
THIS ADVICE CONVEYS NO ENGAGEMENT OR OBLIGATION ON OUR PART.
PLEASE EXAMINE THIS ADVICE CAREFULLY. IF YOU ARE UNABLE TO COMPLY WITH THE CREDIT TERMS, PLEASE COMMUNICATE WITH YOUR BUYER IMMEDIATELY TO ARRANGE FOR AN AMENDMENT.
WE ARE AT YOUR DISPOSAL TO GIVE YOU ANY INFORMANTION OR ADVICE YOU MIGHT NEED.
WE ARE HOLDING SPECIAL INSTRUCTIONS REGARDING DISPOSAL OF DOCUMENTS AND REIMBURSEMENT UNDER THIS CREDIT.
UNLESS OTHERWISE EXPRESSLY STATED HEREIN L/C IS SUBJECT TO "THE UNIFORM CUSTOMS AND PRACTICE FOR DOCUMENTARY CREDITS. 1993 REVISION, ICC PUBLICATION 500".

DORNBIRNER SPARKASSE
LUSTENAU
SCHILLERSTRASSE 6, A-6890
LUSTENAU, AUSTRIA

2000 MAY 19 19 : 44 : 59

MT S700	Issue of a Documentary Credit	Logical Terminal 00AZ Page 00001 Func SEPRI

HSGACK DVS7651 Auth OK, key b1971221E300D9F91, IRVT**** DOSPAT2D record

Basic Header	F 01 IRVTKRSXAXXX 1787 318454		
Application Header	0 7001641 20000519 DOSPAT2DASSS 4891 422876 20000519 2341 0 *DORNBIRNER SPARKASSE *DORNBIRN		
User Header	Service Code	103 :	
	Bank. Priority	113 :	
	Hsg User Ref.	108 :	
	Info. From CI	115 :	
Sequence of Total	*27	:	1/1
Form of Doc. Credit	*40A	:	IRREVOCABLE
Doc. Credit Number	*20	:	126898D35
Ref. To Pre-advice	*23	:	
Date of Issue	*31C	:	20090510
Expiry	*31D	:	Date 20090615 Place Korea
Applicant Bank	*51	:	
Applicant	*50	:	SOCIETE NHASET S.A.R.L. Avenue Delorme, Carre 188 E DY Cotonou
Beneficiary	*59	:	SOGANG Corporation C.P.O. Box 1726 Seoul/Korea
Amount	*32B	:	Currency USD Amount 229.490
Pos. / Neg. Tol.(%)	*39	:	/
Max. Credit Amount	*39	:	
Add. Amount Covered	*39	:	
Available with/by	*41D	:	Bank of New York, Seoul Branch BY DEF PAYMENT
Drafts at···	*42	:	
Drawee	*42	:	
Mixed Paym. Details	*42	:	
Deferred Paym. DET	*42P	:	At 30 days sight.
Partial Shipments	*43P	:	Kindly see additional conditions
Transshipment	*43.P	:	Allowed - except via African port

2000 MAY 19 19 : 44 : 59

MT S700	Issue of a Documentary Credit	Logical Terminal 00AZ Page 00001 Func SEPRI

Loading in Charge	44A	:	Any Korean port
For Transport to …	*44B	:	Cotonou/Benin in transit
Latest Date of Ship.	*44C	:	20090530
Shipment Period	*44	:	
Descript of Goods	*45A		Textile Piece Goods : 1. 50,000 yds Lacquer Foil T/C Jacquard Uragirl, width : 58 unit price per yard : USD1,80 CIF Contonou making USD 90,000.00 **2. 50,000 yds Laquer Foil Damask jacquard width : 58 unit price per yard : USD 1.50 CIF Contonou making USD 75,000.00**
Documents required	*46A	:	3. 50,000 yds Two Tone Jacquard Uragirl, width : 58, unit price per yard : USD 2,10 CIF Contonou making USD 105,000.00 All other details are as per proforma Invoice no. JC-20090416. +Commercial Invoice in quintuplicate, duly signed and stamped. +Packing-lists with packing details in quintuplicate showing following details for each carton separately : gross-and net-weight, item, design-number(s) and yardage of the design(s) packed in the carton and colours also. +Three copies of the packing-list from facroty-side must also be attached to the required documents. Photocopies not allowed. +full set of at least 3/3 + 3 n/n copies clean on board bill of lading made out to order, blank endorsed, marked 'freight prepaid' and 'goods in transit for Lagos/Nigeria' showing as notify : Toyin Omolulu, 32Ofada Street, Nushin - Lagos (Nigeria)

2000 MAY 19 19:45:05

MT S700 | Issue of a Documentary Credit | Logical Terminal 00AZ
Page 00002
Func SEPRI

Contonou in transit

+Insurance Covered by exporter against all risks from warehouse to warehouse for 110 percent of the invoice value. Insurance certificate in duplicate to order of shipper, blank endorsed claims payable in Benin and/or Austria, is required.

+Certificate in duplicate required, attesting that the quantity mentioned in the commercial invoice is the actual shipped quantity and that the packing-lists shows exactly the quantities as per packing-list from factory side and that there is no discrepancy between the quantity negotiated and the quantity shipped actually. This certificate must be duly signed and stamped and the name of the person who sign this certificate must be written in block letters together with his title.

Additional Cond 47A : +Shipment samples to be sent on or before shipment effected to Nhaset-Shegun line, Avenue Delorme, Carre 188e, Missebo, Cotonou Benin, Phone,31,02,56, Fax31,14,33, waybill copy to be attached to the required documents. This clauses must not be confirmed on the invoices or packing lists. The waybill is required only for confirmation.

+No marks and labels should show the name of applicant inside and outside of the packages, beneficiary' s certificate is required

+Shipment must be effected by Naersk Line only.

+Container-number must be mentioned on the B/L.

+Invoices and packing lists must state the name and address of the notify mentioned in the B/L only.

+The description of goods in the Bill of Lading must show only.

+Textile Piece Goods without mentioning the quantity of goods.

2000 MAY 19 19 : 45 : 05

MT S700	Issue of a Documentary Credit	Logical Terminal 00AZ Page 00002 Func SEPRI

			+Please present the relative documents to the Bank of New York Seoul Branch for final negotiation, who holds special reimbursement instructions and will send them to Dornbirner Sparkasse, Schillerstrasse 6, A-6890 Lustenau/Austria by courier. +Invoices must certify that shipment has been effected as full-container-load and must mention the container number(s). +Partial shipments allowed, but only as full container loads. +The name and address of applicant must not be mentioned on the invoices, packing-lists, insurance certificate and also not on any marks, incl, shipping marks, inside or outside of the packages. +The estimated time of arrival of the goods in Cotonoumust be mentioned on the commercial invoice. +Shipping marks must include 'N.S.L.' beside of the usual shipping marks. +The issue-and shipped on board date must be printed and not stamped. +Special deduction of USD40,510.00 will be made from first payment being difference of USD27,500.00 for JJJ-5004, USD 1,394.00 for shortage of JJJ-5128 and USD 11,616.00 for shortage of JJJ-5042.
Details of Charges	71B	:	All commissions and charges outside Austria are for beneficiary's account. Our discrepancy fee for USD 50.00, if any, is for beneficiary's a/c.
Presentation Period	48	:	Documents to be presented within 15 days after the date of issuance of the shipping document(s) but within the validity of the credit.
Confirmation	*49	:	WITHOUT

2000 MAY 19 19 : 45 : 10

MT S700	Issue of a Documentary Credit	Logical Terminal 00AZ Page 00003 Func SEPRI

Reimbursement	53	:	
Instructions	78	:	All documents must be forwarded to Dornbirner Sparkasse. Schillerstrasse 6, A-6890 Lustenau/Austria in one lot by the Bank of New York Seoul Branch. Upon receipt of documents in strict compliance with the L/C terms we will reimburse the latter according to their instructions at maturity.
"Advise Through"	57	:	
Send. To Rec. Info.	72	:	Please advise the beneficiary by phone and acknowledge receipt quoting your Ref. No.
Trailer			Order is <MAC : > <PAC : > <ENC : > <CHK : > <TNG : > <PDE : > MAC : 8BCCED6A CHK : DE529F4248D4

해설

At the request of our correspondent~ 의 문구는 신용장 통지은행이 발행한 신용장 통지서이다. 신용장의 통지란 개설은행의 요청에 따라 제3의 은행이 신용장의 개설사실을 수출상에게 통지하는 것을 말한다.

신용장이 수출상에게 통지되는 방법은 다음과 같다.

① 개설은행이 수출상에게 직접 통지한다.

② 개설은행의 요청에 따라 제3의 은행이 통지한다.

③ 개설은행이 신용장을 개설하여 수입상에게 먼저 인도하고 수입상이 수출상에게 통지한다.

이상과 같은 방법이 있으나 개설은행의 요청에 따라 제3의 은행이 수출상에게 통지하는 방법이 가장 많이 이용되고 있다.

신용장은 타은행(통지은행)을 통하여 통지은행의 약정 없이 수익자에게 통지될 수 있으며, 그 은행이 신용장을 통지하기로 한 경우에는 신용장의 외견상의 진정성을 확인하기 위하여 상당한 주의를 기울여야 한다. 은행은 신용장을 통지하지 않기로 결정하면 그 은행은 그러한 사실을 지체 없이 개설은행에 통지하여야 한다.(신용장 통일규칙 제9조 참조)

Commercial invoice in quintuplicate, duly signed and stamped~, 원본서류는 수기(Handwriting) 또는 타이핑 친 것에서 자동화 또는 컴퓨터장치(Automated or Computerized System), 복사장치(Reprographic System), 복사본(Carbon Copy)까지 인정범위가 확대되고 있으며 서류발행자가 반드시 "Original"이라고 표시해야 원본으로 인정되고 있다. 제시될 서류가 원본으로 인정되기 위해서는 신용장에서 서명을 요구했을 경우 수기 또는 전자식, 복사장치 등으로 작성된 서류에 반드시 서명이 있어야 원본서류로 간주한다. 서명방법으로는 자필수기, 팩시밀리서명, 천공서명, 스탬프, 기호 또는 그 밖의 다른 기계식 또는 전자식 확인방법으로 인정범위를 확대하였다.

팩시밀리 서명은 레이저 프린트기, 인쇄기 등에 의해 사전에 인쇄된 서명을 말하며 팩스기계에 의해서 전송된 서명을 의미하지 않는다. 기호(Symbol)는 아시아국가에서 사용하고 있는 관인표시(Chopmark)를 말한다. 카본으로 서명할 경우 한번 서명하고 뒤에 베어져 나오는 서명은 원본으로 인정하지 않는다.

Proforma Invoice no, JC20000416~, 견적송장은 수입상이 수입국의 수입허가를 얻기 위해 수출상에게 요구하는 서류로서 당해 상품의 가격을 견적해주는 것을 말한다. 견적송장에 명시된 가격은 어디까지나 수입상이 신용장을 개설할 수 있게 편의상 형식을 갖추는 것에 불과하며 어떤 법적 구속력을 갖고 있지 않다.

해석

당 은행 참조번호 : A770180511285.

TRN: DLS-980520-06043-00.

신용장 번호:126898D35.

어음기간: 일람출급 30일.

신용장통지서 발행일자: 2009년 5월 20일.

수익자 : SOGANG CORP. TEL: 3166-449,771-1500 11-13TH FLR., CORYO DAEYUNGGAK CENTER 25-5,CHUNGMURO 1-GA, CHUNG -GU, SEOUL, KOREA (CPO BOX 1726)

개설은행 : DORNBIRNER SPARKASSE LUSTENAU SCHILLERSTRASSE 6, A-6890 LUSTENAU, AUSTRIA.

신용장 금액 : 미화 229,490.00 +/- 0% .

신용장 발행일 : 2009년 5월 19일.

신용장 유효기일 : 2009년 6월 14일.

당 거래은행의 요청에 따라 당 은행은 귀사를 수익자로 발행된 화환 신용장을 통지 합니다.

본 신용장 통지서는 당 은행의 약정과 의무가 포함되어 있지 않습니다.

본 신용장을 주의 깊게 검토하고 만약 귀사가 신용장 내용을 수락할 수 없는 경우 즉시 수입상에게 연락하여 신용장 내용을 정정하시기 바랍니다. 당 은행은 귀사에게 귀사가 원하는 모든 정보나 상담을 할 수 있는 지는 전적으로 귀사가 결정할 사항입니다.

당 은행은 서류의 송부와 본 신용장 거래에서 상환에 대한 특별한 지시사항을 갖고 있습니다.

다른 명백한 합의사항이 있는 경우를 제외하고 본 신용장은 국제상업회의소가 제정하고 2007년 개정된 신용장 통일규칙 및 관례에 따라 처리 될 것입니다.

전체 신용장 일련번호 : 1페이지.

신용장 종류 : 취소불능 신용장 .

신용장 번호 : 126898D35.

신용장 발행일 : 2009년 5월 19일.

신용장 유효기일 : 2009년 6월 14일 , 한국.

신용장 개설의뢰인 : SOCIETE NHASET S.A.R.L. Avenue Delorme, Carre 188 EDY Cotonou.

수익자 : SOGANG Corporation C.P.O. Box 1726 Seoul/Korea.

신용장 금액 : 미화 229,490.

신용장 사용방법 : 뉴욕은행 서울지점이 연지급으로 지급합니다.

연지급 기간 : 일람출급 30일.

분할선적 : 추가조건 사항 .

환적 : 아프리카 항구를 경유하는 것을 제외하고는 허용.

선적항 :한국의 모든 항구에서 가능.

최종목적항 : COTONOU/ BENIN.

최종 선적기일 : 2009년 5월 30일.

상품명세서 : Textile Piece Goods :

1. 50,000 yds Lacquer Foil T/C Jacquard Uragirl, width : 58 unit price per yard : USD1,80 CIF Contonou making USD 90,000.00.
2. 50,000 yds Laquer Foil Damask jacquard width : 58 unit price per yard : USD 1.50 CIF Contonou making USD 75,000.00.
3. 50,000 yds Two Tone Jacquard Uragirl, width : 58, unit price per yard : USD 2,10 CIF Contonou making USD 105,000.00 .

요구서류

상업송장 4통이 정당하게 서명 되고 직인이 찍혀있어야 한다.

포장에 대한 상세한 명세서가 있는 포장명세서가 4통 본 포장명세서에는 각각의 카튼박스에 대한 내용, 총 중량과 순 중량, 품목, 디자인 번호, 카튼박스에 포장된 디자인 당 야드와 색상이 표기되어 있어야 합니다. 공장에서 발급한 포장명세서 부본 3통이 제시서류와 함께 제시되어야 합니다. 복사본은 인정하지 않습니다.

무사고 본선적재 선하증권 3통과 비유통운송서류 부본 3통이 지시식으로 발행되고, 백지배서 되어야 하며, 운임이 선불 되고, 상품이 나이지리아 라고스로 운송 중에 있으며, 수입항에서의 화물도착통지처로 Toyin Omolulu, 32Ofada Street, Nushin - Lagos (Nigeria)가 기재되어 있어야 합니다.

보험은 수출상이 상업송장 가격의 110%로 창고간 약관과 모든 위험을 담보하는 보험에 부보해야 합니다.

보험증명서 2통이 수출상을 지시인으로 발행되고, 백지배서 되어야 하며 보험금은 Benin이나 Austria에서 지불되도록 작성되어 제출되어야 합니다.

증명서 2통이 제시되어야 하며 본 증명서는 상업송장에 명시된 수량과 실제 선적된 수량이 동일하고, 포장명세서는 공장에서 발행한 포장 명세서를 정확하게 기재하고 있고, 매입한 수량과 실제 선적된 수량과의 차이가 없음을 입증해야 합니다. 이 증명서는 정당하게 서명 되고 직인이 표기되어 있어야 합니다. 이 증명서를 서명한 당사자의 성명이 직위와 함께 블록박스 속에 서면으로 기재되어 있어야 합니다.

추가조건

선적견본이Nhaset-Shegun line, Avenue Delorme, Carre 188e, Missebo, Cotonou Benin, Phone, 31,02,56, Fax31,14,33로 선적하기 전에 선적하는 시점에서 송부되어야 합니다. Waybill이 요구서류와 함께 제시되어야 합니다.

본 조항은 상업송장과 포장명세서에 기재하지 마십시오. Waybill은 단지 확인을 위해서 필요합니다.

신용장 개설의뢰인의 성명이 나타나 있는 표기나 라벨이 포장할 때 포장지 밖이나 안에 나타나 있어서는 안 된다. 수출상의 증명서가 필요합니다.

선적은 Naersk Line선사에다 꼭 해야 합니다.

컨테이너 번호가 선하증권에 기재되어 있어야 합니다.

선하증권에 기재된 화물도착통지처의 성명과 주소가 상업송장과 포장명세서에 반드시 기재되어 있어야 합니다.

선하증권에 기재된 상품명세서는 상품의 수량을 기재하지 말고 상품의 개수를 단지 기재해야 합니다.

관련 서류는 최종 매입을 위해 뉴욕은행 서울지점에 제시해야 하며 동 은행은 특별하게 상환지시사항을 갖고 있고, 동 서류를 특급우편으로 Dornbirner Sparkasse, Schillerstrasse 6, A-6890 Lustenau/Austria에게 송부할 것입니다.

상업송장은 선적이 FCL로 이루어졌음을 증명해야 하고 컨테이너 번호를 기재하고 있어야 합니다.

분할선적은 허용되며 전제조건은 FCL로 이루어져야 합니다.

신용장개설의뢰인의 성명과 주소가 상업송장, 포장명세서, 보험증명서에 기재되어 있어서는 아니된다. 포장박스 밖이나 안에 어떤 표기나 선적화인이 있어서는 아니된다.

상품이 Cotonou에 도착할 날짜가 상업송장에 명시되어 있어야 합니다.

선적화인은 관례적인 화인표기에 'N. S. L.'를 포함시켜야 합니다.

본선적재일자와 발행일자는 스템프로 표기하지 말고 인쇄되어야 합니다.

특별공제금액 미화 40,510.달러가 최초 대금지급액에서 공제 될 것입니다.

이 금액은 전거래 JJJ-5004 미화 27,500에서 발생한 부족분이며 구체적으로 JJJ-5128 부족금 미화 1,394과 JJJ-5042 부족금 미화 11,616이다.

비용사항

오스트리아 외에서 발생하는 모든 수수료와 비용은 수출상이 부담해야 합니다. 불일치서류 심사비용으로 미화 50달러를 수출상이 부담해야 합니다.

서류제시기간

서류는 선하증권이 발행된 날로부터 15일 이내에 제시되어야 하며 신용장 유효기일 이내이어야 합니다.

신용장확인 지시사항 : 없음.

상환지시사항

모든 서류는 뉴욕은행 서울지점을 통해서1부가 Dornbirner Sparkasse. Schillerstrasse 6, A-6890 Lustenau/Austria 로 제시되어야 합니다. 신용장의 제 조건과 엄격히 일치한 서류를 받자마자 상환은행은 어음만기일에 개설은행의 지시에 따라 서류송부은행에게 상환할 것입니다.

CHAPTER 09

NEGO서류 작성실습

신용장내용을 분석하여 신용장에서 요구한 서류를 신용장의 조건대로 Nego서류를 직접 작성하게 하여 Nego서류를 정확하게 작성할 수 있는 능력을 향상시킨다.

9-1 Nego서류 작성실습

제8장의 신용장내용을 정확히 분석할 수 있는 독자는 Nego서류를 정확하게 작성할 수 있을 것이다. 신용장내용과 주어진 조건을 근거로 Nego서류를 작성해야 한다.

1. 취소불능 신용장의 Nego서류 작성

1) Nego서류의 작성조건

아래 상황을 참조하여 Nego 서류를 작성하세요

1. ITEMS : SYNTHETIC FABRIC 44
2. WEIGHT : NET-1.0 kg/YD.
3. QUANTITY : 12,000 YADS
4. PACKING : MAX, LOADING MEASUREMENT 30CBM IN A TEU.
   EACH 20 YARDS IN A ROLL, EACH 15 ROLLS IN A CTN
   (LIM, W2M, H 0.5M)
5. 환어음번호 KMA.***1234
6. 매입일자 2009년 5월 20일
7. 상업송장 발행일자 2009년 5월 19일
8. 상업송장 번호 KMA640917-145332
9. 출항예정일 2009년 5월 27일
10. 도착예정일 2009년 7월 15일
11. 해상운송회사 : HUNDAI KMA 034E
12. 단가 : US$ 9.17
13. NET W/T : 12,000 KGS
14. GROSS W/T : 14,400 KGS
15. 선하증권 발행일자 2009년 5월19일, 선하증권번호 KMA ####12423
16. 신용장 유효기일 2009년 5월 20일
17. 선적유효기일 2009년 5월 19일
18. TRIU-341799-O(CTRN NO) 14,400 KGS 385725(SEAL NO)

2) 신용장

NEGO 서류 작성

Fidelity Bank, N.A.
BROAD & WALNUT STS
PHILADELPHIA, PA 19109

DATE: 04/15/2009
L/C#: 79405
AMOUNT: $110,040
EXPIRATION: 05/20/2009

BENEFICIARY:
SAM YANG HEAVY
197 GOEAN-DONG, KYUNGGI-DO
BUCHEON CITY, K.P.O. BOX 1430
SEOUL, KOREA
ADVISIVG BANK
CHASE MANHATTAN BANK
50 1-KA ULCHIRO
CHOONG-KU
SEOUL, KOREA

APPLICANT
MINE & SMELTER DIVISION
KENNEDY VAN SAUN CORPORATION
1200E, 47TH AVENUE
BOX 39-K
DENVER, COLORADO 802

WE HEREBY ESTABLISH OUR IRREVOCABLE LETTER OF CREDIT IN YOUR FAVOR. AVAILABLE WITH ANY BANK BY NEGOTIATION OF YOUR DRAFTS DRAWN ON US AT SIGHT FOR FULL INVOICE VALUE, FOR AMOUNT(S) NOT EXCEEDING : USD 110,040
ACCOMPANIED BY THE FOLLOWING DOCUMENTS :
COMMERCIAL INVOICE IN ORIGINAL AND SIX(6) COPIES DULY SIGNED.
U.S. CUSTOMS INVOICE IN TRIPLICATE.
INSURANCE POLICY OR CERTIFICATE, ISSUED TO THE ORDER OF : FIDELITY BANK, N.A. FOR 110% OF THE CIF INVOICE VALUE, COVERING : ALL RISKS.
FULL SET CLEAN ON BOARD OCEAN BILLS OF LADING ISSUED TO THE ORDER OF THE FIDELITY BANK AND TWO NON-NEGOTIABLE COPIES, DATED LATEST MAY. 19. 2000.MARKED NOTIFY : MINE AND SMELTER DIVISION, KENNEDY VAN SAUN CORPORATION, 12000 E. 47TH AVENUE, BOX 30-K, DENVER, COLORADO 80239ATTN : CRAIG AND ERSON, EVIDENCING SHIPMENT FROM : KOREA TO : LOS ANGELES, CALIFORNIA
MERCHANDISE MUST BE DESCRIBED IN THE COMMERCIAL INVOICE AS :
SYNTHETIC FABRIC 44 IN ACCORDANCE WITH THE BUYER' S PURCHASE ORDER "TERMS OF SALE : CIF LOS ANGELS, CALIFORNIA.
TERMS OF SALE : CIF LOS ANGELES, CALIFORNIA.
PARTIAL SHIPMENTS ARE PROHIBITED.
THE AMOUNT AND DATE OF EACH DRAFT MUST BE ENDORSED HEREON BY THE NEGOTIATING BANK OR BANKERS. ALL DRAFTS DRAWN HEREUNDER MUST INDICATE THIS LETTER OF CREDIT NUMBER.

WE HEREBY AGREE WITH THE DRAWERS, ENDORSERS AND BONAFIDE HOLDERS OF THE DRAFT THAT THE SAME DRAFTS DRAWN UNDER AND IN COMPLIANCE WITH THE TERMS OF THIS CREDIT, SHALL BE HONORED UPON PRESENTATION AND DELIVERY OF DOCUMENTS AS SPECIFIED ABOVE TO THE DRAWEE IF DRAWN AND NEGOTIATED ON OR BEFORE THE EXPIRATION DATE STATED HEREIN. EXCEPT SO FAR AS OTHERWISE EXPRESSLY STATED, THIS CREDIT IS SUBJECT TO THE UNIFORM CUSTOMS AND PRACTICE FOR COMMERCIAL, DOCUMENTARY CREDIT(2007 REVISION), INTERNATIONAL, CHAMBER OF COMMERCE PUBLICATION NO.600.

AUTHORIZED SIGNATURE

AUTHORIZED SIGNATURE

3) 작성 Nego서류

① 매입신청서

매 입 신 청 서

매입번호	
CMF번호	

계		대리		차장		부장		부점장	

(1) L/C 및 운송서류내용(DESCRIPTION)　　(2) 매입대금처리내역

BENEFICIARY :		처리 내역		확인인 계	확인인 대
ASSIGNED FROM		NEGO AMOUNT			
L/C NO.		외 화 계 정 대 체			
COMMODITY		무역어음대출 A			
ADVICE NO.		무역어음대출 B			
EXPORT LICENCE NO.		무역어음대출 C			
ISSUING BANK		무역어음대출 D			
ACCOUNTEE		수 입 보 증 금			
INVOICE VALUE		우 편 료			
SHIPPING EXPIRY		환 가 료			
CREDIT EXPIRY		대 체 료			
		대체지정계좌입금			

위 내용의 수출하부환어음(또는 운송서류)을 기 약정한 바에 의하여 매입하여 주시고 동 수출어음 대금을 위와 같이 처리하여 주시기 바랍니다.

20 년 월 일

상호 (인)

인감대조

Sight
@
PAID
년 월 일

확 인 서

한국상업은행 앞　　20년 월 일

수 입 인 지

위 신용장(계약서)에 의한 수출환어음 또는 선적서류 매입과 관련하여 본인은 귀행에 아래와 같은 신용장(계약서)조건과의 불일치 또는 기타 사유로 인한 하자사항을 확인하며 이로 말미암은 비용 및 손해는 수출거래약정서에 따라 부담하겠습니다.

(운송서류 매입일로부터 Nego대금이 귀행 내규 소정일수를 경과하여 입금되는 경우에는 그 초과일수에 대한 소정이자를 지급하겠습니다.)

※ DISCREPANCIES

1) ______________________

2) ______________________

3) ______________________

4) ______________________

상호 (인)

인감대조

※ 은행 사용란

1	CMF.NO.			9	우편요금	*		16	자사실적	*		23	기산기준일		
2	재매입여부	*		10	기타공제			17	타사실적	*		24	확정일코드		
3	매입통화	*		11	가격조건	*		18	선물환율			25	할인구분		
4	매입금액	*		12	우대요율			19	선물환금액			26	OMM율		
5	하자여부	*		13	수출상대국	*		20	기 산 일	*		27	COMMISSION		
6	외화대체			14	수출형태	*		21	추심수수료	*		28	INTEREST율		
7	TENOR	*		15	CCCN. NO.	*		22	USANCE기간	*		29	INTEREST		
8	본지사구분														

◉추심시에는 *표 항목만 사용

② 선적요청서

수출상이 선적요청서를 작성하여 선박회사에 송부하면 선박회사는 선적요청서를 근거로 선하증권을 발행하게 된다. 수출상은 선하증권이 신용장에서 명시된대로 작성되었는가 상당한 주의를 기울여 검토해야 한다. 따라서 선적요청서와 선하증권을 동시에 작성하기로 한다.

SHIPPING REQUEST

<table>
<tr><td colspan="2">1. SHIPPER</td><td colspan="2">HYUNDAI LINE</td></tr>
<tr><td colspan="2">2. CONSIGNEE</td><td colspan="2">PLEASE CONTACT</td></tr>
<tr><td colspan="2" rowspan="2">3. NOTIFY PARTY</td><td>11. B/L NO</td><td>10. S/O NO</td></tr>
<tr><td colspan="2">9. B/L REQUIRED ORIGINAL COPY</td></tr>
</table>

<table>
<tr><td colspan="2">PRE-CARRIGE BY</td><td>PLACE OF RECEIPT</td><td>6. B/L TO BE ISSUED AT</td></tr>
<tr><td>4. OCEAN VESSEL</td><td>7. VOY. NO.</td><td>5. PORT OF LOADING</td><td>12. SHIPMENT EXPIRRING DATE ON L/C</td></tr>
<tr><td colspan="2">8. PORT OF DISCHARGE</td><td>PLACE OF DELIVERY</td><td>13. FINAL DESTINATION</td></tr>
</table>

<table>
<tr><td>14. MARK AND NUMBERS</td><td>15. NO & KIND OF PKGS</td><td>16. DESCRIPTION OF GOODS</td><td>17. GROSS WEIGHT</td><td>18. MEASUREMENT</td></tr>
<tr><td colspan="5"></td></tr>
</table>

<table>
<tr><td>19 FREIGHT & CHARGES.</td><td>20. REVENUE TONC</td><td>21. RATE</td><td>22. PER</td><td>23. PREPAID</td><td>24. COLLECT</td></tr>
</table>

<table>
<tr><td colspan="4">SERVICE TYPE REQUESTED</td><td>25. 수출면장번호</td></tr>
<tr><td>H/H</td><td>H/P</td><td>P/H</td><td>P/P</td><td>PLEASE ARRANGE TO SHIP CARGOES AS DESCRIBED ABOVE</td></tr>
<tr><td colspan="4">26.ACCEPTED BY
ON 2000</td><td>27. APPLOCANT
ADD :
NAME : TEL :</td></tr>
<tr><td colspan="4">HYUNDAI SHIPPING CO., LTD.</td><td>28. FORWARDER AT PORT OF LOADING
ADD :
NAME : TEL :</td></tr>
</table>

③ 선하증권

Shipper		B/L No.
Consignee	HUNDAI KMA LTD BILL of Lading	
Notify Address		

Pre-carriage by	Place of Receipt	
Ocean Vessel	Port of Loading	ORIGINAL
Port of Discharge	Place of Delivery	Final destination(For Shipper's Reference)

Marks & Nos/Container Nos	No. of P'kgs	Kind of Packages : Description of Goods	Gross weight	Measurement
		According to the doclation of the merchant		

FREIGHT & CHARGES	PREPAID	COLLECT	Freight and charges payable at	Number of Original B(s)/L
			Place and Date of issue	
			LADEN on Board Date	by
			IN WITNESS WHEROF. the carrier its Agent has signed Bills of Lading, all the same tenor and date, one of which be accomplished, the others to stand void. By	
TOTAL				
FOR DELIVERY OF GOODS PLEASE APPLY TO :			HUNDAIKMA : CO., LTD. ACTING AS A CARRIER	

(TEMRS CONTINUED ON BACK HEREOF)

④ 상업송장

COMMERCIAL INVOICE

1. Shipper / Exporter		8. No. & date of invoice
		9. No. & date of L/C
2. For Account & Risk of Messrs.		10. L/C issuing bank
		11. Remarks :
3. Notify party		
4. Port of loading	5. Final destination	
6. Carrier	7. Sailing on or about	

12. Marks and numbers of PKGS	13. Description of goods	14. Quantity/Unit	15. Unit-Price	16. Amount

17. P.O.Box
Cable address :
Telephone :
Fax :

18. Signed by ____________________________

⑤ 선적통지서

T O		DATE	
ATTN		FROM	
R E	SHIPPING NOTICE		

DEAR SIRS,

WEARE PLEASED TO ADVISE YOU OF SHIPPING DETAILS AS FOLLOWS

1. INVOICE NO. :
2. COMMODITY :
3. TOTAL AMOUNT :
4. QUANTITY :
5. NAME OF VESSEL :
6. INVOICE VALUE :
7. FROM :
8. TO :
9. ETD :
10. ETA :
11. L/C NUMBER :
12. B/L NUMBER AND DATE :
13. NET/GROSS WEIGHT :

TKS FOR YOUR CORP.

BEST REGARDS.

JHNAM(G MANGER)

⑥ 포장명세서

PACKING LIST

1. Shipper / Exporter		8. No. & date of invoice				
2. For Account & Risk of Messrs.		9. Remarks :				
3. Notify party						
4. Port of loading	5. Final destination					
6. Carrier	7. Sailing on or about					
10. Marks and numbers of PKGS	11. Description of goods	12. Quantity	13. Net weight	14. Gross Weight	15. Measurement	

16. P.O.Box
Cable address :
Telephone :
Fax :

17. Signed by ______________________

⑦ 환어음

NO. ______________ BILL OF EXCNANGE ______________

FOR

AT ______________ SIGHT OF THIS FIRST BILL OF EXCHANGE (SECOND OF THE SAME TENOR AND DATE

BEING UNPAID) PAY TO THE COMMERCIAL BANK OF KOREA, L.T.D. OR ORDER THE SUM OF

VALUE RECEIVED AND CHARGE THE SAME TO ACCOUNT OF ______________

____

DRAWN UNDER ______________

L/C NO. ______________ DATED ______________

TO ______________

____

⑧ 원산지증명서

1. Shipper 2. Consignee or Order	ORIGINAL **CERTIFICATE OF ORIGIN** Issued by THE KOREA CHAMBER OF COMMERCE & INDUSTRY Seoul, Republic of Korea **원 산 지 증 명 서** **대한상공회의소** 4. Buyer(if other than consignee)
3. Partial of Transport(where required)	5. Country of Origin 6. Invoice Number and Date

7. Shipping Marks	8. Number and Kind of Packages : Description of Goods	9. Quantity, Gross Weight or Measurement

The Korea Chamber of Commerce & Industry hereby certifies, on the basis of relevant invoice and other documents, that the above mentioned goods originate in the country shown in column 5.

28. APR 2000
THE KOREA CHAMBER OF COMMERCE & INDUSTRY
Executive Director Kang, Seong-Yil
The Republic of Korea

042382

⑨ 적하보험 청약서

수출상은 적하보험 청약서를 작성하여 보험회사에 송부한다. 적하보험 청약서는 수출상과 보험회사간에 적하보험계약이 성립되었음을 나타내는 근거자료가 되며, 보험회사는 적하보험청약서를 근거로 적하보험증권을 발행한다.

적 하 보 험 청 약 서

<table>
<tr><td colspan="4">1. Assured</td></tr>
<tr><td colspan="2">2. Reference No</td><td colspan="2">3. Claims, If Any, Payable at</td></tr>
<tr><td>4. Local Vessel or Conveyance</td><td colspan="2">5. From(Interior Port or Place of Loading)</td><td>12. Amount Insured</td></tr>
<tr><td>6. Ship or vessel Called The</td><td colspan="2">7. Sailing On or About</td><td rowspan="2">13. Conditions and Warranties Institute Cargo Clauses</td></tr>
<tr><td>8. At and From</td><td colspan="2">9. Trans shipped At</td></tr>
<tr><td>10. Arrived At</td><td colspan="2">11. Thence To</td><td>14. 증권발행일</td></tr>
<tr><td colspan="4">15. Packing</td></tr>
<tr><td colspan="2">16. Number of Police Issued</td><td colspan="2">17. Place and Date Signed</td></tr>
<tr><td colspan="4">18. Special Instructions</td></tr>
</table>

⑩ 검사증명서

NAVIN TRADING CO.
C.P.O. BOX 5631
SEOUL, KOREA

INSPECTION CERTIFICATE

L/C NO
COMMODITY
QUANTITY
AMOUNT
INVOICE NO.
B/L NO.
VASSEL NAME
ON BOARD DATE
SHIPPER

THIS IS TO CERTIFY THAT GOODS HAVE BEEN INSPECTED AND THE SAME HAVE BEEN FOUND IN ORDER AND SOUND CONDITION FOR SHIPMENT.

THIS CERTIFICATE IS ISSUED IN GOOD FAITH, FOR THE PURPOSE OF SHIPMENT. FOR ANY OTHER TECHNICAL OR OTHER DEFFECTS IN THE GOODS, THE FACTORY/MAKER OF GOODS IS RESPONSIBLE.

THANKING YOU.

YOUR'S FAITHFULLY.

NAVIN TRADING CO.

SEOUL, KOREA

JHAMAN PIRTHYANI

2. 일람출급신용장의 Nego서류 작성

1) Nego서류 작성조건

신용장 내용을 분석하여 신용장에서 어떤 서류를 요구하고 있는지 구체적으로 파악한 다음 아래 제시된 조건을 참고로 Nego서류를 작성한다.

아래 상황을 참조하여 네고 서류를 작성하세요.

1. ITEMS : item #4 참조
2. ADVICE OF NOTIFICATION 참조
3. LETTER OF CREDIT 참조
4. CERTIFICATE OF AMERICAN PRESIDENT LINES참조
5. CERTIFICATE OF MANUFACTURER, EXPORTERS, IMPORTERS.
6. 환어음 매입일자와 번호 : 200004-2058
7. 상업송장 발행일자 2009년 4월 27일
8. 상업송장 번호 JJJ-1101/A
9. SAILING DATE : APR.28,2009
10. CARRIER : PRES, EISENHOWER V/142-W
11. BOOKING NUMBER : 005332148
12. B/L NUMBER : APLU 00532148
13. GROSS W/T : KGS, CTN 1,000
14. MEASUREMENT : CBM 4,069
15. 선하증권 발행일자 2009년 4월28
16. 신용장 유효기일 2009년 4월 30일
17. FORWARDING AGENT : ACS
18. CONTAINER NO. : C-NO, 1-40
19. THE DETAILS OF COURIER AWB NO. : 2513532140
20. SHIPPED ON BOARD : JAN. 26, 2009
21. DETAILS OF COURIER. AWB NO. : 2509584346

2) 신용장

Documentary Credits Department

UBAF

SEOUL BRANCH

Seoul, 15/04/2009.

Tel. Nr.:778-8081 Ext:114

SOGANG CORP.
C.P.O. BOX 1726
SEOUL REPUBLIC OF KOREA

ADVICE OF NOTIFICATION

Our Reference	:	20090415EX9112/SM
Applicant	:	
Issuing Bank	:	HABIB BK AG ZURICH AL FAHIDI ST P.O. BOX 3138 DUBAI U.A.E.
Issuing Bank's ref	:	PD/28363/2009
Currency/Amount	:	USD 24,960. Max
Validity	:	10/05/2009
Place of expiry	:	KOREA
B.O.K. Number	:	A-8601-804-09106

Dear Sirs.

We are pleased to enclose full details of the documentary credit issued in your favour.

This credit is irrevocable, available by payment at sight, for presentation of documents at our counters exclusively. This credit does not bear our confirmation.
In accordance with the credit reimbursement conditions, upon presentation of the documents for our Renegotiation, we-Ubaf Seoul branch-will pay the value of the documents to your first negotiating bank after receipt of the funds from the issuing bank..

If after careful examination of credit terms, you do not agree with any of them, please contact your buyers to obtain the appropriate amendment.

Our above reference, 20090415EX9112/SM, should be quoted in all correspondence.

Yours faithfully.
Union de Banques Arabes et Francaises
U.B.A.F.-SEOUL BRANCH
No signature required

3rd Floor, Sam Do Building 1-170, Soon Hwa-Dong, Chung-ku, Seoul, Korea, C.P.O. Box 1224
Tel82-2) 3455-5300 ?Swift:UBARKRSX ?Fax82-2)3455-5353/54 ?Telex : K26400 UBAFSK, K23700 UBAFKO

BANK AL HABIB LIMITED (INCORPORATED SWIZERLAND) 1967 Date of Issue 11-04-2009	**Habib bank AG Zurich** Al Fahjdi Street Branch P.O.Box No.3138 Par Dubai U.A.E. Tel. .: 534545 Fax : 532156 Telex : 46765 BHBANK EM	IRREVOCABLE DOCUMENTARY CREDIT	L/C. PD/ 28363/2000 XXXXXX/RESTRICTED/XXXXXX XX ( ) Confirmation of our brief telex ref : DATE AND PLACE OF EXPIRY 30-04-2009 S. KOREA

Applicant M/S WHITE ROSE FASHIONS LLC. C.P.O BOX-23066 DUBAI . U.A.E.	Beneficiary M/S. SOGANG CORPORATION C.P.O. BOX 1726, SEOUL, KOREA
Advising Bank UNION DE BANQUES ARABES ET FRANCAISES, C.P.O. BOX 1224 SAMSUNG MAIN BLDG., 18/FL., SEOUL 100, KOREA.	Amount USD.189,600/-(USD. ONE HUNDRED EIGHTY NINE THOUSAND SIX HUNDRED ONLY) C&F DUBAI
Partial Shipments ☑ Allowed ☐ Not Allowed Transhipment ☐ Allowed Not Allowed	Credit available with ADVISING BANK By ☐ ACCEPTANCE ☑ NEGOTIATION
Shipment form KOREA To DUBAI By ☐ Conference line/Regular line vessel only ☐ By Air ☐ By Steamer ☐ By Container ☑ AS PER ADDL. CLAUSE NO. 6 Last shipment date 30-04-2009	Against presentation of the documents detailed herein and marked ☑ ☑ Beneficiary's draft(s) at SIGHT drawn on opening bank and Marked Drawn under Habib Bank AG Zurich Par Dubai L/C. PD 28363/98

☑ Signed invoices in quintuplicate in the name of applicants certifying merchandise to be of KOREAN
☑ Full set of clean Shipped on board ocean Bills of Lading plus two copies drawn or endorsed to the order of Habib Bank AG Zurich showing beneficiary as shipper, marked notify Applicants and Habib Bank AG Zurich showing freight prepaid/XXXXX Name, address & Tel. No. of shipping agent at destination must also appear on bill of Lading.
☐ Airway Bill/Post Parcel Receipt in duplicate showing beneficiary as shipper and goods consigned to Habib Bank AG Zurich, P.O. Box No. 3138. Par Dubai A/c. applicants bearing our L/C No. marked notify applicant and Habib Bank AG Zurich showing freight prepaid to collect.
☑ Insurance covered by applicant All shipments under this credit must be advised by Beneficiary within Two days from shipment date directly to M/s. THE ORIENTAL INSURANCE CO. LTD., PO BOX 478, DUBAI
And to the applicant relleing to Open Policy/Cover Note No. DB OPM 2185 giving full details of shipments.
A copy each of above advices and the postal registration receipts to accompany the original set of documents.
☐ Insurance Policy or Certificate in Duplicate in negotiable form for 110% of the invoice value covering Institute Cargo Clauses (All Risk) Institute War Clauses (Cargo) and Institute Strikes Riots and Civil Commotions Clauses. (Cargo) with extended cover from Warehouse to Warehouse. Unlimited transshipment Risks to be covered if transshipped. All claims payable at Dubai
☑ Packing List/Weight List FOUR Copies
☑ Certificate of origin from : Chamber of Commerce China Council for Promotion of International Trade Dept of trade or its affiliates. duly attested by UAE Embassy/Consulate or any Arab Embassy ? Consulate
☑ Beneficiary must send telegram / telex / Fax to the opening Bank at the time of shipment giving details of shipment and name of vessel. The copy of such telegram / telex / Fax alongwith transmission proof should accompany Original set of documents.
☐ If L/C is transferred, name and address of the transferee should be advised to opening bank within 7 days. Negotiated documents to include evidence of the same.

NEGOTIATION UNDER RESERVE STRICTLY NOT ALLOWED-THIRD PARTY DOCUMENTS NOT ACCEPTABLE / FREIGHT FORWARDERS BILL OF LADING NOT ACCEPTABLE DOCUMENT PRIOR TO THE LC DATE NOT ACCEPTABLE. HOUSE AIRWAY BILL NOT ACCEPTABLE BILL OF LADING SHOWING SHIPPERS LOAD AND COUNT NOT ACCEPTABLE.
All Bank charges recording fee and commission abroad including reimbursement are for Beneficiary / XXXXX account.
Documents to be presented within 10 days alter the date of issuance of the shipping document(s) but within the validity of the credit.

Covering : AS PER ATTACHED SHEET WHICH FORMS AN INTEGRAL PART OF THIS CREDIT
Shipping Marks :)
AS PER ATTACHED SHEET WHICH FORMS AN INTEGRAL PART OF THIS CREDIT.
Additional Clauses :).

We hereby issue this Documentary credit subject to the Uniform Customs and Practice for Documentary Credits(2007 Revision). International Chamber of Commerce Paris, France, Publication No. 600. We agree with drawers, endorsers and bonafide holders of draft drawn under and in compliance with the terms of this credit that the same will be honored on due presentation. Directions to the Negotiating Bank are given on the reverse of the credit. YOURS faithfully. For Habib Bank AG Zurich	Advising BANK'S NOTIFICATION

BANK AL HABIB LIMITED (INCORPORATED SWIZERLAND) 1967 Date of Issue 11-04-2009	Habib bank AG Zurich Al Fahjdi Street Branch P.O.Box No.3138 Par Dubai U.A.E. Tel. .: 534545 Fax : 532156 Telex : 46765 BHBANK EM	ADDITIONAL SHEET-1 CONTINUATION OF IRREVOCABLE DOCUMENTARY CREDIT	PD/28363/2009
		AMOUNT US$189,600/- CFR DUBAI	

(THIS ATTACHMENT FORMS AN INTEGRAL PART OF OUR L/C NUMBER MENTIONED ABOVE)

GOODS DESCRIPTION : -

ITEM # (1) : - ABOUT 35,000 YDS KOREAN ORIGIN 100% POLY H.S.A. DOBBY GEORGETTE PLAIN DYED. 44 x ABT 25 YDS PER PIECE. @ US$ 2,496 PER YARD CIF DUBAI. OTHER DETAILS AS PER BENEFICIARY SALES CONT NO OJ-DB-0191.
MARKS : - FASHIONS-3/2276/2000 DUBAI IN TRANSIT.

ITEM # (2) : - ABOUT 10,000 YDS KOREAN ORIGIN H.S.A. SEMI LENO GEORGETTE PLAIN DYED. 58/60XABT 25 YDS PER PIECE. @ US$ 3,072 PER YARD CIF DUBAI. OTHER DETAILS AS PER BENEFICIARY SALES CONT NO OJ-DB-0193.
MARKS : - FASHIONS-3/2278/2000 DUBAI IN TRANSIT.

ITEM # (3) : - ABOUT 15,000 YDS KOREAN ORIGIN H.S.A. SEMI LENO GEORGETTE PLAIN DYED. 58/60XABT 25 YDS PER PIECE. @ US$ 3,072 PER YARD CIF DUBAI. OTHER DETAILS AS PER BENEFICIARY SALES CONT NO OJ-DB-0193.
MARKS : - FASHIONS-3/2279/2000 DUBAI IN TRANSIT.

ITEM # (4) : - ABOUT10,000 YDS KOREAN ORIGIN 100% POLY FORMAL BLACK JAQOUARD GGT. (FJO-9156). 44XABT 25 YDS PER PIECE. @ US$ 2,496 PER YARD CIF DUBAI. OTHER DETAILS AS PER NAVIN TRADING SALES CONT NO V-6112/3/2000.
MARKS : - FASHIONS-3/2294/2000 DUBAI IN TRANSIT.

ITEM # (5) : - ABOUT 5,000 YDS KOREAN ORIGIN 100% POLY FORMAL BLACK JAQOUARD GGT. (FJO-9156). 44XABT 25 YDS PER PIECE. @ US$ 2,544 PER YARD CIF DUBAI. OTHER DETAILS AS PER NAVIN TRADING SALES CONT NO V-6113/3/2000.
MARKS : - FASHIONS-3/2295/2000 DUBAI IN TRANSIT.

ADDITIONAL CLAUSES :

1. INVOICE TO SHOW A DEDUCTION OF 1% DISCOUNT ON THE 100% OF THE ORIGINAL INVOICE VALUE IF THE SHIPMENT IS EFFECTED BY THE VESSEL OVER 15 YEARS OF AGE, BUT NOT OVER 20 YEARS OF AGE. A CERTIFICATE OF THE VESSEL'S AGE FROM THE SHIPPING CO OR FROM ITS AGENT MUST ACCOMPANY THE ORIGIDOCUMENTS.

2. BENEFICIARY MUST ADVICE ON FAX NO. 04 533859 FULL PARTICULARS OF SHIPMENT VIZ, NAME OF THE VESSEL, ETA AND ETD OF THE VESSEL, L/C NO., INDENT NO. QUANTITY SHEPPED AND AMOUNT OF THE INVOICE. THE ORIGINAL FAX COPY TO ACCOMPANY THE ORIGINAL DOCUMENTS.

3. INSURANCE PREMIUM 1% ON 125% OF THE INVOICE NALUE PAYABLE TO MR. DILIP KUMAR B. AWTANI, A/C NO. 0055 369536 115 WITH EMIRATES BANK INTL LTE., AL SOUK BRANCH, DUBAI SHOULD BE DEDUCTED FROM THE PROCEEDS AT THE TIME OF NEGOTIATION AND INSTRUCTIONS FOR PAYMENT SHOULD BE INCORPORATED IN THE NEGOTIATING BANK'S COVERING SCHEDULE.

CONTD..2

For Habib Bank AG Zurich

Attorney Attorney

BANK AL HABIB LIMITED (INCORPORATED SWIZERLAND) 1967 Date of Issue 11-04-2009	Habib bank AG Zurich Al Fahjdi Street Branch P.O.Box No.3138 Par Dubai U.A.E. Tel. .: 534545 Fax : 532156 Telex : 46765 BHBANK EM	ADDITIONAL SHEET-2 CONTINUATION OF IRREVOCABLE DOCUMENTARY CREDIT — PD/28363/2009 AMOUNT US$189,600/- CFR DUBAI

(THIS ATTACHMENT FORMS AN INTEGRAL PART OF OUR L/C NUMBER MENTIONED ABOVE)

ADDITIONAL CLAUSES :

4. INSPECTION CERTIFICATE IS REQUITED DULY SIGNED BY MR. JHAMAN OF M/S. NAVIN TRADING CO., SEOUL, KOREA CERTIFYING THAT GOODS HAVE BEEN INSPECTED AND FOUND IN PORPER ORDER AND SOUND CONDITION AND HIS SIGNATURE MUST BE VERTIFIED BY HIS BANKERS. RUBBER STAMP SIGNATURES ARE NOT ACCEPTABLE.

5. SIX SETS OF MULTIFOLD SHIPMENT SAMPLES AND TWO SETS OF NON NEGOTIABLE DOCUMENTS MUST BE SENT BY COURIER OR SPEED POST TO WHITE RESE FASHIONS LLC., PO BOX 23066, DUBAI TEL. 538789 WITHIN 2/3 DAYS AFTER THE SHIPMENT IS EFFECTED AND THE DETAILS OF COURIER OR SPEED POST AWB NO. MUST BE ADVISED ON FAX 533859 AND COPY OF SUCH FAX AND ORIGINAL RECEIPT MUST ACCOMPANY THE ORIGINAL DOCUMENTS.

6. GOODS MUST BE SHIPPED BY CONFERENCE LINE / UASC / WILLINE / APL / SEALAND / PIL / UNIGLORY / SENATOR LINE VESSEL'S BILL OF LADING ONLY AND COVERED BY INSTITUTE CLASSIFICATION CLAUSE.

7. EACH ITEM MUST BE SHIPPED SEPARATELY AND FOR EACH ITEM SEPARATE SET OF DOCUMENTS ARE REQUIRED FOR NEGITIATION.

8. A CERTIFICATE ISSUED BY THE BENEFICIARY STATING THAT THE GOODS SHIPPED ARE FULLY IN CONFORMITY WITH THE ORDER PLACED AND SUCH CERTIFICATE IN DUPLICATE MUST ACCOMPANY THE ORIGINAL DOCUMENTS.

9. A CERTIFICATE ISSUED BY THE SHIPPING COMPANY OR THEIR AGENTS CERTIFYING THAT THE VESSEL IS NOT PROHIBITED FROM ENTERING ARAB PORTS FOR ANY REASON AND SUCH CERTIFICATE IN DUPLICATE MUST ACCOMPANY THE ORIGINAL DOCUMENTS (NOT APPLICABLE IN CASE SHIPMENT IS EFFECTED BY UNITED ARAB SHIPPING COMPANY LINE VESSELS).

***

For Habib Bank AG Zurich

Attorney   Attorney

3) 작성 Nego서류

① 매입신청서

매 입 신 청 서

매입번호	
CMF번호	

계		대리		차장		부장		부점장	

(1) L/C 및 운송서류내용(DESCRIPTION)　　　(2) 매입대금처리내역

BENEFICIARY :		처리 내역			확인인 계	확인인 대
ASSIGNED FROM		NEGO AMOUNT				
L/C NO.		외 화 계 정 대 체				
COMMODITY		무역어음대출	A			
ADVICE NO.			B			
EXPORT LICENCE NO.			C			
ISSUING BANK			D			
ACCOUNTEE		수 입 보 증 금				
INVOICE VALUE		우 편 료				
SHIPPING EXPIRY		환 가 료				
CREDIT EXPIRY		대 체 료				
		대체지정계좌입금				

위 내용의 수출하부환어음(또는 운송서류)을 기 약정한 바에 의하여 매입하여 주시고 동 수출어음 대금을 위와 같이 처리하여 주시기 바랍니다.

20　　년　　월　　일

상호　　　　　　　　(인)

인감대조

Sight
@
PAID
년 월 일

확 인 서

한국상업은행 앞　　　　20년　　월　　일

수 입 인 지

위 신용장(계약서)에 의한 수출환어음 또는 선적서류 매입과 관련하여 본인은 귀행에 아래와 같은 신용장(계약서)조건과의 불일치 또는 기타 사유로 인한 하자사항을 확인하며 이로 말미암은 비용 및 손해는 수출거래약정서에 따라 부담하겠습니다.

(운송서류 매입일로부터 Nego대금이 귀행 내규 소정일수를 경과하여 입금되는 경우에는 그 초과일수에 대한 소정이자를 지급하겠습니다.)

※ DISCREPANCIES

1) ____________________

2) ____________________

3) ____________________

4) ____________________

상호　　　　　　　　(인)

인감대조

※ 은행 사용란

1	CMF.NO.			9	우편요금	*		16	자사실적	*		23	기산기준일		
2	재매입여부	*		10	기타공제			17	타사실적	*		24	확정일코드		
3	매입통화	*		11	가격조건	*		18	선물환율			25	할인구분		
4	매입금액	*		12	우대요율			19	선물환금액			26	OMM율		
5	하자여부	*		13	수출상대국	*		20	기 산 일	*		27	COMMISSION		
6	외화대체			14	수출형태	*		21	추심수수료	*		28	INTEREST율		
7	TENOR	*		15	CCCN. NO.	*		22	USANCE기간	*		29	INTEREST		
8	본지사구분														

◉추심시에는 *표 항목만 사용

② 선적요청서

SHIPPING REQUEST

1. SHIPPER	HYUNDAI LINE
2. CONSIGNEE	PLEASE CONTACT

3. NOTIFY PARTY	11. B/L NO	10. S/O NO
	9. B/L REQUIRED ORIGINAL COPY	

PRE-CARRIGE BY		PLACE OF RECEIPT	6. B/L TO BE ISSUED AT
4. OCEAN VESSEL	7. VOY. NO.	5. PORT OF LOADING	12. SHIPMENT EXPIRING DATE ON L/C
8. PORT OF DISCHARGE		PLACE OF DELIVERY	13. FINAL DESTINATION

14. MARK AND NUMBERS	15. NO & KIND OF PKGS	16. DESCRIPTION OF GOODS	17. GROSS WEIGHT	18. MEASUREMENT

19 FREIGHT & CHARGES.	20. REVENUE TONC	21. RATE	22. PER	23. PREPAID	24. COLLECT

SERVICE TYPE REQUESTED				25. 수출면장번호
H/H	H/P	P/H	P/P	PLEASE ARRANGE TO SHIP CARGOES AS DESCRIBED ABOVE

26.ACCEPTED BY ON 2000	27. APPLOCANT ADD : NAME : TEL :
HYUNDAI SHIPPING CO., LTD.	28. FORWARDER AT PORT OF LOADING ADD : NAME : TEL :

③ 선하증권

BILL OF LADING

APL

SHIPPER(Seller licensee and full address)	BOOKING NUMBER	B/L NUMBER
	EXPORT REFERENCES	
CONSIGNEE(Name and Full Address/Non-Negotiable Unless Consigned to Order) (Unless provided otherwise a consignment To Order means To Order of Shipper)	FORWARDING AGENT(References. F.M.C. No.)	
	POINT AND COUNTRY OF ORIGIN OF GOODS	
Notify Party(Name and Full Address)		

(MODE)	Place of Receipt	ALSO NOTIFY(Name and Full Address)/DOMESTIC ROUTING/ EXPORT INSTRUCTIONS/PIER-TERMINAL/ONWARD ROUTING FROM POINT OF DESTINATION
Export Carrier(Vessel, voyage, & flag)	Port of Loading	
Port of Discharge	Place of Delivery	

Please refer to Clause 7 iii)on Reverse Side PARTICULARS FURNISHED BY SHIPPER Payment by Cheque must be made to the order of APL CO.,

/CONTAINER NOS	NO. OF PKGS	DESTINATION OF PACKAGES AND GOODS	GROSS WEIGHT	MEASUREMENT
			COPY NON-NEGOTIABLE	

B/L TO BE LEASED SEOUL	OCEAN FREIGHT PAYABLE AT			
FREIGHT RATES CHARGES, WEIGHTS AND OR MEASUREMENTS(SUBJECT TO CORRECTION)	PREPAID U.S.$	COLLECT U.S.$	Local Currency	
FREIGHT PREPAID AS ARRANGED				
142 TOTAL PREPAID				
Voyage Office TOTAL COLLECT				

	000000 000	45895001	00000000	POS	JEB	DBA	00000000	F	APLU005332148
	FORWARDER	SHIPPER	CONSIGNEE	LD. PORT	DIS. PORT	DEST	NOTIFY	CSC	B/L NUMBER

APPLICABLE ONLY WHEN USED AS MULTIMODAL OF LOADING.

④ 상업송장

COMMERCIAL INVOICE

1. Shipper / Exporter		8. No. & date of invoice 9. No. & date of L/C
2. For Account & Risk of Messrs.		10. L/C issuing bank 11. Remarks :
3. Notify party		
4. Port of loading	5. Final destination	
6. Carrier	7. Sailing on or about	

12. Marks and numbers of PKGS	13. Description of goods	14. Quantity/Unit	15. Unit-Price	16. Amount

Mailing address : C.P.O. Box 1726 Seoul, Korea
Cable address : TONGTRA SEOUL
Telex code : K28304 K23706 TONGTRA
Telephone No. : 3166-300
FAX No. : 753-5436

⑤ 환어음

BILL OF EXCHANGE

Date :   , Korea

__________ SIGHT OF THIS BILL OF EXCHANGE (OF THE SAME TENOR AND DATE BEING UNPAID) PAY TO __________________ OR ORDER THE SUM OF DOLLARS

VALUE RECEIVED AND CHARGE THE SAME TO ACCOUNT OF ______________________

____

DRAWN UNDER ____

SOGANG CORPORATION

L/C NO. __________ DATED ____________________

TO : ABN-AMRO BANK DUBAI BRANCH P.O.BOX 2567 DUBAI, UNITED ARAB EMIRATES

____

PRESIDENT

⑥ 포장명세서

PACKING LIST

1. Shipper / Exporter		8. No. & date of invoice
2. For Account & Risk of Messrs.		9. Remarks :
3. Notify party		
4. Port of loading	5. Final destination	
6. Carrier	7. Sailing on or about	

10. Marks and numbers of PKGS	11. Description of goods	12. Quantity	13. Net weight	14. Gross Weight	15. Measurement

SOGANG CORPORTATION

PRESIDENT

Mailing address : C.P.O. Box 1726 Seoul, Korea
Cable address : TONGTRA SEOUL
Telex code : K28304 K23706 TONGTRA
Telephone No. : 3166-300
FAX No. : 753-5436

⑦ 원산지증명서

<table>
<tr><td colspan="2">1. Shipper</td><td colspan="2" rowspan="2">ORIGINAL
CERTIFICATE OF ORIGIN
Issued by
THE KOREA CHAMBER OF COMMERCE & INDUSTRY
Seoul, Republic of Korea
원 산 지 증 명 서
대한상공회의소</td></tr>
<tr><td colspan="2" rowspan="2">2. Consignee or Order</td></tr>
<tr><td colspan="2">4. Buyer(if other than consignee)</td></tr>
<tr><td colspan="2">3. Partial of Transport(where required)</td><td colspan="2">5. Country of Origin

6. Invoice Number and Date</td></tr>
<tr><td>7. Shipping Marks</td><td colspan="2">8. Number and Kind of Packages : Description of Goods</td><td>9. Quantity, Gross Weight or Measurement</td></tr>
<tr><td></td><td colspan="2"></td><td></td></tr>
</table>

The Korea Chamber of Commerce & Industry hereby certifies, on the basis of relevant invoice and other documents, that the above mentioned goods originate in the country shown in column 5.

28. APR 2000
THE KOREA CHAMBER OF COMMERCE & INDUSTRY
Executive Director Kang, Seong-Yil
The Republic of Korea

042382

⑧ 적하보험 청약서

적 하 보 험 청 약 서

<table>
<tr><td colspan="3">1. Assured</td></tr>
<tr><td colspan="2">2. Reference No</td><td>3. Claims, If Any, Payable at</td></tr>
<tr><td>4. Local Vessel or Conveyance</td><td>5. From(Interior Port or Place of Loading)</td><td>12. Amount Insured</td></tr>
<tr><td>6. Ship or vessel Called The</td><td>7. Sailing On or About</td><td rowspan="2">13. Conditions and Warranties Institute Cargo Clauses</td></tr>
<tr><td>8. At and From</td><td>9. Trans shipped At</td></tr>
<tr><td>10. Arrived At</td><td>11. Thence To</td><td>14. 증권발행일</td></tr>
<tr><td colspan="3">15. Packing</td></tr>
<tr><td colspan="2">16. Number of Police Issued</td><td>17. Place and Date Signed</td></tr>
<tr><td colspan="3">18. Special Instructions</td></tr>
</table>

⑨ 수출신고필증

수 출 신 고 필 증

처리기간 :
Handling Time :

1. 신고자 상호명	제출번호
2. 수출자 상호명	부호
3. 제조자	
통관공유부호	사업자등록번호
4. 구매자 상호명	부호
5. 환급신청인	수출자 / 제조자
6. 환급기관	부호 서울본부세관 / 부호 010

7. 신고번호	8. 신고일자	9. 신고구분	10. 검사장
120-10-98		H	

11. 거래구분	11	12. 종류	A	13. 결제방법	
14. 목적국	UAE	15. 적재항			
16. 운송형태		17. 제조완료일 (검사희망일)			
18. 물품소재지	702				
19. L/C 번호					
20. 사후관리은행		21. 조사관			
22. 관세사 실적					

23. 품명 규격		
	24. 세 번 부 호 25. 제 품 코 드 26. 신고가격(FOB) 27. 순 중 량 28. 수 량 29. 포장갯수/종류	₩ $
이하 여백	세 번 부 호	
	제 품 코 드	
	신고가격(FOB)	₩
	순 중 량	
	수 량	
	포장갯수 / 종류	

30. 공란수 ( )란	31. 총중량	단위	32. 총포장 갯수	33. 총신고가격 (FOB)	₩
					$

관련서류	서류명	번호	발급일	
	37. 수출승인서	1250080053028A01	20000116	34. 결제금액
	38. 수출추천서	8B-100-5407-011855	20000116	35. 운임(₩)
	39. 검사증			45. 세관기계란
	40. 검역증			
	41. 전략물자수출허가서			36. 보험료(₩)
	42.			

보세운송	43. 운송신고인 수출자와 동일 44. 기간 / /부터 / / 까지	46. 신고수리일자

⑩ 검사증명서

NAVIN TRADING CO.
C.P.O. BOX 5631
SEOUL, KOREA

INSPECTION CERTIFICATE

L/C NO
COMMODITY
QUANTITY
AMOUNT
INVOICE NO.
B/L NO.
VASSEL NAME
ON BOARD DATE
SHIPPER

THIS IS TO CERTIFY THAT GOODS HAVE BEEN INSPECTED AND THE SAME HAVE BEEN FOUND IN ORDER AND SOUND CONDITION FOR SHIPMENT.

THIS CERTIFICATE IS ISSUED IN GOOD FAITH, FOR THE PURPOSE OF SHIPMENT. FOR ANY OTHER TECHNICAL OR OTHER DEFFECTS IN THE GOODS, THE FACTORY/MAKER OF GOODS IS RESPONSIBLE.

THANKING YOU.

YOUR'S FAITHFULLY.

NAVIN TRADING CO.

SEOUL, KOREA

JHAMAN PIRTHYAN

⑪ 수출승인서

수 출 승 인(신청)서
Export License(Application)

(업체용) C-9801 0134 JJJ-1001

처리기간 : 1일
Handling Time : 1 Day

1. 수출자(Exporter) 무역업고유번호 (Notification No.) 6 7 2 1 15
서울특별시 중구 충무로1가 25-5 고려대연각센터
서 강 무 역 주 식 회 사 (서명)
대표이사 김 영 기 (Signature)

4. 구매자 또는 계약 당사자(Buyer of Principle of Contract)

5. 신용장 또는 계약서 번호(L/C or Contract No.)

2. 위탁자 (Request) 사업자등록번호 (Business No.) 201-81-00223
서울특별시 중구 충무로1가 25-5 고려대연각센터
서 강 무 역 주 식 회 사 (서명)
대표이사 김 영 기 (Signature)

6. 금액(Total Amount)

7. 결제기간(Period of Payment)

8. 가격조건(Terms of Payment)

3. 원산지(Origin)

9. 도착항(Port of Dispatch)

10. HS부호(HS Code)	11. 품명 및 규격(Description/Size)	12. 단위 및 수량 (Unit/Quantity)	13. 단가 (Unit-price)	14. 금액 (Amount)

1% ON 125% INS. PREMIUM TO BE DEDUCTED AT THE TIME OF NEGOTIATION
(FINAL PRICE OF DUBAI)

A6501 804 09106

15. 승인조건기재란(Remarks to be filled out by an approval agency)

16. 유효기간(Period of Approval)

17. 승인번호(Approval No.) 1 2 5 0 0

18. 승인기관 관리번호(No. for Approval Agency)

19. 위의 신청사항을 대외무역법 제14조 제2항 및 동법 시행령 제26조 제1항의 규정에 의하여 승인합니다.
(The undersigned hereby approves the above-mentioned goods in accordance with Article 14 (2) of the Foreign, Trade Act and Article 26(1) of the Enforcement Decree of the said Act)

2000년 4월 27일

승인권자

승인기관이 2이상인 경우 15~18의 기재사항은 이면에 기재하도록 합니다.
이 서식에 의한 승인과는 별도로 대금결제에 관한 사항에 대하여는 외국환 관리법령이 정하는 바에 따라야 합니다.

⑫ 선적통지서

Ⓚ SOGANG Corporation

1 0 0 - 7 0 6	25-5, CHUNGMU-RO, 1GA, CHUNG-GU SEOUL, KOREA	CPO BOX : 1726 SEOUL KOREA/TEL : 3166-300 / FAX : 753-5436 TELEX : K28304, TONGTRA / CABLE : TONGTRA SEOUL

TO : WHITE ROSE FASHIONS LLC FAX NO. : 533859 DATE : 2000. 4. 29
P.O. BOX-23066 DUBAI. U.A.E.

FROM : SOGANG CORPORATION JJJ-1011/A SIGN : 50¥ 2000. 4. 29 TONGKOOK CORP.

ATTN : SIX SETS OF MULTIFOLD SHIPMENT SAMPLES AND
TWO SETS OF NON NEGOTIABLE DOCUMENTS HAVE BEEN COURIER
TO WHITE ROSE FASHIONS LLC., P.O. BOX 23066, DUBAI TEL. 538789

SHIPMENT ADVICE

WE ARE PLEASED TO INFORM YOU THAT WE HAVE SHIPPED THE FOLLOWING GOODS AS BELOW :

1) L/C NO :

2) AMOUNT OF THE INVOICE :

3) MERCHANDISE :

4) QUANTITY SHIPPED :

5) NAME OF THE VESSEL :

6) SAILING DATE :

7) THE DETAILS OF COURIER AWB NO :

BEST REGARDS.

SOGANG CORPORATION

PRESIDENT

⑬ 선박회사 증명서

AMERICAN PRESIDENT LINES

CERTIFICATE

To Whom it May Concern — Date : 2000. 4. 27

Dear Sir,

Name of vessel. : PRES. EISENHOWER V/142-W
B/L No. : APLU 00532148

American President Lines, hereby certify that the carrying vessel for the above consignments.

1. Is owned and operated by American President Lines which is US Flag carrier and the member lines of Conference in regular liner full container service.
2. In neither the Israel owned nor black-listed by Ministry of Customs & Ports, Israel Boycott office, also has no relation with Government and/or Israelite in its capital, organization and management.
3. All vessels owned or operated by American President Lines, Ltd. are not over 15 years old or are in the highest class, 100 Al, under the rules of the American Bureau of Shipping, ABS and are free of any outstanding requirement of ABS as to structural strength.
4. Will not call at Israel port and/or territorial waters during her voyage en route to Arabian Gulf and/or Red Sea ports.
5. Is allowed to call Arabian Gulf/Red Sea ports by Arab authorities.
   Please be guided accordingly.
6. THE VESSEL'S AGE : 12 YEARS
7. GOODS ARE SHIPPED BY APL LINE VESSEL'S BILLS OF LADING ONLY AND COVERED BY INSITITUTE CLASSIFICATION CLAUSE.
8. THE VESSEL IS NOT PROHIBITED FROM
   ENTERING ARAB PORTS FOR ANY REASON.

Very truly yours.
AMERICAN PRESIDENT LINES

Manager

⑭ 국제등기우편수령증

<table>
<tr><td colspan="4">국제등기우편물수령증(갑)
Receipt for Registered Item</td><td>일련번호 Serial No.</td></tr>
<tr><td>우편물번호
Item No.</td><td>4823</td><td>도착국명약호
Country Code</td><td>DXB</td><td>접수일부인
Date stamp</td></tr>
<tr><td>중 량
Weight</td><td>105g</td><td>편 명
Route</td><td>☑ 항공, ☐ 선박
☐ Air, ☐ Surface</td><td rowspan="4">50 X T
2000. 4. 27
TONG KOOK CORP.</td></tr>
<tr><td>요 금
Postage</td><td>9,870 wnon</td><td rowspan="3">종 별
Category</td><td rowspan="3">☑ 서정
☐ Letter
인쇄료
☐ Printed paper
소형포장물
☐ Small packet
맹인용점자
☐ Bralle</td></tr>
<tr><td rowspan="2">보험가액
Insured Value</td><td>wnon</td></tr>
<tr><td>SDR</td></tr>
<tr><td>특수취급
Special Services</td><td colspan="4">☑ 국제속달 Express　☐ 배달통지 Air　☐ 통관회부 Presentation to customs</td></tr>
<tr><td>요금납부
Postage Payment</td><td>☐ 우표
Postage stamp</td><td>☑ 별납
Paid separately</td><td>☐ 창구계기
Counter machine</td><td>☐ 후납
Paid afterwards</td></tr>
<tr><td>내용품명
Contents</td><td colspan="4">FULL DETAILS OF SHIPMENTS</td></tr>
<tr><td>발 송 인
주소성명
Sender</td><td colspan="4">SOGANG CORPORTAION
C.P.O. BOX 1726 SEOUL, KOREA</td></tr>
<tr><td>수 취 인
주소성명
Addressee</td><td colspan="4">M/S THE ORIENTAL INSURANCE CO. LTE.,
PO BOX 478, DUBAI</td></tr>
<tr><td>비 고
Remarks</td><td colspan="4">OPEN POLICY/COVER NOTE NO. DB OPM 2185</td></tr>
<tr><td>참고사항
Note</td><td colspan="3">1. 등기우편물에 대한 손해배상은 내용품가격에 관계없이 통당, 정액(17,040원)을 배상하므로 유가증권 보석류 등 귀중품은 지정된 우체국(통관국)에서 보험서장을 이용하여야 분실, 파손 등 사고시에 보험가액 전액을 배상받을 수 있습니다.
2. 주소 성명은 영어, 불어 또는 배달국가에서 통용되는 문자와 아라비아숫자로 정확하게 기재(나라명과 도시명은 반드시 영어 또는 불어로)하여야 합니다.
3. 소형포장물이나 물품에는 세관표지(C1) 또는 세관신고서(C2/C3)를 작성하여 붙여야 합니다.</td><td>담 당 자 서 명
Signature of the official</td></tr>
</table>

국제등기우편물수령증(갑) Receipt for Registered Item				일련번호 Serial No.
우편물번호 Item No.	4927	도착국명약호 Country Code	DXB	접수일부인 Date stamp
중 량 Weight	100g	편 명 Route	☑ 항공, ☐ 선박 ☐ Air, ☐ Surface	50 X T 2000. 4. 27 TONG KOOK CORP.
요 금 Postage	9,070 wnon	종 별 Category	☑ 서정 ☐ Letter 인쇄료 ☐ Printed paper 소형포장물 ☐ Small packet 맹인용점자 ☐ Bralle	
보험가액 Insured Value	wnon SDR			☐
특수취급 Special Services	☑ 국제속달 Express	☐ 배달통지 Air	☐ 통관회부 Presentation to customs	
요금납부 Postage Payment	☐ 우표 Postage stamp	☑ 별납 Paid separately	☐ 창구계기 Counter machine	☐ 후납 Paid afterwards
내용품명 Contents	FULL DETAILS OF SHIPMENTS			
발 송 인 주소성명 Sender	SOGANG CORPORTAION C.P.O. BOX 1726 SEOUL, KOREA			
수 취 인 주소성명 Addressee	M/S WHITE ROSE FASHIONS LLC PO BOX 23066, DUBAI, UAE			
비 고 Remarks	OPEN POLICY/COVER NOTE NO. DB OPM 2185			
참고사항 Note	4. 등기우편물에 대한 손해배상은 내용품가격에 관계없이 통당, 정액(17,040원)을 배상하므로 유가증권 보석류 등 귀중품은 지정된 우체국(통관국)에서 보험서장을 이용하여야 분실, 파손 등 사고시에 보험가액 전액을 배상받을 수 있습니다. 5. 주소 성명은 영어, 불어 또는 배달국가에서 통용되는 문자와 아라비아숫자로 정확하게 기재(나라명과 도시명은 반드시 영어 또는 불어로)하여야 합니다. 6. 소형포장물이나 물품에는 세관표지(C1) 또는 세관신고서(C2/C3)를 작성하여 붙여야 합니다.			담 당 자 서 명 Signature of the official

⑮ 수출상의 증명서

200004 2058

C.P.O. BOX 1726, SEOUL, KOREA.

SOGANG Corporation

TELEX : K 28304, 23706, 22716 CABLE ADDRESS :TONGTRA SEOUL MAILING ADDRESS :C.P.O. BOX 1726 SEOUL, KOREA	MANUFACUTERES-EXPORTERS-IMPORTERS	TELEPHONE :SEOUL HEAD OFFICE : 3166-300 FAX : 753-5436
Our Ref. JJJ-1011/A		Date. APR, 27, 2000.3211.

TO WHOM IT MAY CONCERN :

CERTIFICATE

RE. 1) L/C NO. :
2) AMOUNT :
3) QUANTITY :

WE CERTIFY THAT THE GOODS SHIPPED ARE FULLY IN CONFORMITY WITH THE ORDER PLACED.

THANK YOU.

YOURS TRULY.

SOGANG CORPORATION

PRESIDENT

⑯ 선적에 대한 수출상의 증명서

200004 2058

C.P.O. BOX 1726, SEOUL, KOREA.

SOGANG Corporation

TELEX : K 28304, 23706, 22716 CABLE ADDRESS :TONGTRA SEOUL MAILING ADDRESS :C.P.O. BOX 1726 SEOUL, KOREA	MANUFACUTERES-EXPORTERS-IMPORTERS	TELEPHONE :SEOUL HEAD OFFICE : 3166-300 FAX : 753-5436
Our Ref. JJJ-1011/A		Date. APR, 27, 2000.3211.

TO M/S. THE ORIENTAL INSURANCE CO. LTD., PO BOX 478, DUBAI

FULL DETAILS OF SHIPMENTS

RE. 1) L/C NO. :
2) AMOUNT :
3) QUANTITY :

WE ARE PLEASED TO INFORM YOU THAT WE HAVE SHIPPED THE COVERED GOODS BY PRES. EISENHOWER V/142-W WHICH LEFT BUSAN, KOREA FOR DUBAI ON APR. 27, 2000. AND A COPY OF SUCH OUR INVOICE IS ENCLOSED HEREWITH.

YOU MAY. THEREFORE INSURE THE ABOVE GOODS UNDER OPEN POLICY/COVER NOTE NO. DB OPM 2185 IN DUE COURSE..

THANK YOU.

YOURS TRULY.

* C.C. : M/S. WHITE REOSE FASHIONS LLC.

SOGANG CORPORATION

PRESIDENT

⑰ 수출상의 FAX송신 증명서

TRANSMISSION JOURNAL 2000 04 - 27 3:21:00 PM

FAX NUMBER : 753-5436

NAME :

NO	FAX NUMBER	TIME	PAGE	RESULTS
328	7744009-	01:28	01	COMM.ERROR
329	0019713524814	01:29	01	OK
330	00227135821041	01:32	01	OK
331	0019716481921	01:33	04	OK
332	2168105	01:35	13	OK
333	51282136	01:38	02	OK
334	00227113335288	01:41	02	OK
335	0026326361031	01:43	05	OK
336	0537541716	01:47	10	OK
337	00171142358	01:51	01	OK
338	00213107634777	01:54	01	OK
339	001653397148	02:03	02	OK
340	7511541	02:06	01	COMM.ERROR
341	23564144	02:08	02	OK
342	7533433	02:13	01	OK
343	009714532156	02:15	02	OK
344	0531289411	02:17	01	OK
345	0325482156	02:20	01	OK
346	00255112563002	02:23	01	OK
347	00243557785813	02:25	01	OK
348	6811386	02:27	04	OK
349	3851391	02:30	02	OK
350	0532168532	02:32	01	OK
351	001246814589	02:35	01	OK
352	001235456642	02:37	03	OK
353	0531289411	02:40	09	OK
354	0512598413	02:45	02	OK
355	00255112563002	02:51	01	OK
356	002441819428648	02:55	03	OK
357	001246814589	03:01	01	OK
358	001235456642	03:04	01	OK
359	0019714535811	03:08	01	COMM.ERROR
360	0512541714	03:10	02	OK
361	7520678	03:15	03	OK
262	0512541714	03:17	06	OK

SOGANG CORPORATION

PRESIDENT

9-2 Nego서류 검토 실습

신용장 내용을 분석한 후 작성된 서류가 신용장에 명시된 내용과 동일하게 작성되었는지 검토하여 틀린 부분을 정정하여야 한다.

독자들은 먼저 신용장을 읽고 신용장에 명시된 해당 서류를 보고 신용장 내용과 일치하게 작성되었는지 검토하여 틀린 분은 수정하면 된다. 신용장에서 선박회사의 증명서를 가장 먼저 요구하고 있다. 선박회사가 발행한 내용과 신용장에서 요구한 내용을 비교검토하면 된다.

1. 신용장

ABN-AMRO Bank

ORIGNAL

SEOUL BRANCH
Young poong Building, 15th Fl.
33, Seorin-dong, Chongro-ku,
C.P.O. Box3035, Seoul100-630
Tel, (02)399-6625(D), 399-6600(G)
Telex K24624/k22885
Fax 399-6647
SWIFT CODE : ABNAKRSE

ADVICE OF OPENING DOCUMENTARY CREDIT

DATE 12JAN2000
OUR ADVICE NO. A8501-80100961

BENEFICIARY : SOGANG CORP. C.P.O. BOX1726 SEOUL TEL : 3166 455/458	ISSUING BANK: ABN AMRO BK DUBAI P.O.BOX 2567 DUBAI UNITED ARAB EMIRATES
LETTER OF CREDIT NO.	: I61740
EXPIRY DATE	: 04FEB2000
AMOUNT	: USD *********69,120.00

WE HAVE BEEN INFORMED BY ABOVE MENTIONED BANK THAT THEY HAVE ISSUED THE CAPTIONED L/C IN YOUR FAVOR, PLEASE FIND ENCLOSED LETTER/TELEX ADVICE INTENDED FOR YOU.

PLEASE CHECK THE CREDIT TERMS CAREFULLY. IN THE EVENT THAT YOU DO NOT AGREE WITH THE TERMS AND CONDITIONS OR IF YOU FEEL UNABLE TO COMPLY WITH ANY OF THE TERMS AND CONDITIONS. PLEASE ARRANGE AN AMENDMENT OF THE CREDIT THROUGH YOUR CONTRACTING PARTY (THE APPLICANT FOR THE CREDIT.)

THIS NOTIFICATION AND THE ENCLOSED ADVICE ARE SENT TO YOU WITHOUT ENGAGEMENT ON OUR PART.

KINDLY ACKNOWLEDGE RECEIPT BY SIGNING AND RETURNING TO US THE ATTACHED COPY.

THIS ADVICE IS SUBJECT TO UNIFOTM CUSTOMS AND PRACTICE FOR DOCUMENTARY CREDITS(1993 REVISION) I.C.C. PUBLICATION NO. 500.

AUTHORIZED SIGNATURES

ABN-AMRO Bank

Dubal Branch
P.O.Box 2567 Dubai,UnitedArabEmirates
Telex : 45610 ABNAMR EM-Cable:Bancolanda
Tel:512200, Fax:511555, Swift:ABNA AE AD

ABN AMRO DUBAI USD69120_00

ADVICE FOR THE BENEFICIARY

DATE 05JAN2000

ADVISING BANK:
ABN AMRO BANK N. V.,
C.P.O. BOX3035SEOULSOUTH-KOREA

WE ISSUE OUR IRREVOCABLE DOCUMENTARY CREDIT 161740

BENEFICIARY:
SOGANG CORPORATION
C.P.O. BOX1726
SEOUL, KOREA

DATE AND PLACE OF EXPIRY: 04FEB2000 IN KOREA

APPLICANT:
WHITE ROSE FASHIONS LLC.
P.O.BOX-23066
DUBAI. UNITED ARAB EMIRATES

AMOUNT: USD *********69,120.00
SIXTY NINE THOUSAND ONE HUNDRED TWENTY AND 00/100 USD

CREDIT AVAILABLE WITH ANY BANK IN KOREA
BY NEGOTIATION AGAINST PRESENTATION OF BENEFICIARY' S DRAFTS
AT SIGHT DRAWN ON THE ISSUING BANK AND DOCUMENTS DETAILED HEREIN.

SHIPMENT FROM KOREA
TO DUBAI
NOT LATER THAN 26JAN2000

PARTIAL SHIPMENT PERMITED

TRANSHIPMENT PROHIBITED

GOODS/SERVICES AND SHIPPING MARKS:
AS PER ATTACHED ADDENDUM WHICH FORMS AN INTEGRAL PART OF THIS L/C.

TOLERANCE UPTO MINUS 10% IN QUANTITY ACCEPTABLE.

GOODS COVERED UNDER EACH ITEM TO BE SHIPPED SEPARATELY.
COMPLETE SEPARATE SETS OF DOCUMENTS ARE REQUIRED FOR EACH ITEM.
EACH SET OF DOCUMENTS MUST BE NEGOTIATED SEPARATELY.

TERM OF DELIVERY : CFR.

ABN AMRO BANK N.V.

* SEE NEXT PAGE *

auyyaudou HunnKim

ABN-AMRO Bank

Dubal Branch
P.O.Box 2567 Dubai,UnitedArabEmirates
Telex : 45610 ABNAMR EM-Cable:Bancolanda
Tel:512200, Fax:511555, Swift:ABNA AE AD

CONTINUATION OF DOCUMENTARY CREDIT REFERENCE NO. 161740

AND SOUND CONDITION

A CERTIFICATE FROM THE CARRIER, MASTER OR THEIR AGENTS STATING "THE VESSEL IS NOT PROHIBITED FROM ENTERING TO THE ARAB PORTS FOR ANY REASON, AS PER ITS RULES AND REGULATIONS"
(THIS CLAUSE IS NOT APPLICABLE IF SHIPMENT IS EFFECTED BY VESSELS OF UNITED ARAB SHIPPING COMPANY).

SHIPMENT TO BE EFFECTED BY VESSELS OF CONFERENCE LINE, COVERED BY INSTITUTE CLASSIFICATION CLAUSE, A CERTIFICATE FROM THE CARRIER, MASTER OR THEIR AGENTS TO THIS EFFECT MUST ACCOMPANY THE DOCUMENTS THIS CERTIFICATE MUST ALSO STATE THE AGE OF THE VESSEL.

TRANSPORT DOCUMENTS ISSUED BY FREIGHT FORWARDERS NOT ACCEPTABLE.

INVOICES MUST SHOW A DEDUCTION OF 1% OF 100% OF THE INVOICE VALUE BEING DISCOUNT IN CASE OF SHIPMENT BY VESSELS WHICH ARE OVER 15 YEARS OF AGE BUT LESS THAN 20 YEARS OF AGE.

AT THE TIME OF NEGOTIATION OF THE DOCUMENTS AN INSURANE PREMIUM @1% ON 125% OF THE INVOICE VALUE IS TO BE WITHHELD FROM THE BENEFICIARY WHICH WILL BE REMITTED BY US TO EMIRATES BANK INT' L LTD., AL SOUK BRANCH, DUBAI, U.A.E., A/C NO. 0055-369536-115 OF MR. DILIP KUMAR B. AWTANI.

DOCUMENTS TO BE PRESENTED WITHIN TEN DAYS AFTER THE DATE OF SHIPMENT BUT WITHIN THE VALIDITY OF THE CREDIT.

REIMBURSEMENT:-
WE SHALL REIMBURSE THE NEGOTIATING BANK UPON RECEIPT OF DOCUMENTS BY US DRAWN STRICTLY IN ACCORDANCE WITH THE L/C TERMS.

ADVISING, NEGOTIATING AND REIMBURSING BANK'S CHARGES (POSTAGE/COURIER AND TELETRANSMISSION INCLUDED) AND COMMISSIONS TO BE FOR BENEFICIARY'S ACCOUNT.

PLEASE ADVISE THIS L/C TO THE BENEFICIARY ONLY AFTER COLLECTING YOUR CHARGES.

PLEASE ADVISE BENEFICIARY WITHOUT ADDING CONFIRMATION.

THIS DOCUMENT CONSISTS OF [5] SIGNED PAGES.

BENEFICIARY WILL BE CHARGED A MINIMUM OF USD 50.00 (OR EQUVALENT IN THE CURRENCY OF CREDIT) AS DISCREPANCY FEE PLUS TRACER/TELEX

ABN AMRO BANK N.V.

* SEE NEXT PAGE *

auyyaudou HunnKim

ABN-AMRO Bank
Dubal Branch
P.O.Box 2567 Dubai,UnitedArabEmirates
Telex : 45610 ABNAMR EM-Cable:Bancolanda
Tel:512200, Fax:511555, Swift:ABNA AE AD

CONTINUATION OF DOCUMENTARY CREDIT REFERENCE NO. 161740

SIGNED COMMERCIAL INVOICE IN 4 FOLD IN ENGLISH.

FULL SET OF AT LEAST 3 ORIGINALS + 2 NON-NEGOTIABLE SHIPPED ON BOARD MARINE BILL OF LADING ISSUED TO ORDER, BLANK ENDORSED, MARKED FREIGHT PAID, NOTIFY: ABN AMRO BANK, P.O. BOX 2567, DUBAI AND APPLICANT AND MUST ALSO MENTION THE NAME, ADDRESS AND TELEPHONE NUMBER OF THE AGENTS OF THE CARRYING VESSEL AT THE PORT OF DISCHARGE.

CERTIFICATE OF KOREAN ORIGIN IN 3 FOLD ISSUED BY CHAMBER OF COMMERCE SHOWING THE NAME OF MANUFACTURERS.

ORIGINAL CERTIFICATE OF ORIGIN MUST BE LEGALIZED BY U.A.E. EMBASSY OR CONSULATE.

PACKING LIST IN 3 FOLD ISSUED BY BENEFICIARY.

INSURANCE:-
SHIPMENT ADVICE QUOTING DETAILS OF SHIPMENT SUCH AS CREDIT NUMBER, SHIPPING MARKS, INVOICE AMOUNT, MERCHANDISE, NAME OF THE CARRYING VESSEL TO BE SENT BY THE BENEFICIARY TO M/S. ORIENTAL INSURANCE CO. LTD., P.O.BOX 478, DUBAI, U.A.E. BY REGISTERED AIRMAIL, REFERRING TO OPEN POLICY NO. DB/OPM/2185. COPY OF SHIPMENT ADVICE MUST ACCOMPANY THE DOCUMENTS.
INSURANCE WILL BE COVERED ON THIS SIDE.

.
SHIPMENT ADVICE STATING DETAILS OF SHIPMENT SUCH AS NAME OF THE CARRYING VESSEL, ETA & ETD OF THE VESSEL, CREDIT NUMBER, INDENT NUMBER, QUANTITY SHIPPED AND INVOICE AMOUNT TO BE SENT BY THE BENEFICIARY TO THE APPLICANT BY FAX ON FAX NO. 009714-533859.
COPY OF TRANSMITTED FAX MESSAGE MUST ACCOMPANY THE DOCUMENTS.

A CERTIFICATE FROM THE BENEFICIARY STATING THAT 6 SETS OF MULTIFOLD SHIPMENT SAMPLES AND TWO SETS OF NON-NEGOTIABLE DOCUMENTS HAVE BEEN SENT TO THE APPLICANT, TEL: 009714-538789 BY COURIER OR SPEED POST WHTHIN THREE DAYS AFTER THE DATE OF SHIPMENT. DETAILS OF COURIER OR SPEED POST AWB NO. MUST BE ADVISED TO THE APPLICANT BY FAX ON FAX NO.009714-538789.
COPY OF TRANSMITTED FAX MESSAGE ALONGWITH RELATIVE ORIGINAL.
COURIER/SPEED POST RECEIPT MUST ACCOMPANY THE DOCUMENTS.

INSPECTION CERTIFICATE DULY SIGNED BY MR. JHAMAN OF M/S NAVIN TRADING CO., SEOUL,KOREA(WHOSESIGNATUREMUSTBEVERIFIEDBYHISBANKERS.RUBBERSTAMPSIGNATURESNOTACCEPTABLE)CERTIFYINGTHATTHEGOODSSHIPPEDHAVEBEENINSPECTEDANDFOUNDINORDER.

ABN AMRO BANK N.V.

* SEE NEXT PAGE *

auyyaudou H unnK im

ABN-AMRO Bank

Dubal Branch
P.O.Box 2567 Dubai,UnitedArabEmirates
Telex : 45610 ABNAMR EM-Cable:Bancolanda
Tel:512200, Fax:511555, Swift:ABNA AE AD

THIS FORMS AN INTEGRAL
PART OF L/C NO. : I61740

GOODS DESCRIPTION:-

ITEM # (1):- ABOUT 10,000 YDS KOREAN ORIGIN POLY CATIONIC BUTCHER GEORGETTE PLAIN DYED. 44" X ABT 25 YDS PIECE. @ US$ 1.392 PER YARD CIF DUBAI.OTHERDETAILSASPERBENEFICIARYSALESCONTNOHDB-791.
MARKS :- FASHIONS - 12/2140/2000 DUBIA IN TRANSIT

ITEM # (2):- ABOUT 5,000 YDS KOREAN ORIGIN 100% POLY MUMTAZ CREPE PLAIN DYED (FORMAL BLACK). 58/60" X ABT 25 YDS PER PIECE. @ US$ 2.976 PER YARD CIF DUBAI.OTHERDETAILSASPERBENEFICIARYSALESCONTNOHDB-792.
MARKS :- FASHIONS - 12/2141/2000 DUBAIIINTRANSIT.

ITEM # (3):- ABOUT 5,000 YDS KOREAN ORIGIN H.S.A. SEMI GEORGETTE PLAIN DYED (FORMAL BLACK). 58/60" X ABT 25 YDS PER PIECE. @ US$ 3.072 PER YARD CIF DUBAI.OTHERDETAILSASPERBENEFICIARYSALESCONTNOHDB-793.
MARKS :- FASHIONS - 12/2142/2000 DUBAIIINTRANSIT.

ITEM # (4):- ABOUT 10,000 YDS KOREAN ORIGIN POLYFORMAL BLACK PEACH CREPE JACQUARD PLAIN DYED. 44" X ABT 25 YDS PER PIECE. @ US$ 2.496 PER YARD CIF DUBAI.OTHERDETAILSASPERBENEFICIARYSALESCONTNOHDB-707/RA.
MARKS :- FASHIONS - 12/2143/2000 DUBAIIINTRANSIT

ABN AMRO BANK N.V.

* SEE NEXT PAGE *

auyyaudou H unnK im

S. TANDON K.A.ABOOBACKER

2. 검토서류

1) 선박회사의 증명서

UNITED SHIPPING CO., LTD.
聯 合 海 運 株 式 會 社

TEL : (753)8192~5
(753)0746~9

MARINE CENTER, SUITE608
CENTRAL P.O.BOX2878
SEOUL 100-628, KOREA

CABLE : USHICO
TELEX : K27208/K23385
FAX : 82-2-756-5863

To Whom It May Concern,

Dear Sirs :

C E R T I F I CA T E
Vessel Name : mv.ALWAJBAV-C259W
DATE : 2000.1.26

We, as Agents for United Arab Shipping Company (S.A.G.) hereby certify and confirm that the above vessel carrying the goods :

1. is owned and operated by United Arab Shipping Company (S.A.G.) which belongs to one of the Member Lines of Conference, also, plying in regular liner service with Container Vessels.

2. is not Israeli and is neither the Israelownednorblack-listedintheIraqiGovernmentBlacklistand/orbyIsrael BoycottOffice,MinistryofCustoms&Ports.Kuwait,also,hasnorelationwithIsraelGovernmentand/orIsraeliteinitscapital,organizationandmanagement.

3. is not over 15 years old and classified 100Al Vessel in Lloyd' s Registers and/or classified vessel as per LondonInstituteClassificationClause,andhasthesoundcargogearandtackle.

4. will not call at any IsraeliPortsand/orterritorialwatersduringhervoyage/tripenroutetoArabianGulf/Countries.

5. is allowed by Arab Authorities to call at Arabian Ports.

6. is not banned entry to the Ports of the Arab States for any reason, whatsoever, under the Laws and Regulations of such States.

7. THE NUMBER AND DATE OF THIS DOCUMENTARY CREDIT : I61740 AND 05 JAN 2000.
8. THE NAME OF ISSUING BANK : ABN-AMRO BANK DUBAIBRANCHP.O.BOX2567DUBAI, UNITEDARABEMIRATES.
9. SHIPMENT HAS BEEN EFFECTED BY VESSELS OF CONFERENCE (UASC) LINE COVERED BY INSTITUTE CLASSIFICATION CLAUSE.
10. THE AGE OF THE CARRYING VESSEL : 10 YEARS.

Very Truly Yours.

United Shipping Co., Ltd., Agents
For United Arab Shipping. Co.,(S.A.G.)

Agents for : **UNITED ARAB SHIPPINNG CO.** (S.A.G.)

2) 상업송장

COMMERCIAL INVOICE

1. Shipper/Exporter **SOGANG Corporation** C.P.O. BOX1726.SEOUL,KOREA.	8. No. & Date of invoice JJJ-1001 JAN. 26. 2000 9. No. & date of L/C 161740 05 JAN 2000
2. For Account & Risk of Messrs WHITE ROSE FASHIONS LLC. C.P.O. BOX-23066 SAUDI UNITED ARAB EMIRATES	10. L/C issuing bank ABN-AMRO BANK DUBAIBRANCH P.O.BOX2567DUBAI,UNITEDARABEMIRATES 11. Remarks
3. Notify Party SAME AS ACCOUNTEE AND ABN-AMRO BANK, P.O. BOX2567,DUBAI	
4. Port of loading: BUSAN, KOREA 5. Final destination: DUBAI	
6. Carrier: WAJBA V-C259W 7. Sailing on or about: JAN, 26, 2000.	

12. Marks and numbers of PKGS	13. Description of goods	14. Quantity/Unit	15. Unit-price	16. Amount
FASHIONS- 12/2143/97 DUBAI IN TRANSIT TTL___PCS___YDS G/NO. 1-40 MADE IN KOREA.	ITEM#(4):-KOREAN ORIGIN POLY FORMAL BLACK PEACH CREPE JACQUARD PLAIN DYED. 44" XABT 25 YDS PER PIECE.	10,000YDS.	CIF DUBAI (PER YD) $2.496	US$24,960.-

* OTHER DETAILS PER BENEFICIARY SALES COTN NO HDB-707/RA.
* TERM OF DELIVERY : CFR.
* SHIPMENT ADVICE QUOTING DETAILS OF SHIPMENT SUCH AS CREDIT NUMBER, SHIPPING MARKS, INVOICE AMOUNT, MERCHANDISE, NAME OF THE CARRYING VESSEL HAS BEEN SENT TO M/S. ORIENTAL INSURANCE CO. LTD., P.O. BOX 478, DUBAI, U.A.E. BY REGISTERED AIRMAIL, REFERRING TO OPEN POLICY NO. DB/OPM/2185 AND COPY OF SHIPMENT ADVICE IS ACCOMPANIED THE DOCUMENTS.
* SHIPMENT ADVICE STATING DETAILS OF SHIPMENT SUCH AS NAME OF THE CARRYING VESSEL, ETA & ETD OF THE VESSEL, CREDIT NUMBER, INDENT NUMBER, QUANTITY SHIPPED AND INVOICE AMOUNT HAS BEEN SENT TO THE APPLICANT BY FAX ON FAX NO. 009714-533859 AND COPY OF TRANSMITTED FAX MESSAGE IS ACCOMPANIED THE DOCUMENTS.
* THE RELEVANT HARMONIZED SYSTEM (H.S) COMMODITY CODE NUMBERS : 5407.69.2000

TONGKOOK CORPORATION

Mailing address : C.P.O Box1726Seoul,Korea
Cable address : "TONGTRA" SEOUL
Telex code : K28304 K23706 TONGTRA
Telephone No. : 3166-300
Fax No. : 753-5436

26. JAN 2000
THE KOREA CHAMBER OF COMMERCE & INDUSTRY
Executive Director Kang, Seong-Yil
The Republic of Korea

PRESIDENT

3) 선하증권

Shipper
SOGANG CORPORTAION

C.P.O. BOX1726.
SEOUL, KOREA.

UNITED ARAB SHIPPING COMPANY S.A.G.

Consignee or Order

TO ORDER

RECEIVED in apparent external good order and condition except as otherwise noted the total number of containers or other packages or units enumerated below for transportation from the place of receipt to the place of delivery subject to the terms detailed on the reverse side of this Bill of Lading. One of the signed bills of lading must be surrendered duly endorsed in exchange for the goods or delivery order. On presentation of this document(duly endorsed) to the Camer by or on behalf of the holder, the rights and liabilities arising in accordance with the terms thereof shall (without prejudice to any rule of common law or statue rendering them binding on the Merchant) become binding in all respects between the Carrier and the holder as though the contract evidenced hereby had been made between them.

IN WITTNESS whereof the stated number of original bills of lading all of this tenor and date have been signed, one of which being accomplished, the other(s) to be void.

Notify Party/Address It is agreed that no responsibility shall attach to the Carrier or his Agent for failure to notify (See Clause 20 on reverse of this Bill of Lading)
WHITE ROSE FASHIONS LLC.
P.O. BOX-23066
DUBAI, UNITED ARAB EMIRATES
AND ABN AMRO BANK, P.O. BOX
2567, DUBAI

Place of Receipt (Applicable only when this document is used as a Combined Transport Bill of Lading)

Place of Receipt (Applicable only when this document is used as a Combined Transport Bill of Lading)

Vessel and Voy. No.
mv. AL WAJBA V-C259W

Port of Loading
BUSAN, KOREA

Port of Dischatge
DUBAI

Particulars as declared by Shipper

Marks and Nos : Container Nos: Seal Nos:1X40' PART OF CONTR	Number and kind of Package : Description of Goods	Gross Weight(Kg)	Measurement (cbm)
		2,000.00 KGS	7.371 CBM

FASHIONS-
12/2143/97
DUBAI IN TRANSIT
TTL___PCS___YDS
G/NO. 1-40
MADE IN KOREA.

SAID TO CONTAIN : 40 CTNS

ITEM#(4):-KOREAN ORIGIN
POLY FORMAL BLACK PEACH CREPE
JACQUARD PLAIN DYED.
44" XABT25YDS PER PIECE.

*THE NUMBER AND DATE OF THIS DOCUMENTARY
CREDIT : 161740 AND 05 JAN 2000
*THE NAME OF ISSUING BANK : ABN-AMRO
BANK DUBAIBRANCHP.O.BOX2567DUBAI,UNITE
DARABEMIRATES

40' dg-std uacu 4888535(SEAL#877582;CFS/CFS) ; 40 CTNS

LOADED ON BOARD

SAY;1X40' PART OF CONTAINER ONLY

26 JAN 2000

"FREIGHT PREPAID" AS ARRANGED

Freight and charges	Revenue tons	Rate	Per	Prepaid	Collect
NON-NEGOTIABLE				COPY	

Total No of Containers/Packages received by the Carrier

Freight available at
SEOUL, KOREA

Place and date issued
SEOUL, KOREA 26 JAN 2000

Movement

Number of Original Bills of Lading
THREE(3)

IN WITTNESS whereof the number of original Bills of Lading stated opposite have been issued one of which being accomplished the other(s) to be void.

Signed for the Carrier.

AGENT KWAIT SUIPPING AGENCIES(S. A. K)P.O.BOX 3278
UNITED ARAB EMIRATES TEL. 210808 TLX. 45524 FAX. 9714 238107

4) 원산지증명서

ORIGINAL

CERTIFICATE OF ORIGIN

Issued by

THE KOREACHAMBEROFCOMMERCE&INDUSTRY

Seoul, RepublicofKorea

원 산 지 증 명 서

대한상공회의소

1. Shipper

SOGANG CORPORTAION
C.P.O. BOX1726.SEOUL,KOREA.

2. Consignee or Order

TO ORDER

4. Buyer(if other than consignee)

WHITE ROSE FASHIONS LLC.
P.O. BOX-23066
DUBAI. UNITED ARAB EMIRATES

3. Partial of Transport (where required)

FROM	BUSAN, KOREA
TO	DUBAI
SHIPPED PER	"AL WAJBA V-C259W"
ON OR ABOUT	JAN. 26, 2000.

5. Country of Origin

The RepublicofKorea

6. Invoice Number and Date

JJJ-1001 JAN. 26, 2000.

7. Shipping Marks	8. Number and Kind of Packages : Description of Goods	9. Quantity, Gross Weight or Measurement
FASHIONS- 12/2143/97 DUBAI IN RANSIT TTL___PCS___YDS G/NO. 1-40 MADE IN KOREA.	ITEM#(4):-KOREAN ORIGIN POLY FORMAL BLACK PEACH CREPE JACQUARD PLAIN DYED. 44" XABT25YDS PER PIECE. [PLAIN DYED POLYESTER JACQUARD WOVEN FABRIC] *THE CONTENTS OF THESE PRODUCTS ARE MANUFACUTRED AND PRODUCED BY SOGANG CORPORATION SEOULKOREA. *WE CERTIFY THAT THE GOODS ARE NEITHER OF ISRAELI ORIGIN NOR DO THEY CONTAIN ANY ISRAELI MATERIALS *THE NAME OF MANUFACTURERS : SOGANG CORPORATION C.P.O BOX1726SEOUL,KOREA. *GOODS ARE OF KOREAN ORIGIN. *THE NUMBER AND DATE OF THIS DOCUMENTARY CREDIT : 161740 AND 05 JAN 2000 *THE NAME OF ISSUING BANK : ABN-AMRO BANK DUBAIBRANCHP.O.BOX2567DUBAI,UNITEDAR ABEMIRATES	10,000YDS.

The Korea Chamber of Commerce & Industry hereby certifies, on the basis of relevant invoice and other documents, that the above mentioned goods originate in the country shown in column 5.

406335

26. JAN 2000
THE KOREA CHAMBER OF COMMERCE & INDUSTRY
Executive Director Kang, Seong-Yil
The Republic of Korea

5) 포장증명서

PACKING LIST

1. Shipper/Exporter

SOGANG Corporation
C.P.O. BOX 1726. SEOUL, KOREA.

2. For Account & Risk of Messrs

WHITE ROSE FASHIONS LLC.
C.P.O. BOX-23066
SAUDI UNITED ARAB EMIRATES

3. Notify Party

SAME AS ACCOUNTEE AND
ABN-AMRO BANK, P.O. BOX 2567, DUBAI

4. Port of loading	5. Final destination
BUSAN, KOREA	DUBAI
6. Carrier	**7. Sailing on or about**
WAJBA V-C259W	JAN, 26, 2000.

8. No. & Date of invoice
JJJ-1001 JAN. 26. 2000

9. Remarks

*THE NUMBER AND DATE OF THIS DOCUMENTARY CREIDT : 131740 AND 05 JAN 2000
*THE NAME OF ISSUING BANK :
ABN-AMRO BANK DUBAI BRANCH P.O. BOX 2567 DUBAI, UNITED ARAB EMIRATES

10. Marks and numbers of PKGS	11. Description of goods	12. Quantity	13. Net-weight	14. Gross-weight	15. Measuremer
FASHIONS- 12/2143/97 DUBAI IN TRANSIT TTL___PCS___YDS G/NO. 1-40 MADE IN KOREA.	ITEM#(4):-KOREAN ORIGIN POLY FORMAL BLACK PEACH CREPE JACQUARD PLAIN DYED. 44"XABT25YDS PER PIECE.				
	C/NO. 1 – 40	250YDS	45KGS.	50KGS.	
	TOTAL (40CI NS)	10,000YDS.	1,800KGS.	2,000KGS.	

Mailing address : C.P.O Box 1726 Seoul, Korea
Cable address : "TONGTRA" SEOUL
Telex code : K28304 K23706 TONGTRA
Telephone No. : 3166-300
Fax No. : 753-5436

SOGANG CORPORATION

PRESIDENT

6) 선적통지서

Ⓚ SOGANG Corporation

100-706 25-5, CHUNGMU-RO, 1GA, CHUNG-GU SEOUL,KOREA	CPO BOX : 1726 SEOULKOREA/TEL:3166-300/FAX:753-5436TELEX:K28304, TONGTRA/CABLE:TONGTRASEOUL

TO : WHITE ROSE FASHIONS LLC FAX NO. : 009714-533859 DATE : 2000.1.27
P.O. BOX-23066 DUBAI.U.A.E.

FROM : SOGANG CORPORATION JJJ-1001 SIGN : 50¥ 2000. 1. 27 TONG KOOK CORP.

ATTN :

SHIPMENT ADVICE

WE ARE PLEASED TO INFORM YOU THAT WE HAVE SHIPPED THE FOLLOWING GOODS AS BELOW :

1) THE NUMBER AND DATE OF THIS DOCUMENTARY CREDIT :
I161740 AND 05 JAN 2000

2) THE NAME OF ISSUING BANK : ABN-AMRO BANK DUBAIBRANCH
P.O. BOX2567DUBAI,UNITEDARABEMIRATES

3) INVOICE AMOUNT : US$24,960.-

4) MERCHANDISE : ITEM # ($) : -KOREAN ORIGINAL
POLY FORMAL BLACK PEACH CREPE
JACQUARD PLAIN DYED.
44" XABT, 25 YDS PER PIECE.

5) QUANTITY SHIPPED : 10,000YDS

6) NAME OF THE CARRYING VESSEL : AL WAJBA V-C259W

7) SAILING DATE : JAN. 26. 2000

8) DETAILS OF COURIER AWB NO. : 2509584346

BEST REGARDS.

CONFIRMED & CERTIFIED BY
SOGANG CORPORATION

PRESIDENT

7) 수출상의 증명서

200001 - 2039
C.P.O. BOX1726,SEOUL,KOREA.

SOGANG
Corporation

TELEX : K26304,23706,22716 CABLE ADDRESS :TONGTRA SEOUL MAILING ADDRESS :C.P.O. BOX1726SEOUL,KOREA	MANUFACUTERES-EXPORTERS-IMPORTERS	TELEPHONE :SEOULHEADOFFICE:3166-300 FAX : 753-5436

Our Ref. JJJ-1001	Date. JAN, 27, 2000.

TO WHOM IT MAY CONCERN :

CERTIFICATE

RE. 1) THE NUMBER AND DATE OF THIS DOCUMENTARY CREDIT :
161740 AND 05 JAN 2000
2) THE NAME OF ISSUING BANK : ABN-AMRO BANK DUBAIBRANCH
P.O. BOX2567DUBAI,UNITEDARABEMIRATES
3) INVOICE AMOUNT : US$24,960.-
4) QUANTITY : 10,000YDS.

WE CERTIFY THAT 6 SETS OF MULTIFOLD SHIPMENT SAMPLES AND TWO SETS OF NON-NEGOTIABLE DOCUMENTS HAVE BEEN SENT TO THE APPLICANT. TEL : 009714-538789 BY COURIER WITHIN THREE DAYS AFTER THE DATE OF SHIPMENT. DETAILS OF COURIER AWB NO. HAS BEEN ADVISED ON OUR APPLICANT BY FAX ON FAX NO. 009714-533859. COPY OF THE TRANSMITTED FAX MESSAGE ALONG WITH BELATIVE ORIGINAL COURIER RECEIPT IS ACCOMPANIED THE DOCUMENTS.

THANK YOU.

YOURS TRULY.

SOGANG CORPORATION

PRESIDENT

8) 검사증명서

NAVIN TRADING CO.
C.P.O. BOX5631
SEOUL, KOREA.

INSPECTION CERTIFICATE

DATE : JAN 26 2000

L/C NO. : 161740

- THE NUMBER AND DATE OF THIS DOCUMENTARY CREDIT : 161740 AND 05 JAN 2000
- THE NAME OF ISSUING BANK : ABN-AMRO BANK DUBAI BRANCH P.O. BOX2567DUBAI,UNITEDARABEMIRATES

COMMODITY : ITEM # (4) : -KOREAN ORIGINAL
POLY FORMAL BLACK PEACH CREPE JACQUARD PLAIN DYED.
44" XABT 25 YDS PER PIECE.

QUANTITY : 10,000 YDS

AMOUNT : US$24,960.00

INVOICE NO : JJJ-1001

B/L NO : SELA30326

VASSELNAME : mv. AL WAJBA V-C259W

ON BOARD DATE : JAN. 26, 2000.

SHIPPER : SOGANG CORPORATION

THIS IS TO CERTIFY THAT GOODS HAVE BEEN INSPECTED AND THE SAME HAVE BEEN FOUND IN ORDER AND SOUND CONDITION FOR SHIPMENT.

THIS CERTIFY IS ISSUED IN GOOD FAITH, FOR THE PURPOSE OF SHIPMENT.
FOR ANY OTHER TECHNICAL OR OTHER DEFFECTS IN THE GOODS, THE FACTORY/MAKER OF GOODS IS RESPONSIBLE.

THANKING YOU.

YOUR' S FAITHFULLY.

NAVIN TRADING CO.
SEOUL, KOREA

JHAMAN PIRITHYANI

9) 환어음

BILL OF EXCHANGE

Date : 9801-2039, Korea

US$24,960.00

______________ SIGHT OF THIS BILL OF EXCHANGE (OF THE SAME TENOR AND DATE BEING UNPAID) PAY TO __________________________ OR ORDER THE SUM OF ??? 05 DOLLARS TWENTY FOUR THOUSAND NINE HUNDRED SIXTY ONLY.

VALUE RECEIVED AND CHARGE THE SAME TO ACCOUNT OF WHITEROSEFASHIONSLL C.P.O.BOX-23066DUBAIUNITEDARABEMIRATES
DRAWN UNDERABN-AMROBANKDUBAIBRANCHP.O.BOX2567DUBAI,UNITEDARABEMIRATES
____

SOGANG CORPORATION

L/C NO. 161740DATED05JAN2000
TO : ABN-AMRO BANK DUBAIBRANCHP.O.BOX2567DUBAI,UNITEDARAB EMIRATES

10) 수출승인서

수출승인(신청)서
Export License (Application)
(업체용) C-9801 0134 JJJ-1001

처리기간 : 1일
Handling Time : 1 Day

1. 수출자(Exporters)	무역업고유번호	6 7 2 1 1 5	4. 구매자 또는 계약 당사자(Buyer of Principle of Contract) WHITE ROSE FASHION LLC., (U.A.E.)
(Notification No.) 서울특별시 중구 충무로1가 25-5 고려대연각센터 서 강 무 역 주 식 회 사 (서명) 대표이사 김 영 기 (Signature)			5. 신용장 또는 계약서 번호(L/C or Contract No.) 161740 6. 금액(Total Amount) US$69,120.
2. 위탁자 (Request)	사업자등록번호 (Business No.)	20-81-00223	7. 결제기간(Period of Payment) AT SIGHT
서울특별시 중구 충무로1가 25-5 고려대연각센터 서 강 무 역 주 식 회 사 (서명) 대표이사 백 영 기 (Signature)			8. 가격조건(Terms of Payment) CIF
3. 원산지(Origin) R.O.K.			9. 도착항(Port of Dispatch) DUBAI

10. HS부호(HS Code)	11. 품명 및 규격(Description/Size)	12. 단위 및 수량 (Unit/Quantity)	13. 단가 (Unit-price)	14. 금액 (Amount)
407.69.2000	PLAIN DYED POLYESTER JACQUARD WOVEN FABRIC (PEACHSKINPALACELESSWEIGHT)44"	10,000YDS	$2.496	US$24,960.-
		FOB $2,456/YD	FRT $0.03/YD	INS $0.01/YD
	CONSTRUCTION LESS WEIGHT AFTER FINISHED WP:POLYESTER M.S.YARN 1350(S D) X204 141G/YD WT:POLYESTER DRAW TESTURED YARN 75D(S D) X108 38G/YD(1700T/M) FINISHING RESIN TG/YD DYED TOTAL WEIGHT J80G/YD BEFORE WEIGHT 225G/YD			
	1% ON 125% INS. PREMIUM TO BE DEDUCTED AT THE TIME OF NEGOTIATION (FINAL PRICE OF DUBAI) A8501 801 00961			

15. 승인조건기재란(Remarks to be filled out by an approval agency)

16. 유효기간(Period of Approval)

17. 승인번호(Approval No.) 1 2 5 0 0 7

18. 승인기관 관리번호(No. for Approval Agency)

19. 위의 신청사항을 대외무역법 제14조 제2항 및 동법 시행령 제26조 제1항의 규정에 의하여 승인합니다.
(The undersigned hereby approves the above-mentioned goods in accordance with Article 14 (2) of the Foreign, Trade Act and Article 26(1) of the Enforcement Decree of the said Act)

??????년 ????월 ?????일

승인권자

승인기관이 2이상인 경우 15~18의 기재사항은 이면에 기재하도록 합니다.
이 서식에 의한 승인과는 별도로 대금결제에 관한 사항에 대하여는 외국환 관리법령이 정하는 바에 따라야 합니다.

11) 수출신고필증

수 출 신 고 필 증

처리기간 :
Handling Time :

1. 신고자 상호명	명진관세사무소 이주영	제출번호 18601-98-9001849	7. 신고번호	120-10-98-0012539-9	8. 신고일자	2000126	9. 신고구분 H	10. 검사장
2. 수출자 상호명	서강무역 ㈜	부호 672115 A	11. 거래구분	11	12. 종류	A	13. 결제방법	LS
3. 제 조 자	서울시 중구 충무로1가 25-5		14. 목적국	AE	15. 적재항	부산항		PUSAN
통관고유부호	가영무역 1651015	사업자등록번호 201-81-00223	16. 운송형태	10BU	17. 제조완료일 (검사희망일)			2000. 01. 26
4. 구매자 상호명	WHITE ROSE FASHION LLC	부호	18. 물품소재지	대구직할시 북구 노원동 가영직물				
5. 환 급 신 청 인	수출자 / 제조자		19. L/C 번호	161740				
6. 환 급 기 관	서울본부세관	부호	20. 사후관리은행		21. 조사란			

23. 품 명 규 격	22. 관세사 실적	
????? POLYESTER TEXTURE(P/D) 44" P/D POLYESTER JACQUARD WOVEN FABRIC (PEACHSKINPALACE,LESSWEIGHT)44" WP : POLYESTER M.S. YARN 135D(S.D.) X 204 141G/YD WT : POLYESTER D.T. YARN 75D(S.D.) X 108 38G/YD(1700" T/M) FINISHING RESIN 1G/YD DYED TOTAL WEIGHT : 180G/YD BEFORE WEIGHT : 225G/YD 10,000YDS CIF$24,960.- ??? ON 125% INS. PREMIUM TO THE DEDUCTED AT THE TIME OF NEGOTIATION*(FINAL PRICE C&F DUBAI)	24. 세 번 부 호	5407.69-2000
	25. 제 품 코 드	
	26. 신고가격(FOB)	₩ 39,920,069/$ 24,560.-
	27. 순 중 량	1,800 KGS
	28. 수 량	10,219 ??
	29. 포장갯수/종류	40 ??
이 하 여 백	세 번 부 호	
	제 품 코 드	
	신 고 가 격 (F O B)	₩
	순 중 량	
	수 량	
	포 장 갯 수 / 종 류	

30. 공란수 (001)란	31. 총중량 2,000	단위 KG	32. 총포장갯수 40	33. 총신고가격 (FOB)	₩ 39,920,069 $ 24,690

관련서류	서 류 명	번호	발급일		
				34. 결제금액	CIF-USD- 24,960
	37. 수출승인서	1250080053028A01	20000116	35. 운임(₩)	487,623 / 36. 보험료(₩) 162,???
	38. 수출추천서	8B-100-5407-011855	20000116	43. 세관 기재란	
	39. 검 사 증				
	40. 검 역 증				
보세운송	41. 운송신고인 수출자와 동일				
	42. 기간 2000/1/26부터 2000/2/25까지			44. 신고수리일자	

12) 국제등기우편수령증

EXPRESS

File Neme : W 14 Page Number : 1 Date : 03'26'91 Time 21 : 29 : 30

AIRMAIL

<table>
<tr><td colspan="5">국제등기우편물수령증(갑)
Receipt for Registered Item</td><td>일련번호/Seal No.
8262</td></tr>
<tr><td>우편물번호
Item No.</td><td colspan="2">9326</td><td>도착국명약호
Country Code</td><td>DXB</td><td>접 수 일 부 인
Date Stamp</td></tr>
<tr><td>중량
Weight</td><td>200 g</td><td>편별
Route</td><td>☑항공 Air</td><td>☐선박 Surface</td><td rowspan="4">SEOUL
I.P.O
2000. 1. 26
KOREA</td></tr>
<tr><td>요금
Postage</td><td>11,320 won</td><td rowspan="3">종별
Category</td><td colspan="2" rowspan="3">☑서 ? Letter
☐인쇄물 Printed paper
☐소형포장물 Small packet
☐맹인용 점자 Braille</td></tr>
<tr><td rowspan="2">보험가액
Insured Services</td><td>won</td></tr>
<tr><td>SDR</td></tr>
<tr><td>특수취급
Special Services</td><td colspan="5">☑국제속달 Express ☐배달통지 A.R. ☐통관회부 Presentation to customs</td></tr>
<tr><td>요금납부
Postage payment</td><td colspan="5">☐우표 Postage stamp ☑별납 Paid separately ☐창구기계 Counter machine ☐후납 Paid afterwards</td></tr>
<tr><td>내용품명
Contents</td><td colspan="5">SHIPMENT ADVICE
-OPEN POLICY NO. DB/OPM/2185</td></tr>
<tr><td>발송인 주소성명
Sender</td><td colspan="5">SOGANG CORPORATION
C.P.O. BOX 1726, SEOUL, U.A.E.</td></tr>
<tr><td>수취인 주소성명
Address</td><td colspan="5">M/S. ORIENTAL INSURANCE CO. LTD.,
P.O. BOX478, DUBAI, U.A.E.</td></tr>
<tr><td>비고
Remarks</td><td colspan="5">L/C NO & DATE : 161740 & 05 JAN 2000</td></tr>
<tr><td>참고사항
Note</td><td colspan="4">1. 등기우편물에 대한 손해배상은 내용품가격에 관계없이 통당 정액(17,040원)을 배상하므로 유가증권 보석류 등 귀중품은 지정된 우체국(통관국)에서 보험서창을 이용하여야 분실, 파손 등 사고시에 보험가액 전액을 배상 받을 수 있습니다.
2. 주소, 성명은 영어, 불어 또는 배달국가에서 통용되는 문자와 아라비아숫자로 정확하게 기재(나라명과 도시이름을 반드시 영어 또는 불어로) 하여야 합니다.
3. 소형포장물이나 물품에는 세관표지(C1) 또는 세관신고서(C2, CP3)를 작성하여 붙여야 합니다.2. 주소, 성명은 영어, 불어 또는 배달국가에서 통용되는 문자와 아라비아숫자로 정확하게 기재(나라명과 도시이름을 반드시 영어 또는 불어로) 하여야 합니다.</td><td>담 당 자 서 명
Signature of the official</td></tr>
</table>

13)급송장

Original Copy

DHL WORLDWIDE EXPRESS

Shipment Airwaybill
(Non negotiable)

250 9584346
Quote this shipment number in an enauiry

ORIGIN | DESTINATION

1. From(Sender)

Account no. 591201008
Sender's name

Sender's reference *first* twelve characters will be shown on invoice

Company name
SOGANG CORP.

Address
11/13FL KORYO DAEYEONKAK BLDG
25-5 1-KA CHOONGMU-RO CHUNG-KU
SEOUL, KOREA.

Postcode
Phone/Fax/Telex *specify* one
02-3166-300

2. To(Receiver)

Company name
WHITE ROSE FASHIONS LLC.

Delivery address *DHL cannot deliver to a PO Box*
P.O. BOX-23066
DUBAI. UNITED ARAB EMIRATES
-L/C NO & DATE : T61740 & 05 JAN 98

Postcode
Country

Contract person
Phone/Fax/Telex specify one

5. Sender' s authorization and signature

I/we agree that DHL's standard terms apply to this shipment and limit DHL's liability
The Warsaw Convention may also apply (see reverse).
I/we understand that DHL does not transport cash or dangerous goods(see reverse)

Signature
Date
JAN 27 2000

3. Shipment details

Not all payment and service options are available in all countries.

Service
☐ DOCUMENT
☐ WORLDWIDE PACKAGE EXPRESS all declarables
☐ EXPRESS DOCUMENT
☐ DOMESTIC
☐ WORLDMAIL
Airmail/Printed Mattrer specify one
☐ OTHER SERVICE.........*specify*

Transport charges
If left black sender pays transport charges
☐ Sender
☐ Cash/Cheque/Ctedit Card
For approved customers only
☐ External Biling Agreement
☐ Transport Collect
Shipment insurance see *reverse*
☐ YES________
insured value give currecny

Full description of contents
6 sets OF MULTIFOLD SHIPMENT SAMPLES & TWO SETS OF NON-NEGOTIABLE DOCUMENTS

International Worldwide Package Express shipments only *Attach the Original and two copies of a Proforms or Commercial invoice*

Declared value currency
Sender's VAT/GST no.

Harmonised commodity code *if* apples
Receiver's VAT/GSP no. or EIN/SSN

Type of export ☐ PERMANENT ☐ REPAIR/RETURN ☐ TEMPORARY

Destination duties/taxes *if left blank receives pays duties/taxes*
☐ Receiver ☐ Sender ☐ Other....................☐
Specify destination approved account number

4. Size and weight

No. of pieces 1
Weight 1.5

Dimensions cm L x W x H
x x

VOLUMETRIC/CHARGED WEIGHT
kg

CODE
CHARGES
Services
Special
Insurance
Other/VAT

CURRENCY CODE
TOTAL

TRANSPORT COLLECT STICKER No.

PAYMENT DETAILS
Cheque/Card no.
Type Expiry

RECEIVED BY UNI-OCEAN EXPRESS LTD. SEOUL, KOREA AS AGENT FOR DHL
Route No. CU 30
Time 15:30
Date JAN 27 2000

CHAPTER 10

사후관리 및 해외고객관리

수출상과 수입상 간의 무역거래가 성공적으로 마무리 될 때까지 많은 노력과 비용이 수반된다. 수출상은 수입상과의 첫 무역거래를 계기로 계속해서 무역거래를 하기 위해서는 수입상에 대한 사후관리와 거래선관리를 해야 한다. 본 장에서는 사후관리와 거래선관리에 대해서 구체적으로 살펴본다.

10-1 사후관리

1. 사후관리의 의의

수출입상의 최종목적은 국가간 상거래를 통하여 이익을 실현하는 것이다. 이익의 실현은 거래당사자인 수출상과 수입상이 신의성실을 바탕으로 수출상품의 적기공급과 그에 따른 수출대금의 신속한 결제가 이루어짐으로써 그들의 책임과 의무를 다할 때 가능하다. 수출상은 은행에 수출대금의 매입을 요청한 후에 수입상이 수출대금을 지정된 기간에 입금하였는지 확인하여야 한다. 이와 같이 사후관리란 수출상이 은행에 수출대금의 매입을 요청한 후에 발생하는 일련의 절차를 관리하는 것으로 수입상의 대금지급 여부, 선적된 상품이 지정된 기간에 목적항에 도착되었는지의 여부, 수입상의 통관에 필요한 서류의 도착여부, 서류하자에 대한 보완, 운송 중 사고 여부, 도착상품의 품질확인 및 분쟁처리 등이 포함된다.

이와 같이 사후관리를 등한시 함으로써 수출입상사 간에 불필요한 무역분쟁이 발생하여 수입상을 잃을 수 있다는 점을 감안하여 수출상은 치밀한 사후관리 전략을 강구해야 한다.

2. 사후관리의 절차

(1) 선적통지(Shipping Advice)

국가간의 상거래는 국경을 통과하는 절차가 반드시 필요하다. 직접 상품을 확인하고 상품대금을 지불하는 국내거래와는 다르게 수입통관절차를 이행해야 상품이 수입국가로 들어올 수 있다. 수입상은 수입신고서를 작성하여 세관에 수입신고를 하고 동 세관으로부터 수입신고필증을 받아 보세구역에서 상품을 반출할 수 있다. 수입통관절차는 행정절차와 수입상품의 운송절차로 구분되며 이러한 제반 절차는 수입상품의 유통과 밀접한 관계를 가지고 있기 때문에 수입통관 관리를 잘하면 유통비용을 대폭 절감할 수 있다.

따라서 수출상은 수출상품을 외항선박에 적재하기 전에 수입상에게 연락하여 수입통관에 필요한 서류와 세부사항을 파악하여 선적함과 동시에 선적서류의 사본과 수입통관에 필요한 모든 서류, 선적에 대한 상세한 사항이 기재된 서류 등을 수입상에게 보내어 수입상이 신속하고 정확하게 수입통관을 할 수 있도록 적극적으로 관심을 갖고 협조해야 한다.

수입상이 수입통관절차를 제대로 이행하지 못함으로써 불필요한 비용이 발생하면, 수출상품의 수입국 판매가격이 상승하여 동종의 상품과 가격경쟁에서 밀려나고 수입상에게도 나쁜 인상을 주어 향후에 거래가 지속적으로 이루어지기 어려울 것이다.

(2) 입금확인

상거래는 이익을 전재로 이루어지며 이익이 없는 상거래는 지속될 수 없다. 수출상이 좋은 상품을 생산하여 외국에 있는 상인에게 판매하는 것은 국내에서의 판매보다 더 많은 이익을 남기기 위해서이다.

국가간 상거래는 국내상거래에 비하여 상품의 운송기간이 길고 수출거래당사자간의 언어, 법률, 종교, 경제제도, 상관습 등이 서로 다르며 재무상태 파악도 어려워 수출거래에 따르는 위험발생소지가 많고 그 성격 또한 훨씬 복잡하고 다양하기 때문에 수출상이 수출대금을 안전하게 회수하는데 많은 어려움이 뒤따른다.

수출상은 수출상이 합의한 수출대금결제조건에 따라 수출대금이 지급될 때까지 지속적으로 입금관리를 해야 한다. 수출대금결제조건을 신용장방식으로 합의한 경우 선박회사와 연계하여 입금을 확인하는 것이 효과적이다.

수출상품이 목적항에 도착되면 선박회사는 신용장에 명시된 수입상품이 도착하였음을 화물도착통지처로 통지한다. 이러한 통지를 받은 당사자는 개설은행에게 수입대금을 지급하고 통관에 필요한 선적서류를 받아 선박회사에 제출하고 상품을 외항선박에서 하역하여 수입통관절차를 통해 수입국으로 반입한다. 이때 신용장이 일람불인 경우에는 수입상이 운송회사로부터 수입상품을 인도 받기 위해서는 반드시 수입대금을 개설은행에게 지급해야 한다. 또한 신용장이 기한부인 경우에는 환어음을 인수하고 수입대금에 대한 지불을 확약해야 운송회사로부터 수입상품을 넘겨 받을 수 있다. 따라서 수출상은 수입상품이 수입상에게 인도되고 수입대금이 지급완료 될 때까지 체계적인 입금관리를 해야 한다.

(3) 무역클레임의 처리

1) 무역클레임의 정의

무역클레임이란 수출입매매계약의 한 당사자가 그 계약을 위반함으로써 다른 거래당사자가 그것으로 인하여 발생한 손실을 배상해줄 것을 요구하는 손해배상청구를 말한다. 즉 무역거래 당사자중 일방이 고의나 과실로 계약의 일부 또는 전부를 이행하지 않음으로써 발생된 손해를 구제받기 위해서 상대방이 손해배상을 청구하는 것을 말한다. 지금까지 무역거래에서 발생한 무역클레임은 주로 상품의 품질, 선적불이행 및 지연, 포장불량, 수량부족 등을 이유로 수입상이 수출상에게 제기하는 경우가 대부분이고 수출상이 수입상에게 제기하는 클레임은 대금결제에 관한 것 외에는 별로 없다. 무역클레임을 원인별로 살펴보면 다음과 같다.

상품에 대한 클레임은 수입상이 수출상에게 수입한 상품의 하자에 대해서 제기하는 것으로 품질불량, 품질상이, 규격상이, 등급저하, 손상, 변색 등이 클레임의 주된 원인이 되고 있지만 수출상품의 결함이 사용자 또는 제3자의 생명, 인체, 물품에 대하여 위해나 손해를 입힌 경우 클레임의 원인이 되고 있다. 수출상품은 한 기업에서 생산되기도 하지만 대부분 여러 기업에서 생산된 제품이 조립되어 생산된다. 따라서 수출상품의 생산에는 2개 이상의 제조업체가 개입하게 되고 이들 제조업체들이 불량품을 생산하면 수출상품의 품질에 대한 클레임이 발생하게 된다. 수출상품의 품질관리는 원자재 수급에서 가공, 생산 출하의 전단계에 걸쳐서 진행되어야 하고 생산과정에 참여한 당사자들은 수출상품의 생산에 관련된 정보를 공유해야 한다. 수출상품에 대한 생산정보가 공유되지 못하여 하자상품이 생산되고 이러한 하자 상품은 무역클레임을 발생시킨다. 따라서 수출상품의 품질하자로 인한 클레임을 예방하기 위해서는 전체 생산과정에서 철저한 품질관리가 이루어져야 하고 개별 제조기업간에 생산정보가 공유되어야 한다.

포장은 수출상과 수입상이 합의하여 포장조건을 결정하여 수출상이 포장을 하지만 궁극적으로 제조업체가 하게 된다. 국제무역에서는 상품의 장거리 운송이 반드시 뒤따르기 때문에 방수되고 견고한 자재로 수출상품을 포장해야 하며 중간에 환적되거나 여러 형태의 운송수단이 이용되는 경우에는 상품이 손상되지 않도록 특별히 견고한 포장을 해야 한다. 포장에 대한 클레임은 불량포장, 부정포장, 포장결함 등을 들 수 있는데 수출상품은 생산공장에서 한 차례 포장이 되고 컨테이너에 적재되기 전에 또는 선박에 선적되기 전에 다시 포장이 된다. 포장불량은 수출상과 수입상이 합의한 포장조건을 제조업체가 알지 못하거나 잘못 알고 있는 경우와 운송인이 요구한 포장조건을 알지 못하는 경우에도 발생하게 된다. 포장에 대한 클레임을 방지하기 위해서는 수출상과 수입상이 합의한 포장조건과 운송인이 요구한 포장조건을 수출상과 수입상, 제조기업, 운송인이 공유하고 있을 때 가능하다.

선적과 관계된 무역클레임은 선적지연과 선적불이행으로 나누어볼 수 있다. 선적지연은 수출입매매계약과 신용장에서 수출상과 수입상이 합의한 선적기일이 경과된 후 에 선적된 것에 대한 클레임을 말하고 선적불이행은 수출상이 수출상품의 선적을 불이행하는 것을 말한다. 수출상품은 해외시장조사와 오퍼발송, 수출원가분석을 통한 수출단가산정, 수출입매매계약, 신용장접수, 수출승인, 수출품생산, 수출통관, 선적을 통해서 거래가 이루어진다. 수출상은 제조기업과 자체 생산인 경우 생산부와 운송조건과 선적시기를 고려하여 생산계획을 수립하고 수출품을 생산하게 되는데 선적에 대한 클레임은 제조기업 또는 생산부서, 수출상, 운송회사 간에 수출상품의 운송되는 과정에서 발생하게 되어 이들 간의 선적에 관한 정보를 공유하고 있어야 선적지연에 대한 클레임을 예방할 수 있다.

대금결제에 대한 클레임은 수출상이 수입상에게 제기하는 것으로 수출대금지급지연, 수출대금미회수와 같은 것을 말한다. 수출대금결제방식에는 신용장방식, 송금방식, 국제팩토링방식, 포피팅방식, 상호결제방식과 같은 것이 있으며 수출상과 수입상이 합의하여 수출대금결제방식을 결정하지만 수입상이 선적서류의 하자 또는 수입상의 파산, 재정악화로 인해 대금지급이 지연되거나 회수가 불가능한 경우가 발생한다. 수출대금결제에 관한 클레임은 해외시장조사를 철저히 실시하여 믿을 만한 수입상을 선정함으로써 예방이 가능하다. 해외시장조사는 수출상과, 무역유관기관, 거래은행과 유기적인 관계가 형성되고 해외사장에 대한 정보가 서로 공유되어야 하며 수출대금결제과정에서 은행이 신용장 내용과 서류를 철저하게 검토하거나 외국은행에 대한 신용조사를 함으로써 어느 정도 예방이 가능하다.

Market Claim는 상품의 시세가 변동함으로써 발생한다. 상품의 시세는 늘 변동한다. 수입지역에서 수입상품의 판매가격이 하락하면 수입상은 상품수입으로 손실이 예상되기 때문에 가급적 상품의 수입을 자제하려 할 것이다. 따라서 하소한 하자를 트집잡아 수입을 거절하게 되는 데 이것을 마켓 클레임이라고 한다.

2) 무역클레임의 청구내용

① 손해배상 청구

무역계약은 무역거래당사자가 합의한 내용을 법으로 묶는 절차이고 무역거래당사자는 무역계약에서 합의한 내용을 이행하여야할 의무를 가지고 있다. 무역거래당사자가 무역계약을 이행하지 않음으로써 발생한 손해에 대해서 피해자가 가해자에게 금전으로 보상해줄 것을 요구하는 것을 말한다.

② 대체품의 청구

수입상품의 품질과 수량이 무역계약에서 명시된 것과 다를 경우 수출상은 부족한 수량이나 품질이 다른 수량을 동일한 다른 물품으로 대체해주는 것을 말한다. 100박의 라면상자를 수출하였는데 그중 5박스가 풀질이 불량한 경우 수입상의 요청으로 수출상은 5박스를 동일한 다른 라면으로 대체해줄 수 있다.

③ 매매계약의 취소·해약

무역거래당자가 무역계약에서 약정한 사항을 이행하지 않으면 무역거래당사자는 무역계약을 이행하지 않는 시점에서 무역계약을 해지하고 그때까지 발생한 손해를 무역계약을 이행하지 않는 당사자에게 청구할 수 있다.

④ 대금지급의 거절

수입상이 목적항에 도착한 수입상품의 품질을 검사해 보니 무역계약에서 명시한 내용과 상이한 경우 수입상은 무역계약의 위반을 들어 수출상에게 수입대금의 지급을 거절할 수 있다. 이것은 신용장결제방식에서는 할 수 없고 추심거래방식에서는 가능하다.

3) 무역클레임의 제기

① 무역클레임 상대방의 확정

무역거래에는 수출상, 수입상, 운송인, 보험회사, 은행 등이 개입하게 된다. 무역클레임이 누구의 잘못으로 발생되었는지 분석하여 무역클레임을 제기하려면 먼저 누구에게 제기해야 하는가를 확정해야 한다. 무역클레임을 발생시키지 않는 당사자에게 무역클레임을 제기하면 아무런 효력이 없기 때문에 무역클레임의 주요 원인을 분석하여 그에 따른 책임소재가 누구에게 있는가를 파악해야 한다.

② 무역클레임의 제기기간

무역클레임을 청구하기 위해서는 무역클레임을 청구하기전에 일정 사항에 대한 통지가 요구된다. 통지기간에 대한 약정이 있는 경우는 동 약정에 따라야 하며, 약정이 없는 경우 준거법 규정에 따라 신속하게 통지해야 한다. 무역클레임을 제기하려는 당사자는 무역계약서에 약정한 기간 내에 무역클레임을 제기하여야 되며 그 제기시기를 놓치면 시효에 걸릴 뿐 아니라 증거를 상실하게 되어 해결에 많은 어려움이 따르므로 반드시 약정된 기간 내에 제기되어야 한다.

4) 무역클레임 처리의 기본원칙과 절차

① 무역클레임 처리의 기본원칙

무역분쟁이 발생하면 누구에게 손해배상을 청구할 것인지 상대방을 결정해야 한다. 상품에 관한 무역클레임이 발생하면 수출상은 무역매매계약에서 명시한 품질기간과 무역클레임 제기기내에 무역클레임이 제기되었는지 확인하고 제기한 무역클레임의 유형을 파악하여 운송과정에서 발생한 사고는 보험회사를 통해서 해결하고 생산과정에서 발생된 무역클레임은 제조업체와 협의하여 해결해야한다. 수출상은 수입상이 제기한 상품에 관한 무역클레임을 적극적으로 해결해야 한다. 수출상은 수입상이 수입상품의 가격을 깎기 위해서 무역클레임을 제기한 것으로 간과하여 수입상의 무역클레임을 피동적으로 적당히 수습하려고 하는 것을 관행을 버리고 무역클레임의 발생초기에 적극적으로 무역클레임의 원인을 규명하고 대처해야만 문제의 확산을 막을 수 있고 수입상과의 장기적인 거래관계 및 해당 수입국 시장에서 당사의 좋은 평판을 유지시킬 수 있다는 점을 명시하고 상호간 무역클레임의 종결을 문서로 확인할 때까지는 절대로 방심해서는 안된다.

수출상은 권리와 의무에 따른 조치를 취해야한다. 국제적으로 가격이 연동하는 제품들(철강, 곡물, 화학 등)의 경우 급격한 가격 하락이 자주 발생하며, 이 경우 수입상측에서 손실을 피하거나 만회하기 위하여 가능한 모든 방법을 동원하여 무역클레임을 제기하여 물건값을 깎거나 인수하지 않으려 한다. 이와 같은 무역클레임을 방지하기 위해서는 선적서류의 철저한 검토 및 작성, 서류하자 발생시 신용장 유효기일내의 보완, 자신이 취급하는 상품의 국제적인 수급현황 및 가격 변동, 원부자재 가격 추이 등의 종합적인 정보를 항상 가장 새로운 것으로 유지, 분석하는 능력을 길러야 하며 사고의 가능성이 있는 건에 대해서는 선적과 동시에 수출보험에 들어 만일 발생할 지도 모를 최악의 경우에 대비해야 한다.

그밖에 무역클레임의 처리원칙에는 관할의 확인, 서류증거의 유무확인, 거래지속 여부에 대한 결단, 합의내용의 신속한 이행, 처리기준의 제시, 담보의 효력과 실익의 이해와 같은 것들이 있다.

② 무역클레임의 처리절차

무역클레임은 무역클레임을 제기한 당사자에서 다른 당사자에게 무역클레임이 접수되면 시작되어 기본사항의 검토, 정당성검토, 전가가능성 검토, 거절, 수락, 화해, 알선, 조정, 소송, 중재의 결정, 해결내용, 방법의 확정, 구상조치, 이행을 거쳐 종료된다.

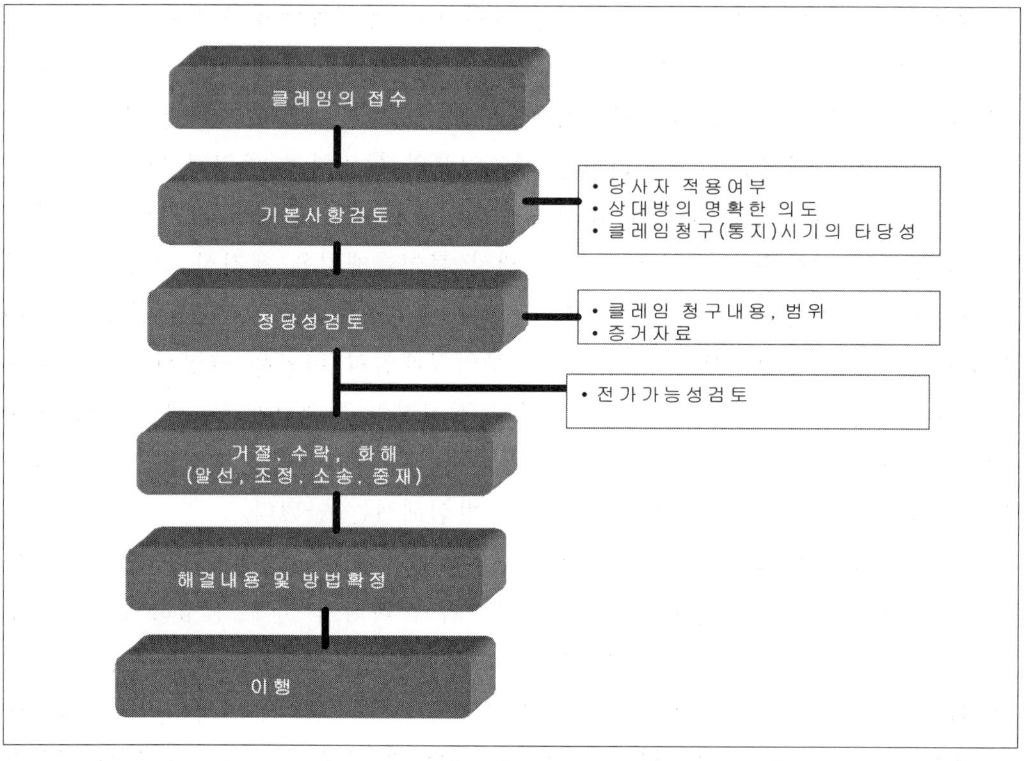

그림 10-1 무역클레임의 접수와 처리절차

10-2 해외고객관리

1. 해외고객관리의 개념

(1) 해외고객관리의 정의

실제로 무역업을 경영하지 않은 사람은 서로 다른 국가에 거주하는 상인과의 상거래를 성사시키는 데는 시간과 돈이 많이 소요되며 상당한 노력이 있어야 된다는 것을 뼈져리게 느끼지 못할 것이다. 수출상은 해외에 있는 상인과 처음 거래를 할 때 거래상대방에 대해서 서로 아무 것도 모르기 때문에 서로 믿지 못하여 수입상에게 믿음을 주기 위해서 모든 노력을 기울이며 이러한 수출상의 노력결과로 수입상은 조금씩 수출상을 이해하게 되어 궁극적으로 수출상과 수입상 간에 수출입매매계약이 체결된다.

해외고객관리는 무역이 시작되어 최종적으로 종결되는 전체 무역업무를 철저히 관리하여 수입상에게 새로운 서비스를 창출하여 수입상의 이익을 증대시키는데 기여함은 물론 무역이 종결된 이후에도 거래선이 필요로 하는 정보를 수시로 제공하여 수상과의 거래를 지속적으로 유지하고 거래량을 증가시켜나가는 것을 말한다.

해외수입상이 한국상품을 구매할 때 품질, 가격, 납기기간의 준수, 디자인, 사후관리, 제품의 다양성, 수입상요구에 대한 신속성, 수출상의 신뢰성 등을 고려하여 거래선을 결정하는 것으로 나타났다.[1] 수출상은 해외고객이 한국수출상품에 대해서 원하는 사항을 철저하게 분석하여 해외고객관리전략을 수립하여야 한다.

(2) 해외고객의 특성

해외 수입상이 한국 상품에 대해서 만족하는 정도는 선진국과 개도국, 아시아와 북미, 품목별로 큰 차이가 있다. 아시아지역의 수입상은 한국 상품을 수입할 때 가격을 가장 중요시하고 그 다음으로 수출상의 신용, 품질 등을 중시하는 것으로 나타난 반면에 북미, 대양주, 유럽은 디자인을 가장 중요시하였다. 중동지역의 수입상은 가격, 수출상의 신뢰성을 중시하고 유럽은 수출상의 신용, 가격, 품질, 사후관리

1) Trade News, Weekly Special, No.5., 2003.1.6, pp.26~27.

등을 중시하였고 북미는 품질, 수출상의 신용, 브랜드 순으로 중시하였다. 중남미는 가격, 수입상의 요구에 대응하는 정도, 대양주는 품질, 수출상의 신뢰성, 수입상의 요구에 대응하는 정도, 납품기간 등을 중시하였다.

(3) 한국 상품에 관한 인식

한국 상품에 관하여 해외 수입상과 한국의 수출상 간에 서로 다르게 인식하는 것으로 나타났다. 해외 수입상은 한국 상품의 품질과 가격, 브랜드 이미지, 사후관리, 수입상의 요구에 대응하는 정도를 한국 상품의 강점으로 인식하고 있다. 한국의 수출상은 수출상의 신뢰성을 강점으로 인식하고 있으나 해외 수입상은 한국 상품의 약점으로 인식하고 있으며, 한국의 수출상은 가격을 약점으로 인식하고 있는 반면에 해외 수입상은 한국 상품의 강점으로 인식하여 한국 상품에 관하여 한국의 수출상과 해외수입상 간의 인식의 차이가 큰 것으로 나타났다. 이와 같은 현상은 해외고객에 관한 조사가 정확하고 철저하게 이루어져 한국수출상과 해외수입상 간에 발생하는 한국 상품에 관한 인식의 차이가 제거되어야함을 의미한다고 본다.

2. 해외고객관리의 방법

(1) 신용관리

국가간 상거래에 있어서 가장 중요한 것은 거래당사자 간의 신뢰가 전제되어야 한다. 서로 믿음을 줄 수 있는 관계가 되어야 상거래는 오래 유지될 수 있다. 국가간 상거래는 물건을 사고 파는 것을 의미하며 이와 같은 상품의 매매를 통해서 수출상과 수입상은 경제적 이익을 실현한다. 수출상이 상품을 시장가격보다 수입상에게 비싸게 팔면 수입상의 이익을 줄어들고 수입상이 원하는 서비스를 수출상이 제공하지 못하면 또한 수입상의 이익은 줄어들게 되어 수출입상사 간의 상거래는 오래가지 못할 것이다. 수출상은 수입상으로부터 신용을 얻어야 수입상과의 상거래를 지속시킬 수 있기 때문에 신용관리를 철저히 하여야된다.

수출상에 관한 신용은 저절로 만들어지는 것이 아니라 사소한 일에서부터 철저히 관리해야만 신용이 형성된다. 해외 수입상이 상품에 관한 정보와 다른 사항을 원하면 수출상은 무역정보시스템을 이용하여 당일 수입상에게 제공해주는 시스템을 갖추어 수입상과 약속한 사항은 철저히 지켜야한다.

(2) 가격관리

수출상은 수출상품의 수출판매가격을 책정할 때 경쟁사, 수입지역의 특성, 수입상의 규모, 수입상의 유통망, 수입량, 등을 고려하여 적정한 수출단가를 산정해야 한다. 수출상은 수입상의 적정이익을 보장하여 수출상의 상품수입을 통하여 수입상도 발전할 수 있다는 시각을 갖고 고객을 관리해야 한다. 수출상이 책정한 수출판매단가에 수출상과 수입상의 이익이 적정하게 반영되었다면 수출상은 수출가격을 될 수 있으면 내려서는 안 된다. 수출상과 수입상 간에 합의 된 가격은 내리기는 쉬워도 올리기는 매우 어렵기 때문에 가격은 그대로 유지해야 한다. 수출상품의 품질에 따라 수출가격을 책정하고 신규시장을 개척하기 위해서는 이익이 없더라도 수출주문량을 받아야 하는 경우도 있기 때문에 수출상은 신규거래선에 관한 철저한 분석이 선행되어야 한다. 수출상은 거래담당자가 경영자인지 수입상사의 직원인지 파악하여 대응해야 한다.

통상 수입상의 경영자는 수출상품의 가격에 민감하게 반응을 보여 서로 다른 국가에 있는 수출상으로부터 상품가격을 받아 서로 비교한 후에 가장 낮은 가격을 제시한 수출상을 거래선으로 선정하고 수출상이 제시한 수출가격을 더 내려달라고 요구한다.

반면에 수입상사의 직원은 자기 비용의 지출이 아니기 때문에 수출가격에 관하여 상당한 융통성을 보이는 특성이 있다. 수입상사의 직원은 회사의 수입가격정책의 범위 내에서 수입상품의 가격을 결정할 수 있는 재량권을 갖고 있기 때문에 가격민감도가 경영자보다 상대적으로 낮다고 볼 수 있다. 따라서 회사에 큰 영향을 주지 않을 정도로 가격을 요구한다.

(3) 품질관리

해외고객관리에 있어서 품질관리는 매우 중요하다. 수출상은 생산관리과정에부터 수출상품의 품질을 철저히 관리하고 선적전 검사를 통하여 최상의 상품을 선적해야 한다. 수출상이 저가품을 수출하는 경우 수출량은 많지만 가격이 저렴하기 때문에 경쟁력 있는 가격을 제시하지만 고가품을 수출하는 경우에는 수출량은 적지만 수입상이 품질이 매우 좋은 상품을 원하기 때문에 수출상은 수출상품을 생산하는 초기단계에서부터 개입하야 양질의 원·부자재를 구매하여 가공, 생산, 선적, 납기를 철저히 관리해야 한다.

(4) 견본상품관리

수출상이 수입상에게 제공한 견본상품은 수출상의 신용과 능력을 나타내기 때문에 수출상은 견본상품을 철저히 관리해야 한다. 수입상이 요구한 견본상품은 수입상의 취향에 따라 엄선하여 발송해야 한다. 견본상품이 나쁘면 수출상품에 대한 신뢰성이 떨어지기 때문에 수출상은 견본상품을 제작할 때 원자재의 품질상태, 상품의 디자인, 색상, 재질, 수입시장의 특성, 저장, 보관, 포장 등 모든 상태를 철저히 분석하여 최상의 최적의 상품을 만들어 발송해야 한다. 수출상은 업계의 동향, 수입지역의 시장의 특성, 수입시장에서의 경쟁사의 동향, 경쟁사가 요구하는 상품의 디자인, 유행상품 등에 관한 사항을 해외 수입상에게 제공해주어야 한다.

3. 해외고객관리의 사례분석

(1) 해외고객관리 내용

해외고객관리의 흐름을 실제사례를 갖고 분석해 본다. 한남상사는 일본의 후지상사에게 포항제철에서 생산한 스테인레스를 판매하고 있으며 후지상사는 한남상사가 2009년에 개척한 거래선으로 거래규모는 연간 약 U$2,000만불에 달했다. 스테인레스의 거래구조는 포항제철에서 한남상사를 통해서 한남상사일본 법인을 거쳐 후지상사로 상품이 계약되고 유통되며 분기계약으로 되어 있다.

1) BEFORE SERVICES

한남상사는 포항제철의 분기 오퍼(수량, 가격, 납기 및 기타 수주조건 등) 전에 포항제철 담당자와 접촉, 교섭을 통해 포항제철(메이커)의 판매방침 및 제반 관련 상황을 체크하여 한남상사의 현지법인에 포항제철에 관한 정보를 제공했다. 한남상사 일본법인에서는 본사의 정보와 자체적으로 수집, 분석한 시장정보를 가지고 거래선을 접촉, 포항제철 상황 및 시장동향에 대한 견해를 피력하면서, 거래선의 향후 계약에 관한 요청사항을 수집했다. 한남상사의 현지법인은 신제품이 나오는 경우 무역정보 시스템을 통하여 전자카탈로그를 전신으로 보내고 일본내에 있는 후지상사의 제품이 보관된 오사카 보세창고의 제품 재고 현황을 파악하여, 영업상황을 간접적으로 확인했다. 일본내 종합상사. 한남상사는 동종 업계의 기존 구축인맥을 통해 거래선의 특이 동행 유무 및 업계평가를 점검하고, 내부적으로 후지상사의 여신잔고를 확인하고 필요에 따라서는 이를 조정하는 작업을 했다.

2) IN SERVICES

한남상사 일본현지법인은 포항제철의 오퍼배경을 거래선이 이해/납득할 수 있도록 설명하고 거래선과의 최선의 상호이해의 바탕 위에 물량, 가격 등에 대한 인수를 유도하고 이에는 장기적인 메이커 및 한남상사의 방침을 설명하며 상호 이익이 되는 방향으로 움직여 갈 것임을 이해시켰다. 즉 거래선이 처한 영업상황, 재무상황을 확인하고 거래선이 수용할 수 없는 가격/물량을 무리하게 인수하도록 고집하지 않았다.

계약이 성사된 후에는 품질, 납기관리를 철저히 하며, 문제발생 우려가 있는 경우, 시간적 여유가 있을 때 사전에 이를 거래선에 연락하여 상호대책 협의를 하도록 했다. 시장상황을 계속적으로 주시, 점검하며 거래선과의 가격 불만발생 우려가 있는 경우, 가격문제에 대하여 거래선과 협의하여 거래선의 불만이 속으로 침전되지 않도록 노력하는 자세를 보였다. 적어도 분기에 한번은 후지상사의 공장을 방문하고 현장실무자와의 접촉을 통해 품질, 기술적 문제 등 실무자의 입장에서의 애로사항 등을 청취하고 이를 다음 주문량에 최대한 반영하도록 노력했다. 반영이 불가능한 경우 다음 방문시 상황이라도 설명하고, 거래선의 조직변동, 인사변동에 대해 전자우편으로 수시로 설명하고 필요한 경우 축전 등을 적시에 보냈다. 때때로 거래선이 좋아하는 기호품, 음식(김치 등)을 보냈기도 했다.

3) AFTER SERVICES

품질이나 서비스에 대한 불만 또는 클레임 발생 시 다른 업무에 우선하여 거래선을 방문하고 상황을 청취하고 대응방안을 제시했다. 오사카 보세창고의 재고상황을 확인하고 과다 재고시에는 이를 거래선에 통지하고 조기 사용할 수 있도록 협조요청하며 명시적인 클레임외 불만사항이나 개선 요청사항이 있는지, 상담을 통해 청취하여 서울본사와 포항제철에 전달하여 다음 주문량에 반영될 수 있도록 하였다.

본 사례를 통하여 한남상사가 후지상사와 계약을 체결하기 전의 관리내용, 후지상사와 영업활동이 진행되고 있을 때 관리내용, 계약이 성사되어 품질, 납기관리를 철저히 하다가 문제발생 우려가 있는 경우 시간적 여유가 있을 때 거래선에 사전 연락하여 상호 협의해야 할 내용, 후지상사와의 영업활동 후 관리내용을 분석하기 바란다.

(2) 해외고객관리의 중요성

1) 신용장과 수출계약

건축용 자재인 Deck Plate를 정기적으로 수입하여 오던 사우디의 알라디사는 향후 사우디내 수요가 계속될 것으로 예상되어 자체 생산하는데 별문제가 없을 것으로 판단, 생산설비를 갖출 계획을 수립, 설비추진과 더불어 계획된 생산개시 일자에 맞추어 현지거래처들로부터 생산될 제품에 대해 미리 주문을 받았다. 그러나 자체생산이 예정대로 진행되지 않게 되자 알라디사는 선판매분을 충당시키기 위해 한남상사에게 수입하겠다는 전자오퍼를 보내와 당사와 수출계약을 체결하고 수출대금은 일람불신용장으로 결제하기로 합의하였다. 그런데 당사는 수출상품의 생산이 다소 지연되어 알라디사에게 전신으로 생산지연을 통보하고 선적기간을 연장하여줄 것을 요청하였고 알라디사는 전신으로 선적연장을 허용한다고 통보하여 당사는 선적을 한 후 선적서류에 선적일자를 알라디사가 전신으로 선적기간의 연장을 허용한 일자로 기재하여 서류를 제시하였으나 알라디는 선적서류상에 기재된 선적일자가 신용장에 명시된 일자와 다르다는 이유를 들어 대금지급을 거절하였다. 알라디사는 당사의 생산이 지연되는 동안에 시제품을 생산할 수 있어서 당사가 선적한 수출상품이 필요 없게 되었다.

본 사례에서 해외고객관리의 실패요인을 분석하고 이러한 상황에 직면하지 않기 위해서는 어떻게 해야 되는지 대응방안을 찾아보기 바란다.

2) 해외고객만족의 중요성

2009년 1월 프랑스 클로베티사의 사장인 벨몽드씨는 한남상사의 핸드폰 영업담당팀장인 박철수팀장에게 한국에서 생산되는 핸드폰에 관한 상세한 내용을 요구하는 E-Mail를 보내왔다. 한남상사는 핸드폰을 수출하는 초기 단계로서 신규거래선 및 신시장 개척을 위해 노력하고 있었던 때였으며 벨드몽씨의 전자메일은 박팀장에게 매우 고무적인 일이었다. 클로베티사 또한 가격 경쟁력이 있는 저가모델인 핸드폰에 관련된 상세한 정보가 절실하게 요청되었던 때였던 만큼 벨드몽사장과 박팀장이 전자메일로 만난 것은 시기적으로 아주 적절하였다. 박팀장은 다국적기업과 국내제조기업으로 구분하고 국내제조기업은 대기업과 벤처기업으로 구분하여 각 상품별 장단점, 수출가격, 프랑스 고객의 특성에 다른 상품별 특성을 상세하게 분석하여 E-Mail를 보냈다.

다음날 벨드몽사장은 벤처기업이 생산한 L. M. J. K 모텔에 관한 견적을 Internet LC.com 시스템으로 요청하여 왔다. 한남상사는 InternetLC.com사와 시스템사용계약을 체결하고 InternetLC,.com을 이용하여 견적서를 발서송하였다. 이렇게 하여 시작된 핸드폰 수출상담은 점차 무르익어 2009년 3월 클로베티사와 OEM Brand로 수출하기로 수출계약을 체결하였으며 수출금액은 15억 원에 달했다. 한남상사는 2009년 4월에는 1차 견적주문을 선적하고 수출계약에 명시된 기간에 따라 매월 계약물량이 차질 없이 선적되었다.

그 후 당사는 클로베티사에의 안정적 수출물량의 증가에 크게 고무되어 동사에의 당사지원 및 협조를 강화하는 한편 클로베티사의 세계 각지 자회사에로의 거래 확대를 도모하였다.

이 과정에서 당사는 클로베티의 벨몽드사장의 절대적인 지원을 받았는데 그는 당사와의 핸드폰 거래에 크게 만족하여 그가 알고 있는 클로베티사의 세계 각지 자회사를 하나하나 소개하여 주는 친절을 베푸는데 주저하지 않았다. 2009년말 한남상사의 핸드폰 수출금액은 300억 원에 이르러 급격히 증가하였다.

본 사례를 통해서 해외고객을 관리하면서 성공할 수 있었던 요인을 분석해보기 바란다.

3) 고객정보파악은 해외고객관리의 기본

아침부터 시작한 프랑소아와 협상은 점심을 샌드위치로 대신한 채 오후를 지나 저녁시간이 지나가는데도 결론을 맺지 못한 채 급기야는 서로 간의 소송문제까지 언급하는 지경에 이르렀다. 한남상사의 해외영업팀은 2년전 불란서의 다국적기업인 프랑소아사와의 Audio OEM 계약을 성사시켜 회사로부터 많은 성과급을 받았다.

그 후 성공적으로 품질검사에도 합격되고 약 100,000대 가량을 선적시켜 왔었다. 프랑소아사는 매년 수입량을 크게 늘려나갔고 그에 따라 한남상사는 안심하고 생산발주도 하고 공장에서 생산준비를 위한 자재도 계속 확보하였다. 그러나 어느 날부터 갑자기 잘 열리던 L/C 가 계속되는 독촉에도 불구하고 소식이 감감하고 거래선으로부터의 연락도 두절되었다.

한남상사의 해외영업팀은 계속해서 전화통화를 했고 전화통화를 시도하면 외출중이다. 회의중이다 등의 핑계로 통화할 기회도 주지 않아 정확한 상태파악이 힘들었다. 프랑소아사는 구체적인 클레임도 제기하지 않았고 구체적으로 어떤 상품이 불량이며 어떤 부분이 개선을 요한다는 안도 제시하고 있지 못하는 것으로 보아 다른 근본적인 이유가 있는 것으로 확신하였다. 즉 알아본 결과 이제까지 구매해간 물량은 거의 판매하지 못한 채 대부분의 물량을 재고로 안고 있는 상태였다. 그 상태에서의 추가구매는 도저히 엄두도 못 낼 입장이었다. 하지만 우리로서는 자재가 프랑소아사의 단독사양인데다가 만약 프랑소아사가 가져가지 않는다면 대부분의 자재는 쓰레기로 변할 지경이었다. 달래고 싸우며 옥신각신 하면서 결국 자재확보분 4,000대 가량을 가격 조정해주면서 L/C를 받았지만, 그 잔량에 대해서는 취소를 수용할 수 밖에 없었다.

본 사례를 통해서 해외고객관리를 실패한 요인을 분석하고 이러한 상황에 직면하지 않으려면 어떻게 대처해야 되는가 방안을 강구해야한다.

4. 무역정보시스템을 이용한 해외고객관리

수출상은 인터넷과 무역정보 시스템을 이용하여 해외고객을 관리할 수 있다. 수출상의 전산시스템에 인터넷과 무역정보시스템을 연결시켜 수출상사의 홈페이지, 거래알선사이트, 무역 e-Marketplace, 전자메일, 전자카탈로그, 유즈넷, 메일링리스트, 인터넷 팩스 등을 이용하여 해외고객관리 프로그램을 개발하여 이용할 수 있다.

수출상은 e-Marketplace에서 제공하는 디렉토리 서비스를 이용하여 해외고객별로 상세한 회사정보, 제품정보, 시장정보를 데이터화하여 이를 국가별, 상품별, 거래형태별로 구분하여 해외고객에게 가격, 품질, 디자인, 고객반응, 견본 등 해외고객이

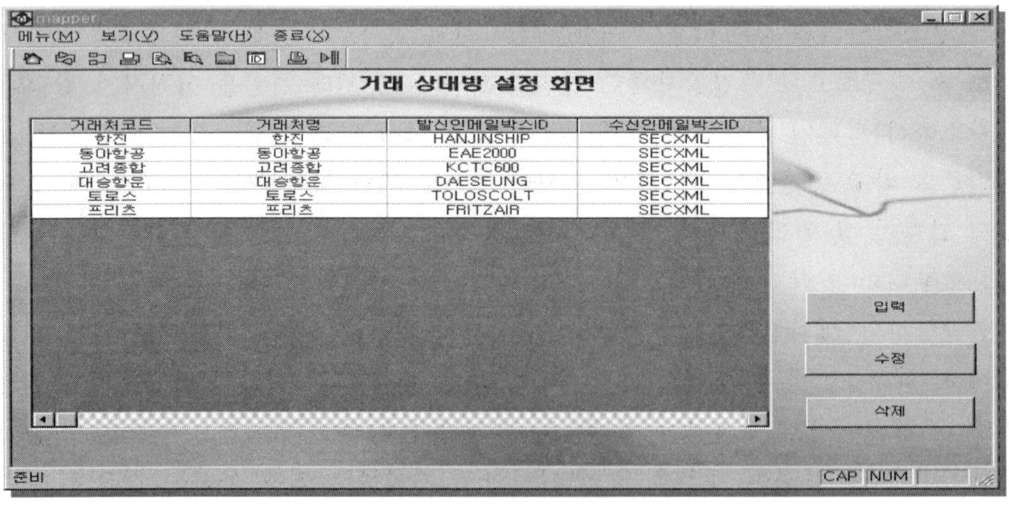

원하는 다양한 정보를 제공할 수 있으며 전자카탈로그를 이용하여 상품의 가격, 디자인, 색상, 품질, 상품소개, 상품사진, 품질관리 등 다양한 정보를 제공할 수 있다.

수출상은 해외 고객의 특성에 맞게 고객관리를 할 필요가 있는 경우에는 메일링 리스트나 전자메일을 이용하여 할 수 있다.

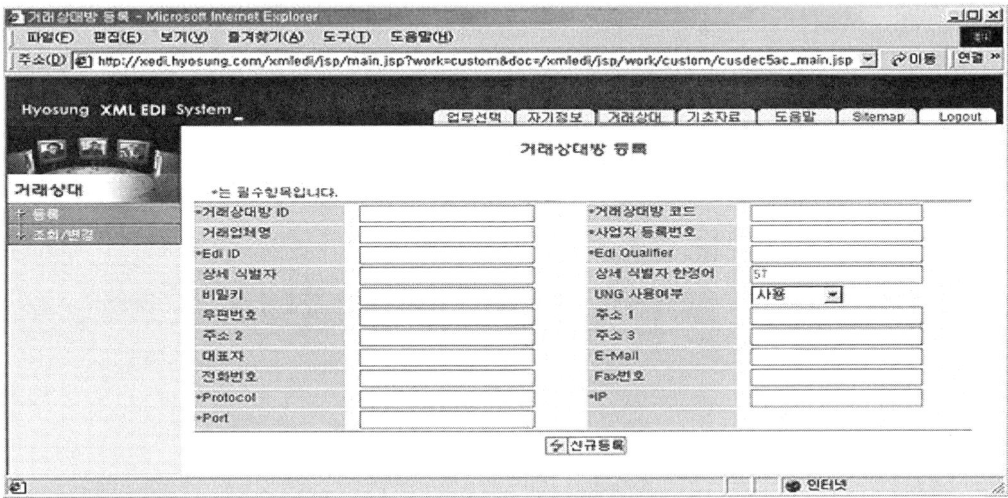

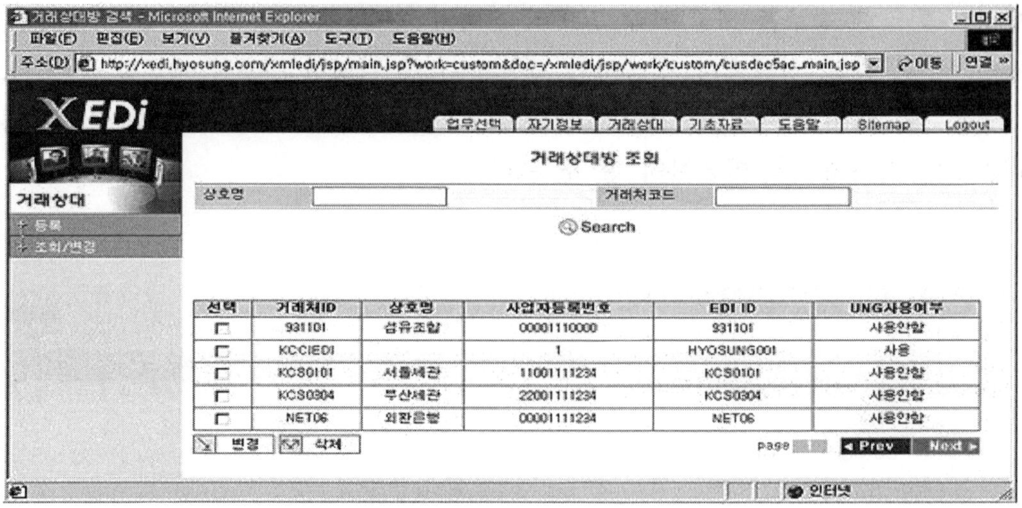
거래상대방 검색 - Microsoft Internet Explorer
XEDi
거래상대방 조회
상호명
거래처코드
Search
거래상대
등록
조회/변경
선택 | 거래처ID | 상호명 | 사업자등록번호 | EDI ID | UNG사용여부
931101 | 섬유조합 | 00001110000 | 931101 | 사용안함
KCCIEDI | | 1 | HYOSUNG001 | 사용
KCS0101 | 서울세관 | 11001111234 | KCS0101 | 사용안함
KCS0304 | 부산세관 | 22001111234 | KCS0304 | 사용안함
NET06 | 외환은행 | 00001111234 | NET06 | 사용안함
변경
삭제
Prev
Next

CHAPTER 11

수출종합시뮬레이션

지금까지 살펴본 무역의 전 과정을 직접 상황에 따라 실습함으로써 무역의 실무능력을 향상시키는 데 본 장의 목적이 있다. 본 장은 학습자가 수출상황을 모의적으로 실습해 보는 내용으로 구성되었다. 학습자는 수출상사역할을 하고 교수는 수출상사가 수출을 하기 위해 접촉해야 하는 모든 사람이나 기관의 역할을 하면서 시뮬레이션상황을 진행해야 한다.

11-1 수출가격산정과 가격견적서 발송

UMESH ENTERPRISES사는 본사를 P.O. BOX 12853 DUBAI U.A.E.에 두고 있는 무역상사로서 중동지역에 200개 지점의 가전판매점을 운영하고 있는 가전유통회사이다. 한남상사는 133 Ojeong-dong, Daedeok-Gu, Daejeon 306-791, KOREA에 본사를 두고 대덕밸리에 입주한 기업들이 생산한 전자제품을 판매하는 무역상사이다. UMESH ENTERPRISES사는 다음과 같은 이메일을 한남상사의 수출담당자 앞으로 보냈다.

Dear Manager,

We have learned from your homepage(http://looket.co.kr) that you are one of the most favorable navigation manufacturers in Korea. We have been supplying all manner of electronic products throughout middle Asia. We are recently looking to expand our product range and are seeking a reliable supply for navigation. We are interested in your looket G8 and would appreciate CIF RASHID PORT DUBAI price, delivery and payment terms on looket G8. We want to receive your price list as soon as possible. You can have more information about us in our homepage(http:umesh.com)

Your sincerely,

Jehyun Lee

Import Manager

UMESH ENTERPRISES, Inc.

한남상사의 수출담당자는 다음과 같은 조건으로 UMESH ENTERPRISES사에게 수출가격을 산정하여 가격견적서를 보내야 한다.

매출이익 20%와 환율 1,400원으로 하여 수출단가를 산정한다.

PAYMENT : AT SIGHT L/C

QUANTITY : 50,000 PER

ITEM : LOOKET G8 (NAVIGATION GPS)

LOADING PORT : BUSAN PORT

DESTINATION : RASHID PORT DUBAI
SHIPMENT : BY ONE FEU
PACKING : 50PER IN A CASE, 500 CASE IN CONTAINER
PURCHASED PRICE : 70,000원 /PER EXE
PACKING CHARGE : 10,000원 (원/VAT)/CASE
LOCAL TRUCKING : 800,000원 /TEU(원/VAT) & 1,200,000원 /FEU(원/VAT)
CUSTOMS CLEARANCE : 500,000원
STUFFING 300,000원/TEU & 500,000원 /FEU
CONTAINER FREIGHT : US$ 3,000 /TEU & US$ 5,000 /FEU
PRICE TERMS : CIF RASHID
THC : 136,000원 /FEU
CAF : US$ 50 /FEU, BAF US$ 25 /FEU
대사관 인증수수료 US$ 173
B/L DOC., 15,000원
INSURANCE : US$ 2,000
L/C ADVISING : 25,000원
환가료 : 5,000,000원
CTNR TAX 20,000원 /TEU, 40,000원 /FEU
검사비 : 300,000원

한남상사는 수출상품을 제조하는 시설이 없기 때문에 ㈜시스온칩이 생산한 네비게이션을 구매하여 해외로 수출하고 있다. 한남상사는 해외수입상과 수출계약을 체결하고 신용장을 받은 시점에서 ㈜시스온칩은 한남상사에게 50,000개의 네비게이션을 개당 70,000원에 공급하고 물품구입대금은 선적한 날로부터 3일 이내에 내국신용장으로 지급하기로 물품공급계약을 체결하였다.

11-2 오퍼발송

UMESH ENTERPRISES사는 한남상사가 발송한 견적서를 보고 다음과 같은 이메일을 한남상사에게 보냈다.

Dear .

Thank you for sending us your price list promptly. In order to cultivate new markets for your looketG8 in our territory, we have done some market research on navigation products and known that similar types of product had already distributed in our territory at lower prices. In order to compete with existing products, We would ask you to consider the price of 15% lower than the price you offered.

Your sincerely,

Jehyun Lee

Import Manager

UMESH ENTERPRISES, Inc.

한남상사는 UMESH ENTERPRISES사가 보낸 이메일의 내용을 확인하고 오퍼를 작성하여 UMESH ENTERPRISES사에게 보내야 한다.

UMESH ENTERPRISES사는 한남상사가 보낸 오퍼내용을 확인하고 다음과 같은 이메일을 한남상사에게 보냈다.

Dear

Thank you for sending us your offer promptly. We will accept the transaction terms you offered except your price, payment term. Our markets force us sell your products by the price lower than price you sent on October, 23, 2009. We hope to have the lowest price, I am sorry to inform you that due to the strict policy of our firm, We must effect payment by the D/A 180 days.

Your sincerely,

Jehyun Lee

Import Manager

UMESH ENTERPRISES, Inc.

한남상사는 수입상이 보내온 조건과 한남상사가 처음 오퍼한 가격에서 개당 미화 2달러까지 가격인하가 가능하며 수입상의 신용도가 불확실하여 신용장으로 대금지급이 이루어져야하고 가격조건은 CIF로 하고 해상운송이 FEU당 미화 5,500달러로 인상되고 내륙운송도 FEU당 1,500,000원으로 인상되었지만 수출상의 이익은 15%를 고수해야만 되는 상황하에서 수출단가를 최종적으로 다시 계산하여 COUNTER OFFER를 작성하고 이를 UMESH ENTERPRISES사에게 보내야 한다.

11-3 무역계약서 작성

ENTERPRISES사는 한남상사가 최종적으로 발행한 COUNTER OFFER의 조건을 수용하기로 결정하였다. 한남상사는 COUNTER OFFER의 조건을 기본으로하여 수출계약서를 작성하여 ENTERPRISES사에게 송부하면 ENTERPRISES사는 계약조건을 검토하고 수출계약서에 서명할 것이다.

11-4 신용장내용 검토와 수출승인

ENTERPRISES사는 한남상사에게 다음과 같은 신용장을 개설하였다. 한남상사는 수출계약서에 합의한 내용과 신용장에 명시된 내용을 검토하여 수출계약내용과 신용장 내용이 일치하는지 확인하여야 한다. 한남상사는 신용장내용이 수출계약의 내용과 다르면 신용장변경신청서를 ENTERPRISES사에게 보내야 한다.

Documentary Credits Department

U B A F

SEOUL BRANCH

Seoul, 09/30/2009.

Tel. Nr.:778-8081 Ext:114

HANNAM CORP.
133 Ojeong-dong, Daedeok-Gu,
Daejoen 306-791, KOREA

ADVICE OF NOTIFICATION

Our Reference	:	20091007EX1312/SM
Applicant	:	.
Issuing Bank	:	UNION NAT'L BANK PO BOX 6681 DUBAI U.A.E
Issuing Bank's ref	:	030022-080
Currency/Amount	:	USD 77,924.00 MAX
Validity	:	10/11/2009
Place of expiry	:	KOREA
B.O.K. Number	:	A-8601-810-03295

Dear Sirs.
We are pleased to enclose full details of the documentary credit issued in your favour. This credit is irrevocable, available by payment at sight, for presentation of documents at our counters exclusively.
This credit does not bear our confirmation.
In accordance with the credit reimbursement conditions, upon presentation of the documents for our Renegotiation, we-Ubaf Seoul branch will pay the value of the documents to your first negotiating bank after receipt of the funds from the issuing bank.

If after careful examination of credit terms, you do not agree with any of them, please contact your buyers to obtain the appropriate amendment.

Our above reference, 20001007EX1312/SM, should be quoted in all correspondence.

Yours faithfully.
Union de Banques Arabes et Francaises
U.B.A.F.-SEOUL BRANCH
No signature required

UNION DE BANQUES RABES ET FRANCAISES U.B.A.F.
3RD Floor, Sam Do Building 1-170, Soon Hwa-Dong, Chung-ku, Seoul, Korea. C.P.O. Box 1224

UNION NATIONAL BANK
This Credit is sent to the advising bank by courier.

ORIGINAL

L/C Centre
P.P. Box 6811
Dubai, UAE
Date : SEP29 2009

IRREVOCABLE DOCUMENTARY CREDIT	CREDIT NUMBER Dated : SEP29 2009	EXPIRY DATE OCT112009	PLACEOF EXPIRY KOREA

UMESH ENTERPRISES. P.O. BOX 12853 DUBAI U.A.E.	HANNAMCORP. 133 Ojeong-dong, Daedeok-Gu, Daejoen 306-791, KOREA
ADVISING BANK U.B.A.F. SAMDO BUILDING, 3RD, FLOOR, 1-170, SOONHWA-DONG, CHUNG-KU, CPO BOX 1224, SEOUL, KOREA.	USD 77,924.00 CIF USD Seventy Seven Thousand Nine Hundred Twenty three
PART SHIPMENTS: Allowed TRANSHIPMENT: Not Allowed Transportation From : KOREA To : PORT RASHID DUBAI. By : SEA Not Later Than : FEB 20 2010	CREDIT AVAILABLE WITH U.B.A.F. KOREA By NEGOTIATION against presentation of documents detailed Herein and your draft(s) at sight Drawn on UNION NATIONAL BANK and marked "Drawn under UNION NATIONAL BANK Credit Number 030022-080 Dated OCT 01 2009"

Dear Sir,
We hereby issue in your favor this Irrevocable Documentary Credit as per details stated.

DESCRIPTION OF MERCHANDISE : LOOKETG8 USD 77.93 PER CIF DUBAI.
DOCUMENTS :
01. Manually signed commercial invoice in 4 copies certifying goods as per merchandise description and to be of KOREAN origin.
02. Full set of clean shipped on board marine ocean Bill(s) of Lading made out or endorsed to order of Union National Bank, Dubai, showing Freight Prepaid and marked notify the applicant and Union National Bank, Dubai.
03. Shipment must be effected through UASC/APL/NYK/PIL/UNIGLORY/WILLINE Line vessels only B/L must be that issued by them or its Agents.
04. documents must be negotiated only after sailing of the carrying vessel from the port of loading. Shipping Company or their Agents Certificate required stating the actual date of arrival of the carrying vessel at the port of loading and date of departure from the port of loading.
05. Certificate from shipping named on the Bill of Lading or its Agents confirming that (a) the goods have been shipped on vessel covered under institute classification clause (b) the carrying vessel is not banned from entering the Arab Ports for any reason according to their laws and regulations (c)vessel is below 15 years of age. This certificate must indicate name of carrying vessel.
06. Certificate of Origin issued by the Local Chamber of Commerce duly attested by the Joint Arab Chamber of Commerce, if available, and then duly legalized by UAE Embassy or its Diplomatic Mission. If the said Embassy or Diplomatic Mission not available then this must be legalizedby any Arab Diplomatic Mission. This must indicate (a) the name of Country from where the goods are exported (b) name of exporting Co. (c) country of origin (d) name and address of the manufacturer.
07. Insurance covered by the applicant. Details of shipment(s) under this Credit must be advised by the beneficiary by FAX within 24 hours after the shipment referring to Policy MRN/OC/KI9400055 direct to the applicant on fax No.
009714-531903 and to KESTREL INS./ARAB ORIENT INSURANCE CO. P.O. BOX 922 DUBAI, UAE on fax No. 009714-512689. Copies of such

CONTINUED ON PAGE … 2 WHICH IS AN INTEGRAL PART OF THIS CREDIT

Documents to be presented within to 10days after issuance of the transport document but within the validity of the credit. All charges of ADV/NEG band and of reimbursement are to be borne by the beneficiary

This credit is subject to the uniform customs and practice for Documentary Credits 2007 (Revision) ICC Publication 600. All negotiations under this credit must be endorsed on the reverse hereof.

Yours faithfully,
For UNION NATIONAL BANK

Authorised Signature   Authorised Signature

UNION NATIONAL BANK
This Credit is sent to the advising bank by courier.

ORIGINAL

L/C Centre
P.P. Box 6811
Dubai, UAE
Date : 29SEP 98

Credit Number 030022-080
PAGE NUMBER 2 ATTACHED TO AND FORMAING AN INTEGRAL PART OF THE ABOVEMENTIONED CREDIT

Advices must accompany the original shipping documents.
08Packing List in 4 copies showing carton no., number of pieces packed in each carton

SPECIAL INSTRUCTIONS:

01. Shipping Marks; M5940/UMESH/HETRO/DUBAI INTRANSIT. B/L TO EVIDENCE THIS OR SHIPPING MARKS AS PER B/L.
02. Original legalizedcertificate of origin and Original legalized Invoice must be sent to L/C Opener by Reg : airmail Beneficiary' s certificate stating that the same has been sent to L/C opener must accompany the documents. In such case, copy of invoice and Certificate of origin without legalization acceptable for negotiation.
03. Documents issuedprior to the date of issuance of this LC not acceptable.
04. Third party transport documents not acceptable.
05. Negotiation under reserve/guarantee strictly prohibited. In case of discrepant document either prior approval must be obtained or documents may be sent to us mentioning the discrepancies on acceptance basis. In the event of presentation of documents under this Letter of Credit containing discrepancy(ies)a charge of USD50/- or its equivalent will be recovered from the Beneficiary.
    This fee will be charged for each set of discrepant documents presented for negotiation. This fee will be deducted from the remittance made under this Letter of Credit, even if the Letter of Credit states the charges are to be borne by the Opener/applicant.
06. All documents must be made out in English language only.
07. Invoices to certify that goods shipped are neither of Israeli origin nor they contain any Israeli material.
08. At the time of negotiation USD610/-being legalization charters of M5691/M5735/M5763/m5777 must be deducted from the amount payable to the beneficiary for ultimate remittance to M/S METRO TEXTILE EST P.O.BOX 7146 DUBAI. This deduction must be made from the first negotiation.
09. Insurance Premium at the rate of 1% on 125% of the Invoice value must be deducted from the amount payable to beneficiary for ultimate remittanc to M/S Metro Textile Est p.o.box 7146 Dubai UAE TEL 532024 FAX 532923 This must be clearly mentioned on the covering schedule of the negotiating bank.
10. Invoices to show deduction of USD45/- being courier charges of this L/C to LC Opener. However, total Invoice value before the deduction should not exceed the value of the Credit. This deduction must be made from the first negotiation under this Credit.
11. Invoice must bear Harmonized Systems Commodity Code Number(H.S.Code No.) applicable to the products under shipment
12. Shipment advice indicating shipper' name, LC o. indent no. invoice value, merchandise quantity, total number of packages name of carrying vessel voyage no. B/L no. and date container no. E.T.A of the carrying vessel at the port of discharge must be sent to applicant by fax on their fax no. 04-531903 within 4 days from B/L date & copy of such fax along with relevant transmission report to accompany the original documents.
13. Short Form, Blank Back Bill of lading, Forwarder' s Bill of Lading, not acceptable.
14. Goods must be shipped in 20 feet container on FCL basis. B/L to evidence this & also to indicate that all FCL container handling charges/delivery charges and local delivery order charges at the port of destination are prepaid. A separate certificate to this effect issued by the shipping co. or it' s agent manually signed must also accompany the original shipping documents.
15. B/L must show the name, address and telephone number and fax no. of the carrying vessels' s agent at port of destination and also to indicate container no. seal no. total no. of cartons.
16. A copy of B/L must be faxed to opener on their fax number 009714-531903 within five days from the date of B/L.
    Beneficiary' s certificate to this effect alongwith fax transmission report to accompany the original shipping documents
17. Any Alteration, deletion and / or amendment on the Bill of Lading not acceptable even if it is authenticated by its issuing authority.
18. Each carton on its outer side must show the carton No. total no. of pieces and total yards packed inside and invoice must certify the same.
19. Rubber stamp signatures are not acceptable.
20. Invoice to show deduction of USD290/- being legalization fee payable to L/C opener. However the total invoice value fore deduction should not exceed the value of the credit. This deduction must be made from each invoice.
21. Certification of inspection must be forwarded and verified to us

UNION NATIONAL BANK

CONTINUED ON PAGE

AUTHORISED SIGNATORY

AUTHORISED SIGNATORY

ENTERPRISES사는 한남상사의 신용장변경요청서를 받고 개설은행에게 변경된 신용장의 개설을 요청하였고 개설은행은 수입상의 변경지시에 따라 신용장을 다시 발행하여 한남상사에게 통지은행을 통하여 다음과 같은 신용장을 통지하였다.

U B A F

SEOUL BRANCH

Seoul, 10/02/2009.

Tel. Nr.:778-8081 Ext:114

HANNAM CORP.
133 Ojeong-dong, Daedeok-Gu,
Daejoen 306-791, KOREA

ADVICE OF NOTIFICATION

Our Reference	:	20091007EX1312/SM
Applicant	:	.
Issuing Bank	:	UNION NAT'L BANK PO BOX 6681 DUBAI U.A.E
Issuing Bank's ref	:	030022-080
Currency/Amount	:	USD 77,924.00 MAX
Validity	:	02/20/2010
Place of expiry	:	KOREA
B.O.K. Number	:	A-8601-810-03295

Dear Sirs.

We are pleased to enclose full details of the documentary credit issued in your favour. This credit is irrevocable, available by payment at sight, for presentation of documents at our counters exclusively.

This credit does not bear our confirmation.

In accordance with the credit reimbursement conditions, upon presentation of the documents for our Renegotiation, we-Ubaf Seoul branch will pay the value of the documents to your first negotiating bank after receipt of the funds from the issuing bank.

If after careful examination of credit terms, you do not agree with any of them, please contact your buyers to obtain the appropriate amendment.

Our above reference, 20001007EX1312/SM, should be quoted in all correspondence.

Yours faithfully.
Union de Banques Arabes et Francaises
U.B.A.F.-SEOUL BRANCH
No signature required

UNION DE BANQUES RABES ET FRANCAISES U.B.A.F.
3RD Floor, Sam Do Building 1-170, Soon Hwa-Dong, Chung-ku, Seoul, Korea. C.P.O. Box 1224

UNION NATIONAL BANK

This Credit is sent to the advising bank by courier.

ORIGINAL

L/C Centre
P.P. Box 6811
Dubai, UAE
Date : OCT 01 2009

IRREVOCABLE DOCUMENTARY CREDIT	CREDIT NUMBER Dated : OCT 01 2009	EXPIRY DATE FEB 20 2010	PLACEOF EXPIRY KOREA
UMESH ENTERPRISES. P.O. BOX 12853 DUBAI U.A.E.	HANNAMCORP. 133 Ojeong-dong, Daedeok-Gu, Daejoen 306-791, KOREA		
ADVISING BANK U.B.A.F. SAMDO BUILDING, 3RD, FLOOR, 1-170, SOONHWA-DONG, CHUNG-KU, CPO BOX 1224, SEOUL, KOREA.	USD 77,924.00 CIF USD Seventy Seven Thousand Nine Hundred Twenty three		
PART SHIPMENTS Allowed / TRANSHIPMENT Not Allowed Transportation From : KOREA To : PORT RASHID DUBAI. By : SEA Not Later Than : FEB 20 2010	CREDIT AVAILABLE WITH U.B.A.F. KOREA By NEGOTIATION against presentation of documents detailed Herein and your draft(s) at sight Drawn on UNION NATIONAL BANK and marked "Drawn under UNION NATIONAL BANK Credit Number 030022-080 Dated OCT 01 2009"		

Dear Sir,
We hereby issue in your favor this Irrevocable Documentary Credit as per details stated.

DESCRIPTION OF MERCHANDISE : LOOKETG8 USD 77.93 PER CIF DUBAI.
DOCUMENTS :

01. Manually signed commercial invoice in 4 copies certifying goods as per merchandise description and to be of KOREAN origin.
02. Full set of clean shipped on board marine ocean Bill(s) of Lading made out or endorsed to order of Union National Bank, Dubai, showing Freight Prepaid and marked notify the applicant and Union National Bank, Dubai.
03. Shipment must be effected through UASC/APL/NYK/PIL/UNIGLORY/WILLINE Line vessels only B/L must be that issued by them or its Agents.
04. documents must be negotiated only after sailing of the carrying vessel from the port of loading. Shipping Company or their Agents Certificate required stating the actual date of arrival of the carrying vessel at the port of loading and date of departure from the port of loading.
05. Certificate from shipping named on the Bill of Lading or its Agents confirming that (a) the goods have been shipped on vessel covered under institute classification clause (b) the carrying vessel is not banned from entering the Arab Ports for any reason according to their laws and regulations (c)vessel is below 15 years of age. This certificate must indicate name of carrying vessel.
06. Certificate of Origin issued by the Local Chamber of Commerce duly attested by the Joint Arab Chamber of Commerce, if available, and then duly legalized by UAE Embassy or its Diplomatic Mission. If the said Embassy or Diplomatic Mission not available then this must be legalizedby any Arab Diplomatic Mission. This must indicate (a) the name of Country from where the goods are exported (b) name of exporting Co. (c) country of origin (d) name and address of the manufacturer.
07. Insurance covered by the applicant. Details of shipment(s) under this Credit must be advised by the beneficiary by FAX within 24 hours after the shipment referring to Policy MRN/OC/KI9400055 direct to the applicant on fax No.

009714-531903 and to KESTREL INS./ARAB ORIENT INSURANCE CO. P.O. BOX 922 DUBAI, UAE on fax No. 009714-512689. Copies of such

CONTINUED ON PAGE … 2 WHICH IS AN INTEGRAL PART OF THIS CREDIT

Documents to be presented within to 10days after issuance of the transport document but within the validity of the credit. All charges of ADV/NEG band and of reimbursement are to be borne by the beneficiary

This credit is subject to the uniform customs and practice for Documentary Credits 2007 (Revision) ICC Publication 600. All negotiations under this credit must be endorsed on the reverse hereof.

Yours faithfully,
For UNION NATIONAL BANK

Authorised Signature　　Authorised Signature

UNION NATIONAL BANK
This Credit is sent to the advising bank by courier.

ORIGINAL

L/C Centre
P.P. Box 6811
Dubai, UAE
Date : 29SEP 98

Credit Number 030022-080
PAGE NUMBER 2 ATTACHED TO AND FORMAING AN INTEGRAL PART OF THE ABOVEMENTIONED CREDIT

Advices must accompany the original shipping documents.
08Packing List in 4 copies showing carton no., number of pieces packed in each carton

SPECIAL INSTRUCTIONS:
01. Shipping Marks; M5940/UMESH/HETRO/DUBAI INTRANSIT. B/L TO EVIDENCE THIS OR SHIPPING MARKS AS PER B/L.
02. Original legalizedcertificate of origin and Original legalized Invoice must be sent to L/C Opener by Reg : airmail Beneficiary' s certificate stating that the same has been sent to L/C opener must accompany the documents. In such case, copy of invoice and Certificate of origin without legalization acceptable for negotiation.
03. Documents issuedprior to the date of issuance of this LC not acceptable.
04. Third party transport documents not acceptable.
05. Negotiation under reserve/guarantee strictly prohibited. In case of discrepant document either prior approval must be obtained or documents may be sent to us mentioning the discrepancies on acceptance basis. In the event of presentation of documents under this Letter of Credit containing discrepancy(ies)a charge of USD50/- or its equivalent will be recovered from the Beneficiary.
This fee will be charged for each set of discrepant documents presented for negotiation. This fee will be deducted from the remittance made under this Letter of Credit, even if the Letter of Credit states the charges are to be borne by the Opener/applicant.
06. All documents must be made out in English language only.
07. Invoices to certify that goods shipped are neither of Israeli origin nor they contain any Israeli material.
08. At the time of negotiation USD610/-being legalization charters of M5691/M5735/M5763/m5777 must be deducted from the amount payable to the beneficiary for ultimate remittance to M/S METRO TEXTILE EST P.O.BOX 7146 DUBAI. This deduction must be made from the first negotiation.
09. Insurance Premium at the rate of 1% on 125% of the Invoice value must be deducted from the amount payable to beneficiary for ultimate remittanc to M/S Metro Textile Est p.o.box 7146 Dubai UAE TEL 532024 FAX 532923 This must be clearly mentioned on the covering schedule of the negotiating bank.
10. Invoices to show deduction of USD45/- being courier charges of this L/C to LC Opener. However, total Invoice value before the deduction should not exceed the value of the Credit. This deduction must be made from the first negotiation under this Credit.
11. Invoice must bear Harmonized Systems Commodity Code Number(H.S.Code No.) applicable to the products under shipment
12. Shipment advice indicating shipper' name, LC o. indent no. invoice value, merchandise quantity, total number of packages name of carrying vessel voyage no. B/L no. and date container no. E.T.A of the carrying vessel at the port of discharge must be sent to applicant by fax on their fax no. 04-531903 within 4 days from B/L date & copy of such fax along with relevant transmission report to accompany the original documents.
13. Short Form, Blank Back Bill of lading, Forwarder' s Bill of Lading, not acceptable.
14. Goods must be shipped in 20 feet container on FCL basis. B/L to evidence this & also to indicate that all FCL container handling charges/delivery charges and local delivery order charges at the port of destination are prepaid. A separate certificate to this effect issued by the shipping co. or it' s agent manually signed must also accompany the original shipping documents.
15. B/L must show the name, address and telephone number and fax no. of the carrying vessels' s agent at port of destination and also to indicate container no. seal no. total no. of cartons.
16. A copy of B/L must be faxed to opener on their fax number 009714-531903 within five days from the date of B/L.
Beneficiary' s certificate to this effect alongwith fax transmission report to accompany the original shipping documents
17. Any Alteration, deletion and / or amendment on the Bill of Lading not acceptable even if it is authenticated by its issuing authority.
18. Each carton on its outer side must show the carton No. total no. of pieces and total yards packed inside and invoice must certify the same.
19. Rubber stamp signatures are not acceptable.
20. Invoice to show deduction of USD290/- being legalization fee payable to L/C opener. However the total invoice value fore deduction should not exceed the value of the credit. This deduction must be made from each invoice.

UNION NATIONAL BANK

CONTINUED ON PAGE

AUTHORISED SIGNATORY

AUTHORISED SIGNATORY

한남상사는 변경된 신용장의 내용이 수출계약서의 내용과 일치하는지 확인하였고 확인한 결과 동일한 것으로 판단하였다.

한남상사는 수출품목의 HS번호를 관세청 홈페이지에서 확인하여 수출입공고, 별도공고, 통합공고상의 수출승인을 받아야 되는 품목인지 자유승인 품목인지를 확인한 후 수출승인을 신청할 것인지를 결정하여야 한다.

11-5 수출품생산과 수출통관 및 선적관리

한남상사는 수입상과 수출계약을 체결하고 수출계약에서 수출물품은 2009년 12월 20일까지 선적하기로 합의하였다. 한남상사는 신용장을 인수한날로부터 신용장에 명시된 선적일자를 준수하기 위하여 수출상품의 생산관리를 다음과 같은 일정으로 하였다. 한남상사는 2009년 10월 2일에 (주)시스온칩 앞으로 국민은행을 통하여 내국신용장을 개설하여야 한다.

㈜시스온칩은 내국신용장을 인수하고 10월 4일에 자재를 준비하여 수출상품을 생산하기 시작했고 11월 1일에 초두검사를 실시하였다. 1일 생산량과 납기준수여부를 수시로 점검하여 문제점이 발견되면 즉시 대책을 수립하였고 12월 20일에 수출상품의 중간품질검사를 실시하였다. 1월 10일에는 수출상품의 품질납기검사를 하고 2월 5일에는 최종 품질검사를 실시한 후 2월 10일에 수출신고를 통하여 수출통관을 할 예정에 있다. 한남상사는 수출신고서를 작성하여 관세청에 수출신고를 하여 수출신고필증을 받아 수출통관을 이행하여야 한다.

한남상사는 수입상이 지정한 현대상선, 한진해운, 조양상선, SK해운 등의 운송회사가 제공하는 운항정보 및 해운운임, 부대비용 등을 면밀히 분석하여 운송계약을 체결하여야 한다.

11-6 매입서류작성과 사후관리

1. 매입서류작성

한남상사의 수출담당자는 신용장내용을 정확히 분석하여 신용장에서 요구한 서류를 정확하게 작성하여야 한다.

(1) 기본서류

신용장의 기본서류에는 환어음, 상업송장, 선하증권, 보험증권 등 있으며 이러한 제반 기본서류를 신용장에서 명시한 대로 정확하게 작성하여야 한다.

(2) 보충서류

신용장의 보충서류에는 포장명세서, 검사증명서, 원산지증명서, 영사송장, 세관송장, 비자 등이 있으며 이러한 제반 보충서류의 작성내용은 신용장에서 명시되어 있기 때문에 신용장에서 명시된 내용과 동일하게 작성하여야 한다.

(3) 기타 신용장에서 요구한 서류

기타 서류는 수출입계약당사자들이 합의에 의하여 결정되는데 통상 선적통지서, 선박회사 증명서, 수출상의 증명서, 품질증명서, 중량증명서, 화주의 수출증명서 등이 있다.

2. 사후관리

(1) 입금사후관리

수출담당자는 환어음의 만기를 관리한다. 어음 만기일에 매입은행에 매입대금이 입금되었는지 입금여부를 확인하고, 매입은행으로부터 미입금을 통보 받으면 수입상에게 입금여부를 확인 의뢰하고 수입상으로부터 입금증빙서류를 받아 매입은행에 본 사실을 통보하고 매입은행으로부터 차후 입금사실을 통보 받는다.

(2) 무역클레임 관리

수출상품의 도착여부, 품질상태 등을 수시로 관리하여 수입상으로부터 클레임이 제기되면 클레임의 원인을 즉시 분석하여 클레임을 처리한다.

(3) 거래선관리

거래지역의 시장동향, 경쟁사 동향, 신상품의 출시 등에 관한 정보를 수시로 제공하고 수입상사의 관심사항과 수입담당자 개인의 인적사항을 자세히 기록하여 결혼기념일과 생일날 선물을 보내 수입담당자와 관계를 지속시켜 나간다.

CHAPTER 12

수입종합시뮬레이션

본 장은 학습자가 시뮬레이션의 형식을 통해 제시된 모의상황에 따라 수입절차를 진행하도록 구성하였다. 강사는 수입을 진행하기 위해서 수입상이 접촉해야 하는 수출상, 은행, 판매처 등의 역할을 하도록 하였다.

12-1 거래제의 및 오퍼확정

1. 종합실습상황

학습자는 한남상사의 무기화학파트의 수입담당자인 박과장의 역할을 한다. 박과장은 인터넷을 이용하여 화학제품인 VAM<VINYL ACETATE MONOMER>의 국내판매량과 산업재의 유통구조를 세밀하게 분석하였고 한국무역협회와 ECplaza 등 무역전문사이트를 통해 해외 수출상사들을 조사하여 어느 정도 판매시장이 확보되어 있다고 판단하였다. 따라서 본격적으로 시장조사에 들어가 다음과 같은 결과를 얻었다.

VAM은 국내수요가 연간 5000,000M/T인 화학중간원료로서 주요 수요처는 접착체, PVA수지 등을 만드는 회사들이고 향후 고급 수지산업의 전망에 비추어 2010년도에는 국내수요가 150,000,000M/T으로 급속히 성장할 것으로 예측하였다. 현재 국내생산은 이루어지지 않고 있으며 전량 수입품이 사용되고 있으며 미국의 HOECHST사가 80% 이상의 시장을 점유하여 독자적으로 영업을 하고 있다. 현재 시장가격은 국내수입가격으로 USD700/MT CIF BUSANPORT이며 이전 5개년간 가격대는 USD650-980/MT이었다. 박과장은 향후 시장전망에 비추어 볼 때 개발이 필요한 품목으로 생각했다.

수입품목에 대한 구체적인 내용을 살펴보면 다음과 같다. 상품명은 VINYL ACETATE MONOMER이고 HS번호는 2915-320000이며 DLAU는 무색 투명한 액체로 본드냄새가 나고 접착제, 수지, GUM의 원료로 사용된다. 운송은 TANKER(CHEMICAL CARRIER)로 벌크해야 하고 울산에 있는 SHORE TANK에 벌크상태로 보관하여 판매해야 한다. 세계 총 수요는 150,000,000 M/T이며 미국의 HOECHST사와 EXXON이 각각 45,000,000M/T와 30,000,000M/T을 생산하고 있고 그 다음으로 일본의 JP사가 20,000,000M/T를 생산하고 기타가 60,000,000M/T을 생산하고 있다. 국내에는 HOECHST사가 삼일무역상사를 통하여 독점적으로 영업중에 있으며 일본의 JP사는 금년도에 20,000,000M/T을 생산하여 충분한 공급능력이 있다고 판단되었다. 현재 국내 수요중 30%는 동양화학이 차지하고 있으며 동 품목의 원활한 판매를 위해서는 동사에 먼저 판매를 해야 시장에서 인정받을 수 있다. 박과장은 동양화학의 생산품 중 일부를 수출하여 주고 있으므로 동사와는 원만한 관계를 유지하고 있다. 학습자는 박과장의 입장에서 전세계 VAM시장에서 HOECHST사와 경쟁적 지위에 있는 일본 JP사를 공급처로 선전하여 수입을 추진해야 한다. 본격적인 수입에 앞서 먼저 시험주문으로 1,000M/T에 대한 Inquiry를 전자방식으로 수출상에게 보내고 수출상으로부터 전자오퍼를 받아 동제품을 수입하여 국내의 동양화학에 판매하여야 한다.

2. Inquiry Letter발송 및 Offer확정

박과장은 Inquiry Letter를 작성하여 수출상인 JP사에게 전신으로 발송해야 한다. 학습자가 박과장이 되어 거래제의서를 전신으로 JP사에게 전송하면 수출상은 거래제의서를 검토하고 다음과 같은 오퍼를 박과장에게 발송한다.

JP CORPORATION
#201,Flat Tarnura
2-23-2, Kouenjimiami, Suginami -ku Tokyo
166-0003, JAPAN

TEL: 0977-25-3453
FAX: 06-6981-7037

OFFER

MESSRS

Date: OCT. 03. 2009
contract no: JJC-030103

We have the pleasure to offer you under mentioned goods on the terms and conditions subject to ;

NO.	COMMODITY &SPECIFICATION	QUANTITY	UNIT PRICE	TOTAL AMOUNT
	VAM	1,000MT	CIF YOKOHAMA USD620/MT	USD 620,000

Manufacturer : JP CORPORATION INC.
Time of shipment : NOV. 25. 2009
Marking : AS PER SELLER'S OPTION
Origin : JAPAN
Port of Shipment : YOKOHAMA PORT
Port of Destination: BUSAN PORT

Payment	: BY AN IRREVOCABLE L/C AT 45 DAYS FROM B/L DATE IN FAVOUR OF HANNAM CORPORATION 133 Ojeong-dong, Daedeok-Gu, Daejeon 306-791, KOREA
Insurance	: TO BE COVERED BY SELLER
Packing	: EXPORT STANDARD WOODEN CASE PACKING

Accepted by: ______________________ HANNAM CORPORATION

on ______________________ ______________________

(Seller) (Buyer)

박과장은 수입가격과 수입제비용을 감안하여 판매가를 잠정적으로 판단해 보고 현재의 시장가격과 비교하여 필요하다면 COUNTER OFFER를 하여야 한다.

12-2 수입계약서 작성

1. 수입원가계산서와 발주품의서 작성

박과장은 다음과 같은 조건을 참조하여 수입원가계산서를 작성해야 한다. 환율은 1,200원 신용장개설수수료는 0.26%이고 보증기간은 2009년 9월 12일부터 2003년 10월 14일까지이다. 전신수수료는 45,800원이고 무역사이트 이용료는 340,000원이며 무역정보시스템 사용료는 500,000원이다. 관세율과 통관수수료는 각각 8%와 0.06%이고 이것은 FOB수입금액을 CIF금액으로 환산하여 비용을 산정해야 한다(CIF = CFR×1.0098).

해상운임과 기타비용은 다음과 같다.

- 해상운임 : US$ 55/MT
- 하역료 : 600원/MT
- 보험료 : US$ 8/MT
- 검사수수료 : 25,000원/LOT
- 1LOT : 1,000MT
- 내륙운송료 : 25,000원/MT
- 운용이자 : 13%

박과장은 이러한 조건으로 아래에 있는 수입원가계산서와 발주품의서를 작성하여 예상수익율을 산정해야 한다.

수입원가계산서

ITEM	VAM	관리번호	GI405CG001
QUANTITY	1,000	적용환율	1,200 원
U/PRICE(OPEN)	620	예상환율	1,200 원
AMOUNT (U$)	620,000		
구입조건	FOB	사내금리	13%

원가내역			계산내역			비 고
매출액						
	매출단가		원 / KG	715원		
	OPEN CHARGE		%	0.26		
	CABLE CHARGE					
	B/L/ 결제금액					
	관세		%	8.0		
	통관수수료		%	0.06		
	해상운송료		U$ / MT	55		
	하역료		U$/MT	600		
	해상보험료		U$/MT	8		
	기타 비용					
		TANK STORAGE	원/MT	3,500,000		
		검사수수료	U$/MT	25,000		
		내륙운송료	원/MT	25,000		
매출원가						
한계이익			이익율 (%)			
운용이자						
	재고이자		(일)			
	여신이자		(일) 90			
N. M. P			NMP (%)			

발주품의서

영업부서	담 당	팀 장	사업부장	부문장

발주번호 :GI405CG001 발주일자:

HS번호	품목 및 규격	단위	수량	단가	금액
합계					

공급선 : 지 점 : 원산지 : S/D: 도 착 : 도착지: E/D :	가격조건 : 운송: 수입용도 : 판 매 처 : 여신금리 : 13%

발주 한도 천불	재고현황 및 월별판매계획 단위:천불 재고 1월 2월 3월 4월 5월 6월 월 후	장 기 재 고 현 황 통관 후 6개월이상
통 관 미 통 관 발 주 본 건 합 계		발주번호 통관 수량 원가 (천)
한도여유	발주: 여신한도: 백만원 여신: 여신잔액: 백만원	계
최근5개월의 발 주 단 가(USD) 판 매 단 가 (천원)	월 월 월 월 월	정리대책
예상손익 (천원)	매 출: 한계이익: 여신기간: 금 융: NMP :	영업부서 / 담 당 / 팀 장 / 사업부장 / 부문장 의견

발주 및 판매에 관한 특기사항

2. BUYER'S CONTRACT

박과장은 다음과 같은 수입계약서를 작성하여 수출상에게 전신으로 전송하여야 한다.

수출상은 박과장이 작성하여 전송한 수입계약서를 기존의 오퍼내용과 비교하여 검토한 후 정확하게 작성되었다고 판단되면 수입계약서에 수출상이 서명을 하여 수입계약서 한 부를 박과장에게 전송할 것이다.

12-3 국제물류관리

1. 용선 및 부보

박과장은 인터넷을 이용하여 한진해운, 현대상선, SK해운, 조양상선 등과 같은 운송회사의 선복임대와 선복임대조건 및 제비용을 분석하여 용선계약을 체결하여야 한다. 박과장은 동양화재, 삼성화재, 현대해상 등과 같은 보험회사의 보험료와 상품의 특성에 다른 보험계약조건을 결정하여 보험계약을 체결해야 한다.

2. 수입승인신청 및 신용장개설

박과장은 대외무역법에서 규정하고 있는 수입공고, 수입별도공고, 수입통합공고 상에 본 상품이 수입자유품목인지 아니면 수입제한품목인지 확인하여 수입제한 품목에 속하면 수입승인을 받아야 한다.

박과장은 거래은행에 신용장 개설신청서를 작성하여 신용장의 개설을 의뢰해야 한다. 수입상은 신용장개설신청서를 작성하여 신용장개설을 은행에게 의뢰해야 한다.

3. 수입대금지급

박과장은 수출상이 제시한 제반 서류가 신용장의 제 조건을 충족시키면 상품대금을 지급해야 한다.

4. 수입통관

박과장은 수입통관절차를 완료하여 상품을 통관 한 후 상품의 품질을 검사해야 한다. 수입통관 시 구비서류에는 수입승인서(세관용 원본), 상업송장, 선하증권, 보험증서, 세무조정계산서, 거래사실신고서 등이 있다. 수입통관 시 발생비용을 정확히 산출해야 한다. 수입상사가 신고하는 기준으로 과세가 부과되기 때문에 관세청이 사후에 조사하여 차이가 이를 경우 누락분에 대해서 세금을 추징한다.

참고 문헌

1. 국내문헌

강원진, 신용장론, 박영사, 2000.
구종순, 무역실무, 박영사, 2000.
구종순, 해상보험, 박영사, 2000.
대한상공회의소, 인코텀즈 2000, 1999.
대한상공회의소.ICC한국위원회, ICC국제무역정보, 1998~2000.
박대위, 무역실무, 법문사, 2000.
박대위, 신용장, 제3개정판, 법문사, 1994.
박대위, 무역사례I, 법문사, 1990.
박대위, 무역사례II, 법문사, 1991.
양영환.서정두, 신용장사례연구, 삼양사, 1995.
최정호,이제현, 신용장실무론, 박영사, 2002.
홍종덕, 신용장실무매뉴얼, 두남, 1998.

김기선, 신용장거래관습에 있어 국제표준은행의 본질적 해석에 관한 연구, 국제상학, 한국국제상학회 제11권, 1996.
김기선, 신용장거래관습에 있어 효율과 형평의 구현방식에 대한 규범적 접근, 무역상무연구, 한국무역상무연구회 제11권, 1998.
구종순, 한국기업의 수출위험관리에 관한 실증적 연구, 박사학위논문, 고려대학교,1990.
고용기, 전자상거래활성화를 위한 제3자물류의 효율적 이용방안에 관한 연구, 물류학회지, 제10호, 제2권 2000, 12.
노동환, 신용장거래에서 매입은행의 국제표준은행관행 적용에 관한 연구, 박사학위논문, 서강대학교, 1998.
박남규, 우리나라 컨테이너 물류EDI시스템의 개념적 설계에 관한 연구, 한국해양대학교 대학원, 박사학위논문, 1995.
서백현, 신용장통일규칙 운송서류조항의 변화에 관한 비판적 고찰 제5차 개정신용장통일규칙을 중심으로, 박사학위논문, 서강대학교, 1997.
신승식, 김수엽, 해운·항만 물류정보화를 위한 기반조성연구, 한국해양수산개발원, 2000, 12.

이길남, TradeCard 시스템의 실태와 이용료에 관한 고찰, 한국무역학회 2001년도 추계국제국제학술발표대회 논문집

이양우, 국내기업의 물류정보시스템 활용도에 관한 실증적 연구, 물류학회지, 제10호, 제1권, 한국물류학회, 2000.

이제홍, 한국 수출기업의 글로벌 e-CRM 결정요인에 따른 구현방안, 무역학회지, 제28권, 제2권, 한국무역학회, 2002,4.

이제현, 양도가능신용장거래의 물품하자담보책임에 관한연구, 무역학회지, 제27권 제1호, 한국무역학회, 2002, 2.

이제현(2001), 전자문서교환방식(EDI)의 무역업무 개선효과에 관한 실증연구, 한국전자상거래학회, 2001.

이제현(2002), 신용장거래의 무역사기 유형분석과 예방에 관한 연구, 무역학회지.

이제현, e-물류가 국제물류의 협력관계에 미치는 영향에 관한 실증연구, 국제상학 제18권, 제2호, 한국국제상학회, 2003. 6. 30.

이제현, 노동환, 전자신용장거래에서 은행의 전자서류검토 의무와 책임에 관한 연구, 전자상거래학회지 제4권, 1호, 2003. 6.

오원석, 전자식 선하증권의 유통성에 관한 연구, 한국해운학회지, 제32호, 한국해운학회, 2001. 6.

양의동, "신용장의 EDI화에 따른 문제점에 관한 연구," 국제상학 제12권 제2호, 한국국제상학회, 1997.

조찬혁, 제3자 물류업의 성장에 따른 우리 나라 물류기업의 정보화 기반 구축에 관한 연구, 물류학회지, 제10호, 제1권 2000.

채진익, TradeCard솔루션상의 금융공급체인 플렛폼에 관한 연구, 무역학회지, 제28권, 제3호, 한국무역학회, 2003.6.

최두수, 무역거래상 TradeCard방식의 활용전망에 관한 고찰, 무역학회지, 제28권, 제3호, 한국무역학회, 2003. 6.

최석범, eUCP의 주요내용과 UCP와 eUCP상의 서류심사기준에 관한 연구, 인터넷전자상거래연구, 제2권, 제1호, 한국인터넷전자상거래학회, 2002. 2.

최석범, 전자제시를 위한 UCP500의 부칙(eUCP)의 주요내용에 관한연구, 무역학회지, 제27권, 제3호, 한국무역학회, 2002. 9.

최석범, 전자식선하증권의 유통성의 법적효력에 관한 연구, 한국해운학회지, 제33호, 한국해운학회, 2001. 12.

최정호, S사의 신용장거래에 의한 무역사기사건, 경영논총, 제5권, 서강대학교, 1994.

최정호, 이제현, 신용장거래의 무역사기유형분석과 예방에 관한 연구, 경영논총, 제12권, 서강대학교, 2001.

최정호, 이제현 전자무역서류 활성화를 위한 eUCP에 관한 연구, 무역학회지, 제28권, 제1호, 한국무역학회지, 2003. 2.

한국무역협회, 월간무역, 1996~2001.

한만호, 물류정보시스템의 평가기준 및 구조에 관한 연구, 로지스틱스연구, 제7권, 제1호 1999, 6.

홍 의, "전자상거래가 물류활동의 아웃소싱에 미치는 영향에 관한 연구", 서강대학교대학원

박사학위 논문, 2001, p.96.

2. 외국문헌

Bakos, J.(1991), A strategic analysis of electronic marketplaces, MIS Quarterly, Vol. 15 No.3.

Bancroft T.(1991), "Strategic Role of The Distribution Center : How to Turn Your Warehouse into a DC", International Journal of Physical Distribution and Logistics Management, Vol. 21, No.4.

Beamish, Paul W. and Lambros , Karavis and Anthony , Goerzen and Christopher, Lane(1999), The Relationship Between Organization Structure and Export Performance, Journal of International Business, Vol. : 37~52.

Bearden, William and Jesse, E. Teel(1983), Selected Determinants of Consumer Satisfaction and Complaint Reports, Journal of Marketing Research, Vol. 20 : 21.

Benjamin, R.I., De Long, D.E. and Scott Morton, M.S.(1990), EDI: how much competitive advantage? Long Range Planning, Vol. 23 No.1.

Bernard, Andrew B. and Bradford, Jensen J(1999), Exceptional Exporter Performance : Cause, Effect, or Both?, Journal of International Economics : 1~25.

Bonaccorsi, Andrea(1992), On the Relationship between Firm Size and Export Intensity, Journal of International Business Studies, Vol. 23, No. 4, Fourth Quarter : 605~635.

Byre, P.M. and William, J.M.(1991), Improving Quality and Productivity in the Logistics Process, Council of Logistics Management, Oak Brook, IL.

Calof, Jonathan L(1994), The Relationship between Firm Size Export Behavior Revisited, Journal of International Business Studies, Vol.25 No 2 : 367~387.

Christensen, Carl H., Angela ,da Rocha and Rosane, Kerber Gertner(1987), On Empirical Value of the Factors Influencing Exporting Suceess of Brazilian Firms, Journal of International Business Studies, Fall : 61-75.

Clemons, E.K., Reddi, S.P. and Row, M.(1993), The impact of information technology on the organization of economic activity: the 'move to the middle' hypothesis, Journal of Management Information Systems, Vol. 101 No.2.

Cooper, Martha C., Douglas, M. Lambert and Janus D. Pagh(1987), "Supply Chain Management : More than a New Name for Logistics", ***The International Journal of Logistics Management***, (Vol.8), pp.1~13.

Cooper, M.C., and Gardner, J.T.(1993), "Building Good Business Relationship : More Than Just Partnering or Strategic Alliance", **International Journal of Physical Distribution & Logistics Management**, (Vol.23), pp.14~26.

Dearing, B.,(1990), The Strategic Benefits of EDI, The Journal of Business Strategy, Vol. 11, No.1.

Finkelstein, Herman N(1930)., Legal Aspects of Commercial Letter of Credit, Columbia University Press.

Funatsu, Hideki(1986), Export Credit Insurance, The Journal of Risk and Insurance, Vol.53, No. 1 : 679~692

Gustavus, Joseph D(1997)., Letter of Credit Compliance under Revised UCC Article5 and UCP 500, UCCLJ, Spring.

Hotchkiss, Carolyn(1990), Strict Compliance in Letters of Credit Law : How Uniform is the Uniform Commercial Code, . UCCLJ, vol. 23.

Huszagh, Sandra M. and Greene, Mark R(1985), How Exporters View Credit Risk and FCIA Insurance The Georgia Experience , The Journal of Risk and Insurance, Vol. 52, No.1 : 117~132.

Huszagh, Sandra M. and Greene, Mark R(1982), FCIA : Help or Hindrance to Exports, The Journal of Risk and Insurance, Vol. 49, No.2 : 256~268.

Hwang, K.T.,(1998), Evaluating the Adoption, Implementation, and Impact of Electronic of Electronic Data Interchange System, State University of New York; Ph.D. Dissertation.

Kalakotla, R. and Whinston, A.B.(1996), Frontiers of Electronic Commerce, Addison-Wesley, Reading, MA.

Kozolchyk, Boris(1995), Re UCP Article 13(a) & the ICC's National Banking Practies Initiative, Letter of Credit Update, vol.11, No.11.

Kozolchky(1991), Towards New Customs and Practices for Documentary Credit : The Methodology of the Proposed Revision, Commercial Law Annual, n.16.

Kurkela, Matti(1985), Letters of Credit under International Trade Law : UCC, UCP and Law Merchant, Oceana Publicitions. Inc.

Lambert, Douglas M., Martha C. Cooper(2000), "Supply Chain Management(SCM) is a new way of managing the business and its relationships", ***The International Journal of Logistics Management***, pp.66~83.

Lewis, I. and Talayevsky, A.(2000), "Third-Party Logistics : Leveraging Information Technology", Journal of Business Logistics, Vol. 21, No.2.

Macintosh, Kerry L(1992)., Letters of Credit : Curbing Bad-Faith Dishonor, UCCLJ, vol. 25.

McCullough(1997), Letter of Credit, Matthew Bender.

McLaughlin, Gerald T. & Turner, Paul S(1983)., A Walk Through the UCP : The Examination of Documents and Notices Discrepancies under UCP Articles 13 and 14, Letters of Credit Report, Vol. 12 No. 4.

McLaughlin, Gerald T(1982)., Letter of Credit ; A Solution to the Problem of Documentary Compliance, 50 Fordam Law Review.

Moses, Magaret L(1994)., Guide to New Rules on International Letter of Credit, New Jersey Law Hournal.

Pike, Richard H. and Ross, Donald G(1997), Trade Credit Information for Export Sales, Journal of International Business, Vol. 37 No.3 : 243~257.

Rosenblith, Robert M(1991)., letter of Credit Practice : Revisiting Ongoing Problems, UCCLJ, Vol.24.

Prasad S. and Tate F.(2000), "Information Investement in Supply Chain Management", Logistics Information Management, Vol. 13, No.1.

Walton, S.V.,(1993), The Effects of Organizational and Technical Issues of Electronic Data Interchange on the Total Cost of the EDI System, The University of North Carolina at Chapel Hill, Ph. D. Dissertation.

I.C.C., Documentaty Credit Insight, Nol. 1, No. 1/Winter 1995 Vol. 5, No. 1/Winter 1995.

I.C.C., D ocument No. 470/371, 470/373, Meeting on December 1980.

I.C.C., Document No. 470-37/103, 1992.9.18, Article 13 Comments

I.C.C., Document No. 47-37/4, 1991.5.27.

I.C.C., Publication No. 596, More Queries & responses on UCP 500-1997(Opinions of the Banking Commission 1997), 1998.

I.C.C., Publication No. 565, Opinions of the ICC Banking Commission 1995-1996, 1997.

I.C.C., Publication No. 535, Case Studies on Documentary Credit under UCP 500, 1995.

I.C.C., Publication No. 516, The New Standard Documentary Credit Forms for the UCP 500, 1993.

I.C.C., Publication No. 515, ICC Guide to Documentary Credit Operations for the UCP 500,1994.

I.C.C., Publication No. 511, UCP 500 & 400 Compared, 1993.

I.C.C., Publication No. 494, Opinions of the ICC Banking Commission 1989-1991, 1992.

I.C.C., Publication No. 489, More Case Studies on Documentary Credits, 1991.

I.C.C., Publication No. 469, Opinions of the ICC Banking Commission 1987-1988, 1989.

I.C.C., Publication No. 459, Case Studies on Documentary Credits, 1989.

I.C.C., Publication No. 434, Opinions of the ICC Banking Commission 1984-1986, 1987.

I.C.C., Publication No. 416, Standard Documentary Credit Forms, 1986.

I.C.C., Publication No. 415, Guide to Documentary Credit Operations, 1985.

I.C.C., Publication No. 411, UCP 1974/1983 Revisions Compared and Explained, 1984.

I.C.C., Publication No. 399, Opinions of the ICC Banking Commission 1980-1981, 1982.

I.C.C., Publication No. 371, Decisions of the ICC Banking Commission 1975-1979, 1980.

I.C.C., Publication No. 323, Standard Forms for issuing Documentary Credit, 1978.

●●● index

찾아보기

| ㅇ |

| ㅊ |

| ㅋ |

| ㅌ |

| ㅍ |

| ㅎ |

| 기타 |

저자 약력

이제현(李濟鉉)

한남대학교 경상대학 무역학과 (경영학 석사)
서강대학교 대학원 무역학과 (상학 석사)
서강대학교 대학원 무역학과 (경영학 박사)
한국능률협회 상임교수 (1993.1 ~ 2000.6)
한국능률협회 컨설팅 비상임전문위원 (2000.6 ~ 현재)
한국사이버대학교 겸임교수 (2002.9 ~ 2003.2)
서강대, 홍익대, 대진대, 세명대, 국민대학교 경영대학원 강사
현재 한남대학교 경상대학 무역학과 교수

저서 신용장실무론 (박영사), 무역결제론 (박영사),
무역학원론 (교우사), 전자무역 (도서출판 두남),
UCP 600 및 eUCP Version 1.1 조문별 해설 (교우사)

주요논문
한국기업의 수출위험관리와 수출보험활용에 관한 실증연구
신용장거래의 무역사기유형분석과 예방에 관한 연구
양도가능신용장거래의 물품하자담보책임에 관한 연구
신용장통일규칙 제48조의 해석과 적용에 관한 연구
전자문서교환방식의 무역업무개선효과에 관한 실증연구
물류전자교환방식이 국제물류업무개선효과에 미치는 영향에 관한 실증연구
eUCP에 관한 연구
전자무역서류 활성화를 위한 eUCP에 관한 연구
e-물류가 국제물류의 협력관계에 미치는 영향에 관한 실증연구
전자신용장거래에서 은행의 전자서류검토 의무와 책임에 관한 연구
한국수출기업의 무역클레임관리에 관한 실증연구
전자신용장 거래당사자간의 법률관계에 관한 연구
연지급신용장 거래당사자간의 법률관계에 관한 연구
선하증권의 부지문언이 송하인, 운송인, 수하인에게 미치는 영향에 관한 연구
UCP 600 운송서류에 관한 연구
한-EU FTA 원산지규정에 관한 연구
한-인도 FTA 원산지규정에 관한 연구

무역실무연습

2009년 8월 20일 초판 인쇄
2009년 9월 1일 초판 발행

저 자 / 이제현
발행자 / 오판근
발행처 / 교우사

주 소 / 서울 동대문구 제기2동 148-19
전 화 / 925-2861(代), 편집부 / 925-2825
팩 스 / 925-2860
E-mail / kyowoo@kyowoo.co.kr
http://www.kyowoo.co.kr

등록 / 1994. 3. 24 제6-0256호

ISBN 978-89-8172-812-0 (93320)

값 25,000 원